Horst Thomas (Hrsg.)

Denkmalpflege für Architekten

Denkmalpflege für Architekten

Vom Grundwissen zur Gesamtleitung

herausgegeben von:

Prof. Dipl.-Ing. Horst Thomas
Architekt und Städtebauarchitekt
lehrt Denkmalpflege an der Fachhochschule Nürnberg

Autoren:

Prof. Dipl.-Ing. Emil Hädler
Dipl.-Ing. Friedrich Hofmann
Siegfried Mühlbauer
Dr.-Ing. Michael Neumann
Dipl.-Ing. Alois Peitz
Reinhard Reimer
Dipl.-Ing. Karl-R. Seehausen
Prof. Dipl.-Ing. Horst Thomas

Rudolf Müller

Die Deutsche Bibliothek – CIP-Einheitsaufnahme

Denkmalpflege für Architekten:
vom Grundwissen zur Gesamtleitung /
hrsg. von Horst Thomas.
Autoren: Emil Hädler . . . –
Köln : R. Müller, 1998

ISBN 3-481-01241-1

ISBN 3-481-01241-1

© Verlagsgesellschaft Rudolf Müller
   Bau-Fachinformationen GmbH & Co. KG, Köln 1998
Alle Rechte vorbehalten
Umschlaggestaltung: Andreas Lörzer, Köln
Titelbilder: Fischmarkt 8 und 9 in Limburg,
Abbildungen: Franz Josef Hamm
Satz: Fotosatz Froitzheim AG, Bonn
Druck: Media-Print GmbH, Paderborn
Printed in Germany

Der vorliegende Band wurde auf umweltfreundlichem Papier
aus chlorfrei gebleichtem Zellstoff gedruckt.

Vorwort

Was unterscheidet eine Denkmalpflege *für Architekten* von Veröffentlichungen ohne den Zusatz – was also ist das Architektenspezifische an diesem Buch? – Zunächst einmal sollen Befürchtungen zerstreut werden, daß hier eine Abgrenzung oder – schlimmer – eine Ausgrenzung von Nicht-Architekten beabsichtigt ist. Das Architekturstudium wie das Studium der Kunstgeschichte sind die (klassischen) Grundausbildungen, auf die die weitere Entwicklung zum Denkmalpfleger aufbaut.

Mag es nach Jahren der Praxis auch dazu kommen, daß man nicht mehr so genau weiß, welches Fach ein bestimmter Denkmalpfleger »von Hause aus« studiert hat, bei anderen wird die Sehweise doch durch ihre primäre Berufsausbildung bestimmt bleiben. Der Verfasser hat in früheren Schriften den Kunsthistorikern eine *prozeß*orientierte Sehweise zugeordnet: das Denkmal als »aufgeschlagenes Geschichtsbuch«, das den Zeitablauf dokumentiert. Aufgrund ihrer gestaltungsorientierten Ausbildung sieht er bei den Architekten dagegen eine *Objekt*orientierung: Auch das Denkmal mit der kompliziertesten Baugeschichte wird als ein ganzheitliches Werk der Architektur angesehen.

Es soll hier nicht entschieden werden, welche Sehweise die »richtige« ist; beide stehen gleichberechtigt nebeneinander und können voneinander profitieren. Aber: Die Interessenlagen sind doch unterschiedlich, und hier möchte das vorliegende Buch durch die Auswahl der Themen den Neigungen der Architekten entgegenkommen.

Nicht jeder Architekt, der alte Gebäude umbaut, versteht sich dabei als Denkmalpfleger. Und so soll für die anderen das Verständnis gefördert, sollen Grundbegriffe erläutert und Kriterien zur Bewertung und Konzeptionsfindung herausgearbeitet werden. Architekten sind in aller Regel Gesamtleiter einer Baumaßnahme. Das müssen sie auch sein – und zwar ebenfalls in bezug auf die denkmalpflegerische (Teil-)Konzeption, die in die architektonische Gesamtkonzeption voll integriert sein muß. Der Architekt/die Architektin muß sich also durch Erlernen von Grundwissen für diese Gesamtleitung qualifizieren.

Was sind nun die *architektenspezifischen* Themen, und wie unterscheiden sich diese von denen anderer Denkmalpflege-Fachbücher?

Das gestalterische Interesse wurde bereits angesprochen, hinzu kommt das ingenieurmäßig-konstruktive. Der fließende Übergang vom »normalen« Altbaurecycling zur Denkmalpflegeaufgabe, die Alltagsaufgabe also, als Gratwanderung zwischen Respekt und Baurationalität, sind ein weiteres Architektenthema, ebenso das Problem der Umnutzungen. Für die Erforschung und Begründung der Denkmaleigenschaften soll Verständnis geweckt und ihre Erkenntnisinteressen sollen vermittelt werden, auch wenn nicht jeder Architekt selbst Bauforscher sein kann oder werden muß. Als weitere »Architektenthemen« werden das Baurecht sowie städtebauliche Fragen behandelt.

Soweit es geht, bis zu den Grenzbereichen, wurden die Denkmalpflege-Themen durch Autoren abgedeckt, die Architekten sind: Bewertung, Erforschung, Konstruktion, Baurecht. Hinzu kommen Autoren, die für die Zusammenarbeit mit Architekten stehen – der Ingenieur, der Restaurator – oder die ihn unterstützen und sein Handeln, seine Interessen absichern – der Jurist. Damit kommt zur Architektenbezogenheit des Gesamtthemas der interdisziplinäre Ansatz, der für komplexe Planungs- und Bauaufgaben auf dem Gebiet der Denkmalpflege unabdingbar ist.

Die Autoren liegen mit ihren Darstellungen auf einer Bandbreite, die der Herausgeber mit ihnen abgestimmt hat. Innerhalb dieser bleibt Spielraum für unterschiedliche Temperamente und Bewertungen im Detail. Sie spiegeln damit eine Lebendigkeit, die auch dem Denkmalbegriff eigen ist und ihm erhalten bleiben soll.

Flörsheim am Main, im Oktober 1997

Horst Thomas
(Herausgeber)

Inhalt

	Zu den Autoren	9
1	Einführung	11
1.1	Erhalten als traditionelle Aufgabe der Architekten	11
1.2	Gebäuderecycling oder Denkmalpflege	11
1.3	Zeitgeistbedingte Wandlungen beim Umgang mit Altbausubstanz	12
2	Die Entwicklung der Denkmalpflege	13
2.1	Von den Anfängen bis zum frühen 20. Jahrhundert	13
2.2	Die Zeit nach dem Zweiten Weltkrieg	16
2.2.1	Das Problem der Nachkriegszeit	16
2.2.2	Die Wirtschaftswunderjahre	18
2.2.3	Ein neues Geschichtsbewußtsein	18
2.2.4	Rekonstruktionen	19
3	Grundbegriffe, Grundsätze	21
3.1	Zeugniswert und Originalsubstanz	21
3.2	Erhaltung der Nutzungskontinuität	23
3.3	Eingriff und Reversibilität	24
3.4	Charta von Venedig	25
4	Erfassen und Begründen	26
4.1	Die Begründung und ihre Bedeutung für den Architekten	26
4.2	Das Denkmal und seine wissenschaftliche Erfassung	26
4.2.1	Das Großinventar - ein traditionelles Grundlagenwerk der Denkmalpflege	26
4.2.2	Die Denkmaltopographie - ein Nachschlagewerk für alle	27
4.3	Was ist ein Baudenkmal, was kann eines sein?	28
4.3.1	Kriterien der Denkmaleigenschaften	28
4.3.2	Der klassische Denkmalbegriff	30
4.3.3	Der erweiterte Denkmalbegriff	38
5	Bestandsuntersuchungen	43
5.1	Sanierungsvoruntersuchung und Bauforschung als Teil des Planungsprozesses	43
5.1.1	Grundlagen	43
5.1.1.1	Sanierungsvorbereitende Untersuchung und ihr Erkenntnisinteresse	43
5.1.1.2	Wissenschaftliche Bauforschung und ihr Erkenntnisinteresse	45
5.1.1.3	Von Laren und Penaten: die römischen Hausgötter	47
5.1.2	Voruntersuchung als Leistung des Architekten	47
5.1.2.1	Erstbegehung	48
5.1.2.2	Angemessenheit und Zielgenauigkeit einer Voruntersuchung	50
5.1.3	Das Raumbuch als analytisches und planerisches Instrument	51
5.1.3.1	Das analytische Raumbuch als Befundarchiv	51
5.1.3.2	Das Planungsraumbuch als Instrument der Ausschreibung	54
5.1.4	Das Bauaufmaß als analytisches und planerisches Instrument	55
5.1.4.1	Ansprüche an ein Bauaufmaß: Genauigkeitsstufen und Aussageschärfe	55
5.1.4.2	Herstellung werkplanfähiger Bestandsgrundlagen	61
5.2	Befunde als Grundlage der Konzeptfindung	67
5.2.1	Vom Gewußten und vom Nicht-Gewußten: Entscheidung nach bestem Wissen und Gewissen	67
5.3	Bauforschung aus der Sicht des Restaurators	70
5.3.1	Begriffsklärung	70
5.3.2	Sinn und Nutzen der Befunduntersuchung	70
5.3.3	Kostenermittlung	72
5.3.4	Grundlagen und Methodik einer Befunduntersuchung	72
5.3.5	Zeitliche Zuordnung der Befunde	74
5.3.6	Deutung der Befunde	79
5.3.7	Dokumentation	80
5.3.8	Während der Sanierung	81
5.3.9	Zusammenfassung	81
5.4	Bestands- und Entwicklungsgutachten	82
5.4.1	Ablauf einer Bestands- und Entwicklungsplanung	82
5.4.2	Bauhistorische Untersuchung	83
5.4.3	Entwurfsansätze	84
5.4.4	Bautechnische Untersuchung	85
5.4.5	Denkmalpflegerische Architektenaufgabe	85
5.4.6	Beispiel	86
6	Erhalten, Reparieren, Erneuern	88
6.1	Zeitgeist	88
6.2	Handwerk und Denkmalpflege	89
6.3	Zwischen Denkmalpflege und Baumarkt	90
7	Erhalten und Gestalten	91
7.1	Historisch gestalten?	91
7.2	Akkumulationen	92
7.3	Interpretierende und gestaltende Denkmalpflege	93
8	Das Denkmal - bauliche Substanz, ihre Entdeckung und Weiterentwicklung	95
8.1	Die Kontinuität des Handwerklichen	95
8.2	Die Authentizität des Gebauten	98
8.3	Die Zwecklosigkeit der Räume	101
8.4	Die Erhaltung durch Nutzung	102
8.5	Die Chancen und Grenzen neuer Nutzungen	106
8.6	Die Wandelbarkeit historischer Bauanlagen	107
8.7	Praktische und wirtschaftliche Vorteile beim Umgang mit historischen Bauanlagen	108
8.8	Thesen für den Umgang mit historischer Bausubstanz	110
9	Denkmalpflege und Baukonstruktion	111
9.1	Ingenieurmäßige Denkmalpflege	111
9.1.1	Der relative Standsicherheitsnachweis	111
9.1.2	Der Arbeitskanon	113

9.2	Tragsysteme historischer Holzkonstruktionen, Modellbildungen und Berechnungsmöglichkeiten	116
9.2.1	Vorbemerkungen	116
9.2.2	Historische Holzbalkendecken – Modellbildung und das Rechnen mit Systemen veränderlicher Gliederung	117
9.2.3	Modellbildung zur Berechnung historischer Dachwerke	122
9.3	Die Zusammenarbeit von Architekt und Ingenieur in der Denkmalpflege	129
9.4	Beispiele	130
9.4.1	St. Peter und Paul, Hochheim am Main	130
9.4.2	Fischmarkt 8 und 9 in Limburg an der Lahn	136
10	Baudenkmal und Verwaltungsrecht	140
10.1	Grundlagen	140
10.1.1	Rechtliche Einordnung des Denkmalschutzes	140
10.1.2	Schutzziele	141
10.1.3	Begriffsbestimmungen	141
10.1.3.1	Denkmalfachliche Begriffe	141
10.1.3.2	Baurechtliche Begriffe	141
10.1.3.3	Denkmalschutzrechtliche Begriffe	142
10.2	Behördenorganisation und Zuständigkeiten	143
10.3	Rechte und Pflichten der Eigentümer	146
10.4	Denkmalrechtliche Verfahren und Abwägungen	146
10.4.1	Denkmalverzeichnisse	146
10.4.2	Sicherung des Denkmalbestandes	147
10.4.3	Erhaltung und Veränderung durch Nutzung	148
10.4.4	Materialgerechtigkeit bei Instandsetzung	148
10.4.5	Zumutbarkeit, Entschädigung und Enteignung	149
10.5	Denkmalschutzrechtliche Genehmigungsverfahren	155
10.5.1	Selbständiges denkmalschutzrechtliches Verfahren	155
10.5.2	Antragsunterlagen	155
10.5.3	Denkmalschutzrechtliche Genehmigung	156
10.5.4	Auflagen und Haftung	156
10.5.5	Einschluß denkmalschutzrechtlicher Genehmigungen in andere Verfahren	157
10.6	Bauordnungsrecht und Denkmalschutz	158
10.6.1	Anpassung an neue Vorschriften bei baurechtlichem Bestandsschutz	158
10.6.2	Öffentlich-rechtliche Wirkung von Normen, allgemein anerkannten Regeln der Technik und bauaufsichtlich eingeführten Normen beim baurechtlichen Bestandsschutz	159
10.6.3	Bestandsschutz bei Modernisierung	160
10.6.3.1	Brandschutz	161
10.6.3.2	Standsicherheit	164
10.6.3.3	Wärmeschutz	165
10.6.3.4	Praktisches Vorgehen zur Genehmigung von Abweichungen von Neubauvorschriften bei baurechtlichem Bestandsschutz	165

11	Rechtliche Probleme für Architekten und Ingenieure bei Altbau- und Denkmalpflege	166
11.1	Besondere Risiken im Haftungs- und Vergütungsbereich	166
11.1.1	Haftungskatalog	166
11.1.2	Vergütungsrecht	171
11.1.3	Zusammenfassung	173
12	Beihilfen und Steuererleichterungen	174
12.1	Direkte Zuschüsse (Beihilfen)	174
12.2	Indirekte Zuschüsse (Steuerabschreibung)	175
13	Ökologie und Denkmalpflege	176
13.1	Erhaltung versus Wegwerfhaltung	176
13.2	Verbesserungsmöglichkeiten	177
13.2.1	Fenster	177
13.2.2	Wärmedämmung der Außenwände	177
13.2.3	Haustechnik	178
14	Städtebauliche Denkmalpflege	179
14.1	Definition	179
14.2	Geschichte	180
14.3	Ort, Geist und Gestalt	183
14.4	Grundsätze für eine städtebauliche Denkmalpflege	185
14.4.1	Bestandsuntersuchungen	185
14.4.2	Erhaltung des Zeugniswertes	187
14.4.3	Neues Bauen in der alten Stadt	187
14.5	Praxis einer städtebaulichen Denkmalpflege	191
14.6	Beispiel: Flörsheim am Main	193
15	Schlußwort	197
	Stichwortverzeichnis	198

Zu den Autoren

Prof. Dipl.-Ing. Horst Thomas (Hrsg.)

hat als freier Architekt und Städtebauarchitekt zahlreiche Denkmalaufgaben geleitet, ebenso Aufgaben der Städtebaulichen Denkmalpflege. Seit 1991 lehrt er an der Fachhochschule Nürnberg, wo er u. a. öffentliche Vortragsreihen über denkmalpflegerische Themen veranstaltet

Prof. Dipl.-Ing. Emil Hädler,

Architekt und Bauforscher, lehrt an der Fachhochschule des Landes Rheinland-Pfalz, Mainz, zahlreiche Veröffentlichungen zum Thema Bauforschung und Denkmalpflege-Lehre

Dipl.-Ing. Friedrich Hofmann,

freischaffender Bauingenieur, mit Schwerpunkt einer ingenieurmäßigen Denkmalpflege, Dozent beim Deutschen Zentrum für Handwerk und Denkmalpflege in Fulda-Johannesberg

Siegfried Mühlbauer,

freischaffender Restaurator und Bauforscher, Lehrbeauftragter an der Universität Bamberg, Aufbaustudium Denkmalpflege

Dr.-Ing. Michael Neumann,

Architekt und Oberkonservator am Landesamt für Denkmalpflege Hessen, Lehrbeauftragter an den Universitäten Marburg und Siegen, zahlreiche Veröffentlichungen zu denkmalfachlichen Themen

Dipl.-Ing. Alois Peitz,

Architekt, war bis 1995 als Diözesanbaumeister des Bistums Trier tätig und für eine Reihe wichtiger Umbauten und Umnutzungen historischer Bauten der Kirche verantwortlich; Lehrbeauftragter an der Fachhochschule Trier, u.a. im Rahmen des Aufbaustudiums Denkmalpflege

Reinhard Reimer,

freischaffender Rechtsanwalt mit Schwerpunkt Bau- und Architektenrecht, Lehrbeauftragter an der Fachhochschule Nürnberg und Dozent bei den Waldsassener Bautagen und Architektentagen

Dipl.-Ing. Karl-R. Seehausen,

Architekt, Leitender Baudirektor und Leiter des Kreisbauamtes des Landkreises Marburg-Biedenkopf; Dozent an der Universität GhK Kassel, beim Deutschen Zentrum für Handwerk und Denkmalpflege und der Akademie der Architektenkammer Hessen; zahlreiche Veröffentlichungen zum Bau- und Denkmalschutzrecht

1 Einführung

1.1 Erhalten als traditionelle Aufgabe der Architekten

Neben dem Planen von Neuem war und ist das Erhalten von überkommener Bausubstanz eine so selbstverständliche Aufgabe der Architekten, daß es eines besonderen Hinweises eigentlich nicht bedürfte. Schon immer wurde Vorgefundenes auf seinen Wert und seine Brauchbarkeit hin untersucht und – wenn sinnvoll – weiterverwendet. Die Baugeschichte ist auch eine Geschichte der Überformungen und Umgestaltungen. Neue Bauaufgaben waren häufig an vorhandene Baulichkeiten gebunden, fügten sich ein oder machten sich diese zunutze, indem sie sie in den neuen Zusammenhang einbezogen.

Baumeister, Architekten waren für diese Aufgaben verantwortlich, sie mußten neben ihrer Planungsaufgabe also auch immer Bauaufnahmen, Bestandsuntersuchungen und -bewertungen durchführen, mußten entscheiden, welche Teile durch Umbau und Einbeziehung weiterverwendet werden konnten und sollten.

1.2 Gebäuderecycling oder Denkmalpflege

Die Motivation für diese Weiterverwendung und die Art des Umgangs ist allerdings sehr unterschiedlich. Grundsätzlich sind zwei Fälle zu unterscheiden:

- die wirtschaftlich begründete
- die kulturell motivierte

Weiterverwendung der vorhandenen Baulichkeit.

Abb. 1.2.2

Baudenkmale sind Geschichtszeugnisse. Als Geschichtsquellen sind sie voller Informationen: Uferfront des Arno in Pisa mit erkennbaren älteren Baustrukturen

Das erste Vorgehen kann man mit dem in jüngster Zeit häufig verwendeten Begriff *Recycling*, das zweite mit dem Begriff *Denkmalpflege* verbinden.

Die Unterscheidung dieser sehr verschiedenen Erhaltungsmotive ist für den Architekten deshalb wichtig, weil aus ihnen grundsätzlich unterschiedliche Bewertungsmaßstäbe und Verhaltensweisen resultieren.

Recycling ist an der technischen Verwertbarkeit der (Rest-)Substanz interessiert. Es ist damit primär wirtschaftlich orientiert und stellt die Frage, ob es sich lohnt, rechnet, ob es billiger ist, ein Gebäude umzubauen anstatt es abzubrechen und für den vorgesehenen Zweck etwas Neues zu bauen. Dabei ist die Frage zu beantworten, inwieweit sich die Altbausubstanz für die neue Nutzung überhaupt eignet und welche Bindungen und Zwänge man – durch die Übernahme von vorgefundenen Baustrukturen – zu akzeptieren bereit ist. Da vorgegebene Bausubstanz und neue Nutzungen sich häufig reiben, lautet die Fragestellung eines **wirtschaftlich motivierten Recyclings** – grundsätzliche Eignung vorausgesetzt – z. B. so:

Wieviel muß ein Umbau gegenüber einem Neubau mindestens billiger sein, damit sich das Inkaufnehmen von Zwängen und Bindungen lohnt?

Antworten auf diese Frage in Form unterschiedlicher Prozentsätze wurden verschiedentlich versucht. Sie sind nicht unproblematisch, weil sie objektbezogen diskutiert werden müßten und weil solche Grenzwerte auch noch von anderen, dem gesellschaftlichen Wandel unterworfenen Bewertungen beeinflußt werden, z. B. den baurechtlichen (Bestandsschutz) oder den ökologischen. Durch solche Überlagerungen kann sich der Grenzwert der 100-%-Marke nähern. Er wird sie aber nur selten erreichen oder gar überschreiten, so daß man eingrenzend feststellen kann, daß sich im allgemeinen wirtschaftlich motiviertes Recycling lohnt, wenn ein Umbau zwischen 70 und 90 % des entsprechenden Neubaus kostet. Allerdings dürfen die reinen Erstellungskosten nicht allein miteinander verglichen werden, da zu den Neubau-Kosten noch die Kosten für den Abbruch des Altbaus hinzugerechnet werden müssen.

Betrachtet man nicht allein die für den Maßnahmeträger anfallenden Baukosten, sondern bezieht man auch die Belastungen mit ein, die bei Abbruch und Neubau auf die Allgemeinheit entfallen, so kann aus solchen Abwägungen ein **ökologisch motiviertes Recycling** folgen, das auch die Entsorgung der Abfallstoffe, den Energieverbrauch und die Schadstoffbelastung für die Gewinnung und Verarbeitung neuer Baustoffe und deren Transport mit berücksichtigt. Das Problem dabei ist allerdings, daß wir heute noch

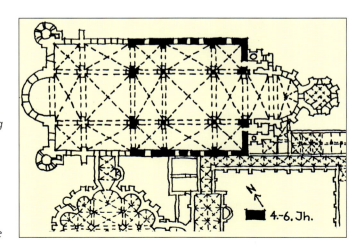

Abb. 1.2.1

Der Trierer Dom ist aus der Überformung und Erweiterung eines römischen Quadratbaus – Teil der kaiserlichen Palastanlage – hervorgegangen: Altbaurecycling, keine Denkmalpflege

nicht in der Lage sind, unangreifbare Öko-Bilanzen zu erstellen, bei denen die einzelnen – auch gegeneinander gerichteten – Faktoren vergleichend bewertet werden können. Klar ist jedoch, daß die Vermeidung von Restmüll, die Verminderung der Herstellung von Neuprodukten sowie deren Transport – alles Kennzeichen der Altbauweiterverwertung – prinzipiell ökologisch günstiger zu bewerten sind.

Denkmalpflege als Erhaltungsmotiv basiert dagegen auf kulturellem Interesse an der überkommenen Struktur. Baulichkeiten der Vergangenheit sind als deren Zeugnisse Quellen für die Erkundung der Geschichte. Spielt es beim Recycling von Altbausubstanz keine Rolle, inwieweit die Entstehung des *Neuen aus dem Alten* nachvollziehbar ist oder ob der Altbau überhaupt noch ablesbar ist bzw. welche Teile erneuert worden sind, so ist Denkmalpflege am Zeugniswert interessiert und dieser ist von originaler Substanz abhängig.

Wirtschaftlichkeit spielt dagegen – zumindest theoretisch – erst einmal keine Rolle. Daß der materielle Rahmen auch für die Denkmalpflege Bedeutung hat, ist natürlich nicht zu bestreiten. Für die grundsätzliche Bewertung eines Projekts steht die Wirtschaftlichkeit jedenfalls nicht im Vordergrund.

1.3 Zeitgeistbedingte Wandlungen beim Umgang mit Altbausubstanz

Ein Recycling-Umbau »muß sich rechnen«, bei einem Baudenkmal muß das Verhältnis von kultureller Bedeutung und »unrentierlicher« Belastung (des Bauträgers und/oder der Gesellschaft) in einem sinnvollen Verhältnis stehen. Zudem darf der Zeugniswert des Denkmals nicht unvertretbar vermindert werden.

Ob Altbausubstanz weiterverwendet oder abgerissen wird, hängt ab von Bewertungen, die – zeitgeistbedingt – bisweilen sehr unterschiedlich ausfallen. So war Umbauen als Bauaufgabe über lange Phasen der Baugeschichte für Architekten selbstverständlich. Vorhandene Bausubstanz war eine Ressource, deren man sich bedienen konnte und mußte. Selbst wenn es nicht die Kontinuität der standortgebundenen Nutzung war, die ein Anpassen und Erweitern vorhandener

Abb. 1.3.1
Die Qualität der historischen Ortskerne wurde seit den 70er Jahren wiederentdeckt – auch für das Wohnen; die Altstadtsanierungen haben die Lagegunst dieser Standorte verdeutlicht

Anlagen leichter erreichbar erscheinen ließ als Neubauen, wurden Bausubstanzen gern als »Material« für neue Bauaufgaben verwendet.

In Notzeiten – z.B. nach Kriegsereignissen oder in Zeiten eines schwierigen Sichbehaupten-Müssens in der Natur – mußte man besonders sparsam mit Ressourcen umgehen. Improvisation war eine Fähigkeit und Tugend und konnte Voraussetzung für das Überleben sein. Dagegen gab es Phasen, in denen ein solch strenges Haushalten nicht erforderlich war: Was in Überfülle vorhanden ist, braucht nicht gespart zu werden. Die Maßstäbe an die Perfektion dessen, womit man sich umgibt, werden strenger: Man hat Gebrauchtes oder Geflicktes nicht nötig, wenn man sich Neues und Makelloses leisten kann.

Dabei erfolgt die Bewertung der in Frage stehenden Altbausubstanz zunächst unter materiellen Gesichtspunkten, verselbständigt sich aber bisweilen und wird zu einer zeitbedingten Grundhaltung, die entweder für oder gegen die Nutzung alter Bausubstanz entscheidet. Als Beispiel sei auf die Zeit nach dem Zweiten Weltkrieg in Deutschland verwiesen. Die direkt auf das Kriegsende folgenden Jahre waren durch Mangel und Entbehrung gekennzeichnet. Entsprechend war die Nutzung, Reparatur und Anpassung vorhandener Baulichkeiten oftmals die einzige Möglichkeit. Die Zeit des darauffolgenden Wirtschaftswunders brachte dann die Wende zur modernitätsorientierten Wegwerfgesellschaft der späten 50er und 60er Jahre, in denen qualitätvolle Altbausubstanz – sogar ohne die Notwendigkeit besserer Rentabilität – abgerissen wurde, ganz einfach weil man keine Altbauten mehr haben wollte, sondern Neubauten bevorzugte.

Ein anderes Beispiel ist die darauffolgende Phase der Wiederentdeckung der Geschichtlichkeit. Nach der breitangelegten Erneuerung der Bausubstanz, die ihren Höhepunkt in den Flächensanierungen ganzer Altstadtbereiche erreichte, setzte sich die Erkenntnis durch, daß die Beseitigung der in Jahrhunderten »gewachsenen« Gebäudesubstanz und die in kurzer Zeit erfolgte Neubebauung zu einem Verlust an Unverwechselbarkeit und Vielfalt führt. In der Folge entwickelte sich eine neue Zuwendung zu alter Bausubstanz, die spätestens seit Mitte der 70er Jahre zu deren allgemeiner Aufwertung bis hin zur Bevorzugung gegenüber Neubauten führte.

Daß Altbausanierungen bisweilen teurer waren als vergleichbare Neubaumaßnahmen, änderte daran nichts. Renovierten Altbauten wurde nun ein Repräsentationswert zuerkannt, der bei vergleichbaren Neubauten nur durch architektonischen Mehraufwand gegenüber dem preisgünstigsten Minimum erreichbar wäre.

Eine solche Wellenbewegung mit ihrer jeweils wechselnden Bevorzugung von Erhaltung oder Erneuerung ist nicht auf die Baugeschichte der Nachkriegszeit beschränkt, sie läßt sich hier aber besonders gut nachvollziehen.

2 Die Entwicklung der Denkmalpflege

2.1 Von den Anfängen bis zum frühen 20. Jahrhundert

Eine Entwicklung wie die der Denkmalpflege setzt nie zu einem exakt zu benennenden Zeitpunkt unvermittelt ein. Sie hat Vorläufer und – manchmal zeitlich versetzt – Parallelen auf benachbarten Gebieten der Kulturgeschichte, die miterwähnt werden könnten. Dennoch soll vereinfachend eine bestimmte Zeit als die des Beginns der eigentlichen Denkmalpflege benannt werden. Die Betrachtung der Geschichte hat dabei die Funktion, die Entstehung der Denkmalbegriffe und der Argumentationen zu verstehen, mit denen wir uns heute auseinandersetzen.

Nimmt man als Beginn einer systematischeren Denkmalpflege das frühe 19. Jahrhundert, so waren die ersten Denkmalpfleger die herausragenden Architekten dieser Zeit. *Karl Friedrich Schinkel* ist der bedeutendste von ihnen. Er engagierte sich zu Beginn des Jahrhunderts für die Erhaltung eines Lettners in Kalkar und begründete die Notwendigkeit mit der Seltenheit solcher kirchlichen Chorschranken, von denen die meisten schon vernichtet seien (sinngemäß nach [1]).

Seine Haltung zur Frage von Sicherung, Reparatur und Erneuerung wird deutlich durch ein Gutachten, das er für die Restaurierung des Rathauses in Wesel 1833 erstellt hat. Er ist für größte Zurückhaltung, möchte die Maßnahmen auf die Sicherung und Konservierung schadhafter, sogar ruinöser Teile beschränkt sehen und spricht sich sowohl gegen ein Kopieren zerstörter Teile als auch gegen eine Erneuerung in zeitgenössischer Formensprache aus [1]. Diese puristische Auffassung steht im Gegensatz zur späteren Restaurierungspraxis des 19. Jahrhunderts und ist mit den Vorstellungen der Romantik in Zusammenhang zu sehen.

An der Haltung des Architekten *Viollet-le-Duc* läßt sich die Entwicklung der denkmalpflegerischen Auffassungen im 19. Jahrhundert beobachten. Noch in den 40er Jahren forderte er Erhaltung, Konservierung und – wenn nötig – Restaurierung im Stil der jeweiligen Zeit. Nach der Jahrhundertmitte wandelte sich seine Haltung, indem er neben dem Erhalten und Erneuern auch die »Verbesserung« für möglich hielt: ein Gebäude »in einen Zustand der Vollständigkeit zurückzuversetzen, der möglicherweise nie existiert hat« – eine Widersprüchlichkeit in sich (siehe [1]). Viollet-le-Duc hat seine Auffassung in Sanierungs-Gutachten und Berichten ausführlich dargelegt, so daß wir daran den Anschauungswandel von den Vorstellungen der Romantik zu denen des Historismus anschaulich verfolgen können.

Der Historismus mit seiner zum Teil unscharfen Grenze von (damals) zeitgemäßem Bauen und Denkmalpflege stellte sich schließlich als Sackgasse heraus, die das vorläufige Ende der architektengeführten Denkmalpflege einleiten sollte. Aber auch der Historismus als Architekturhaltung strebte einem Endpunkt zu, der mit der Jahrhundertwende in etwa zusammenfiel. Der junge Friedrich Nietzsche wandelte das Bild vom *»Stehen auf den Schultern aller vorangegangener Generationen«* (und damit das Verfügen über deren gesamte Erkenntnisse und Errungenschaften) in das der *»Spätgekommenen, den abgeblaßten Sprossen mächtiger und frohgemuter Geschlechter«*, denen jetzt *»eine greisenhafte Beschäftigung ... des Zurückschauen, Abschließen ...«* gebührt [2].

Das 20. Jahrhundert begann auf mehreren Feldern mit Neuorientierungen. Die Architekten fanden neue Interessen, und ihre

Abb. 2.1.2
Die neuromanische Ostgruppe des Mainzer Domes repräsentiert die Tendenz zum historistischen Gestalten im späten 19. Jahrhundert (1870); dem Wunsch nach Stilreinheit wurden zuvor auch die gotischen Turmschäfte geopfert

Abb. 2.1.1 a und b
Die Dominikanerkirche in Neuruppin wurde nach Angaben von K. F. Schinkel 1836 bis 1841 umfassend restauriert. Die betonte Steinsichtigkeit, besonders des Innenraumes, zeigt Schinkels persönliche Haltung genauso wie die Auffassung der Romantik

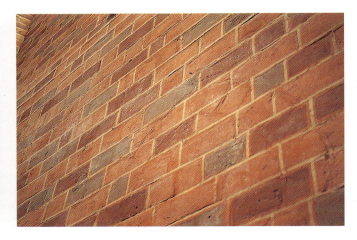

führenden Vertreter befaßten sich mit der Entwicklung neuer Architekturleitbilder. Aus einer mehr künstlerisch ausgerichteten Linie hatte sich der Jugendstil entwickelt. Eine andere Gruppe orientierte sich an den Leistungen der Ingenieurbaukunst. Hieraus sollte sich das *Neue Bauen der klassischen Moderne* entwickeln. Vom Gebiet der Denkmalpflege zogen sich viele Architekten entweder selbst zurück, oder sie verloren an Einfluß. Die Berufsgruppe der Kunsthistoriker zog die Führung an sich und entwickelte eine neue Grundlage für die Denkmalpflege, die zwar stellenweise an Schinkels frühe Prinzipien anknüpfte, durch die Erfahrungen der historistisch-romantischen »Verunklärungen« aber auch zu Vorstellungen gelangten, die Schinkel noch abgelehnt hatte. Dies betraf beispielsweise die Frage nach der Verträglichkeit von Alt und Neu.

Cornelius Gurlitt [1] war beides: Architekt und Kunsthistoriker. Er stellte den Forderungen nach Um- und Weiterbauen vorhandener Gebäude »*im Sinn und Geiste des ursprünglichen Erbauers*« – eine noch vom Bauen des Historismus geprägte Vorstellung – die Gegenthese entgegen, daß alte Bausubstanz erhalten und lediglich konserviert werden sollte, so daß man deutlich erkennen kann, was an dem Bau tatsächlich alt ist. Das, was hinzugefügt wird, solle man aber »*stilistisch als neu kennzeichnen*«.

Die ältere Forderung nach einem Weiterbauen im historistischen Geist und Sinne entsprach dem Wunsch nach Stilreinheit, der bis in die Zeit nach dem Zweiten Weltkrieg wirksam war und zu purifizierendem Entfernen von Zutaten späterer Epochen geführt hatte. Schinkel wollte diese Stilreinheit noch dadurch erreichen, daß er »*moderne*« Hinzufügungen als »*etwas aus dem Charakter Fallendes*« generell ablehnte, um sich mit der Konservierung ruinöser Teile zu begnügen.

Diese Haltung entsprach der Zuwendung der frühen Denkmalpflege zu wenigen herausragenden Einzelobjekten, setzt aber einer Anpassung und Entwicklung überkommener

Abb. 2.1.3
Die 1943 schwer beschädigte Kasseler Martinskirche wurde 1953 bis 1960 mit modernen Ergänzungen wiederaufgebaut (Architekt: O. H. Vogel). Die Türme lassen unschwer erkennen, welche Teile alt sind und welche »neu«; sie wahren die Maßstäblichkeit und bauen das Denkmal weiter

Abb. 2.1.4
Beispiel für (junge) Denkmale mit sozialgeschichtlicher Bedeutung: Wohnungsbau der Nachkriegszeit. Der Denkmalwert kommt dem Objekt durch heutige Bewertung zu und war ursprünglich nicht das Ziel

2.1 Von den Anfängen bis zum frühen 20. Jahrhundert

Abb. 2.1.5
Die einfachen Scheunenbauten des Ortsrandes von Idstein-Walsdorf beziehen erst aus ihrer eindrucksvollen Aneinanderreihung Denkmalwert: als Gesamtanlage oder Ensemble

Bausubstanz auf einer quantitativ breiteren Basis zu enge Grenzen. Gurlitt begrenzt nun den Denkmalbegriff wieder auf das historisch Überkommene und erweitert gleichzeitig die Möglichkeiten des Umgangs, indem er das zeitgemäße Bauen einbezieht – eine Vorgehensweise, mit der er auch als Architekt handlungsfähig und glaubwürdig bleiben konnte.

Zu den am häufigsten zitierten Leitsätzen der Denkmalpflege gehört der Satz: »*Unsere Losung lautet: nicht restaurieren – wohl aber konservieren.*« Der Kunsthistoriker Georg Dehio argumentiert und polemisiert gegen den romantisch-verunklärenden Umgang mit alter Bausubstanz und verhilft mit seinem 1905 formulierten Satz dieser Vorstellung zu allgemeiner Anerkennung sowie bis heute andauernder Wirkung. Er steht in einer kritischen Auseinandersetzung mit seinem Kollegen Alois Riegl, dessen wesentlicher Beitrag eine Entgrenzung des Denkmalbegriffes ist [1]. Er stellt die aus der Vergangenheit und bis in die Entstehungszeit zurückreichende Denkmaleigenschaft eines Objekts in Frage. Ein Objekt sei dagegen ausschließlich aus seiner Bedeutung für die Gegenwart zu bewerten, eine Betrachtungsweise, die einer Anzahl von Denkmalgruppen den Weg bereitet, die niemals zu dem Zweck errichtet worden waren, Denkmale zu sein.

Dazu gehören zum Beispiel Bauern- und Bürgerhäuser, bescheidene, aber sozialgeschichtlich wichtige Bauwerke und – mit bis heute zunehmender Bedeutung und Anzahl – industrielle Denkmale. Konservierende Eingriffe möchte Riegl begrenzt wissen. Auf ihn geht die bis heute wirkende Vorstellung zurück, daß ein Denkmal dem natürlichen Altern nicht entzogen werden solle, was das »Vergehen«, letztlich die Auflösung des Denkmals, einschließt, wenn die Zeit gekommen ist.

Die Diskussionen des frühen 20. Jahrhunderts haben für die Denkmalpflege zu einer neuen und stabilen Theorie geführt, die als Grundlage bis heute tragfähig ist, wenngleich sie weiterentwickelt und durch neue Elemente ausgebaut werden sollte. Es war die Berufsgruppe der Kunsthistoriker, die in dieser Phase prägend war. Der Beitrag der Architekten aus dieser Zeit war dagegen ein »städtebaulicher«. Er sollte zur Grundlage für die Begriffe »Gesamtanlage« oder »Ensemble« unserer Zeit werden.

Die Heimatschutz-Bewegung entstand zu Beginn des 20. Jahrhunderts und führte im Jahre 1904 zur Gründung des »Bundes Heimatschutz«. War das Engagement für die Erhaltung des baulichen Erbes der Vergangenheit, der Bau- und Kulturdenkmale zunächst in etwa gleichgerichtet zu den Vorstellungen der Denkmalpflege, so kamen als Objekte der Befassung allerdings solche hinzu, mit denen sich die damalige Denkmalpflege bislang nicht befaßt hatte: bescheidene Werke der Volkskunst, die Beziehung von Gebäuden untereinander in einem städtebaulichen Zusammenhang, ferner die Einbindung dieser Elemente in die Landschaft sowie die Elemente der Landschaft selbst mit ihrer eigentümlichen Tier- und Pflanzenwelt. 1911 wurden die Jahrestagungen der deutsch-österreichischen Denkmalpflege und des Bundes Heimatschutz zusammengelegt und in den Reden die gemeinsame – inzwischen erweiterte – Zielsetzung dargestellt.

Über die Heimatschutzbewegung haben sich Architekten in die Weiterentwicklung der Denkmalpflege im frühen 20. Jahrhundert eingebracht, auch wenn sich der Ensemble-Gedanke erst in der Zeit nach dem Zweiten Weltkrieg im heutigen Sinne voll durchsetzen konnte.

Auch dieses Mal war die Verbindung vom Erhalten und Bewahren zum zeitgenössischen Baugeschehen typisch für den Beitrag der Architekten, was nicht verwundert, da die zentrale Aufgabe der Architekten schließlich das Planen und Bauen ist. Die reformorientierte und sozialgeschichtlich bedeutende Gartenstadtbewegung bediente sich Anfang des 20. Jahrhunderts eines »Heimatschutz-Stils«, der von der Baugestalt her konservativ war, ansonsten aber der städtebaulichen Entwicklung neue Impulse gab. Erst die Zeit des Nationalsozialismus brachte die Heimatschutzbewegung um ihren Ruf, indem orts- und regionalgebundenes Bauen als offizielle Propaganda-Architektur verordnet wurde und sich sogar ihr Gründungsvorsitzender, Paul Schultze-Naumburg, nationalsozialistischen und rassistischen Zielen in peinlicher Weise andiente.

Trotz dieser Ereignisse sollte nicht vergessen werden, daß die Heimatschutzbewegung keine Erfindung der Nationalsozialisten war und diese sich lediglich der vorhandenen Reformbewegung bemächtigt haben. Es bleibt das Verdienst des Heimatschutzes – und damit das der in ihm tätigen Architekten – eine Erweiterung des Denkmalbegriffes hin zur Entwicklung von städtebaulichen und landschaftlichen Zusammenhängen vorbereitet zu haben.

Literatur:

[1] Norbert Huse (Hrsg.): Deutsche Texte aus drei Jahrhunderten, C.H. Beck, München, 1984
[2] Friedrich Nietzsche: Vom Nutzen und Nachteil der Historie für das Leben, etwa 1875; Reprint: Insel-Taschenbuch Nr. 1236, Frankfurt, 1989

2.2 Die Zeit nach dem Zweiten Weltkrieg

2.2.1 Das Problem der Nachkriegszeit

Das Zitat des im europäischen Denkmalschutzjahr 1975 amtierenden Bundespräsidenten, es seien mehr Kulturdenkmäler nach 1945 als im Zweiten Weltkrieg selbst verlorengegangen, umschreibt die Entwicklung der Nachkriegszeit mit all ihren negativen Auswirkungen auf den Städtebau, den Denkmalschutz und nicht zuletzt den vernachlässigten Umweltgedanken. Zwar hat es zwischen 1945 und 1975 beachtliche Einzelleistungen im Bereich der Denkmalpflege gegeben, deren Spuren jedoch mehr vom Zufall, von günstigen lokalpolitischen Gegebenheiten oder von überzeugenden Persönlichkeiten aus dem Kulturleben und der Denkmalpflege, gekennzeichnet waren.

Immer wieder war das Sein oder Nichtsein herausragender Zeugnisse deutscher Baugeschichte dem Urteil entsprechender politischer Entscheidungsträger ausgesetzt, sofern Kriegsbeschädigungen eine Diskussion um den Erhalt des betreffenden Gebäudes rechtfertigen. Das, was im Notstand der Jahre zwischen 1945 und den Wirtschaftswunderjahren im positiven Sinne für die Denkmalpflege, d. h. den Erhalt von unverzichtbaren Denkmalen geleistet worden ist, geht größtenteils auf einen Personenkreis zurück, der sich aus engagierten Kommunalpolitikern, Architekten, Pfarrern, Vertretern der Landeskirchenämter oder der Bürgerschaft selbst zusammensetzte. Waren diese vom Idealismus und Engagement getragenen Kräfte nicht gegenwärtig, so war den Denkmalämtern wegen des bundesweit fehlenden Vetorechtes eine rechtliche Einwirkung kaum gegeben. Finanzielle und personelle Mißstände machten die Denkmalpflege zum schwächsten Glied innerhalb der Bau- und Kulturpolitik.

In den zerstörten Städten bot sich generell die gleiche Situation *(Abb. 2.2.1)*. Die Wiederaufbaubedingungen waren überall sehr ähnlich. »Traditionalisten« sowie »Bauhäusler« bereiteten das Diskussionsfeld auf und stritten über den Verbleib der Ruinen, die sich, mit ihren aufrechtstehenden Fassaden, oft bis zu 80 % erhalten hatten. Die an der historischen Stadt orientierten Architekten, wie z. B. Karl Gruber[1]), forderten *»äußerliche Schlichtheit, doch in bewußt gediegener*

Abb. 2.2.1
Frankfurt mit Paulskirche nach der Zerstörung

Fotoarchiv des Landesamtes für Denkmalpflege Hessen

Abb. 2.2.2
Frankfurt im Jahre 1985

Abb. 2.2.3
Freudenstadt im Schwarzwald
Wiederaufbau der Altstadt durch Ludwig Schweizer
Bildarchiv Foto Marburg

und materialgerechter Handwerklichkeit« für den Wiederaufbau der Städte, während der Augsburger Stadtbaudirektor Walther Schmidt[2] z. B. davon ausging, daß die Gesetzmäßigkeiten der mittelalterlichen Stadt zwar nicht übertragbar seien, jedoch zumindest eine Einstimmung des Neubaus in das historische Umgebungsfeld erforderlich machen. Die von Kunsthistorikern und engagierten Architekten des Wiederaufbaus geforderte Einbeziehung von Ruinen in Neubauten blieb auf wenig bedeutende Einzelfälle beschränkt, wie z. B. bei den vielgerühmten Wiederaufbauten der Paulskirche in Frankfurt am Main oder der Pinakothek in München.

Einige entscheidende Grundsatzvorträge und Publikationen verdeutlichen, daß man keine geschichtslosen neuen Städte bauen wollte, sondern die Reste der Ruinen in einem erneuerten Geist und Erscheinungsbild nach der allgemeinen Grundordnung der Vorgängerbauten neu erschaffen wollte. Da jedoch die Zeitspanne, in der Gelegenheit geboten wurde, über die Struktur des Städtebaus und dessen Neuordnung oder dessen Verbesserung und Reparatur nachzudenken, sehr knapp bemessen war, verloren sich im Laufe der 50er Jahre diese Rückbesinnungstendenzen und räumten der städtebaulichen Neuentwicklung, die wir heute mit Stadtbildzerstörung (Abb. 2.2.2) umschreiben, einen größeren Entfaltungsraum ein. Die seinerzeit bauideologisch kritisch hinterfragten Wiederaufbaukonzepte von Freudenstadt (Abb. 2.2.3), Augsburg, Nürnberg oder Münster sind mit ihren stadtplanerischen Rückbesinnungszielen als Einzelfälle zu werten. Sie sind zwischenzeitlich, vor allen Dingen seit dem europäischen Denkmalschutzjahr, als positive Alternativen des Wiederaufbaus in Deutschland gewürdigt worden.

Im allgemeinen wurde die Position der Denkmalpflege zu Beginn der 50er Jahre dahingehend geschwächt, als sich die ersten behutsamen Überlegungen zum Wiederaufbau zunehmend in Neubauprogramme umwandelten. Dies wirkte sich besonders verlustreich auf jene Städte aus, die nicht durch Sprengbomben, sondern durch Brandbomben zerstört worden waren und noch zusammenhängende historische Baustrukturen aufwiesen und ein Bauen aus und mit

Abb. 2.2.4
Bad Wildungen, Kreis Waldeck-Frankenberg, Hufelandstraße
Zeittypischer Umgang während der 60er und 70er Jahre mit Bauten der Gründerzeit

---
[1] Gruber, Karl: Der heilige Bezirk in der zukünftigen Stadt. Regensburg/Münster 1949, S. 47
[2] Walther Schmidt: Bauen mit Ruinen. Otto Maier, Ravensburg, 1948. Und: Ein Architekt geht über Feld. Otto Maier, Ravensburg 1947

Abb. 2.2.5
*Oldenburg, großbürgerliche Villa
Bau des Spätklassizismus mit repräsentativer Schaufassade zum Flußufer, Kulturdenkmal aus künstlerischen, städtebaulichen und historischen, hier insbesondere aus architekturgeschichtlichen Gründen*

Ruinen durchaus ermöglicht hätten. Da man sich jedoch an Stadtbautheorien orientierte, die sich mit den Problemen einer zerstörten Stadt nur am Rande auseinandersetzen wollten, wurde die Neuorganisation der Stadt kaum noch nach stadthistorischen Gesichtspunkten entwickelt. Der Kontrast zwischen Alt und Neu wurde angestrebt, kam aber nur dann zur Diskussion, wenn die historische Substanz des jeweiligen Gebäudes oder einer Stadtpartie, noch eine kunsthistorisch oder städtebaulich dominante Rolle für sich in Anspruch nehmen konnte.

2.2.2 Die Wirtschaftswunderjahre

Die Kluft, die sich zu dieser Zeit zwischen der Architektenschaft und der Denkmalpflege aufgetan hatte, vergrößerte sich im Laufe der 60er und 70er Jahre durch die peripher angesiedelte baugeschichtliche Ausbildung an den Technischen Hochschulen. Dies ist insofern befremdend, zieht man in Betracht, daß gerade im 19. und beginnenden 20. Jahrhundert der Denkmalschutzgedanke vorwiegend von der Architektenschaft entwickelt und gepflegt worden war.

Fehlende Denkmalschutzgesetze wurden durch Bestimmungen in den Landesbauordnungen zur Erhaltung von Bauten, Straßen und Plätzen von geschichtlicher, künstlerischer und städtebaulicher Bedeutung ersetzt; den Landesdenkmalämtern wurde keine Mitbestimmung eingeräumt. Mit zunehmendem Wohlstand und gesteigerten Ansprüchen an den Wohnkomfort – möglichst draußen in der autogerechten Vorstadt – wurde die Akzeptanz denkmalpflegerischer Ziele zunehmend geschwächt. Im »Kielwasser« der Stadtflucht folgte der soziale und bauliche Niedergang der Altstädte. Der Verkehrswert der Altbauten sank infolge der Vernachlässigung der Infrastruktur der Altstadtviertel in katakombische Tiefen. Da der Denkmalpflege jegliche finanzielle Basis fehlte und ein rechtliches Eingreifen nur möglich war, wenn der Staat alle Unterhaltungskosten für private Kulturdenkmäler in voller Höhe übernahm und jede Minderung des Marktwertes oder der Nutzungserweiterung zu entschädigen bereit war, mußte von vornherein eine erfolgversprechende Denkmalpflege ausgeschlossen sein.

Die Rationalisierung der Bauindustrie, die Entmündigung des traditionellen Handwerks, das sich einstellende Gedankengut einer »Schnellverbrauchs- bzw. Wegwerfgesellschaft«, das Ideal der Pflegeleichtigkeit sowie die Vision vom Haus ohne Bauunterhaltung und auch die rasenden Ansprüche eines ständig wachsenden Konsumverhaltens, aber auch verkehrsplanerische Neuordnungen, die sich oft wie kriegsbedingte Zerstörungen auf Stadt und Dorf auswirkten: All dies war ein Charakteristikum der geschichtsfernen 60er und 70er Jahre. Engagierte Alleingänger in der Denkmalpflege wurden in kritischen Situationen von ihren Ministerien angewiesen, Abbrüche von Stadtvierteln und Kulturdenkmalen zu dulden bzw. sich aus der öffentlichen Diskussion herauszuhalten.

Ein öffentliches Bewußtsein für die ständig weniger werdenden historischen Zeugnisse wurde erst durch schockartige Aktionen ausgelöst. Der Protestbewegung einer frustrierten jungen Generation, die sich u.a. durch Hausbesetzungen Gehör verschaffte, folgte eine Politisierung des Denkmal- und Umweltgedankens seit Beginn der 70er Jahre. Im Windschatten der Studentenbewegung fand sich der einzelne Bürger in Bürgerinitiativen wieder und sah plötzlich seine Gelegenheit, gegen staatliche Obrigkeit und kommunale Planungsprozesse aufzubegehren.

2.2.3 Ein neues Geschichtsbewußtsein

Das Gewahrwerden der Unwirtlichkeit unserer Städte durch Bevölkerungsentleerung und der Verkommerzialisierung der letzten historischen Rückzugsgebiete, die Überformung der letzten ungestörten städtebaulichen Normalitäten, die Auswertung soziologischer Studien über die Zustände in den verdichteten Trabantenstädten: All dies führte letztendlich zu jener hochexplosiven Stimmung, die sich im europäischen Denkmalschutzjahr 1975 positiv entladen konnte und auch jenen Politiker, der der »Vergangenheit keine Zukunft« zubilligen wollte, zum Umdenken und politischen Handeln im Sinne des Denkmalschutzgedankens brachte.

Der Umdenkungsprozeß, der die Wege zu den neuen Denkmalschutzgesetzgebungen ebnete und hiermit der modernen Denkmalpflege eine heute noch gültige Akzeptanz einbrachte und ihr in den meisten Bundesländern das bislang nie zugestandene Vetorecht als Träger öffentlicher Belange einräumte, ist in der Öffentlichkeit mitunter auch in das Extrem der Nostalgie umgeschlagen. Dies mag dem wissenschaftlichen Denken sicherlich nicht immer förderlich gewesen sein. Von der kalten Serienarchitektur des modernen Wohnungsbaus angewidert, wurden vorbehaltlos die Leistungen moderner Architektur der 20er und der 50er Jahre abqualifiziert. Die idyllische Gemütlichkeit – durch vorgehängte Fachwerkattrappen und sonstiges historisierendes Blendwerk vermittelt – genügte mitunter, das Stimmungsdefizit betroffener Bevölkerungskreise abzubauen. Die Auseinandersetzung des Denkmalpflegers mit dem Alltag

2.2 Die Zeit nach dem Zweiten Weltkrieg

fand in diesen Tagen ihren offiziellen Anfang (Abb. 2.2.4) und bewirkte u.a. die wissenschaftliche Beschäftigung mit einem bislang diskriminierten Zeitabschnitt deutscher Baugeschichte der Zeit zwischen 1850 und 1914.

Die Entdeckung des Historismus (Abb. 2.2.5) als ablesbares Zeugnis einer vom industriellen Aufstieg und vom Kaiserreich geprägten Lebensform wurde in einer Flut von Dissertationen, Publikationen, Aufsätzen und Vorträgen, von Kunstwissenschaftlern und Kulturhistorikern aufbereitet, gewürdigt und zur Anerkennung gebracht. Die Qualität ganzer Quartiere aus der Gründerzeit, die in vielen Fällen in den Randzonen der Altstädte von den Bombardierungen des Zweiten Weltkrieges verschont geblieben waren, haben die Diskussion um den Ensembleschutz, die Identifikation mit dem Quartier sowie mit dem Wohnort und dem heimatlichen Standort in Gang gebracht. Im Verlauf der zweiten Hälfte der 70er Jahre erreichte das Ensemble in den westlichen Bundesländern endlich seine denkmalrechtliche Anerkennung.

Seit dieser Zeit ist durch gezielte Öffentlichkeitsarbeit und die Einwirkungsmöglichkeit auf politische Entscheidungsträger der Gedanke des Denkmalschutzes in die Landesregierungen und den Bundestag getragen worden und hat zur Verabschiedung von Gesetzen geführt, die die Belange des Denkmalschutzes stützen und fördern und durch finanzielle Erleichterungen – besonders aber durch steuerliche Vergünstigungen – einen Anreiz für die Besitzer von Denkmalen bietet. Hohe finanzielle Förderungen für die Instandsetzung und Modernisierung von Baudenkmalen konnten durch das Städtebauförderungsgesetz jenen Kommunen angeboten werden, die ihre Altstädte reaktivieren und zu qualitativ hochwertigen Lebensräumen umgestalten wollten. Zu vorliegenden Wirtschaftlichkeitsberechnungen, die oft den Abbruch ganzer Altstadtquartiere zur Folge gehabt hätten, waren die Städtebauförderungsmittel ein willkommenes Gegenmittel.

2.2.4 Rekonstruktionen

Die Diskussion um Rekonstruktionen ist immer wieder dann neu entfacht worden, wenn geschichtliche Selbstfindungs- und Rückbesinnungsphasen nach Fremdherrschaften, kriegerischen Zerstörungen oder Naturkatastrophen eine Zeit restaurativer Tendenzen mit sich brachte.

Der Streit der Architekten und Denkmalpfleger um den Wiederaufbau des Heidelberger Schlosses um 1900 mag stellvertretend für das Denkmalbewußtsein des 19. und beginnenden 20. Jahrhunderts sein, als man die »vaterländischen Zeugnisse« demonstrativ zu kulturpolitischen Ereignissen hochstilisieren wollte, da man sich als Teil des deutschen Volkes für Objekte dieser Rangordnung als Mitbesitzer verantwortlich fühlte.[3]

Nach den Befreiungskriegen (1813 bis 1815) wurden zur Ehre des Vaterlandes unvollendete Monumente zu Ende gebaut. Zerstörte Zeugnisse der Architektur wurden oft auf pseudowissenschaftlicher Grundlage so »rekonstruiert«, wie man sich mittelalterliche Architektur vorstellte bzw. meinte, diese interpretieren zu können. Viele Thesen und Antithesen sind vor dem Hintergrund solcher architekturgeschichtlichen Ereignisse geschrieben worden und haben mitunter harte Auseinandersetzungen entweder unter den Gelehrten und Fachleuten oder aber in der breiten Öffentlichkeit hervorgerufen.

Vielfach wird der Begriff der *Rekonstruktion* mit Wiederaufbau, Nachbildung oder Kopie verwechselt, obwohl diese reproduktiven Maßnahmen, insbesondere von der Denkmalpflege, begrifflich klar voneinander getrennt werden. Hier sei insbesondere auf die Begriffserläuterungen von Gottfried Kiesow[4] und Michael Petzet[5] hingewiesen.

Unter *Rekonstruktion* versteht man das Wiederzusammenfügen, das Wiedererrichten eines nicht mehr existierenden Objekts, d. h. die Wiedererrichtung eines Gebäudes, dessen ehemaliges Erscheinungsbild und Konstruktion bis ins Detail noch weitestgehend bekannt und durch Beschreibungen, Pläne oder Fotodokumente belegt ist.

Der Quellenwert ist demzufolge für das Anliegen der Denkmalpflege unverzichtbar, sei dies in Form der noch zu verarbeitenden Originalsubstanz oder sei dies in Form ausreichend vorhandener Bauunterlagen und Dokumente, die eine Rekonstruktion, Wiederherstellung und Ergänzung teilzerstörter oder nachteilig überformter Gebäude rechtfertigt.

Abb. 2.2.6
Köln, Klosterkirche der Franziskaner in der Ulrichgasse
Architekt
Emil Steffann, 1953:
»Bauen aus Ruinen«

---

[3] Dehio, Georg: Was wird aus dem Heidelberger Schloß werden? Kunsthistorische Aufsätze, München/Berlin 1914, S. 250 ff.
[4] Kiesow, Gottfried: Einführung in die Denkmalpflege. Wissenschaftliche Buchgesellschaft, Darmstadt 1982 (siehe auch: Arbeitsheft 6 des Bayerischen Landesamtes für Denkmalpflege 1979)
[5] Petzet, Michael/Mader, Gert: Praktische Denkmalpflege, Kohlhammer, Stuttgart 1993

Im allgemeinen distanziert sich die Denkmalpflege von Nachbildungen und Kopien und empfiehlt, entweder den Wiederaufbau im Sinne interpretierender Denkmalpflege, wie dies vor allen Dingen in der Wiederaufbauzeit in den zerstörten Städten geschehen ist, oder legt den Antragstellern nahe, eine zeitgenössische architektonische Antwort zu suchen, die mit dem historischen Umgebungsfeld verträglich ist, zumal die unkritische Nachbildung untergegangener Bauten einerseits den Qualitätsmaßstab echter Baudenkmäler herabsetzen kann und sich andererseits dahingehend auswachsen könnte, den Wert der Geschichte nur noch am äußeren Erscheinungsbild bemessen zu wollen (Abb. 2.2.6).

Die Auseinandersetzungen um die Rekonstruktion der Dresdner Frauenkirche nach der Wiedervereinigung sowie die leidenschaftliche, mitunter polemisch geführte Diskussion um die Nachbildung des Berliner Schlosses unterscheiden sich in ihrer Lautstärke und medienwirksamen Polemik wenig von den Streitereien um den Wiederaufbau des Goethehauses in Frankfurt am Main im Jahre 1948 oder von den Rekonstruktionstendenzen im Jahre 1983, als man der Frankfurter Paulskirche das äußere Erscheinungsbild der Vorkriegszeit wieder verleihen wollte.

Die hier vorgetragenen grundsätzlichen Gedanken zum Für und Wider von Rekonstruktionen entsprechen weitgehend, wie die Publikationen der verschiedenen Denkmalämter beweisen, dem Selbstverständnis heutiger Denkmalpflege und spiegeln Geist und Inhalt der *Charta von Venedig* wider, die zwar das Thema Rekonstruktion nicht direkt anspricht, diese aber unter Artikel 15 (Ausgrabungen) von vornherein ausschließt, andererseits im übertragenen Sinne unter Artikel 9 (Restaurierung) im Falle ausreichender Unterlagen wiederum rechtfertigt.

Da das Verhältnis zum Baudenkmal sehr individuell ist und jede geschichtliche Situation und die hieran gebundenen Emotionen oft eine nicht vorausehbare Eigendynamik entwickeln, ist es an dieser Stelle angeraten, zur Rekonstruktion lediglich grundsätzliche Gedanken vorzutragen.

Unter Berücksichtigung ernstzunehmender Argumente für die Rekonstruktion herausragender Geschichtsmonumente einerseits und dem eigentlichen konservatorischen Auftrag der Erhaltung der historischen »Restmasse« andererseits wurde am 11.6. 1991 auf der Tagung der Vereinigung der Denkmalpfleger in der »Stellungnahme von Potsdam« mehrheitlich Verständnis für den Wunsch, zerstörte Werke der Baukunst wiedergewinnen zu wollen, zum Ausdruck gebracht. Es wurde jedoch betont auf die Gefahren dieses Wunschdenkens hingewiesen: »*Die Bedeutung der Baudenkmale als Zeugnisse großer Leistungen der Vergangenheit liegt nicht allein in den künstlerischen Ideen, die diese verkörperten, sondern wesentlich in ihrer zeitbedingten, materiellen, baulichen und künstlerischen Gestalt mit allen Schicksalsspuren. Die überlieferte materielle Gestalt ist als Geschichtszeugnis unwiederholbar wie die Geschichte selbst...*« Denkmalpfleger sind einzig den nicht reproduzierbaren Geschichtszeugnissen verpflichtet und haben zu warnen, wenn die Möglichkeit der Erinnerung im öffentlichen Raum aufgehoben zu werden droht. Erneut wird mit der »Stellungnahme von Potsdam« zum Ausdruck gebracht, daß die Aufgabe des Denkmalpflegers nicht mit dem elementaren Bedürfnis verwechselt werden darf, die Zerstörung des Originalen ungeschehen machen zu wollen.

Zur immer wieder aufflammenden Diskussionen über das Thema Rekonstruktionen seien an dieser Stelle zwei Argumente vorgestellt, von denen sich das eine in grundsätzlicher Art äußert, das andere den Ausnahmefall im Einzelfall beschwört:

1. »*Rekonstruktionen verhindern die Erinnerung an historische Prozesse genauso wie die Zerstörung von Baudenkmalen. Die Gefahr einer Verwechslung von Baudenkmalen mit Rekonstruktionen verhindert sowohl die historische als auch die ästhetische Orientierung und vermittelt das Gefühl der Fremdheit. Eine vertraute Umwelt kann nur im Zusammenwirken von Historischem und Aktuellem entstehen. Der Neubau einer historisch wirkenden Kulisse irritiert mehr, als er zur Klärung beiträgt.*«[6]

2. »*Ein Kunstwerk ist aber auch zeitlos gültig und daher übergeschichtlich. Ein wiederaufgebautes oder rekonstruiertes Baudenkmal stellt zwar kein »authentisches«, aber dennoch ein rezeptives Zeugnis der Geschichte dar – nämlich ein bewußt als solches wiederhergestelltes. Damit ist es gleichzeitig ein Zeugnis der Gegenwart... Es gibt keine philosophische oder moralische Instanz, die den Wiederaufbau eines historischen Bauwerks, so er gewünscht wird und möglich ist, verbieten könnte. Das ändert nichts an der Tatsache, daß Rekonstruktionen zerstörter oder verlorener historischer Bauwerke reproduktiv und daher kulturell problematisch sind. Es muß eine Rechtfertigung für sie in jedem Einzelfall geben.*«[7]

Wenn das sächsische Denkmalamt den geschichtlichen Anspruch erhebt, ein Kulturdenkmal wie die Dresdner Frauenkirche wiederaufbauen zu wollen, da man über zwei Jahrzehnte einen zähen Kampf gegen die staatlich beabsichtigte Ruinenbeseitigung geführt hat, um aus diesen Trümmern eine der wichtigsten Schöpfungsbauten des protestantischen Kirchenbaus des 18. Jahrhunderts als unverzichtbaren Bestandteil der Dresdner Stadtsilhouette wiedererstehen lassen zu können[8], so steht diese Aussage als Wunsch der Kriegs- und Nachkriegsgeneration genauso verständlich vor Augen, wie die unbestrittene Feststellung, daß Geschichte nicht wiederholbar ist und daß die Aussagekraft des Denkmals vom Verlauf der Geschichte geprägt ist und Geschichte, auch wenn diese eine Zerstörung mit sich gebracht hat, ein wesentlicher Bestandteil des Denkmals an sich ist.

Die letztgenannten Argumente tolerieren bzw. fordern den Ausnahmefall, bringen aber zum Ausdruck, daß Rekonstruktionen von untergegangenen oder stark zerstörten Kulturdenkmalen vom mehrheitlichen Willen der Bevölkerung ernsthaft und nachweisbar getragen sein müssen.

Weniger moderat liest sich hingegen jenes Manifest, das 1947 vom Deutschen Werkbund anläßlich des Streitgespräches um die Rekonstruktion des Goethehauses in Frankfurt veröffentlicht wurde und daß u. a. den Wunsch um Wahrheit und nicht um Illusion zum Ausdruck brachte und dem Schaffenden ans Gewissen legte, die neue sichtbare Welt ihres Lebens und ihrer Zeit zu bauen und davon abzulassen, das zerstörte Erbe historisch zu rekonstruieren, da es nur für neue Aufgaben in neuer Form entstehen kann.

---

[6] Fischer, Ludwig: 11 Thesen gegen die Zerstörung von Denkmalen durch Kunsthistoriker (These 6). In: Bauwelt 85 (1994), Heft 8, S. 354

[7] Paul, Jürgen: Der Wiederaufbau der Dresdner Frauenkirche, Kritik und Rechtfertigung. In: Dresdner Hefte Nr. 32, Beiträge zur Kulturgeschichte, 10. Jg., Heft 32, 4/92, S. 42, Hrsg. Dresdner Geschichtsverein e. V.

[8] Nadler, Hans: Der Erhalt der Ruine der Frauenkirche nach 1945. In: a. a. O. (s. Fußnote 6), S. 25

3 Grundbegriffe, Grundsätze

Seit dem frühen 19. Jahrhundert hat die Denkmalpflege eine Reihe von Entwicklungen und Einschnitten erlebt, die sich auf ihre Theorie ausgewirkt und diese fortgeschrieben haben. So wird die heutige Diskussion um denkmalpflegerische Belange, Begriffe oder Einzelprobleme bisweilen erst vor dem Hintergrund dieser Entwicklung verständlich.

Für den Architekten wirken sich die Argumentationen und Bewertungen unmittelbar auf seine Arbeit aus. Ignoriert er sie – weil er der Meinung ist, zuviel Detailwissen schade nur der Kreativität – besteht die Gefahr, daß seine Planung an Bindungen scheitert, die er nicht beachtet hat. Oder die fertige Planung wird notdürftig mit den denkmalpflegerischen Anliegen in Übereinstimmung gebracht und verliert dabei an Klarheit. Ein anderer Weg ist das Befassen mit den Anliegen der Denkmalpflege mit dem Ziel, eine Lösung in Übereinstimmung mit diesen zu erreichen. Daß die vertiefende Kenntnis der genauen – technischen wie historischen – Eigenschaften des Hauses die Kreativität hemmen soll, wird zwar immer wieder behauptet, es gibt aber genügend Gegenbeispiele, bei denen durch die genaue Kenntnis der »Persönlichkeitsmerkmale« eines Gebäudes, objekttypische (Sonder-)Lösungen entstanden sind, die bei einem anderen Bau so nicht möglich gewesen wären (siehe auch Kapitel 5).

Befunde, die der zunächst angestrebten Lösung vielleicht im Wege standen, selbst aber Aussagewert haben, können zum Herausarbeiten historischer Schichten oder zum improvisierten Nutzen von Möglichkeiten führen, die man so nicht neu erfinden kann, die aber zum Reiz eines renovierten Altbaus wesentlich beitragen können.

Nachfolgend werden einige Grundbegriffe und Grundsätze erklärt. Ausgerichtet auf die architektonische Praxis, soll sich die Darlegung an der Wichtigkeit der Begriffe für Handlungsbereiche der Architekten orientieren.

Abb. 3.1.1
Die Nordseite des Mainzer Domplatzes mit seinen historisierenden Neubauten und Umbauten besitzt keinen Denkmalwert; er zeigt die Vorliebe unserer Zeit nach dem Design der Vergangenheit

3.1 Zeugniswert und Originalsubstanz

Stadtbildwirksame Kuriosität steht bei der denkmalpflegerischen Bauaufgabe nicht im Vordergrund des Interesses. Dabei wird nicht verkannt, daß Ortsbildpflege und Denkmalpflege eine Reihe von gemeinsamen Zielsetzungen aufweisen. Hier interessieren jedoch mehr die Unterschiede. Das historische Gebäude ist als ein Geschichtszeugnis anzusehen, das unmittelbar aussagefähig ist. Für eine Vielzahl von interessierenden Fragen stehen uns keine oder nur wenige Archivalien oder sonstige Informationen zur Verfügung, so daß der Stadtgrundriß, der Boden und die darauf befindlichen Baulichkeiten für die Denkmalpflege die wichtigsten Geschichtsquellen darstellen.

Dabei ist nicht jedes alte Gebäude ein Denkmal, und es ist die Aufgabe der Denkmalpflege, diejenigen Objekte auszuwählen, die so aussagekräftig sind, daß sie eine Unterschutzstellung rechtfertigen. Schließlich ist es ihre Aufgabe, diese Objekte selbst ebenso wie ihre schutzwürdigen Eigenschaften so aussagefähig wie möglich zu erhalten, um sie an die nächste Generation weiterzugeben. Es ist einzuräumen, daß dieser Anspruch bei Umbaumaßnahmen und selbst bei reinen Erhaltungszielen nie vollständig zu erreichen sein wird. Jede Nutzungsänderung, aber auch jede Instandsetzungsmaßnahme und auch reine Konservierungsmaßnahmen verändern die zu schützende Substanz und damit den Aussagewert – wenn auch in unterschiedlichem Ausmaß. Das ändert jedoch nichts an der Richtigkeit der Zielsetzung, daß bei Denkmalen eine weitestmögliche Erhaltung des Zeugniswertes anzustreben ist.

Die weitestgehende Aussagefähigkeit besitzt die unveränderte originale Substanz, und auf deren Erhaltung ist tatsächlich der wesentlichste Teil der denkmalpflegerischen Bemühungen bezogen.

Warum nur die Originalsubstanz den Informationswert besitzt, der das Denkmal im Sinne einer Geschichtsquelle aussagefähig macht, kann exemplarisch leicht deutlich gemacht werden. Könnte z.B. eine ausgetretene Treppenstufe aus Naturstein – ohne besondere Merkmale einer Detailausbildung, Oberflächenbehandlung usw. – gegen eine gleichartige, neue Stufe aus gleichem Material ohne Verlust an Informationswert ersetzt werden? Der Informationsverlust würde sich auf die Abnutzungsspuren beschränken. Damit wäre allenfalls die Frage berührt, ob man noch ablesen könne, wie stark diese Treppe ursprünglich frequentiert war. Immerhin könnte damit vielleicht die Beantwortung der offenen Frage nach der ursprünglichen Eingangssituation eines Gebäudes geklärt werden. Beim sogenannten *Templerhaus* in Amorbach, dessen ursprüngliche Nutzung und Bedeutung bis heute nur teilweise geklärt werden konnte, wurde auf einer solchen Treppenstufe ein eingeritztes Mühlespiel entdeckt, das Hinweis darauf gibt, daß sich hier Wachleute die Zeit vertrieben haben. Diese Information kann für die

Klärung offener Fragen von wesentlichem Belang sein. Sie wäre nicht mehr vorhanden, wenn man die scheinbar bedeutungsarme Blockstufe irgendwann einmal gegen eine neue ausgetauscht hätte [1].

Bei der aus der ersten Hälfte des 18. Jahrhunderts stammenden Pfarrkirche St. Peter und Paul in Hochheim am Main waren die einfachen Holztreppen und Podeste im Turm zu überholen. Bei einer letzten Ortsbesichtigung vor der geplanten Teilerneuerung wurden Einschnitte mit Schleifspuren entdeckt.

Es handelte sich um Öffnungen, durch die früher das Glockenseil und Drahtseile für die Uhrmechanik geführt waren. Die Podeste mit ihren Öffnungen hatten also weitergehende Aussagequalität. Sie blieben erhalten und wurden so repariert, daß die Information nicht zerstört wurde.

Bei der Restaurierung der ebenfalls barocken St. Gallus-Kirche in der Nachbarstadt Flörsheim untersuchte der Verfasser eine horizontale Baunaht. Bei der Kirche gab es offenbar während der Bauzeit eine Planänderung, nach der die Umfassungsmauern der Saalkirche um ca. 3 m höher gebaut wurden als ursprünglich vorgesehen. Weder die Tatsache der Planänderung selbst noch eine Erklärung dafür waren überliefert. Der Verfasser fand schließlich eine schlüssige Erklärung durch die vergleichende Untersuchung mit der dreieinhalb Jahrzehnte früher entstandenen, ansonsten aber ähnlichen Hochheimer Kirche, deren unten offener Dachstuhl wohl schon von Anfang an zu Verformungen und Bauschäden geführt hatte. Das Höherziehen der Außenmauer in Flörsheim erlaubte nun – bei gleicher Raumhöhe – einen geschlossenen Dachstuhl mit Zerrbalkenlage, der solche Schäden vermied.

Hätten frühere Instandsetzungsmaßnahmen am einfachen, austauschbar erscheinenden Bruchsteinmauerwerk die Baunaht unkenntlich gemacht, wären die Erkenntnisse über die konstruktive Entstehungsgeschichte der beiden Kirchen vielleicht nicht entdeckt worden. Für die Frage einer Erhaltung von originaler Bausubstanz ist es dabei nicht erheblich, ob diese Substanz sichtbar ist oder nicht. Die stadtbildwirksame Fassade ist aus denkmalpflegerischer Sicht nicht prinzipiell wichtiger als die Konstruktion des Dachstuhls oder die – unsichtbar unter Putz liegende – Baunaht. (Zur konstruktiven Sicherung der Kirche siehe auch Abschnitt 9.4.1.)

Abb. 3.1.2
Die unscheinbaren Glockenseildurchlässe mit ihren Schleifspuren vermitteln Informationen über die ursprüngliche Funktion; dies vermag nur Originalsubstanz (Architekten: Planergruppe Hytrek, Thomas, Weyell und Weyell)

Natürlich hängt es nicht allein von unserem Wollen ab, ob originale Bausubstanz erhalten werden kann oder nicht. Ein verfaulter, nicht mehr tragfähiger Holzständer eines Fachwerkhauses, eine Unfallgefahr verursachende Treppenstufe zwingen uns zur Güterabwägung und schließlich zu Eingriffen in die Bausubstanz, die in der Regel zu einer Verminderung des Zeugniswertes führen.

Hier muß abgewogen werden, wie die unabweisbaren Notwendigkeiten durch geringstmögliche Eingriffe befriedigt werden können, mit dem Ziel, den Informations- und Zeugniswert des Denkmals so weit wie möglich zu schonen. Aus dieser Abwägung folgt, daß – wann immer möglich – *Reparatur Vorrang* haben muß *vor Erneuerung*.

Abb. 3.1.3
Die horizontale Baufuge sowie das darunterliegende zugemauerte Ovalfenster geben Aufschluß über eine sonst nicht übermittelte Planänderung (Bauforschung: Verfasser; Architekten: Planergruppe Hytrek, Thomas, Weyell und Weyell)

3.2 Erhaltung der Nutzungskontinuität

Ohne Nutzung kann ein Baudenkmal nur im Ausnahmefall erhalten werden. Für die überwiegende Anzahl der Gebäude bedeutet der Verlust einer Nutzung das Ende einer Instandhaltung und damit den Niedergang. Läuft die bisherige Nutzung eines Gebäudes also aus, so ist eine neue Verwendung anzustreben, und diese ist mit bestimmten Ansprüchen an den baulichen Rahmen verbunden, damit die neue Nutzung funktionieren kann. So stehen den Schutzansprüchen einer als Kulturdenkmal ausgewiesenen Bausubstanz also Nutzungsansprüche gegenüber, die eine Anpassung des baulichen Rahmens verlangen. Dies führt zu Zielkonflikten, die im Einzelfall zu Lasten der einen oder anderen – oder beider – Seiten gehen.

Am besten ist die kontinuierliche Fortführung der ursprünglichen Nutzung. Steht diese nicht mehr zur Verfügung, ist eine Nutzung zu suchen, die von ihren räumlichen und technischen Anforderungen nicht allzuweit entfernt ist bzw. die so flexibel organisiert werden kann, daß sie sich in den vorhandenen baulichen Rahmen einfügt. Aber selbst bei kontinuierlicher Weiternutzung sind Konflikte zwischen baulichem Rahmen und den geforderten Nutzungsbedingungen nicht ausgeschlossen. Wohnen, Handels- oder Verwaltungsnutzungen stellen heute andere Ansprüche an die räumlichen Größen und Zuordnungen, die Innen-Außenbeziehung sowie an die technische Ausrüstung. Selbst die über Jahrhunderte stabile Sakralnutzung von Kirchenräumen wandelt sich bisweilen in ihren Anforderungen, was zu baulichen Veränderungen führt. Ein Beispiel aus jüngerer Zeit ist der »Versus-populus-Beschluß« des Zweiten Vatikanischen Konzils der katholischen Kirche.

Danach soll der Priester der Gemeinde zugewendet und in ihrer Mitte den Gottesdienst zelebrieren. Ein neues Verständnis vom Verhältnis der Beteiligten untereinander führte ab der zweiten Hälfte der 60er Jahre zur Umgestaltung historischer Kirchen, in die zum Teil neue Podeste eingebaut und Zelebrationsaltäre in die Vierung vorgerückt wurden, um den neuen Erfordernissen räumlich gerecht zu werden.

Im Normalfall bedeutet bereits das Weiternutzen von Gebäuden, noch mehr natürlich das Umnutzen, daß in die bauliche Substanz – mehr oder weniger stark – eingegriffen werden muß, so daß es bei planerischen Vorüberlegungen nur darum gehen kann, diese Eingriffe so gering wie möglich zu halten und sie möglichst verträglich zu gestalten.

Grundlegende Entscheidungen über die Erhaltungsmöglichkeit originaler Bausubstanz – als Träger des Zeugniswertes eines Denkmals – fallen häufig bereits zu einem Zeitpunkt, an dem den Beteiligten die Tragweite ihres Handelns in bezug auf Auswirkungen auf die Denkmaleigenschaft nicht bewußt ist. Jedoch wirkt sich die Entscheidung für eine »falsche« Nutzung – bereits lange vor dem eigentlichen Planungsbeginn festgelegt – später verhängnisvoll aus, weil eine Erhaltung von wesentlichen Teilen nur noch eingeschränkt oder überhaupt nicht mehr möglich ist. Auch hier soll ein Beispiel das Problem verdeutlichen:

Im Rahmen einer Dorferneuerungsplanung erhält eine ehemals landwirtschaftlich genutzte, denkmalgeschützte Hofreite aufgrund ihrer Lage eine zentrale Bedeutung. Das an der Straße gelegene zweigeschossige Fachwerk(wohn)haus soll für eine öffentliche Nutzung verwendet und hergerichtet werden. Es soll ein Versammlungsraum mit einer Nutzfläche von ca. 60 m² entstehen, außerdem soll eine Zweigstelle der Stadtbibliothek untergebracht werden. Wegen der für wichtiger gehaltenen Erreichbarkeit und weil ein Personenaufzug nicht eingebaut werden soll, wird festgelegt, daß wenigstens der Versammlungsraum im Erdgeschoß unterzubringen ist. Im Obergeschoß soll die Bibliothek eingerichtet werden. Der Dorferneuerungsplan wird mit dieser Aussage von den städtischen Gremien beschlossen und von den fördernden Behörden bestätigt. Erst Jahre später wird der Auftrag an ein Architektenbüro zur Erstellung der Hochbauplanung erteilt.

Eine nach dem Beschluß erarbeitete Konzeption hat auf das Kulturdenkmal folgende gravierende Auswirkungen:

Der neue Versammlungsraum benötigt fast das gesamte Erdgeschoß des Gebäudes. Die Kleinteiligkeit der Raumstruktur stört die neue Nutzung, die einen ungeteilten Raum verlangt. Daher müssen die beiden das

Abb. 3.2.1

Nutzungsanforderungen wandeln sich selbst bei Beibehaltung der ursprünglichen Nutzung. Der »Versus-populus-Altar« wurde nach dem Zweiten Vatikanischen Konzil an eine mittige Stelle des Kirchenraumes verlegt (hier: die Vierung des Frankfurter Doms; Architekten der Restaurierung: Dr. Schirmacher und Partner)

Abb. 3.2.2
Beispiel für eine verträgliche Umnutzung: Dem Fachwerkhaus blieb seine kleinteilige Raumstruktur erhalten, der Versammlungsraum kam in die (hier neue) »Scheune«; (Dorferneuerung Eddersheim; Stadtplanung: Planergruppe Hytrek, Thomas, Weyell und Weyell)

Gebäude aussteifenden Bundwände (innere Querwände) entfernt und – zur Wiederherstellung der Stabilität – durch zwei Stahlrahmen ersetzt werden. Die Bücherei im Obergeschoß bedeutet eine wesentliche Erhöhung der Lasten, für die die vorhandene Deckenkonstruktion nicht ausreichend dimensioniert ist. Es wird also eine Verstärkung einzubauen sein, damit das Vorhaben realisiert werden kann. Es kann noch weitere Auswirkungen geben, z. B.: Wohin mit der Treppe, die den Versammlungsraum stört?

Das Ergebnis kann letztlich ein Stahlgerippe sein, das von einer Fachwerkhülle umgeben ist, ein ehemaliges Baudenkmal, dessen restlicher Zeugniswert sich auf oberflächliche Aspekte der städtebaulichen Wirkung beschränkt. Besser wäre gewesen, den Versammlungsraum in der Scheune der Hofanlage vorzusehen, die durch ihre Weiträumigkeit und Höhe wesentlich besser für diese Nutzung geeignet ist. Die Bücherei im Erdgeschoß des ehemaligen Wohnhauses wäre mit der kleinteiligen Raumstruktur und mit den Bundwänden gut vereinbar und außerdem besser erreichbar gewesen.

Die später einzuschaltenden Architekten finden eine Beschlußlage vor, die dann nur schwer zu verändern ist. Der als Dorferneuerungsplaner tätige Stadtplaner hat dagegen eher die Möglichkeit, rechtzeitig auf die drohende Unverträglichkeit der Nutzung hinzuweisen.

3.3 Eingriff und Reversibilität

Eingriffe in die Substanz eines Baudenkmals – seien sie zur Nutzungsanpassung oder zur Bestandssicherung notwendig – sollen möglichst reversibel vorgenommen werden, d. h., sie sollen sich wieder zurückbauen lassen, ohne daß das Denkmal nachhaltige Beeinträchtigungen zurückbehält. Dies wird bei einer konstruktiven Sicherung nicht immer in idealer Weise erreichbar sein, dennoch ist bei der Abwägung unterschiedlicher Sanierungskonzeptionen derjenigen der Vorzug zu geben, die eine Stabilisierung mit reversiblen Methoden erreicht oder ihr doch wenigstens näher kommt. Dabei sind Konflikte mit anderen schutzwürdigen Belangen durchaus möglich. Die sichtbare äußere Abstützung einer gefährdeten Wand beeinträchtigt das Erscheinungsbild des Gebäudes, eine Vernadelung und Verpressung des Schalenmauerwerks mit einer Zement-, Mörtel- oder Kunststoffinjektion vermeidet diesen Nachteil, verändert aber dauerhaft das Gefüge des Mauerwerks. Die Überlagerung eines gefährdeten Dachwerks mit einer unterstüt-

zenden, zusätzlichen Konstruktion, beeinträchtigt dagegen die Erscheinung (im nicht sichtbaren Bereich), beläßt aber dem alten Gefüge dennoch seine Form und Funktion und ist zudem – bei in Zukunft zur Verfügung stehenden besseren Möglichkeiten – jederzeit wieder ausbaubar und durch etwas anderes ersetzbar.

In jedem Falle sind Vor- und Nachteile unterschiedlicher Sanierungsmethoden sorgfältig und unter Einschluß der Frage nach der Reversibilität eines Eingriffs gegeneinander abzuwägen.

3.4 Charta von Venedig

1964 wurde auf einem internationalen Kongreß in Venedig die *»Internationale Charta über die Erhaltung und Restaurierung von Baudenkmälern«* beschlossen. Sie wird auch als *»Charta von Venedig«* bezeichnet und ist seitdem zu einer wichtigen Grundlage des denkmalpflegerischen Umgangs geworden. Ihre 16 Artikel sind unter die Begriffe *Definitionen, Zweck, Erhaltung, Restaurierung, Denkmalgebiete, Ausgrabungen* und *Publikation* geordnet, deren wichtigste – die Tätigkeit des Architekten betreffende – Aussagen hier kurz zusammengefaßt werden.

Thema *Erhaltung*:

Eine für die Gesellschaft nützliche Funktion erleichtert die Erhaltung und ist *»dann wünschenswert, wenn sie die Disposition oder den Schmuck der Gebäude nicht verändert«*. Nur in diesen Grenzen kann Umbauten zugestimmt werden (Artikel 5).

Die Erhaltung des Denkmals *»umfaßt auch die maßstäbliche Erhaltung der Umgebung«* (Artikel 6).

Die Translozierung eines Denkmals oder von Teilen darf nur zur Rettung bei existentieller Gefährdung erfolgen (Artikel 7). Bildhauerische, malerische oder dekorative Werke dürfen nur von ihm getrennt werden, wenn diese Maßnahme die einzige ist, die ihre Erhaltung sichern kann (Artikel 8).

Thema *Restaurierung*:

Die Restaurierung hat den Zweck, *»die ästhetischen und geschichtlichen Qualitäten des Denkmals zu erhalten und zu offenbaren, sie stützt sich auf die Respektierung der originalen Substanz ... Sie hört da auf, wo die Hypothese beginnt«*. Notwendige Ergänzungen sollen den Stempel unserer Zeit tragen (Artikel 9). Sie sollen sich harmonisch einfügen, sich *»jedoch von den ursprünglichen Teilen unterscheiden, damit die Restaurierung den Wert des Denkmals als Dokument nicht verfälscht«* (Artikel 12).

»Die Anteile aller Epochen ... müssen respektiert werden; die Einheit des Stils (Stilreinheit) ist kein Ziel« der Restaurierung. Bei mehreren übereinanderliegenden Zuständen darf ein überbauter Zustand nur ausnahmsweise freigelegt werden, wenn die zu beseitigenden Teile nur geringes Interesse beanspruchen und die freizulegenden Teile von hohem Wert und ausreichend erhalten sind (Artikel 11).

Mit diesen (hier zusammengefaßt und verkürzt dargestellten) Grundsätzen war und ist die *Charta von Venedig* für die Praxis der auf dem Gebiet der Denkmalpflege tätigen Architekten von großer Bedeutung. Auch zum Thema *Denkmalgebiete* wird im Artikel 14 eine Aussage gemacht, die allerdings – zeitgebunden – noch sehr allgemein bleibt. Die Frage der Gesamtanlagen (oder Ensembles) sollte erst mit den um die Mitte der 70er Jahre entstandenen neuen Denkmalschutzgesetzen befriedigend geklärt werden.

Abb. 3.3.1 a und b
*Der karolingischen Einhardsbasilika fehlte ihr stabilisierendes Seitenschiff. Nach Abwägung mehrerer Möglichkeiten wurde eine neue, aussteifende Bruchsteinwand errichtet.
Die Sicherung der im letzten Krieg zerstörten frühgotischen Christophskirche in Mainz (die Taufkirche Gutenbergs) erfolgte durch ein Stahlbetongerippe, das ebenfalls das Volumen des Seitenschiffs nachvollzieht. Während bei der Einhardsbasilika die Gefahr der Verwechselung mit Originalsubstanz besteht, sind die Eingriffe minimiert. Bei St. Christoph sind die Eingriffe punktuell größer, die Erscheinung ist – im Sinne einer schöpferischen Denkmalpflege – aber eigenständig*

Literatur:

[1] Wolf Schmidt: Das Templerhaus in Amorbach. Arbeitsheft 53 des Bayerischen Landesamtes für Denkmalpflege, München 1991

4 Erfassen und Begründen

4.1 Die Begründung und ihre Bedeutung für den Architekten

Die Antwort auf die Frage, ob ein bestimmtes Gebäude ein Denkmal ist oder nicht (gegebenenfalls warum) ist für zahlreiche Laien, aber auch Architekten schwer nachvollziehbar. Zunächst ist es die Aufgabe der Denkmalfachbehörde, den Bestand zu erfassen, die Substanz zu bewerten und dies qualifiziert zu begründen. Das nächste ist dann die Vermittlung dieser Begründung den Betroffenen und der Öffentlichkeit gegenüber. Hier gibt es jedoch bisweilen Kritik.

Es wird eingewendet, daß es seitens der staatlichen Denkmalpflege vielgeübte Praxis sei, in den Abstimmungsgesprächen über ein Bauvorhaben die Denkmalwürdigkeit eines Gebäudes eher zu verkünden als zu begründen. Dies betrifft nicht nur die Bedeutung des Gebäudes als Ganzes, sondern auch die Haltung des Denkmalpflegers zu Einzelheiten der Ausführung einer Baumaßnahme.

Baustellentermine, bei denen seitens des Denkmalpflegers kurz und knapp festgestellt wird, was geht und was nicht, aber auch, welche Architekturauffassung er für richtig hält, haben manche Baubeteiligten tatsächlich erlebt. Dabei ist die Grenze zwischen den streng konservatorischen Interessen und aktueller Architekturbewertung – die nicht Aufgabe des Denkmalpflegers ist – bisweilen schwer zu ziehen. Nach dem meist kurzen Termin verschwindet der Denkmalpfleger und läßt den Bauherrn mit seinem Architekten ratlos zurück.

Wenn der Termin wirklich so verlaufen sein sollte, wäre die Kritik berechtigt. Besser wäre gewesen – für die Akzeptanz der Denkmalpflege in der öffentlichen Bewertung wie für das konkrete Baudenkmal –, wenn es gelungen wäre, die Begründung und Bewertung überzeugend zu vermitteln und die Beteiligten dafür zu gewinnen, sich im Rahmen ihrer Möglichkeiten für die Schonung erhaltenswerter Elemente zu engagieren.

Diese Darstellung – eine Verdichtung gehörter Vorwürfe – ist allerdings nur eine Seite des Problems. Die andere ist, daß nicht jeder vorgelegte Entwurf die wünschenswerte Qualität besitzt.

Natürlich kann auch vom Architekten einer denkmalpflegerischen Maßnahme erwartet werden, daß er sich selbst erst einmal kundig macht und sich über die Frage einer konzeptionellen Integration der Denkmalpflegeinteressen in die Bauaufgabe Gedanken macht. Daß die Vorbereitung auf eine solche Aufgabe bei zahlreichen Architekten nicht ausreicht, sei fairerweise eingeräumt.

Der erste Schritt zu einem Verständnis ist die Frage nach der Begründung einer Denkmalwürdigkeit. Darüber wird im folgenden grundsätzlich informiert. Ob der Architekt selbst den Versuch unternehmen soll, wenigstens ansatzweise zu einer Bewertung und Begründung zu gelangen, darüber werden die Auffassungen auseinandergehen. Zumindest sollte er wissen, wo er sich informieren kann und sollte die – wenn auch bisweilen kurze – Begründung sorgfältig zur Kenntnis nehmen.

Aus der Begründung folgen die Möglichkeiten des Umgangs mit dem Denkmal. Ein Denkmal mit städtebaulicher Begründung kann in bezug auf gewünschte Grundrißänderungen anders behandelt werden als eines aus wissenschaftlichen Gründen, z. B. für Zwecke der Hausforschung, bei dem der Grundriß, die Eingangssituation, überhaupt alle Hinweise auf die früheren Nutzungen, einen wesentlich höheren Stellenwert besitzen.

Der Architekt ist also gut beraten, sich für die Frage der Begründung zu interessieren und abzuklären, was aus ihr im Hinblick auf seine planerische Konzeption folgt. Bezieht er die denkmalpflegerischen Anliegen dann in seine Planung mit ein und geht dabei schonend mit den wesentlichen Schutzgütern um, kann er gut gerüstet in das Gespräch mit der Denkmalpflege eintreten. Bei einer entsprechenden Vorbereitung ist es gut vorstellbar, daß das Gespräch mit dem Denkmalpfleger auch anders verlaufen kann als oben dargestellt.

Nachfolgend wird von einem Vertreter der staatlichen Denkmalpflege – nicht zu verwechseln mit dem eingangs geschilderten Denkmalpfleger – die Erfassung der Denkmale sowie die Begründung der Denkmalwürdigkeit verständlich gemacht.

Horst Thomas

4.2 Das Denkmal und seine wissenschaftliche Erfassung

4.2.1 Das Großinventar – ein traditionelles Grundlagenwerk der Denkmalpflege

Zu den klassischen Aufgaben der Denkmalpflege gehört die systematische Erfassung (Inventarisierung) der Kulturdenkmäler. Die Geburtsstunde der Inventarisation wird gern mit der ersten zeichnerischen Bestandsaufnahme der Marienburg in Westpreußen von Friedrich Gilly im Jahre 1795 und dem Memorandum zur Inventarisation schützenswerter Bauten von Karl-Friedrich Schinkel (1815) in Verbindung gebracht.

Erste entscheidende Sammelwerke über den Denkmalbestand ganzer Gebiete waren die Inventarbände der preußischen Provinz Hannover seit 1871, Oldenburg 1896 bis 1909, Großherzogtum Hessen, Provinz Starkenburg, Kreis Offenbach 1885. Diese Großinventare erschienen unter der Sammelbezeichnung des jeweiligen Landes, wie z. B.: »Die Bau- und Kunstdenkmäler im Regierungsbezirk Kassel, Kreis Wolfhagen, Kassel 1937«. Autoren waren Kunsthistoriker und bau- und kunstgeschichtlich vorgebildete Architekten, in der Regel war es der zuständige Konservator eines Regierungsbezirkes.

Die Werke haben meist den gleichen inhaltlichen Aufbau, in dem sie zunächst im Rahmen einer Landesübersicht einen Eindruck von der Kulturgeschichte, den klassischen Kulturdenkmalen, den darstellenden Künsten und den Hauslandschaften vermitteln.

Die in alphabetischer Ordnung aufgeführten Städte und Dörfer werden mit den jeweiligen Ortsbeschreibungen unter Benennung der Quellenangaben vorgestellt. Kirchen, Rathäuser, Pfarrhäuser, Bürgerbauten, Bauernhäuser, Brunnen und Steinkreuze usw. werden durch Zeichnungen und Fotos im Anhang mit mehr oder weniger ausführlichen Beschreibungen und Bauaufnahmen dargestellt. Diese Werke sind nach wie vor bedeutsam für den Wissensstand der Bevölkerung und wichtig für das Denkmalbewußtsein einer Region. Sie sind Nachschlagewerke für Wissenschaftler und Kunstinteressierte und vermitteln noch heute, sofern die Kulturdenkmale nicht zerstört sind, dem Denkmalpfleger, dem Architekten und den

Baugenehmigungsbehörden wertvolle Hinweise für den Umgang mit den dort beschriebenen Bau- und Kunstdenkmälern.

4.2.2 Die Denkmaltopographie – ein Nachschlagewerk für alle

Da die Erstellung eines Großinventars, bedingt durch die intensive wissenschaftliche Forschung, sehr zeitaufwendig ist und oft schon bei Herausgabe wegen des gewandelten Denkmalverständnisses bisweilen nicht mehr aktuell sein kann, beschloß die Vereinigung der Landesdenkmalämter im Jahre 1980 eine neue Form der schnelleren Erfassung des Denkmalbestandes unter Berücksichtigung des erweiterten Denkmalbegriffes ins Leben zu rufen.

Ziel ist, eine flächendeckende Erfassung des gesamten Denkmalbestandes der Bundesrepublik in einem möglichst kurzen Zeitraum zu bewirken. Zunächst erfolgte die Erfassung über Denkmallisten, die als Orientierung im Rahmen des Baugenehmigungsverfahrens den Kreisbau- und Stadtbauämtern sowie Sanierungs- und Bauwilligen dienen. Sie sind nach wie vor ein Auskunftsmittel für Kaufinteressenten, die sich darüber informieren wollen, ob ihr Haus ein Kulturdenkmal ist und ob sie gemäß der §§ 7i, 10 f, 11 b EStG in den Genuß der steuerlichen Abschreibungsmöglichkeiten kommen können. Über diese Denkmallisten hinausgehend soll jedoch künftig eine umfassendere, informativere Auskunft über die Denkmale der jeweiligen Region in Form der in Arbeit befindlichen Denkmaltopographie zu erhalten sein.

Damit wird eine flächendeckende Darstellung aller Baudenkmale in der Bundesrepublik Deutschland angestrebt. Die Denkmaltopographie soll einen Überblick über den derzeitigen Bestand denkmalwerter Bausubstanz sowie deren Art, Verteilung und deren strukturelle Beziehung geben. Sie erscheint im einheitlichen Format bundesweit und ist im Buchhandel erhältlich. Zuständig für die Erstellung ist die jeweilige Denkmalfachbehörde des Landes.

Neben dem bundesweiten Überblick über Denkmaldichte und -anzahl ist die Denkmaltopographie vor allem auch ein Nachschlagewerk für alle Eigentümer und Besitzer von Baudenkmalen. Darin wird

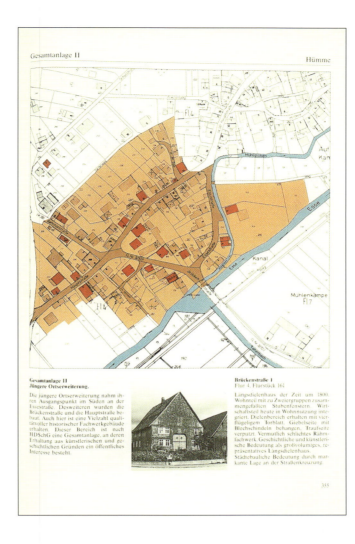

Abb. 4.2.1
Auszug aus einem Topographieband des Landesamtes für Denkmalpflege Hessen

dargestellt, welche Objekte und baulichen Anlagen aus welchen Gründen dem Denkmalschutz unterliegen (Abb. 4.2.1). Bei geplanten Baumaßnahmen kann so bereits im Vorfeld die Beratung durch die Denkmalschutzbehörde in Anspruch genommen werden, und Informationen über steuerliche Vergünstigungen und finanzielle Beihilfen können eingeholt werden. Für die Unteren Denkmalschutzbehörden dienen die Bände der Denkmaltopographie als Ersatz für die vorläufigen Denkmallisten (Arbeitslisten) und stellen die offizielle und rechtsverbindliche Denkmalliste dar, auf deren Grundlage ohne größere Zeitverzögerung die Belange des Denkmalschutzes geprüft werden können.

Alles in allem sollen mit der Veröffentlichung der Denkmaltopographie die mitunter noch vorhandenen Rechtsunsicherheiten beseitigt werden. Vorrangiges Ziel des Grundlagenwerks: Es soll das Verständnis für die Kulturdenkmale in der Bevölkerung verstärken, dem Unterricht in den Schulen dienen, den Behörden die Bearbeitung von Bauanträgen erleichtern und die Berücksichtigung der Denkmale bei Planungen aller Art ermöglichen sowie eine Unterlage für Investitionen der öffentlichen Hand bieten.

Übersichtskarten, ein historischer Vorspann, Objektbeschreibungen und die denkmalpflegerische Bewertung der Objekte unterscheiden die Denkmaltopographie von Schnelllisten, die sich lediglich auf die Benennung des Objekts mit Straßennamen, Hausnummer und Haustypenbezeichnung beschränken.

Michael Neumann

4.3 Was ist ein Baudenkmal, was kann eines sein?

Seit dem europäischen Denkmalschutzjahr 1975, das eine Ära des neuen Geschichtsbewußtseins einleiten sollte, wurden tiefgreifende denkmalschutzrechtliche Veränderungen in Bewegung gesetzt. Es ist seitdem viel geschrieben, diskutiert und vorgetragen worden. Sowohl die Denkmalschutzämter der Bundesländer als auch das Nationalkomitee Denkmalschutz sowie Kommunen und Denkmal- und Heimatverbände haben diesbezüglich in Festschriften, Broschüren oder in fortlaufenden Schriftenreihen in leidenschaftlicher und klarer wissenschaftlicher Sprache darzulegen versucht, um was es in der Durchsetzung der neuen Denkmalschutzgesetze geht, warum Denkmalpflege ein wesentlicher Bestandteil unseres Geschichtsverständnisses sein muß und warum sie ein Selbstverständnis einer jeden Kulturpolitik sein sollte.

Der Arbeit im denkmalpflegerischen Alltag – sei es in der Stadt oder auf dem Lande – wird indes noch immer viel zu wenig Verständnis entgegengebracht, zumal es meist um handfeste nutzungsbedingte Sachzwänge geht und diese mit den Anforderungen der Denkmalpflege zunächst schwer vereinbar erscheinen.

Größte Auseinandersetzungen entstehen vor allen Dingen dann, wenn der Denkmalwert eines bedrohten Gebäudes dem Eigentümer nicht bekannt ist oder wenn ihm der Denkmalwert per Einschreiben im nüchternen Amtsdeutsch zur Kenntnis gebracht wird:

»Es ist örtlich festgestellt worden, daß Sie an Ihrem Gebäude bauliche Maßnahmen durchführen, für die nach § ... der Landesbaubehörde und § ... des Denkmalschutzgesetzes keine erforderliche Baugenehmigung erteilt wurde. Aufgrund des § ... wird aus o. g. Gründen die sofortige Einstellung der Bauarbeiten gefordert.« So oder ähnlich lauten die Baustillegungsbescheide, die eine ordnungsgemäße Antragstellung einfordern und den »Schwarzbauer« an der Fortsetzung seiner widerrechtlich begonnenen Arbeiten hindern sollen (Abb. 4.3.1). Baustillegungen werden erfahrungsgemäß als hoheitliche Reglementierung mehr oder weniger »geschluckt«, wenn sich die Ahndung auf ein rein baurechtliches Vergehen bezieht. Größeres Unverständnis wird jedoch bei der Geltendmachung denkmalschutzrechtlicher Belange zum Ausdruck gebracht, wenn der betreffende Eigentümer vom Denkmalwert seines Gebäudes keine Kenntnis hatte oder die Denkmalbegründung inhaltlich nicht nachvollziehen kann oder möchte. Daher muß die besondere Eigenschaft des entsprechenden Denkmals klar und verständlich begründet sein.

Hier zeigt sich, wie wichtig eine intensive Öffentlichkeitsarbeit seitens der Denkmalbehörden ist und wie intensiv die Bekanntgabe aller unter Schutz stehenden Kulturdenkmale in der bundesweit vereinbarten Form als »Denkmaltopographie« (siehe Abschnitt 4.2.2) vorangetrieben werden muß. Bis zum Erscheinen der oft noch in Arbeit befindlichen Denkmallisten sind viele Landesämter und Kommunen bemüht, für die Ziele des Denkmalschutzes in verständlicher Form zu werben und den Denkmalbegriff eindeutig zu formulieren, nicht zuletzt um rechtlichen Auseinandersetzungen vorzubeugen.

Bis zur öffentlichen Bekanntgabe des Denkmalbestandes einer Stadt bzw. einer Region sei es dem Bauherrn angeraten, wie im Kapitel 10 vertiefend dargestellt, vor Inangriffnahme auch kleinerer Umbaumaßnahmen, wie z. B. Fenstervergrößerungen und Dachausbauten, den Kontakt mit den zuständigen Bau- und Denkmalbehörden zu suchen. Spätestens zu diesem Zeitpunkt ist der Denkmalwert des Gebäudes in Erfahrung zu bringen. Die unbürokratische Einholung einer solchen Information kann viel Ärger, teure und langwierige rechtliche Auseinandersetzungen ersparen helfen.

Abb. 4.3.1
Irgendwo in Deutschland
»Architektonischer Auffahrunfall«, hätte unter Berücksichtigung denkmalpflegerischer Belange vermieden werden können

4.3.1 Kriterien der Denkmaleigenschaften

Was ein Baudenkmal ist, kann zunächst in den Denkmalschutzgesetzen unserer Bundesländer in Erfahrung gebracht werden. Schon bei der Lektüre der neuen Vorschriften wird ersichtlich, daß sich die Gesetzeslandschaft seit 1975 und für die hinzugekommenen Bundesländer seit 1990 radikal verändert hat und sich um einiges von den alten Rechtsvorschriften unterscheidet, soweit solche überhaupt vorhanden waren. Dort wird prinzipiell zwischen *Denkmalen mit Einzelwert* (Abb. 4.3.2) und solchen unterschieden, deren Bedeutung in einem direkten architektonischen oder städtebaulich-historischen Bezug zum bebauten oder gestalteten Umgebungsfeld stehen. Sie werden im gängigen Sprachgebrauch auch als *Ensemble* (Abb. 4.3.3) bezeichnet.

Woraus sich der Denkmalwert der Einzelobjekte begründet, wird ebenfalls in allen Denkmalschutzgesetzen klar definiert. Die Begriffsbestimmungen für Kulturdenkmale sind in allen Landesgesetzen, wenn auch unterschiedlich formuliert, inhaltlich weitgehend gleich. Zu den sogenannten klassischen Denkmalen, die sich aus *künstlerischen, geschichtlichen* oder *wissenschaftlichen Qualitäten* begründen, haben sich zwischenzeitlich jene Denkmale gesellt, die aus *technik-geschichtlichen* und *städtebaulichen Gründen* in Zukunft berücksichtigt werden müssen. Eine Neuerung, die als erweiterter Denkmalbegriff bezeichnet wird.

4.3 Was ist ein Baudenkmal, was kann eines sein?

Abb. 4.3.2 (links oben)

Neustadt, Kreis Marburg-Biedenkopf, Junker Hansen Turm, 1489–1506

Frühes und seltenes Beispiel eines Fachwerkrähmbaus als Flankenturm einer Stadtbefestigung; Einzeldenkmal aus städtebaulichen und historischen Gründen, hier insbesondere wegen seiner entwicklungsgeschichtlichen Bedeutung für den Wehr- und Holzgefügebau

Bildarchiv Foto Marburg

Abb. 4.3.3 (rechts oben)

Kirchhain, Kreis Marburg-Biedenkopf, Stadtansicht

Unverbaute historische Stadtanlage mit ablesbaren Stadtentwicklungsstadien zwischen Stadtmauer, Kirch- und Burghügel; seltenes Beispiel einer unverbauten historischen Stadtansicht; schützenswerte Gesamtheit (Ensemble) aus städtebaulichen und historischen, insbesondere stadtentwicklungsgeschichtlichen Gründen

Abb. 4.3.4 (links unten)

Arolsen-Helsen, Kreis Waldeck-Frankenberg, Pyramidenaltar, 1680

Kirchliches Ausstattungsstück mit Seltenheitswert; besonders erhaltenswert aus künstlerischen und landesgeschichtlichen Gründen, da der Kanzelaltar symbolisch die Zugehörigkeit der Landesherren zum Luthertum zum Ausdruck bringen soll

Fotoarchiv des Landesamtes für Denkmalpflege Hessen

Abb. 4.3.5 (rechts unten)

Bad Arolsen, Residenzschloß, erbaut 1710–1729

Wegweisender Schloßbau für die im 18. Jahrhundert vordringende Architekturauffassung; Kulturdenkmal aus historischen und städtebaulichen, insbesondere aus kunst- und bauhistorischen Gründen; Hauptwerk des Architekten Julius Ludwig Rothweil

Abb. 4.3.6
Amöneburg, Kreis Marburg-Biedenkopf, »Der Berg«

Vorchristlicher Besiedlungsort und Zentrum christlicher Missionierung seit Bonifatius; Bedeutung für den Marburger Landschaftsraum als exponierter Geschichtsort; fernwirksames Denkmal von religions- und siedlungsgeschichtlicher Bedeutung
Bildarchiv Foto Marburg

Die zahlreichen Aspekte, die den Denkmalwert eines Objekts begründen können, werden hier auswahlweise aufgelistet. Sie sollen mit den ausgewählten Bildbeispielen – in diesem Falle ohne detaillierte Objektbeschreibung – beweisen helfen, daß die Bewertungskriterien, einzeln oder kombiniert am jeweiligen Objekt, zur Anwendung kommen können.

Eigenschaften, die u.a. in bezug auf die unter 4.3.2 und 4.3.3 erläuterten Denkmalbegriffe abgefragt werden können:

- orts- bzw. regionaltypische Bedeutung
- zeittypische oder epochaltypische Bedeutung
- prägender Bestandteil einer Gesamtheit
- charakteristischer Bestandteil einer Gesamtheit
- stilprägende Bedeutung
- siedlungsgeschichtliche Bedeutung
- maßstabbildende Bedeutung für eine Gesamtheit
- maßstabbildende Bedeutung für ein Einzelobjekt
- religionsgeschichtliche Bedeutung (Abb. 4.3.4)
- rechtsgeschichtliche Bedeutung
- wirtschaftsgeschichtliche Bedeutung
- heimatgeschichtliche Bedeutung
- regionalgeschichtliche Bedeutung
- sozialgeschichtliche Bedeutung
- stilgeschichtliche Bedeutung
- Zeugnis von Produktionsabläufen
- herausragende Einzelleistung (Abb. 4.3.5)
- Zeugnis mit hohem Erinnerungswert für Orts- und Landesgeschichte
- Zeugnis mit hohem Erinnerungswert an eine bedeutende Persönlichkeit
- Zeugnis mit ungestörter Originalsubstanz
- Zeugnis mit Seltenheitswert
- zeittypisches Objekt
- wichtiges Beispiel einer Sonderform
- Zeugnis einer wichtigen kunst- oder bauhistorischen Veränderung
- Rest einer bedeutenden Baulichkeit oder historischen Anlage
- Bedeutung für einen historischen Kulturraum (Abb. 4.3.6)
- landschafts- bzw. kulturraumprägender Symbolbau

4.3.2 Der klassische Denkmalbegriff

- *Künstlerische, geschichtliche, wissenschaftliche Gründe*

Den sogenannten klassischen Denkmalen ist gegen Ende des 18. Jahrhunderts zunehmend der wissenschaftliche Boden durch Kunstgelehrte, Architekten und Historiker aufbereitet worden. Durch die Wiederentdeckung des Mittelalters, das Studium seiner Bauzeugnisse, deren Dokumentation und Wertung, wurde eine entscheidende Orientierungshilfe nach den Befreiungskriegen auf der Suche nach nationaler Identität geboten und ein Denkmalbegriff geprägt, der über den schönen und edlen Schauwert hinausging und nun auch den geschichtlichen Zeugnischarakter von Gegenständen und Bauten eines bestimmten Herrschaftsbereiches mit einbezog (Abb. 4.3.7).

Erste Schutzverordnungen für Baudenkmale wurden nach 1800 in fast allen mitteleuropäischen Groß- und Kleinstaaten erlassen und vornehmlich von jenen Landesherren ins Leben gerufen, die mit der Konservierung ihrer »landesherrlichen Monumente« mitunter eine betont regionale Identität durch die Pflege ihrer eigenen Familiengeschichte schaffen wollten. Zunehmend wurden erinnerungswürdige Zeugnisse zur Erbauung für Volk und Nation politisch gezielt und mit großem Aufwand instand gesetzt und mitunter, wie z.B. der Kölner Dom, zu Ende gebaut. Das »merkwürdige Denkmal«, zu dessen Schutz König Ludwig II. von Bayern 1868 einen Generalkonservator eingesetzt hatte, entwickelte sich nach der Gründung des Reichs zum »Zeugnis vaterländischer Geschichte« und war nun nicht mehr allein eine Obliegenheit einzelner Kunstgelehrter, Bildungsbürger, Landesherren und Bauschaffender, sondern wurde zunehmend Anliegen einer breiten Öffentlichkeit.

Diese Zeugnisse sind seitdem, sofern sich der Denkmalbegriff auf Kirchen, Klöster, Burgen, Rathäuser und Stadttore bezog, bis in unsere Zeit hinein, vom Selbstverständnis der Bevölkerung mitgetragen worden. Die Qualitätsmaßstäbe der Kunstdenkmale, das heißt, das Kriterium *künstlerische Bedeutung* ist zwar immer von politischen Ereignissen, von Modeströmungen und zeitbedingten

Abb. 4.3.7
Büdingen, Jerusalemer Tor, 1503

Vorwerk mit Zugbrücke und Drehtor und kunstvoller Maßwerkgestaltung; erhaltenswert aus historischen, hier insbesondere aus baugeschichtlichen, stadt- und wehrgeschichtlichen Gründen

Abb. 4.3.8 (links oben)
Korbach-Berndorf, Kreis Waldeck-Frankenberg, Waldecker Staffelkirche
Romanische Basilika mit blockhafter Baukörperstaffelung; charakteristischer Bestandteil einer regionaltypischen Kirchenarchitektur des 12. Jahrhunderts; Denkmal aus künstlerischen und historischen und wegen seiner beherrschenden Lage über dem Altort auch aus städtebaulichen Gründen

Abb. 4.3.9 (rechts)
München, Matthäuskirche von Gustav Gsänger 1953
Entwicklungsgeschichtlich bedeutsam für den Kirchenbau ab 1945; insbesondere für die Aufnahme organischer Formen als Reaktion auf den traditionsgebundenen Kirchenraum
Fotoarchiv des Landesamtes für Denkmalpflege

Abb. 4.3.10 (links unten)
Bad Wildungen, Kreis Waldeck-Frankenberg, Hochbunker
Einer von vielen, in der Altstadt versteckten Schutzbauten des Dritten Reiches, die durch ihr historisierendes Erscheinungsbild für die Luftaufklärung nicht zu lokalisieren waren; Zeugnis der jüngsten verhängnisvollen Vergangenheit deutscher Geschichte; Denkmal aus historischen Gründen

Schönheitsidealen mitbestimmt worden, wurde aber zunehmend seit dem 19. Jahrhundert von forschenden Architekten und Kunstwissenschaftlern beeinflußt, die mit dem Ziel einer möglichst objektiven Bewertung der Dinge ihre kunstwissenschaftlichen Kriterien über Quellenforschung, Bestandsaufnahme, Objekt- und Stilvergleich erarbeitet hatten. Heute gehört es zum Selbstverständnis staatlicher Denkmalpflege, daß eine künstlerische Bewertung in erster Linie über die historische, insbesondere kunst- und bauhistorische Einordnung erfolgt (Abb. 4.3.8 und 4.3.9).

Zu den wichtigsten Bewertungskriterien für Kunstdenkmale gehören u. a.:
- *die entwicklungsgeschichtliche Bedeutung eines Werks innerhalb einer vergleichbaren Baugattung*
- *die Bedeutung für die jeweilige Kunstlandschaft*
- *der Stellenwert innerhalb einer bzw. für eine Stilphase*
- *der Stellenwert innerhalb des Werks eines bedeutenden Künstlers.*

Mag sich für den einen der Wert des Denkmals erst durch eine gewisse Würdeform bekunden, die im Bereich der Verherrlichung des »unantastbaren Zeugnisses abendländischer Baukunst« angesiedelt ist, gibt sich das Denkmal für den anderen als jenes Objekt, das durch sein überkommenes Erscheinungsbild zum Denken und zum Erinnern Anlaß gibt.

Das Kriterium *historische Bedeutung* wird von der breiten Öffentlichkeit – das zeigt die Erfahrung – auch heute noch hinhaltend bzw. einseitig wahrgenommen. Dies mag auf die leidgeprüfte Geschichte unseres Landes, vor allem zwischen 1933 und 1945, zurückzuführen sein, als all das, was sich zur Verherrlichung deutscher Geschichte anbot, propagandistisch ausgeschlachtet wurde und somit zu gewaltigen Geschichtsverfälschungen und Mißverständnissen führte.

Ein aufgeklärtes Geschichtsverständnis ist demzufolge Grundlage einer jeden Denkmalbewertung. Geht es doch nicht allein um die »Zeugnisse ruhmreicher Vergangenheit«, sondern auch um die Sichtbarmachung tragischer und katastrophaler Verstrickungen unserer Geschichte, aus der sich letztendlich unser demokratisches Geschichtsverständnis entwickelt hat (Abb. 4.3.10).

Abb. 4.3.11
Schmalkalden, St. Georgskirche, Lutherstube
Aufenthaltsort des Reformators Martin Luther während der Tagung des Schmalkaldischen Bundes im Jahre 1537; Ort mit hohem Erinnerungswert für eine berühmte Persönlichkeit und hoher Bedeutung für die Reformations- und Landesgeschichte
Fotoarchiv des Landesamtes für Denkmalpflege Hessen

Abb. 4.3.12
Marburg, Altstadt
Ungestörte Stadtansicht mit noch ablesbaren Wachstumsmerkmalen einer mittelalterlichen Berg- und Flußstadt; schützenswerte Gesamtheit aus städtebaulichen, siedlungs- und baugeschichtlichen Gründen
Bildarchiv Foto Marburg

Abb. 4.3.13
Wetter, Kreis Marburg-Biedenkopf, überbaute Stadtmauer
Zeugnis mit hohem Erinnerungswert für die Ortsgeschichte und Beleg für die nachträglich zugestandene Überbauung der Stadtmauer seit dem 18. Jahrhundert; erhaltenswert als wichtiger historischer Bestandteil einer Gesamtheit

Abb. 4.3.14
Gemarkung Kirchhain-Burgholz, Grenzstein
Beispiel einer ungestörten Grenzsteinabfolge zwischen der ehemaligen Landgrafschaft Hessen und Kurmainz; erhaltenswert aus historischen, insbesondere aus territorialgeschichtlichen Gründen

Abb. 4.3.15
Vöhl-Dorfitter, Kreis Waldeck-Frankenberg, Bahnwärterhäuschen
Ein selten gut erhaltener Kleinwohnhaustyp, der die auf das Minimum reduzierte Wohn- und Lebensform des Bahn- und Schrankenwärters dokumentiert und Zeugnis ablegt von der Bahnerschließung des Landes; erhaltenswert aus historischen, insbesondere sozial- und verkehrsgeschichtlichen Gründen

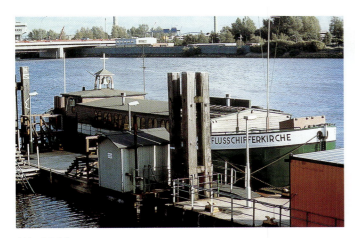

Abb. 4.3.16
Hamburg-Veddel, Flußschifferkirche
Zur Kirche umgebauter Lastkahn für die ausgebombte Kirchengemeinde von Hamburg-Veddel; Objekt mit starkem lokalem Erinnerungswert; stadt- und kirchengeschichtliche Bedeutung

Abb. 4.3.17
Klosterkirche Haina, Kreis Waldeck-Frankenberg, hier: Chorschranke – wichtiger Bestandteil eines Kulturdenkmales
Neben Kloster Maulbronn die einzige in Deutschland erhaltene Chorschranke einer gotischen Zisterzienserkirche, die zur Trennung der Mönche und Laienbrüder diente; künstlerische und historische Bedeutung, hier insbesondere als Zeugnis der Ordensbauregeln der Zisterzienser
Fotoarchiv des Landesamtes für Denkmalpflege Hessen

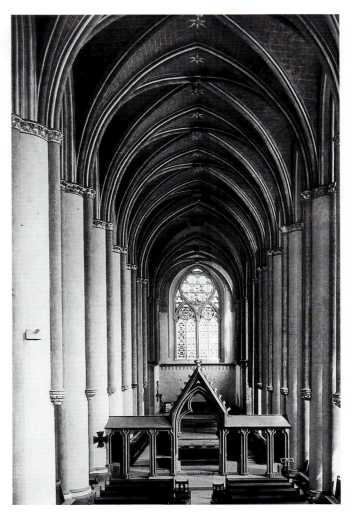

Abb. 4.3.18

Weimar-Roth, Kreis Marburg-Biedenkopf, Dorfsynagoge

Am Rande des Dorfes gelegener Synagogenbau aus dem frühen 19. Jahrhundert mit Zerstörungsspuren der Reichskristallnacht; original erhaltene Schablonenausmalung des Jugendstils; Zeugnis mit hohem Erinnerungswert für die Ortsgeschichte und des jüdischen Lebens; Denkmal aus geschichtlichen, insbesondere aus bautypologischen, orts- und religionsgeschichtlichen Gründen

Abb. 4.3.19

Korbach, Kreis Waldeck-Frankenberg, Eisenberg

Ausgegrabene Reste einer alten Burgruine des hohen Mittelalters mit erkennbarer Entwicklung zum Renaissanceschloß; herausragende Bedeutung aus historischen Gründen; hoher Auskunftswert für die Entwicklungsgeschichte der Wehrburg zum repräsentativen Wohnschloß der Renaissance

Abb. 4.3.20

Ebsdorfergrund-Ebsdorf, Kreis Marburg-Biedenkopf, Waschplatz

Rest eines ehemals überdachten dörflichen Waschplatzes unterhalb einer Quelle, oberhalb eines Baches; historische Bedeutung, hier insbesondere aus volkskundlichen und sozialgeschichtlichen Gründen

Abb. 4.3.21

Weilburg, Lahn-Dill-Kreis, Pisébau

Fünfgeschossiger Lehmstampfbau in exponierter Stellung über dem Lahntal, vermutlich aus dem Jahre 1830, nach Pisé; selten erhaltenes Beispiel einer Bauweise, die sich trotz ökologischer und ökonomischer Vorteile nicht durchgesetzt hat; erhaltenswert aus historischen, insbesondere aus bauhistorischen und bautechnischen Gründen

Abb. 4.3.22

Münster, Notkirche von Otto Barning, errichtet 1950
Standardisierter Holzleimbinderbau; Konstruktion nach ökonomischen Grundsätzen bei größtmöglicher Ausnutzung der Baumaterialien im Sinne der von David Gilly (1797) geprägten »Landbaukunst«; erhaltenswert aus kirchengeschichtlichen und konstruktionsgeschichtlichen Gründen

Abb. 4.3.23

Bad Arolsen, Kreis Waldeck-Frankenberg, Schreibersches Haus
Entwurfsskizzen in Kreide für die malerische Ausgestaltung der Innenwandbespannung; aufschlußreicher Befund mit seltenem Auskunftswert über die Entstehung einer qualitätsvollen künstlerischen Ausgestaltung der Innenraumschale eines Repräsentationsbaus des 18. Jahrhunderts

Abb. 4.3.24

Schwalm-Eder Kreis, queraufgeschlossenes mitteldeutsches Einhaus (Streckhof)
Charakteristisches Beispiel bäuerlicher Wohn- und Bewirtschaftungsform im hessisch-fränkischen Fachwerkgebiet; Denkmal aus historischen, hier insbesondere aus bauhistorischen und bautypologischen Gründen

Abb. 4.3.25

Diemelsee-Rhoden, Kreis Waldeck-Frankenberg, Diemelsächsisches Dielentorhaus
Regionaltypisches bäuerliches Einhaus (Dielentorhaus) im niederdeutschen Hallenhausbereich; Denkmal aus historischen, hier insbesondere aus bauhistorischen und bautypologischen Gründen

Natürlich geht es im denkmalpflegerischen Alltag nicht allein um die Sicherung inhaltsschwerer Geschichtsdenkmale, die zum Beispiel an eine prominente Person (Abb. 4.3.11) oder an große und denkwürdige landesgeschichtliche Ereignisse erinnern sollen, sondern vorwiegend um die Erhaltung und Sichtbarmachung solcher geschichtlichen Zeugnisse, die, über die kunsthistorischen Bewertungskriterien hinausgehend, Auskunft über die mit dem Denkmal verbundenen historischen Inhalte und Begebenheiten geben. Hierbei sei insbesondere an die stadt- bzw. territorialgeschichtlichen, die sozial- oder verkehrs- und wirtschaftsgeschichtlichen oder kirchen- und rechtsgeschichtlichen Zeugnisse gedacht. Sowohl das Einzeldenkmal als auch das Ensemble werden bei seiner denkmalpflegerischen Bewertung auf diese nur auszugsweise benannten historischen Eigenschaften hin abgefragt werden können (Abb. 4.3.12, 4.3.13, 4.3.14, 4.3.15, 4.3.16, 4.3.17 und 4.3.18).

Die *wissenschaftliche Erforschung* von noch nicht erschlossenen Zeugnissen menschlicher Geschichte ist für die Denkmalbewertung unverzichtbar (Abb. 4.3.19). Sie kann nicht nur historische Entwicklungen, die bisher überformt oder verschüttet waren, entdecken helfen, sondern auch alte Lebens- und Wohnformen am Ort über das Objekt nacherlebbar machen (Abb. 4.3.20).

Wichtige Informationsträger sind diesbezüglich die Bodendenkmale der Vor- und Frühgeschichte, die mit ihren frühen Spuren menschlichen Lebens unter der Erdoberfläche verborgen sind. Archäologisch erschlossen und ausgewertet bieten sie ebenso wichtige historische Erkenntnisse wie die paläontologisch erschlossenen erdgeschichtlichen Funde mit ihren Abdrücken und Versteinerungen von pflanzlichen und tierischen Lebensformen. Ihre ausgegrabenen Anlagen bzw. ihre Fundstellen genießen wie die Zeugnisse der Baugeschichte aus wissenschaftlichen Gründen Denkmalschutz.

Für die Baudenkmale werden die im Gesetz aufgeführten *wissenschaftlichen Gründe* an sich schon von den künstlerischen und historischen Kriterien abgedeckt, zumal sowohl die Kunst- und Baugeschichte als auch die Zeitgeschichte zum Gesamtkomplex der Wissenschaften gehören. Dennoch sei an dieser Stelle auf jene Objekte hingewiesen, die erst durch ein intensives Quellenstudium oder andere wissenschaftliche Untersuchungen in ihrem Wert als Kulturdenkmale erkannt werden konnten.

Da die Qualität der Architektur sehr oft ausschließlich über das äußere Erscheinungsbild bewertet worden ist, sind viele bedeutsame Informationen über bürgerliche Wohnkulturen und Nutzbauten vorangegangener Zeiten unbeachtet geblieben und demzufolge verlorengegangen (Abb. 4.3.21 und 4.3.22). Bedingt durch die Auskunftslücken, die die Zerstörungen des Zweiten Weltkrieges gerissen haben, wird heute um so sorgfältiger das Innenleben der »denkmalverdächtigen« Gebäude hinsichtlich Grundrißdisposition, Ausstattung und der meist unter mehreren Anstrichen verborgenen Innenraumfassungen untersucht (Abb. 4.3.23). Die Ergebnisse

Abb. 4.3.26
Marburg, Mainzer Gasse
Traufseite eines Bürgerhauses am Obermarkt; bedeutsam für die Entwicklung des Gefügebaus im Übergang vom Ständerbau rechts (1418) zum Rähmbau links (1478); erhaltenswert aus historischen, hier insbesondere aus konstruktionsgeschichtlichen Gründen

können für die Forschung der Wohnkultur unserer Vorfahren oft genauso aufschlußreich sein wie die kunsthistorische Würdigung ihrer Hausfassaden.

Das Aufspüren und Auswerten von Dokumenten hat oftmals bauhistorische Zusammenhänge aufgedeckt oder aber die Historie eines Hauses hinsichtlich seines ehemaligen Grundrisses oder seiner ursprünglichen Funktion erschließen helfen (Abb. 4.3.24 und 4.3.25). Oft genug haben erst restauratorische oder bauphysikalische Untersuchungen, wissenschaftliche Altersbestimmungen sowie Auswertungen von Baukonstruktionsmerkmalen oder von handwerklichen Spuren den wahren Wert eines Bauwerks, dessen Bedeutung bisher dem Dunstkreis der Vermutungen überlassen war, erkennen lassen. So kann z. B. eine Zapfenschloßverbindung oder ein Holznagel aus dem 13. Jahrhundert oder der Rest einer gemusterten Putzstruktur des 16. Jahrhunderts ein Baudenkmal nicht nur aus geschichtlichen, sondern nun auch aus anderen wissenschaftlichen Gründen, wie zum Beispiel den baugeschichtlichen, zum Kulturdenkmal werden lassen (Abb. 4.3.26). Auch der Auskunftswert über die Zusammensetzung eines mittelalterlichen Putzrestes, der nach bauphysikalischer Analyse für das betreffende Gebäude nachgestellt werden kann, könnte von unverzichtbarem Wert für die Haus- und Bauforschung sein und darüber hinaus im Sinne der gesetzlich geforderten Erhaltung von wertvollen »Zeugnissen menschlicher Geschichte« einen wichtigen Beitrag zur Hausforschung bieten (Abb. 4.3.27 und 4.3.28).

Abb. 4.3.27
Bad Hersfeld, spätgotisches Bürgerhaus mit original erhaltenen Putzstrukturen im Lehmgefach
Selten gut erhaltene handwerkliche Spuren des 15. Jahrhunderts; erhaltenswert aus historischen, hier besonders aus baugeschichtlichen und volkskundlichen Gründen

Abb. 4.3.28
Bad Hersfeld, Küsterhaus
In Konstruktion und Materialverarbeitung hervorragend erhaltenes Bürgerhaus des späten Mittelalters; wegen seiner reichen Fassadengliederung Denkmal aus künstlerischen und historischen Gründen, hier insbesondere wegen seiner Bedeutung für die Entwicklung des Gefügebaus des 15. Jahrhunderts im Übergang vom Ständer- zum Rähmbau

4.3.3 Der erweiterte Denkmalbegriff

• *Technik-geschichtliche Gründe*

Mit der Schaffung der neuen Denkmalschutzgesetze wurde der Geschichte der Technik ein besonderer Stellenwert eingeräumt (Abb. 4.3.29). Die schnelle technische Entwicklung und der im Schatten der Perfektionierung einhergehende zerstörerische Wandel jener materiellen Kultur, die Zeugnis ablegt von der Sozial-, Wirtschafts-, Technik- und Verkehrsgeschichte unseres Landes, hat die Spezialdiziplin der technischen Denkmalpflege notwendig gemacht, um aus der Vielzahl dieser Zeugnisse in ausgewählten Fällen den Auskunftscharakter ihrer ehemaligen Nutzung wahren zu können. Als Denkmal »zweiter Klasse« in einer rußverschmierten und vom ohrenbetäubenden Lärm beherrschten Arbeitswelt sind die technischen Denkmale bisher nicht ausreichend beachtet worden, obwohl sie die geschichtliche Entwicklung unseres Landes in städtebaulicher, wirtschaftlicher und sozialer Hinsicht grundsätzlich geprägt haben.

Man hat sich schwergetan in der Anerkennung der Technik als einem Bestandteil der Denkmalpflege. Natürlich hat man die wohltuende, das Leben und den Alltag erleichternde Hilfe der Technik in Anspruch genommen. Ihr äußeres Erscheinungsbild hingegen, ihre unverständliche Gestalt, mochte man nicht, auch wenn sie sich nach unserem heutigen Empfinden kühl, elegant, fragil, konstruktiv-bizarr, grafisch oder monumental ausgab (Abb. 4.3.30). In ihrer Funktion meist ablesbar, hat man das, was seinerzeit wegweisend war, dennoch – fast ausnahmslos, zumindest vor der Jahrhundertwende – hinter historisierenden Hüllen versteckt. Wie seinerzeit die Architekten die häßlichen »Arbeitsmoloche« als vulgär abqualifizierten, um sie mit ihren historisierenden Hüllen zu kaschieren und zu drapieren, genauso will man heute den Produktionsungeheuern, wie den Kühl- und Abgastürmen oder den monumentalen Backsteinbauten der Werkhallen wenig Verständnis entgegenbringen, zumal sie mit Erlebnissen und Ereignissen verbunden sind, die eher an das Los des Alltags, an die Knochenarbeit, den Schmutz, die nicht enden wollende Müdigkeit gebunden sind.

Werden die frühen Leistungen und Produktionsformen aus älterer Vergangenheit und früher Neuzeit, wie Schmelzöfen, Mühlen, Hammerbetriebe und Schleusen, zwischenzeitlich mit wachsender Begeisterung erkundet, instand gesetzt und mitunter zu Schauzwecken reaktiviert, so benötigen sowohl die technischen Gehäuse der Rohstoffgewinnung und -verarbeitung, der Ver- und Entsorgungssysteme als auch die Industriearchitektur mit ihren »Arbeiterkathedralen«, Fabrikschlössern, aber auch mit ihren

Abb. 4.3.29
Edertalsperre
Mit einem Fassungsvermögen von 202 Millionen Kubikmeter Wasser wurde die gigantische Schwerlastmauer für die Speisung des Weser-Ems-Kanals und die Wasserstandregulierung der Weser 1914 in Betrieb genommen; technisches Denkmal aus geschichtlichen, hier insbesondere aus ingenieurgeschichtlichen Gründen

Abb. 4.3.30
Waldeck-Edertalsperre, Kraftwerk Hemfurth 1
Eine von sechs Stromerzeugungsmaschinen, die seit Inbetriebnahme des Kraftwerkes Hemfurth 1 im Jahre 1915 ohne Unterbrechung gearbeitet hat; hoher Zeugniswert für die Entwicklungsgeschichte der Stromgewinnung an dem größten Staubecken seiner Zeit

Wegbereitern für die Moderne, wegen ihrer unübersehbaren Vielschichtigkeit eine besondere wissenschaftlichen Zuwendung (Abb. 4.3.31 und 4.3.32).

Neben spektakulären Einzelerhaltungsmaßnahmen im Rahmen musealer Darbietungen oder anderer sinnvoller Umnutzungen, die sich gelegentlich für Fabrikhallen als Kulturzentren oder Begegnungsstätten anbieten, ist nach wie vor die Erfassung und Dokumentation dieser Zeugnisse erforderlich, um einen Überblick über die nicht mehr brauchbaren, veralteten, unrentabel gewordenen und nicht mehr anpassungsfähigen Objekte der »technischen Landschaft« des 19. und 20. Jahrhunderts zu erhalten. Erst eine solche wissenschaftliche Bestandsaufnahme kann eine fundierte denkmalpflegerische Wertung mit sich bringen, die auch eine inhaltlich nachvollziehbare Auseinandersetzung um den Erhalt und die Wiederverwertbarkeit einer Anlage, z.B. als Bestandteil einer Stadtentwicklungsplanung rechtfertigen könnte.

- *Städtebauliche Gründe*

Eine wesentliche Neuerung in der Denkmalschutzgebung ist das Kriterium »städtebauliche Bedeutung«, das den Städtebau der Vergangenheit bis in die 50er Jahre unseres Jahrhunderts einbezieht.

Städtebauliche Denkmalpflege hat sich aus der Erkenntnis entwickelt, daß der Erhalt einer Vielzahl von Einzeldenkmalen noch lange keine Gewähr zur Erhaltung der Stadt leisten kann. Dies gilt für alle historischen flächenhaften und raumbildenden Entwicklungen, sowohl für die ländlichen Siedlungen, als auch für die Wohnblöcke der Gründerzeit oder des Massenwohnungsbaus der 20er, 30er und 50er Jahre (Abb. 4.3.33).

Städtebau in der Denkmalpflege hat etwas mit der Geschichte der Stadt und ihren Gestaltmerkmalen zu tun, die, wie Karl Gruber[1]) es ausdrückt, bis zur Französischen Revolution von der Rangordnung der Werte, von einer der Stadt innewohnenden Ordnung der von Ständen gegliederten Gesellschaft geprägt war. Mit dem Beginn des bürgerlichen Zeitalters im 19. Jahrhundert sind diese Orientierungswerte zunehmend durch die Industrialisierung und Vermassung der Städte verlorengegangen.

Positive stadtplanerische Ansätze des 19. Jahrhunderts, wie z.B. »der Städte-Bau nach seinen künstlerischen Grundsätzen«, nach der Lehre von Camillo Sitte[2]) oder im Sinne der Gartenstadtbewegung nach Ebenezer

---

[1]) Gruber, Karl: Die Gestalt der deutschen Stadt. München, 1952

[2]) Camillo Sitte: In seinem 1889 veröffentlichten Buch »Der Städtebau« machte er auf die Qualitäten und Wachstumsmerkmale der mittelalterlichen Stadt aufmerksam und entwarf das Bild der modernen Stadt unter Einbeziehung alter städtebaulicher Werte nach malerischen und auch dekorativen Gesichtspunkten.

Abb. 4.3.32 (oben)

Waldeck-Alraft, Kreis Waldeck-Frankenberg, Transformatorenhaus um 1913

Frühes Zeugnis der Stromversorgung im ländlichen Bereich in Kombination mit einem Feuerwehr-Spritzenhaus; erhaltenswert aus historischen, insbesondere aus technikgeschichtlichen Gründen

Abb. 4.3.31 (links)

Bad Wildungen-Bergfreiheit, Kalkbrandofen

Beispiel ehemaliger standortgebundener Kalkproduktion; erhaltenswert aus technikgeschichtlichen Gründen

Abb. 4.3.33 (oben)

Bad Arolsen, Kreis Waldeck-Frankenberg, belgische Siedlung, 1953 von Paul Bode

Schützenswertes Ensemble aus städtebaulichen und siedlungsgeschichtlichen Gründen, hier insbesondere als Zeugnis vorbildlichen Siedlungsbaus der 50er Jahre in terrassierter und gestaffelter Zeilenbauweise mit starkem Landschaftsbezug

Abb. 4.3.34 (rechts)

Kloster Haina, Kreis Waldeck-Frankenberg, Wirtschaftshof mit Fachwerkbau

Bedeutung der kleinteiligen Vorhofbebauung für den Maßstab der monumentalen Klosterkirche; erhaltenswert aus geschichtlichen und städtebaulichen Gründen

Howard[3]) haben zwar neue Qualitätsmaßstäbe gegeben, konnten dennoch der rasend anwachsenden Anonymität der Industriegesellschaft kaum noch gerecht werden.

---

[3]) Ebenezer Howard: Er gilt als der geistige Vater des Gartenstadt-Gedankens. Seine Idee von der unabhängigen Vorstadt mit eigener Industrie und kommunaler Verwaltung konzipierte er 1898. Sie fand vor allem in England in zahlreichen Gartenvorstädten ihre Umsetzung.

Das *städtebauliche Kriterium* in den neuen Denkmalschutzgesetzgebungen will den Erhalt planerischer Stadtkonzepte, die insgesamt oder nur noch in Resten Auskunft über einige stadtgeschichtliche Entwicklungen geben, und ist auf den Erhalt denkmalwerter Zusammenhänge ausgerichtet, wobei die historischen und gesellschaftlichen Beweggründe einer städtebaulichen Entwicklung in ihrer Gestalt sichtbar bleiben sollen. Diese aus städtebaulichen Gründen als Denkmale ausgewiesenen Gebäude müssen nicht unbedingt von künstlerischer bzw. stilistischer Bedeutung sein, sondern können sich innerhalb einer von unterschiedlichen Wachstumsphasen geprägten Gruppe von Baulichkeiten als Blickfang oder als maßstabbildende Elemente, sei es z. B. als Endpunkt oder Auftakt einer baulichen Situation, aussagekräftig mitteilen (Abb. 4.3.34). Wenn sie Auskunft über eine stadtentwicklungsgeschichtliche Situation geben, die entweder

Abb. 4.3.35

Marburg, Mainzer Gasse

Städtebaulich einprägsame Straßenrandbebauung einer Bergstraße mit unterschiedlichen Bauten aus drei Jahrhunderten; Zeugnis von stadtentwicklungsgeschichtlicher Bedeutung; deswegen unter anderem Bestandteil einer schützenswerten Baugruppe

Abb. 4.3.36 a und b

Haunetal Odensachsen (links) Oldenburg Dobbenviertel (rechts)

Der Begriff der Reihung spielt bei der Bewertung von Ensembles eine besondere Rolle. Das Herausbrechen eines Teils dieser Anlagen löst den »Laufmascheneffekt« aus, der unweigerlich zur Zerstörung der Ensemblequalität führt

von der Planung oder von Veränderungsprozessen im Zuge sich ändernder sozialer Verhältnisse entstanden sind, so wird dem städtebaulichen Kriterium noch ein sozialgeschichtlicher oder historischer Grund beigeordnet sein (Abb. 4.3.35).

Städtebauliche Qualitäten können sich darüber hinaus aus dem Zusammenwirken von Raum und Masse, architektonischen Rhythmen, Maßstab und Gleichklang bzw. dem Dialog der Baukörper untereinander mitteilen. Das städtebauliche Kriterium will auch – gerade betreffend der Wiederentdeckung des sogenannten Milieus – diese kaum meßbare Größe mit einbeziehen. Diese von subjektiven Empfindungen und zeitbedingten Gefühls- und Anschauungswerten getragenen Faktoren haben durch die neuen Denkmalschutzgesetze eine Möglichkeit erhalten, in Verbindung mit anderen Denkmalkriterien berücksichtigt zu werden.

• *Ensembleschutz*

Nachdem der breiten Öffentlichkeit schmerzlich bewußt geworden war, daß die gezielte Auswahl von denkmalwürdigen Vorzeigeobjekten häufig zur Zerstörung des städtischen Gesamtgefüges geführt hat, besann man sich der sogenannten Durchschnittsarchitektur, die vormals inhaltlich und visuell den maßstabgebenden Hintergrund vermittelt hatte (Abb. 4.3.36 a und b). Die Gefahr, mit Wertbegriffen wie Schönheit, Einzigartigkeit und Benutzbarkeit zu argumentieren, hat sich insbesondere in den nicht zerstörten Städten oder im ländlichen Bereich in dramatischen Substanzverlusten zu erkennen gegeben.

Gerade im ländlichen Bereich ist es außerordentlich schwierig, die unscheinbaren Bauten, also jene ohne künstlerischen Formenschatz, die mitunter ihren Denkmalwert allein durch die dichte Ansammlung gleichartiger Objekte erhalten oder aus sozial- und wirtschaftsgeschichtlicher Hinsicht eine besondere Wertigkeit für sich in Anspruch nehmen, zu verteidigen. In dieser Beziehung bringt man den Paragraphen zum Schutz der Ensembles nach wie vor wenig Verständnis

Abb. 4.3.37 a und b

Dorfansicht im Landkreis Marburg-Biedenkopf, gegenübergestellt die Ortsansicht von Thira auf Santorin

Die Beibehaltung orts- und regionaltypischer Materialien und Bauformen sowie deren ungestörte Entfaltung innerhalb ihres natürlichen Umgebungsfeldes machen den Schutz dieser Dorfensembles erforderlich, sowohl in Oberhessen als auch in Südgriechenland

Abb. 4.3.38 a und b
Weinviertel Ostösterreich, Kellergasse
Ein einfacher Zweckbau wie dieser Feldweinkeller kann in der Reihung zum wichtigen Teil einer erhaltenswerten Gesamtheit werden

entgegen. Welche Sachzwänge auch immer zum Abbruch bescheidener Wohnhäuser geführt haben mögen, inwieweit mit überzeugenden Wirtschaftlichkeitsberechnungen ihre Abbrüche gerechtfertigt wurden, niemand wird den »Laufmascheneffekt« übersehen können, der das Gewebe der Altstädte und Straßenzüge angegriffen hat.

Alle Länder der Bundesrepublik Deutschland haben zwischenzeitlich den Schutz der Ensembles in ihre neuen Denkmalschutzgesetze aufgenommen. Die schwer zu umschreibenden Komplexe erhaltenswerter Platzräume, Straßen- und Ortsbilder, oder Schloß- und Parkanlagen, haben in den Gesetzen der Länder ihre unterschiedlichsten Bezeichnungen gefunden, wie z.B. Gesamtanlagen, Gruppe baulicher Anlagen oder Mehrheit baulicher Anlagen, Baubereiche, Denkmalzonen, Denkmalschutzgebiete. Immer aber sind die von Menschenhand geschaffenen Zeugnisse der Architektur der Stadtplanung, der Grün- und Landschaftsplanung gemeint, an deren Erhalt aus wissenschaftlichen, künstlerischen und geschichtlichen Gründen ein öffentliches Interesse besteht.

Die Erkenntnis der Schutzwürdigkeit eines größeren Denkmalbereiches ist nicht neu. Schon zu Beginn unseres Jahrhunderts, als Deutschland schon längst zu den führenden Industrienationen Europas zählte, ist auf dem Bausektor viel Hervorragendes geleistet, jedoch auch Unersetzliches der Zerstörung preisgegeben worden. Zu diesem Zeitpunkt hat sich Preußen zuerst zu Wort gemeldet und zum Schutz der künstlerisch und historisch bedeutsamen Straßen und Plätze im Jahre 1907 das »Preußische Verunstaltungsgesetz« verabschiedet. Leider konnte es nie ganz zur Geltung kommen, da es in seiner Einräumung von neuen Rechten nur durch die jeweils von den Gemeinden zu erstellenden Ortsstatuten wirksam werden konnte. Daß man sich seitdem mit steigendem Interesse dem Erhalt ganzer Altstädte und Dorflandschaften inklusive der Kulturlandschaft widmet, belegen die seit der Jahrhundertwende lautstark angemeldeten Belange der Heimatschutzbewegung, die, gestützt durch die weit verbreiteten Standardwerke wie z.B. »Kulturarbeiten« von Schultze-Naumburg[4] oder der »Städtebau« von Josef Stübben[5], eine gewisse Wirkung gehabt haben. Diese Einflußfaktoren geben sich bis zum Zweiten Weltkrieg zu erkennen.

Nach der ungeheuren Zerstörungswelle, die sich im Windschatten des Wirtschaftswunders aufbaute und die die letzten historisch gewachsenen Zusammenhänge der ohnehin schon geschändeten Stadtlandschaften, jetzt aber auch die der ländlichen Siedlungen, zunichte machen wollte, wurde schon ein Jahrzehnt vor dem europäischen Denkmalschutzjahr, eine internationale Absichtserklärung im Jahre 1964 in Venedig über die Konservierung und Restaurierung von Denkmalen und Ensembles (Denkmalbereiche) verabschiedet (Abb. 4.3.37 a und b). In der »*Charta von Venedig*« wird dem Ensemble jene Bedeutung beigemessen, für die in Artikel 6 in den meisten Ländern der damaligen Bundesrepublik erst nach lange vorbereiteten Aktionen im europäischen Denkmalschutzjahr 1975 eine gesetzliche Grundlage geschaffen werden konnte (Abb. 4.3.38 a und b).

Das erste internationale Grundsatzpapier dieser Art hat bis heute Gültigkeit und ist, länderweise unterschiedlich formuliert, in die Denkmalschutzgesetzgebungen eingeflossen.

Weitere Literatur:

Huse, Norbert (Hrsg.): Denkmalpflege. Deutsche Texte aus drei Jahrhunderten, C.H. Beck München
Mainzer, Udo (Hrsg.): Was ist ein Baudenkmal? Bonn 1983

---

[4] Schultze-Naumburg, Paul: Kulturarbeiten. Band 1: Hausbau, Band 2: Gärten, Band 3: Dörfer und Kolonien, Band 4: Städtebau, Band 5: Kleinbürgerhäuser, München 1901 bis 1907
[5] Stübben, Joseph: Der Städtebau. Handbuch der Architektur, 4. Teil, 9. Halbband, 2. Auflage Stuttgart 1907 (1890, 1. Auflage)

5 Bestandsuntersuchungen

5.1 Sanierungsvoruntersuchung und Bauforschung als Teil des Planungsprozesses

5.1.1 Grundlagen

Es bedarf der grundsätzlichen Klärung, zu welchem Zeitpunkt und mit welchem Tätigkeitsprofil die Architektenleistung am Baudenkmal einsetzt. Von dieser Tätigkeit soll ausdrücklich die Leistung des Architekten in der Altbausanierung unterschieden werden, die nach mehrmaligen Novellierungen der Honorarordnung für Architekten und Ingenieure (HOAI) mittlerweile in der aktuellen Fassung vom 1.1.1996 annähernd geregelt ist.[1])

Altbausanierung und denkmalpflegerische Projektierung unterscheiden sich grundlegend. Das Leistungsbild des Architekten in der Denkmalpflege findet in wichtigen Teilen außerhalb der HOAI oder im Rahmen der »Besonderen Leistungen« statt, die vom Architekten wegen seiner eigenen Argumentationsunsicherheit in seltenen Fällen dem Bauherrn als notwendige Leistungen verständlich gemacht werden können. Architektenleistungen am Baudenkmal sind mit Musterverträgen der Architektenkammern niemals treffsicher zu beschreiben.

Die Verwirrung beginnt mit der Definition dieser notwendigen Leistungen. Einen respektablen Versuch, hier Ordnung zu schaffen, bietet eine Schrift der Architektenkammer Hessen[2]), die einen »Projektvorlauf« definiert, um dann, nach Abschluß des Architektenvertrags, die Inhalte der Leistungsphase 1 grundlegend neu als »Projektvorbereitung« zu beschreiben. All das, was im folgenden mit den Begriffen »Vorbereitende Untersuchung«, »Historische Bauforschung« oder allgemein »Voruntersuchung« bezeichnet wird, ist hier unter einer altbauspezifisch interpretierten Leistungsphase 1 des Architektenvertrags in modifizierter Form subsumiert. Diese Definition entspricht allerdings nicht der als »Grundlagenermittlung« definierten Leistungsphase 1 der HOAI. Insofern muß die Frage gestellt werden, ob diese Leistungen tatsächlich Bestandteil des üblichen Architektenhonorarvertrags sein können oder sollen.

Insbesondere die Autoren Petzet/Mader bestreiten dies in ihrem grundlegenden Werk »Praktische Denkmalpflege«[3]), demzufolge »baugeschichtliche Bestandsaufnahme und die mit Restaurierungen im Zusammenhang stehenden Dokumentationen keine Architektenleistungen (sind), sondern spezielle Aufgaben, die auch eine besondere Ausbildung erfordern«. Eine Personalunion von Planer und Bauforscher als demjenigen, der die technische und bauhistorische Erkundung eines Baudenkmals vornimmt, sei zu vermeiden, um die Untersuchungen unbeeinflußt vom erkenntnisleitenden Interesse des Planers und den Forderungen des Nutzers nur an den Denkmaleigenschaften des Objekts zu orientieren. »Um nicht sinnlosen Entwurfsaufwand zu verursachen, muß das denkmalpflegerische Konzept (einschließlich der Voruntersuchungen und ihrer Auswertungen) bereits geklärt sein, damit dem Planer eindeutige Vorgaben gemacht werden können.«

Der Architekt in seinem Gestaltungswillen vernimmt solche Töne nicht gern, wenn den »Sechs Thesen zum Umgang mit historischer Bausubstanz« des BDA[4]) zufolge »die bewußte Veränderung (eines Altbaus/Baudenkmals) geradezu als geboten (erscheint), um dem Gebäude Geschichtlichkeit zuteil werden zu lassen«. Die gegenseitige Verständnislosigkeit zwischen Denkmalpflege und gestaltenden Architekten könnte kaum deutlicher zutage treten.

Doch zeigt die Erfahrung, daß der Erstkontakt mit dem Bauwerk zumeist über den Architekten erfolgt, er also derjenige ist, der durch seine Schwerpunktsetzungen in dieser Frühphase des Projekts die entscheidenden Weichen stellt. Wann also nun, mit welchen Inhalten und Leistungsanteilen greift der Architekt am Baudenkmal in das Geschehen ein?

5.1.1.1 Sanierungsvorbereitende Untersuchung und ihr Erkenntnisinteresse

Ob eine denkmalpflegerische Instandsetzungsmaßnahme überhaupt die Chance hat, in Einklang mit den Gegebenheiten des Bestandes durchgeführt zu werden, darüber entscheiden neben Einzelfaktoren, die in der Persönlichkeit der Beteiligten liegen können,

---

[1]) Jörg Böhning: Altbaumodernisierung im Detail, Konstruktionsempfehlungen. Verlag Rudolf Müller, Köln, 1997
[2]) Bauen im Bestand – Inhalte und Ablauf der Architekturleistungen, Leitfaden zur systematischen Dokumentation AKH, Informationsreihe für Hessische Architekten Nr. 17, November 1996
[3]) Michael Petzet, Gert Th. Mader: Praktische Denkmalpflege. Verlag W. Kohlhammer, Stuttgart, Berlin, Köln 1993
[4]) Georg Mörsch: Der Architekt und die Denkmalpflege – Bilanz und Ausblick. In: Schriftenreihe des Deutschen Nationalkomitees für Denkmalschutz Nr. 37, Das Baudenkmal in der Hand des Architekten. Umgang mit historischer Bausubstanz, Bonn 1991: »Sechs Thesen zum Umgang mit historischer Bausubstanz«, vorgelegt vom BDA Berlin im Oktober 1988

Abb. 5.1.1
Erweiterung eines Hotelbaus des 19. Jahrhunderts durch Aufstockung:
Der historische Bau wird als beliebig verfügbare Rohbaumasse behandelt

vor allem die Art und das Maß einer geplanten Nutzung. Ist ein Bauwerk durch Nutzungsansprüche von vornherein überfrachtet, so wird unabhängig vom Können und Wollen des Architekten eine solche Maßnahme immer im Konflikt mit der Denkmalschutzbehörde ablaufen und letztlich zum Verlust der Denkmaleigenschaft führen.

Es gibt daneben wichtige Architektenaufgaben für spezialisierte Büros, die als reine, nutzungsneutral vorbereitete und durchgeführte denkmalpflegerische Projektierungen ausschließlich der Erhaltung von Kulturgut dienen. Exemplarisch soll hier die Sicherung von Burgruinen[5] genannt sein. Von diesen Ausnahmefällen abgesehen werden Architekten aber in der Regel dann mit Baudenkmalen in Berührung kommen, wenn ein Bauherr oder Investor mit Sanierungsabsichten an sie herantritt.

Vor Abschluß eines rechtsverbindlichen Vertrags, der den Architekten zum Treuhänder des Auftraggebers mit allen haftungsrechtlichen Konsequenzen macht, muß dieser erkennen, ob die an ihn gestellte Aufgabe überhaupt erfüllbar ist. Er muß als Dienstleister und Sachverständiger den Bauherrn beraten, ob dessen Vorstellungen, die im Regelfall von Kosten-Nutzen-Überlegungen geprägt sind, im Rahmen der Gegebenheiten eines Baudenkmals durchführbar sind (siehe auch Abschnitt 5.4).

Die meisten gescheiterten Denkmalprojekte sind bereits vor Vertragsabschluß, einem Zeitpunkt, zu dem weder der Architekt noch der Bauherr wirklich wußten, worauf sie sich einließen, falsch aufgesetzt. Der negative Ruf von Projekten an Baudenkmalen mit ihrer angeblich unüberschaubaren Eigendynamik liegt darin begründet, daß in falsch verstandener Konsequenz ein einmal eingeschlagener Weg unerbittlich bis zum Ende gegangen wurde – koste es für das Denkmal und den Bauherrn, was es wolle. Die dabei zwangsläufig auftretenden Konflikte, die dem Auftraggeber zugemutet werden, gehen (noch) selten zu Lasten des Architekten. Zumeist wird die Schuld beim »gemeinsamen Gegner Denkmalpflege« und dessen angeblich maßlosen Forderungen gesucht.

Im Rahmen der europäischen Dienstleistungsrichtlinie wird sich dies ändern: Es kann nicht deutlich genug auf die haftungsrechtlichen Konsequenzen hingewiesen werden, die zwingend eintreten, wenn ein – in der Regel sachunkundiger – Bauherr die Beratungspflicht des planenden Architekten rückwirkend geltend macht und die Beweislast umdreht.[6] Unabhängig von Planungsfehlern durch unterlassene Voruntersuchungen können gescheiterte Finanzierungsmodelle des Bauherrn hier zu Regreßforderungen führen, die im schlechtesten Fall den Architekten, soweit er als BGB-Gesellschaft firmiert, ruinieren.

Qualifizierte Beratung kann nur auf der Grundlage nachprüfbarer Erkenntnisse erfolgen. Der Architekt als Denkmal-Sachverständiger benötigt zur Beratung des Bauherrn neben einem soliden Grundlagenwissen über historische Baukonstruktionen Informationen über den Bestand, die durch geeignete Verfahren gewonnen werden müssen. Neben dem *Faktenwissen*, das sowohl die Erfahrung am Objekt als auch die Kenntnis über den jeweils aktuellen Stand der Forschung voraussetzt, benötigt er insbesondere *Methodenwissen*, das heute fast nur über Fortbildungsveranstaltungen vermittelt werden kann.

Das Planungs- und Baumanagement bei Denkmalprojekten muß durch geeignete Verfahren die Folgen des Nebeneinanders von Rohbau- und Ausbaugewerken vorausschauend erkennen und kostenintensive Gefährdungen für den Bestand minimieren: Das Nebeneinander von Restaurator, der mit Skalpell und Pinsel empfindliche Wandoberflächen untersucht, und Rohbaufirma, die mit grobem Gerät Teilabbrüche und Freilegungen durchführt, gehört zum Alltag auf der Denkmalbaustelle. Architekten mit vorwiegend Neubauerfahrung kennen dieses Nebeneinander von Projektzuständen nicht und beurteilen Gefährungen oftmals nicht richtig.

In diesem frühen Stadium des Projekts stellt der Architekt als Partner seines Auftraggebers seine Qualifikation nicht durch forsche Thesen und Behauptungen über die Machbarkeit bestimmter Anforderungen unter Beweis, sondern durch die Qualität seiner Fragen, die er an das Bauwerk *und* an den Bauherrn richtet. Hier muß aber auch an den routinierten Altbausanierer die Forderung gestellt werden, in dieser Projektphase ganz besonders den eigenen Erfahrungen aus anderen Projekten zu mißtrauen und jedes Baudenkmal erneut als unbekanntes, so noch nie dagewesenes Unikat anzuerkennen.

Die aufrichtige Bereitschaft, Realitäten rechtzeitig zur Kenntnis zu nehmen, schließt vor dem haftungsrechtlichen Hintergrund ein, auch im eigenen Interesse von einem in Aussicht gestellten Auftrag Abstand zu nehmen, wenn sich mit dem Bauherrn kein Konsens über den erforderlichen Umfang einer Voruntersuchung erzielen läßt – eine Forderung, die nicht nur zu Zeiten schlechter Konjunktur selten eingelöst wird.

Das erkenntnisleitende Interesse des Architekten und künftigen Planers einer denkmalpflegerischen Projektierung bei der Sanierungsvoruntersuchung ist deshalb zunächst im Verhältnis Architekt zum Bauherrn und *erst danach* im Verhältnis Architekt zum Bauwerk begründet. Die Fragen richten sich für den Architekten zuerst an der Umsetzbarkeit der Wünsche des Bauherrn aus, woraus sich für ihn die Fragen nach dem Denkmalwert des vorhandenen Bauwerks und/ oder seiner Teile aufwerfen. Aus diesem Grund kann es für den Architekten sinnvoll sein, in dieser Klärungsphase so lange wie möglich seine vertragliche Unabhängigkeit zu bewahren und von sich aus in Abstimmung mit dem Bauherrn – und nicht erst auf Druck der Denkmalschutzbehörde – Sonderfachleute (Bauforscher im weitesten Sinn) einzuschalten, die dem Bauwerk mehr verpflichtet sind als den Nutzungsinteressen des Bauherrn. Es kann ein erster notwendiger Test für die Belastbarkeit des Vertrauensverhältnisses zwischen Architekt und Bauherr sein, wenn der Architekt sich nicht zu früh unkritisch auf die Seite des Bauherrn stellt.

Nach dieser Prämisse sollte die *Sanierungsvoruntersuchung* als Leistung des fachgutachterlich tätigen Architekten vor Abschluß des HOAI-Vertrags außerhalb der Honorar-

---

[5] Wolfgang Brönner: Keine Zukunft für Ruinen? sowie Klaus Bingenheimer: Die Ruine als Bauaufgabe. In: BAUWELT 8/1994
[6] Urteil des OLG Düsseldorf vom 31. Mai 1996 (Az: 22U 176/95), demzufolge ein Architekt für eine nachträglich als rechtswidrig erkannte Baugenehmigung für notwendige Umbaumaßnahmen in Höhe von 200.000 DM schadensersatzpflichtig gemacht wurde, dgl. OLG Oldenburg (Az: 2U 103/96)
[7] Johannes Cramer: Bauforschung und Denkmalpflege, DV Stuttgart 1987
Bauforschung – Dokumentation und Auswertung, Arbeitsheft Nr. 43 des Rheinischen Amts für Denkmalpflege, Köln 1992
Bauforschung und ihr Beitrag zum Entwurf, aus der Reihe: Veröffentlichungen des Instituts für Denkmalpflege an der ETH Zürich, Band 12, Zürich 1993
Michael Petzet, Gert Th. Mader: Praktische Denkmalpflege (siehe Fußnote 3)
»Erhalten historisch bedeutsamer Bauwerke«, Arbeitshefte des Sonderforschungsbereichs 315 der Universität Karlsruhe seit 1986
[8] Klaus Bingenheimer, Emil Hädler: Bauforschung und sanierungsvorbereitende Gebäudeuntersuchung – eine freiberufliche Perspektive? In: Deutsche Kunst und Denkmalpflege, 44. Jahrgang, Heft 2, München 1986

ordnung erfolgen. Hierin liegen auch vertragsrechtliche Vorteile, da nach § 10 (3a) HOAI die Berücksichtigung der technisch oder gestalterisch mitzuverarbeitenden Bausubstanz der schriftlichen Vereinbarung bereits bei Abschluß des HOAI-Vertrags bedarf. Zumeist ist der Umfang einer solchen für die Vertragsgestaltung wesentlichen Anrechnung ohne Kenntnis der Bedingungen des Bauwerks überhaupt nicht zu definieren und führt rasch zu Honorarauseinandersetzungen, wie eine Reihe von Urteilen zeigt (siehe auch Abschnitt 11.2).

Eine Alternative kann der reduzierte Architektenvertrag über die Leistungsphasen 1 und 2 sein, der nach dem durch die Architektenkammer Hessen definierten denkmalspezifischen Leistungsbild mit der Option auf Erweiterung abgeschlossen wird. Ein solcher Vertrag müßte weitgehend dem in Abschnitt 5.4 beschriebenen Bestands- und Entwicklungsgutachten entsprechen. Da eine bausummenbezogene Honorierung dieser Leistung wegen der erst im Gutachten erstellten Grundlagen ausgeschlossen ist, stellt sich wiederum die Frage, ob diese Leistungen bereits Bestandteil eines Architekten-Honorarvertrags sein sollten.

5.1.1.2 Wissenschaftliche Bauforschung und ihr Erkenntnisinteresse

Die Disziplin der historischen Bauforschung als Hilfswissenschaft der Denkmalpflege ist in verschiedenen Publikationen der letzten Jahre ausgiebig dargestellt worden.[7] Als freiberufliche Perspektive auch für Architekten entwickelte sie sich von Bayern ausgehend Anfang der 80er Jahre[8], indem stratigrafische Methoden der Archäologie übertragen wurden auf das sogenannte »aufgehende« (Mauerwerk), wie in dieser Disziplin Bauwerke und Bauwerksreste bezeichnet werden, die nicht nur durch ihre Fundamentreste unterirdisch nachweisbar sind.

Abb. 5.1.2 a und b

Materialkartierung und Bauphasenplan einer bauarchäologischen Forschung am Schloß Sayn-Wittgenstein: In der Außenwand des Südflügels bilden sich Befunde eines mittelalterlichen Burgmannshauses, dessen Umbau zu einem barocken Herrenhaus und dessen erneute Umgestaltung zur neugotischen Schloßanlage ab (Untersuchung: Bingenheimer, Hädler, Schmilinsky & Partner)

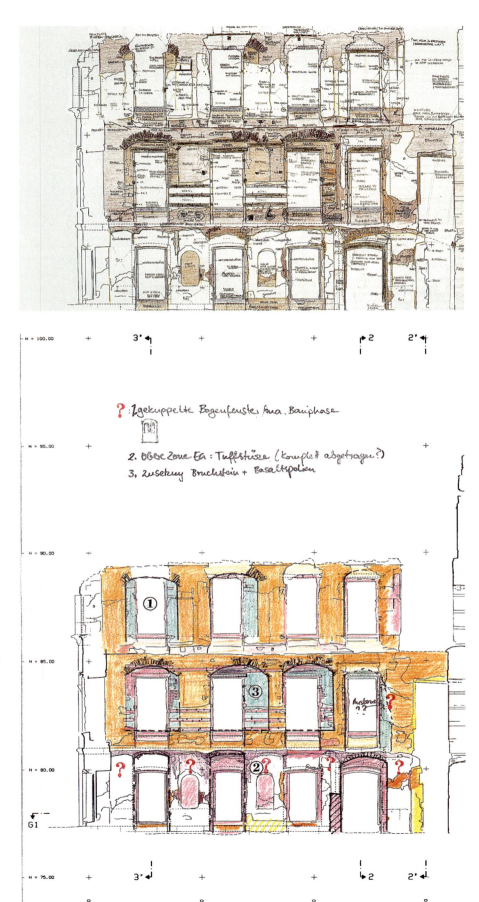

Ob wissenschaftliche Bauforschung dem Erhalt von Baudenkmalen nützt, ist vielerorts kontrovers diskutiert und mittlerweile positiv beantwortet worden, soweit die Ziele einer praktischen Bestandserkundung sachorientiert sind und nicht zum wissenschaftlichen Selbstzweck werden. Als eigenständige Disziplin mit rein wissenschaftlichem Erkenntnisinteresse hat die Bauforschung ihren angestammten Platz an den Universitäten, wo neben Forschung auch die Weiterqualifikation des wissenschaftlichen Nachwuchses erfolgt.[9] Darüber, daß Denkmalpflege keine Wissenschaft ist, sondern Wissenschaft nur anwendet, besteht Einigkeit.[10] Inwieweit Architekten durch ihre dem Grundsatz nach praxisorientierte, gegebenfalls künstlerische Ausbildung ohne zusätzliche Qualifikation zur wissenschaftlichen Arbeit befähigt sind, läßt sich jedoch diskutieren.

Das wichtigste Kriterium der praktischen Bauforschung ist, wie weit bei einem denkmalpflegerischen Konzept für ein in seiner Bestandsgeschichte mehrfach überformtes und verändertes Bauwerk dessen Denkmalaussage durch eine anstehende Baumaßnahme erhalten oder reduziert wird. Der Bauforscher ist deshalb zuallererst dem Bauwerk und dessen historischer Aussagekraft als authentisches Quellendokument verpflichtet, das er der Nachwelt überliefert wissen will. Aus seiner Position heraus konsequent, ist er es, der die Randbedingungen absteckt, innerhalb derer sich Architekt und Bauherr bewegen sollen. Es liegt auf der Hand, daß eine solche Positionsbestimmung von Vertretern der Architektenschaft nicht ohne Widerrede hingenommen wird.

Ihrem Ausbildungsgang nach sind Bauforscher ebenso wie Denkmalpfleger Architekten, Kunsthistoriker oder Archäologen. Letztlich ausschlaggebend für die Dialogfähigkeit zwischen planendem Architekt und Denkmalpfleger/Bauforscher ist aber nicht der Ausbildungsgang des Denkmalpflegers, sondern der Hintergrund des wissenschaftlichen Denkmalbegriffes, dem seit Riegl/Dehio[11] die staatliche Denkmalpflege verpflichtet ist. So stellen Architekten immer wieder verständnislos fest, daß sie gerade mit Vertretern ihrer eigenen Zunft auf seiten der Denkmalbehörde argumentativ stärker unter Druck geraten als mit Kunsthistorikern oder Archäologen. Dies mag vor allem darin begründet liegen, daß Denkmalpfleger mit Architektur-Hintergrund die Sprache und das Selbstverständnis der Architekten von innen heraus kennen, während viele Architekten aus einer Entwurfslastigkeit ihrer Ausbildung und ihrem zunehmend in die Enge getriebenen Berufsstand heraus in vorhandenen Bauten schlechthin eine beliebig verfügbare und beliebig zu gestaltende Rohbaumasse erblicken, der erst durch selbstbewußt-kontrastierende Maßnahmen zur Geltung verholfen wird. Eben dies drückt sich auch in den sechs Thesen des Berliner BDA zum Umgang mit historischer Bausubstanz aus.[12]

Das schon erwähnte Werk von Petzet/Mader (siehe Fußnote 3) umreißt die Aufgabenstellung und das Selbstverständnis der Bauforschung und vermittelt Architekten Grundlagenwissen für eine qualifizierte Denkmalprojektierung.

Gerade hier werden aber systembedingte Unvereinbarkeiten erkennbar, die zur Klärung der eigenen Position des planenden Architekten am Baudenkmal nicht verwischt werden dürfen: Zu jeder Zeit war der Architekt Sachwalter seines Auftraggebers. Es ist keinesfalls legitim, ihm dies vorzuwerfen. Allerdings darf vom Architekten bei aller Loyalität zu seinem Auftraggeber erwartet werden, daß er über ausreichendes bauhistorisches Sachwissen verfügt, um Konsequenzen seines Tuns richtig einzuschätzen: Er muß die Methoden kennen, die bei behutsamem Vorgehen die Zumutungen des künftigen Nutzers für ein Baudenkmal mildern helfen. Er kann durch seine Gestaltungsvorschläge vermittelnd wirken, qua Auftrag ist er aber immer »Täter«.

Der Bauforscher als verlängerter Arm der Denkmalpflege vertritt als »gesetzlicher Pflichtverteidiger« die Belange des stummen Baudenkmals. Hierzu fordert er die Leistung des vom Nutzerwunsch unabhängigen Bauforschers an. Daß er dabei häufig in die Rolle des Schiedsrichters gerät, liegt nicht zuletzt daran, daß Architekten hier ureigenstes Terrain aufgegeben haben: Die Vermittlung und der Ausgleich der Interessen sollte immer beim Architekten liegen, der sich durch zu einseitige Positionsnahme häufig selbstverschuldet disqualifiziert. Als Folge dieses Vakuums werden Architekten mit »denkmalpflegerischen Gegenentwürfen« konfrontiert, in denen sich der Denkmalpfleger zum Gestalter aufschwingt – häufig mit nach unten nivellierendem, »verharmlosendem« Ergebnis.

Damit diese beiden Positionen überhaupt miteinander gesprächsfähig werden, sollte eine unabhängige Bauforschung gerade auch vom Architekten eingefordert werden, will er im Rahmen seines Entwurfprozesses nicht »Selbstgespräche gegen das Baudenkmal« führen. Diese systembedingte Unvereinbarkeit der Positionen läßt Maders These plausibel erscheinen, wonach der planende Architekt nicht zugleich Bauforscher sein sollte: Die Positionen sollten voneinander getrennt sein, um in einen wirklichen Dialog treten zu können.

In der Praxis gibt es dennoch solche Architekturbüros »mit gespaltener Identität«. Das Vertrauensverhältnis zum Bauherrn, der sich nicht wirklich sicher sein kann, wem gegenüber sein Architekt letztendlich loyal ist, kann darunter leiden. Aus Erfahrung muß darüber hinaus als Tatsache anerkannt werden, daß die wissenschaftlich strikt deduktive Vorgehensweise der Bauforschung im Sinne einer Beweisführung der notwendigen Intuition und kreativen Unbefangenheit nicht zuträglich ist; diese werden jedoch auch beim Entwerfen am Baudenkmal innerhalb akzeptierter Grenzen dringend gebraucht.

Die schöpferische Phantasie bei der Lösung scheinbar unvereinbarer Anforderungen, die den besonderen Reiz der Architektenleistung am Baudenkmal ausmacht, muß die wissenschaftlichen Ergebnisse der Bauforschung zugrunde legen. Sie darf sich aber nicht von der dem wissenschaftlichen Denken innewohnenden Systematik zügeln lassen: Die Systematik des Entwurfs ist eine andere. Der gelegentlich postulierte *wissenschaftliche Entwurf* in der Denkmalpflege ist eine abzulehnende *Chimäre*. Er kann nur drittklassige, der Einzigartigkeit eines Baudenkmals unangemessene Resultate auf dem kleinsten gemeinsamen Nenner hervorbringen.

---

[9] Dethard von Winterfeld: Bauforschung im Rahmen kunstgeschichtlicher Institute, und Wulf Schirmer: Bauforschung an den Instituten für Baugeschichte der Technischen Hochschule. In: Bauforschung und Denkmalpflege 1987

[10] Georg Mörsch: Erforschen und Erhalten oder: die Wissenschaftlichkeit der Denkmalpflege. In: Bauforschung und Denkmalpflege 1987

[11] Georg Dehio: Was wird aus dem Heidelberger Schloß werden (1901); Alois Riegl: Der moderne Denkmalkultus, sein Wesen, seine Entstehung (1903); Georg Dehio: Denkmalschutz und Denkmalpflege im 19. Jahrhundert (1906); Alois Riegl: Neue Strömungen in der Denkmalpflege (1906)
Aufsätze, kommentiert und zusammengefaßt in: Norbert Huse (Hrsg.): Denkmalpflege, Deutsche Texte aus drei Jahrhunderten, Beck'sche Verlagsbuchhandlung, München, 1984

[12] a.a.O. (siehe Fußnote 4)

5.1.1.3 Von Laren und Penaten: die römischen Hausgötter

Die Versöhnbarkeit des Unvereinbaren, die sich in den Positionen des Nutzers, vertreten durch den Architekten, und denen des Bauwerks, vertreten durch den Bauforscher/ Denkmalpfleger, immer wieder in neuem Gewand zeigt, könnte durch nichts poetischer und hoffnungsvoller ausgedrückt werden als durch die folgende Allegorie von Italo Calvino[13]):

»Zwei Arten von Göttern beschützen die Stadt Leandra. Die einen wie die anderen sind so klein, daß man sie nicht sehen und so zahlreich, daß man sie nicht zählen kann. Die einen sind innen an den Haustüren, in der Nähe der Kleiderablage und der Schirmständer; bei Umzügen folgen sie den Familien und nehmen mit der Schlüsselübergabe in den neuen Wohnungen Quartier. Die anderen sind in der Küche, verstecken sich mit Vorliebe unter den Töpfen oder im Rauchfang oder in der Besenkammer: Sie gehören zum Haus, und wenn die Familie, die hier wohnt, auszieht, bleiben sie bei den neuen Mietern ... Um sie auseinanderzuhalten, wollen wir die einen Penaten und die anderen Laren nennen.

Es ist nicht gesagt, daß in einer Wohnung die Laren immer mit den Laren und die Penaten immer mit den Penaten zusammen sind: Sie besuchen sich, spazieren miteinander auf den Stuckleisten, auf den Heizungsrohren, kommentieren die Familienbelange, es kommt leicht zu einem Streit, aber sie können sich auch jahrelang gut verstehen; wenn man sie alle in einer Reihe sieht, kann man nicht unterscheiden, wer die einen und wer die anderen sind. Die Laren haben in ihren vier Wänden Penaten verschiedenster Herkunft und unterschiedlicher Gewohnheiten ein- und ausgehen sehen; die Penaten müssen sich mit Ellbogen ihren Platz erkämpfen zwischen den gar so würdevollen Laren angesehener, verfallener Paläste und den reizbaren und mißtrauischen Laren der Wellblechhütten.

Leandras wahres Wesen ist Diskussionsgegenstand ohne Ende. Die Penaten meinen, daß sie die Seele der Stadt sind, auch wenn sie erst im vorigen Jahr gekommen sind, und daß sie Leandra mitnehmen, wenn sie auswandern. Die Laren sehen die Penaten als vorübergehende, ungelegene Eindringlinge an; das ihre ist das wahre Leandra, das schon da war, ehe diese Eindringlinge ankamen, und das bleiben wird, wenn sie alle fortgegangen sein werden...«

Man fand diese Schutzgötter des Hauses, die Laren ebenso wie die Schutzgötter der Hausbewohner, die Penaten, auf zahlreichen Wandgemälden in Pompeji: tanzende Jünglinge in kurzer gegürteter Tunica, eine Schale in der einen Hand, ein Trinkhorn in der anderen oder auch als speertragende Jünglinge, von einem Hund begleitet.

Die Laren galten als die verklärten, wohltuenden Geister der Verstorbenen, deren Bilder man in kapellenartigen Schreinen im Atrium des Hauses aufstellte – der klammheimliche Traum so manchen Denkmalpflegers. Verließ die Familie das Haus, blieb der Lar zurück. An Festtagen bekränzte man sein Bild und opferte Wein und Getreide. Dagegen wachten die Penaten über Wohlstand und Gesundheit der Hausbewohner. Sie schützten die lebenswichtigen Vorräte des Hauses und vertraten die Belange der Sippe. Man nahm sie bei einer Auswanderung an ihren neuen Platz mit, wie Aeneas es tat.

Ebenso folgen Architekten ihrem Auftraggeber nach, sobald dieser ihnen an anderer Stelle ein interessantes Betätigungsfeld bietet.

Manches zunächst tiefgreifend erscheinende Zerwürfnis zwischen Architekt/Bauherr und Denkmalpfleger mag in einem Schmunzeln aufgehen, wenn die Kontrahenten, der Daseinsberechtigung des jeweils anderen »Schutzgottes« eingedenk, ihre zwangsläufigen Meinungsunterschiede austauschen, mit offenem Visier, argumentativ gut gerüstet und ohne die Streitaxt des Rechtswegs.

---

[13]) Italo Calvino: Die Städte und der Name 2. In: Die unsichtbaren Städte. W. Heyne, München, © Carl Hauser Verlag, München 1977

[14]) a.a.O. (siehe Fußnote 3)

5.1.2 Die Voruntersuchung als Leistung des Architekten

Technische Voruntersuchungsprogramme gehören in die Hand des projektierenden Architekten und stellen für diesen eine »besondere Leistung« dar, die gesondert im Rahmen eines separaten Vertrags zu vergüten ist. Es kann vom Architekten keinesfalls erwartet werden, daß er diese Leistung gewissermaßen als Akquisitionsfaktor im Rahmen seines normalen Leistungsbildes miterledigt. Besteht der Architekt hier nicht auf einer dezidierten schriftlichen Vereinbarung, so greift bei Streitigkeiten allzuhäufig die *Schenkungsvermutung*, d.h., der Bauherr wurde vom Architekten unaufgeklärt in dem Glauben gelassen, diese Leistungen seien in den Grundleistungen nach HOAI enthalten.

Häufig genug wird dies aber auch von öffentlichen Auftraggebern unterstellt, da die HOAI diese Leistungen nach wie vor nicht ausreichend deckt. In dem Maße, wie die Honorarordnung für Architekten im Rahmen der europäischen Dienstleistungsrichtlinien unter Druck gerät, besteht zudem die Gefahr, daß Voruntersuchungsleistungen vom Architekten überhaupt nicht mehr vertraglich durchgesetzt werden können – mit dem Ergebnis, daß sie zum Schaden des Bauherrn, der die Konsequenzen nicht überblickt, unterbleiben.

Immer wieder ist festzustellen, daß unter dem Etikett der »Angebotsverfahren« von Architekten der Entwurf eines Voruntersuchungsprogramms mit Kostenansätzen gratis erwartet wird. Dies zu verhindern erfordert eine argumentative Sicherheit seitens des Architekten, die nur gegeben ist, wenn ihm die Leistungen der dort zu koordinierenden Sonderfachleute und Fachingenieure, deren Möglichkeiten und Grenzen gut bekannt sind.[14])

Ein qualifiziertes Untersuchungsprogramm erfordert in erheblichem Maße die inhaltliche Beschäftigung mit einem Baudenkmal, das *Leistungsangebot* gerät fast immer zur ersten methodischen Fachberatung für den Bauherrn. Die Qualifikation des Architekten im Umgang mit einem Baudenkmal zeigt sich in einem solchen Programm. Es sollte deshalb mit Sorgfalt und Bedacht und nicht vom Schreibtisch per Ferndiagnose entstehen.

Da jedes Baudenkmal ein Unikat ist, entzieht es sich weitgehend jeder schematisierten

Behandlung. Hierin liegt ein ganz wesentlicher Unterschied zu den standardisierten Verfahren der Altbausanierung, wie sie seit der IBA-Altbau in Berlin-Kreuzberg in den 80er Jahren zur straßenzugweisen Durchsanierung von gründerzeitlichen Wohnquartieren entwickelt wurden.[15] Auch für anspruchsvolle Großbauten der Barockarchitektur eignen sich objektbezogene Checklisten zur Beurteilung immer wiederkehrender Ausstattungsdetails. Das Baudenkmal als Unikat ist in der Regel aber weitgehend resistent gegen checklistenartige Erfassungen.

Entsprechende Versuche haben immer wieder gezeigt, daß der untersuchende Architekt zuletzt mehr mit der Korrektur seiner Checklisten als mit dem Objekt selbst beschäftigt war. Dem »ultimativen Formblatt« zur Erfassung jedweder Eventualität am komplexen Altbaubestand ist mit größter Vorsicht zu begegnen. Trotzdem werden solche Systematisierungsversuche immer wieder unternommen, und zwar aus der Erfahrung heraus, daß unsystematisch zusammengetragene Informationen beim Planungs- und Bauablauf nicht zum richtigen Zeitpunkt bereitstehen und so wertlos werden. Es handelt sich insofern um ein Problem der *Datenverarbeitung* im ureigensten Sinn, dem allerdings mit einem durchgängigen, computerisierten System angesichts der Vielzahl von Beteiligten, der Unterschiedlichkeit der Datenqualität und der Ungleichzeitigkeit der Datenerhebung bislang nicht beizukommen war. Alle – durchaus sinnvollen – Datenerfassungssysteme müssen einen so erheblichen Freiheitsgrad aufweisen, daß die Systematisierung rasch zum Selbstzweck wird.[16] Diesen Eindruck vermittelt letztlich auch der vom Arbeitskreis Denkmalpflege der Architektenkammer Hessen herausgegebene Leitfaden »Bauen im Bestand«[17], der nach einer anfänglich wertvollen Differenzierung des *Leistungsbildes Voruntersuchung* letztlich in einen unpraktikablen Schematismus mit Verallgemeinerungsanspruch verfällt.

5.1.2.1 Erstbegehung

Die Qualität von Voruntersuchungen, und nicht zuletzt von Instandsetzungsverfahren, entscheidet sich zumeist im Erstkontakt des Architekten mit dem Bauwerk und der daraus resultierenden Qualität von Fragen. In dieser Lage ist der Architekt mit der Tatsache konfrontiert, daß er einen »umgekehrten Entwurfsprozeß« zu konzipieren hat, bei dem eine große Fülle von Details bereits vorhanden und so strukturiert zu erfassen ist, daß diese zu einem späteren Zeitpunkt als Parameter in den eigentlichen Entwurfsprozeß eingeführt werden können. Das Ungewohnte an diesem Vorgang verleitet Architekten dazu, über das Mittel der »prophylaktischen Entkernung« die Komplexität eines Baudenkmals soweit zu reduzieren, daß die Detailfülle überschaubar wird und die gewohnten Methoden des Entwerfens von Neubauten wieder zum Einsatz kommen können. Damit kommt der Erstbegehung ein erheblicher Stellenwert zu.

Begehungen sollen wegen der unterschiedlichen Wahrnehmung systematisch erfolgen, und zwar grundsätzlich in zweierlei Richtungen:

Vom Dach zum Keller

Die Beobachtung von Tragwerken, Raum- und Grundrißstrukturen von oben nach unten verhilft zu einem Verständnis der baukonstruktiven Zusammenhänge, da die Lasten in dieser Richtung abgetragen werden und Probleme des Tragverhaltens, die von Eingriffen in die ursprüngliche Gebäudetypologie herrühren, sich in Rißbildern, Setzungen und Verformungen manifestieren. Dabei ist insbesondere auf Unregelmäßigkeiten an der wandfesten Ausstattung zu achten, auf verzogene Tür- und Fensterbekleidungen, Sockel-Lambrien (raumumlaufende hölzerne Wandverkleidungen bis zu einer Höhe von 70/80 cm, die vor allem im Barock, aber auch noch im 19. Jahrhundert vorkamen) und andere hölzernen Ausstattungen bis hin zum

Abb. 5.1.3
Das Skelett eines alten Hauses: Ausstellungsobjekt

---

[15] Berling (Hrsg): Berichte zur Internationalen Bauausstellung Berlin IBA 1984 und 1985
Schmitz/Fleischmann/Meisel: Althausmodernisierung – praxisbezogene Anleitung, Forschungsauftrag MSWV-NW, Schriftenreihe Landes- und Stadtentwicklungsforschung des Landes Nordrhein-Westfalen, Band 3.019/I und II
[16] Denkmalpflege und computerunterstützte Dokumentation und Information: Schriftenreihe des Deutschen Nationalkomitees für Denkmalschutz, Band 44, Stuttgart 1992
[17] a.a.O. (siehe Fußnote 2)

5.1 Sanierungsvoruntersuchung und Bauforschung als Teil des Planungsprozesses

Abb. 5.1.4
Ortenberg/Hessen: Fachwerkhaus des 15. Jahrhunderts mit Umbauten im 16. und 17. Jahrhundert
Dendrochronologische Datierung einer Deckenbalkenlage

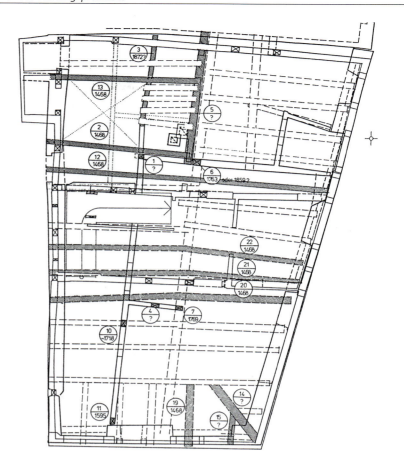

verräterischen Faltenwurf auf der Rauhfasertapete, der ein besonders feines Indiz für Bewegungsrichtungen von Baukonstruktionen bietet. Demzufolge kann kaum ein methodischer Fehler schwerwiegender wirken als die zuvor angesprochene prophylaktische Teilentkernung zu angeblichen Untersuchungszwecken: Ein solches Vorgehen kommt der vorsätzlichen Spurenbeseitigung am Tatort gleich.

Vom Keller zum Dach

Die Beobachtung eines Bauwerks von unten nach oben beginnt zwangläufig mit den ältesten Bauteilen des Hauses, da sich Kelleranlagen auch nach Teil- oder Totalzerstörungen in einem verändert wiederaufgebauten Bauwerk nachweisen lassen. Dieses Vorgehen vermittelt eine gewisse Sicherheit zur Einschätzung des Bautyps und seiner späteren Umbauten. Von den Kellern ausgehend, erschließt sich so die Baugeschichte eines Hauses, die wiederum mit ihren baukonstruktiven Auswirkungen Konsequenzen auf das Tragverhalten und ggf. auf die Schadensbilder hat.

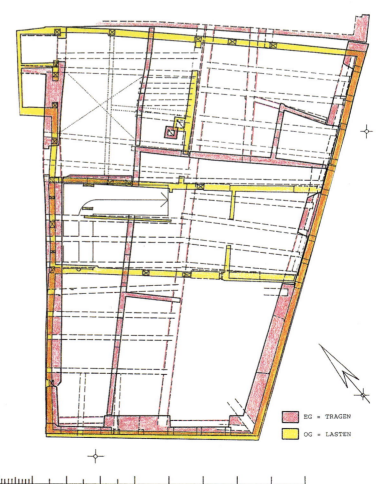

Abb. 5.1.5
Ortenberg/Hessen: Analyse des Tragwerks mit Darstellung der Belastung von Deckenfeldern

Abb. 5.1.6
Ortenberg/Hessen: Falsche Teilentkernung durch »Ausblasen« des Fachwerks auf Anordnung der örtlichen Bauleitung

Bei einem Beobachtungsdurchgang in beiden Richtungen bleibt es dem primären Erkenntnisinteresse des Beobachters überlassen, von wo begonnen wird. Entscheidend ist die Systematik des Durchgangs, der folgende Ergebnisse festhalten sollte:

- Anlaß und Tag der Begehung, Beteiligte, vorgefundener Zustand
- städtebauliches Umfeld des Gebäudes
- Baukörper, Dach, Fassade nach Gliederungssystemen und Hierarchie
- Erschließungssystem, Raumaufteilung, Grundrißtyp
- besondere Räume
- Räume mit fester Ausstattung an Fußböden, Wänden, Decken
- Dekorationen innen und außen, stilistische Einordnung
- Typus der Dachkonstruktion
- Keller in seiner Lage zum Gebäude, Baukonstruktion, Erschließung
- Überlagerung jeweils zweier Grundrisse zur Lastflußdarstellung
- deutlich erkennbare Schäden und Art der Schäden
- Umbauphasen, soweit erkennbar
- unerklärliche Situationen
- Fragenkatalog

Das Protokoll sollte an alle Beteiligten verteilt werden und so verfaßt sein, daß sich erste Fragen an ein Voruntersuchungsprogramm bereits ableiten lassen. Grundsätzlich erfolgen Untersuchungen am Baudenkmal in drei Phasen:

1. schadensfreie Erfassung und Beobachtung ohne Eingriffe
2. schadensarme Erfassung durch sparsame Eingriffe
3. gezielte, begründete Freipräparierung von Einzelbereichen.

Jeder einzelne Arbeitsschritt ist mit angemessenen Mitteln zu dokumentieren. Um dem untersuchenden Architekten eine grobe Vororientierung zu bieten, in welchem Umfang je nach Komplexitätsgrad Voruntersuchungsleistungen erforderlich werden, wurde ein Punktekatalog nach *objektbezogenen* (nutzungsunabhängigen) und nach *projektbezogenen* (nutzungsabhängigen) Einflußgrößen entwickelt, der sich an das Klassifizierungsverfahren der HOAI zur Einordnung eines Projekts nach Honorarzonen anlehnt. Dabei wurden Komplexitätsgrade von I bis IV definiert, die eine gewisse objektbezogene Angemessenheit des Untersuchungsumfangs sicherstellen sollen.

Das System wurde mit Studenten im Rahmen von Semesterübungen an mittlerweile über 200 unterschiedlichen Altbauten und Denkmalobjekten ausprobiert und führte bei den unerfahrenen Bearbeitern zu einer bemerkenswerten Treffsicherheit. Die Übungen haben aber auch gezeigt, daß ein solches Punkteschema keinesfalls *automatisch* das Programm einer Sanierungsvoruntersuchung liefert, wenn keine ausreichende Erfahrung in der Beurteilung der Leistungsfähigkeit von Sonderfachleuten vorliegt. Es bietet aber einen brauchbaren Rahmen, innerhalb dessen sich Untersuchungsleistungen konzipieren lassen.[18]

5.1.2.2 Angemessenheit und Zielgenauigkeit einer Voruntersuchung

Als Projekt-Hauptverantwortlicher ist der Architekt am Baudenkmal der Allgemeine Arzt, der seinem Patienten einen Hausbesuch abstattet. Wie dieser ist der Architekt zur Angemessenheit seiner Therapievorschläge verpflichtet: Er wird einen Patienten mit leichten Beschwerden nicht umgehend an die Intensivstation verweisen. Er wird allerdings genau wissen, wo die Grenze seiner Beurteilungsfähigkeit erreicht ist und wann Fachärzte einzuschalten sind. In jedem Fall wird er den Patienten zunächst nach seiner Krankengeschichte (Anamnese) befragen, bevor er eine Diagnose stellt, aus der heraus er seine Therapievorschläge riskiert.

Dieser Sanierungskanon nach Pieper[19] (siehe auch Abschnitt 9.1) ist mittlerweile Allgemeingut des methodischen Vorgehens in der Denkmalpflege, wenn auch der der Medizin entlehnte Jargon gelegentlich etwas überstrapaziert wird: Gewiß ist der im Auftrag des Bauherrn am Baudenkmal gestaltende Architekt nicht zwingend jener plastische Chirurg, der seinen Patienten bis zur Unkenntlichkeit mit neuer Nase, neuer Stirn, neuer Augenpartie ziert, bis dessen Gesichtszüge nach zweifachem Lifting den Idealvorstellungen des Auftraggebers entsprechen. Doch sollten Anamnese und Diagnose tatsächlich nicht zwingend die Freilegung des Skeletts und die Entfernung aller inneren Organe voraussetzen: Auch die Orthopädie kennt *zerstörungsarme Methoden* der Untersuchung und repariert einen Knochenbruch, ohne den ganzen Arm auszutauschen. Die Angemessenheit von Anamnese und Diagnose muß vorausgesetzt werden. Die Therapieentscheidung nehmen sie jedoch nicht vorweg. Hier kann sich der Arzt wie der Architekt fachkundig beraten lassen. Er kann und soll sich auch mit den zuständigen Fachinstanzen abstimmen. Letztlich steht er aber allein in seiner Verantwortung.

---

[18] Emil Hädler: Das Entwerfen von Voruntersuchungsprogrammen am Baudenkmal. In: DAS BAUZENTRUM 8/1997
[19] Klaus Pieper: Sicherung historischer Bauten. Ernst und Sohn, Berlin 1983

5.1.3 Das Raumbuch als analytisches und planerisches Instrument

Viel wurde in den vergangenen Jahren geschrieben über die textliche und bildliche Bestandserfassung im komplexen Baubestand.[20] Diese Komplexität erweist sich im Planungsalltag der Projektierung als äußerst sperriger Tatbestand. Bei einer kompetenten Denkmalinstandsetzung geht es vor allem um das Überliefern materieller Geschichtszeugnisse in ihrer authentischen Gestalt – innen wie außen. Die Fülle vorhandener Details am und im Baudenkmal erfordert eine fortschreibbare Abstimmung von Bestandsaufnahme- und Planungsmethodik, die die Projektierung im Neubau in dieser Form nicht kennt: Dort entstehen die Details erst mit dem Baufortschritt.

Da die Ausstattung historischer Bauwerke überwiegend raumbezogen angelegt war, sollten die Details dieses Bestandes auch raumbezogen erfaßt werden. Hierfür stellt das *analytische Raumbuch* ein bewährtes Mittel dar, das sich im Rahmen handelsüblicher AVA-Programme als Grundlage für Ausschreibung und Projektsteuerung fortschreiben läßt.

5.1.3.1 Das analytische Raumbuch als Befundarchiv

In der Praxis existieren unterschiedliche Formen von Raumbüchern, von der knappen Erfassung in Checklisten für den standardisierten Altbau[21] bis zur ausführlichen, durch systematische Fotodokumentationen hinterlegten Bestandsdatenbank nach Schmidt[22].

Die zuletzt in Kreisen der Denkmalpflege immer weiter getriebenen Anforderungen an ein Raumbuch mit sich verselbständigendem Systematisierungsdrang haben den ursprünglichen Sinn der Raumbuchmethode als leistungsfähiges Instrument der maßnahmenorientierten Bestandserfassung in den Hintergrund gedrängt. Vielmehr wurde ausführlich darüber diskutiert, ob sich das Raumbuch auch als Instrument der wissenschaftlichen Bauforschung eignet oder nicht. Spätestens die Forderung, restauratorische Befundberichte oder Bauforschungsberichte direkt zum Bestandteil des Raumbuchs zu machen, verwischt die Grenzen der kooperierenden Fachgebiete soweit, daß die Raumbuchmethode sich als schwerfälliger, in der Praxis kaum noch handhabbarer »Dinosaurier« selbst in Frage stellt. Doch widerlegt diese Fehlentwicklung in der Praxis nicht die Richtigkeit des Ansatzes, wie ihn Schmidt 1989 (noch ohne EDV-gestützte Verfahren) niedergelegt hat.

Ziel dieser Verfahren ist das Erkennen, Benennen und Beurteilen von wandfest verbundenen Ausstattungsteilen, wie Treppen, Fenster, Türen, Beschläge, Lambrien, Fußböden, Wand- und Deckendekorationen, die als zentrale Bestandteile die Denkmaleigenschaft eines Bauwerks maßgeblich begründen. Die Erfahrung zeigt, daß auch bei maßvollen Sanierungen nur ein geringer Teil dieser Elemente die Baustelle überlebt. Der Verlust begründet sich in der Regel weniger durch deren schlechten Erhaltungszustand als vielmehr durch einen unangemessenen Modernisierungsanspruch im Innenausbau, der viele dieser handwerklich und baugeschichtlich bemerkenswerten Ausstattungen von vornherein dem Bauschutt zuordnet. So ist insbesondere den Sanierungswellen der 70er und 80er Jahre in der alten Bundesrepublik vieles zum Opfer gefallen, dessen Bedeutung erst jetzt angesichts des wesentlich umfangreicheren erhaltenen Bestandes in den neuen Bundesländern in seinem Wert erkannt wird.

Es hat sich gezeigt, daß diese Verluste auch planungsmethodisch begründet sind. An keiner Stelle sieht der Katalog der *Standardleistungen* ebenso wie der der *besonderen*

---

[20] Das Baudenkmal und seine Ausstattung: Band 31 der Schriftenreihe des Deutschen Nationalkomitees für Denkmalschutz 1986
Knopp, Nußbaum, Jacobs, Bauforschung – Dokumentation und Auswertung: Arbeitsheft Nr. 43 des Rheinischen Amtes für Denkmalpflege 1992
[21] a.a.O. (siehe Fußnote 1)
[22] Wolf Schmidt, Das Raumbuch. In: Arbeitsheft Nr. 44 des Bayerischen Landesamts für Denkmalpflege 1989

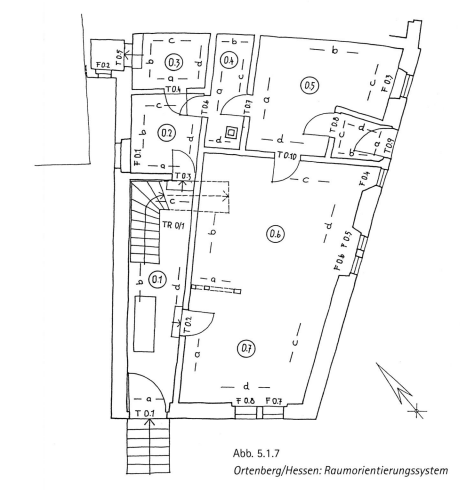

Abb. 5.1.7
Ortenberg/Hessen: Raumorientierungssystem

Leistungen nach HOAI die Erfassung und Bewertung dieser Bauteile vor. Im Werkplan (M = 1 : 50) sind sie ebensowenig angemessen und systematisch festzuhalten wie im verformungsgetreuen Aufmaß, das aus Kostengründen nicht jede Innenwand und jeden Deckenspiegel abwickeln kann.

In der Leistungsbeschreibung nach Gewerken kann nur enthalten sein, was vorher als bemerkenswert erkannt und bewertet wurde. Wer aber den historischen Baubestand in seinen Details nicht genau kennt, kann ihn auch nicht angemessen behandeln. So werden ungeschützte barocke Treppenbaluster Opfer der laufenden Kettensäge; Futter und Bekleidungen von wertvollen Türen werden verziert durch Spuren vorbeischrappender Schubkarren; an durchaus reparaturfähigen Fensterstöcken hängt die Schuttrutsche; und die gestemmte Füllungstür des Biedermeier dient zur Absicherung eines Deckenlochs, das der prophylaktisch abgebrochene Kamin verursacht hat. Die Erfahrung zeigt, daß Rohbaufirmen ohne exakte Anweisungen ihrem Selbstverständnis nach innerhalb kurzer Zeit Rohbauten herstellen – auch aus wertvoll ausgestatteten Baudenkmalen. Das Raumbuch soll im Vorfeld hier Abhilfe schaffen.

• *Orientierungssystem*

Voraussetzung für die systematische Erfassung von Ausstattungsteilen ist ein einheitliches Orientierungssystem, das möglichst schon im Frühstadium des Projekts für alle Beteiligten verbindlich vom Architekten festgelegt wird. Sonderfachleute müssen dieses Orientierungssystem vom Architekten einfordern. Hiernach wird jedem Raum eine Geschoß- und eine Raumziffer zugeordnet. Die Wände werden mit Buchstaben im Uhrzeigersinn, im Norden mit a beginnend, gekennzeichnet, Decken mit x, Fußböden mit y. Dasselbe gilt für Türen, Fenster und sonstige Bauteile. Dachstühle sind nach Bundebenen analog dem Abbundsystem des Zimmermanns zu ordnen. Eine solche Systematisierung erleichtert allen Beteiligten die Kommunikation.

• *Fotodokumentation*

Vor Beginn der textlichen Erfassungen ist eine systematische Fotodokumentation anzulegen. Dabei sollte jede Aufnahme eine Raumnummerntafel entsprechend dem Orientierungssystem und einen Maßstab enthalten, nach dem auch aus dem Foto eine grobe Längenangabe abgegriffen werden kann. Das Foto wird so zur codierten Karteikarte. Die Aufnahmen sollten zu jedem Raum alle Wände, Decken und Fußböden mit zumindest einem Foto wiedergeben. Beim Erfassungsdurchgang dienen diese dann schon vorliegenden Aufnahmen als *Karteikarten-Illustration*, die in darübergelegten Transparentblätter umgezeichnet oder mit Indices kommentiert werden können – eine geeignete Methode, um die textliche Erfassung knapp zu halten.

• *Erfassungsblätter*

Die Erfassung nach Checklisten hat sich für den Altbaubestand der Gründerzeit, bei dem sich typische Ausstattungsmerkmale immer wiederholen, als brauchbar erwiesen. Bei großen, einheitlich ausgestatteten Repräsentationsbauten (Schlösser, Palais) kann es sinnvoll sein, objektbezogene Checklisten zu entwickeln. Im komplexen Baudenkmal, das als Unikat anzusehen ist, versagen verallgemeinernde Checklisten aber rasch. Hier ist auf ein möglichst wenig festlegendes Layout Wert zu legen, das aber strikt die Trennung in Beschreibung und Bewertung des Bauteils einhält. Das Blatt sollte Raum lassen für ein Foto und eine danebenstehende Skizze oder Umzeichnung: In vielen Fällen ist ein kommentiertes, aussagekräftiges Foto praktikabler als aufwendige, maßlich exakte Wandabwicklungen. Die Bearbeitung in einem EDV-gestützten System empfiehlt sich im Interesse der Fortschreibbarkeit der Erkenntnisse.

Es gibt auch Planungsraumbücher innerhalb von AVA-Systemen, die eine maßnahmenorientierte, ausreichende Bestandserfassung gestatten. In einem solchen Fall sollte die textliche Erfassung direkt mit tragbarem Computer auf der Baustelle erfolgen. Die kommentierte Fotodokumentation kann dann auf separaten Karteikarten mitgeführt werden.

Zu Beginn wird jeder Bearbeiter eines Raumbuchs die Erfahrung machen, daß die richtigen Worte bei der Beschreibung von Sachverhalten fehlen. Dies liegt zum einen an der fehlenden Fachterminologie, die sich jedoch durch Beschäftigung mit einschlägiger Literatur erlernen läßt. Zum anderen ist es durchaus nicht leicht, Beschreibung und Bewertung sauber voneinander zu trennen: Allzuleicht mischt sich unter eine Bauteilbeschreibung ein bewertendes Vorurteil, das sich bei der Formulierung einer Teilleistung im Planungsraumbuch tendenziös auswirkt. Die Beschreibung einer Konstruktion und die Bewertung ihres Zustands sollte außerdem auf einer aufgeräumten, besenreinen Baustelle erfolgen: Ein vermülltes Umfeld und ein desolates Erscheinungsbild wirkt auch auf den zurück, der sich im besten Wollen einem historischen Bauwerk nähert. Das analytische Raumbuch ist insofern eine gute Erziehung zu Systematik, Präzision und Urteilsfähigkeit, die den Architekten am Baudenkmal auszeichnen sollte.

Abb. 5.1.8 (rechts)
Ortenberg/Hessen: typisches Erfassungsblatt mit Foto nach Raumorientierung und analytischer Skizze

RAUMBUCH

RAUMBUCH FÜR DAS GEBÄUDE:	ALTER MARKT 6, ORTENBERG	DATUM: 24-04-96
BAUTEIL: WAND	RAUM-NR. / ORIENTIERUNGS-CODE: 1.2.b	SEITE:
GLIEDERUNG:	Code für Einbauteil, Konstruktion (Aufbau, Materialien), Oberflächen (Putz, Farbe)	

	AUSSTATTUNG, BESTAND	ZUSTAND (Beschädigung in %)
EINBAUTEILE	FENSTER F 1.3, F 1.4 TÜREN T 1.2, T 1.3	FACHWERK GESTÖRT
KONSTRUKTION	FACHWERKAUSSENWAND, DICHT MIT STROHLEHMGEPACKEN, TEILWEISE ZIEGELVERMAUERUNG, NEUE FENSTER-ÖFFNUNG BEI ENTFERNEN DER DURCH-LAUFENDEN FACHWERKWAND VON 1.2.a -> 1.2.c	MORSCHE HOLZTEILE DURCH FEUCHTIGKEITS-EINWIRKUNG. EINGRIFF DURCH FENSTERVER-GRÖSSERUNG UND TÜR T 1.3
AUFBAU/ OBERFLÄCHEN	BRÜSTUNGSHOHE LAMBERIE KALKFARBFASSUNGEN, FRÜHE FASSUNGEN NICHT UNTERSUCHT, SPÄTE FASSUNGEN WIE 1.2. a, c, d (S. SCHABLONENDEKOR)	OBERFLÄCHEN RISSIG DURCH FEUCHTIGKEIT ANGE-GRIFFEN;

FOTODOKUMENTATION

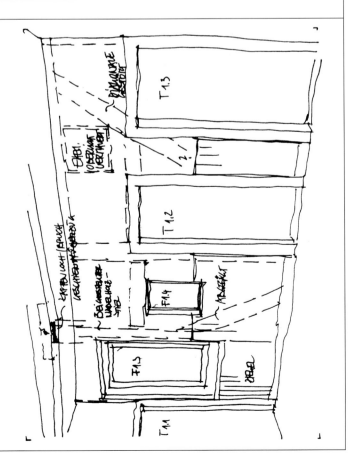

5.1.3.2 Das Planungsraumbuch als Instrument der Ausschreibung

Das Raumbuch ist für den Architekten als ein Instrument der Planung zu sehen. Es besteht aus dem analytischen (Beschreibung – Bewertung) **und** dem planerischen Teil (Maßnahme – Mengenermittlung). In den analytischen Teil fließen als Vorstufe zur Leistungsbeschreibung alle Erkenntnisse aus Anamnese und Diagnose ein. Der planerische Teil **ist** das Leistungsverzeichnis (LV), das, nach Räumen und Gewerken codiert, raumweise in Elementtexten bearbeitet und vom AVA-Programm nach Gewerknummern umsortiert, durch automatische LV-Erstellung entsteht. Dieser Vorgang bedarf einer systematischen Vorbereitung und anschließend einer redaktionellen Nachbereitung. Grundsätzlich muß heute aber von AVA-Programmen die LV-Erstellung aus dem Raumbuch verlangt werden.

Die Methode hat insbesondere für die Ausbaugewerke, aber auch für die Leistungen *Bauteilsicherung* und *Abbruch* den Vorteil, daß sich der Planende und Ausschreibende intensiv mit den raumbezogenen Realitäten des Bauwerks befaßt, da er sich, *geistig* oder auch *realiter* mit dem Laptop ausgerüstet, in jeden einzelnen Raum hineinstellt und dort – im Raum – gewerkebezogen die Maßnahmen beschreibt, die zur Erlangung der angestrebten Ausbauqualität erforderlich sind. Insbesondere werden so frühzeitig notwendige Schutzmaßnahmen für empfindliche Ausstattungsteile erkannt, die ablaufbedingt für einen gewissen Zeitraum dem Arbeitsstil von Rohbaufirmen ausgesetzt sein werden.

Abgesehen davon, daß auf diese Weise wenig vergessen wird und das Risiko von Nachtragsleistungen deutlich abnimmt, werden frühzeitig gewerkespezifische Kollisionen im Bauablauf erkannt, die ansonsten erst ad hoc auf der Baustelle mit selten befriedigendem Ergebnis bereinigt werden können. Da auf diese Weise auch die Massen für die Teilpositionen des Leistungsverzeichnisses raumbezogen erfaßt werden und nach dem Umsortieren in die Gewerkepositionen durch Lokalisierungslisten zuordenbar bleiben, ist die Kostenkontrolle bei der Abrechnung und die Überprüfung der Firmen-Aufmaße jederzeit möglich.

Das Verfahren erhöht zweifellos die Kontrollierbarkeit komplexer Instandsetzungsmaßnahmen. Es hat dort seine Grenzen, wo sich durch weitreichende Eingriffe in die originale Grundrißdisposition die Raumorientierung von Bestand und Planung nicht mehr decken. Insofern eignet es sich besonders für Instandsetzungsmaßnahmen, die den Anspruch erheben, schonend mit dem Bestand umzugehen.

Dieser altbauspezifischen besonderen Leistung tragen inzwischen die Kommentarwerke zur HOAI Rechnung. Der Zeitaufwand hierfür wird allerdings zu Recht hoch eingeschätzt. Die Kohlhammer Kommentare[23] zitieren hier Klocke/Arlt, wonach der Aufwand für die besondere Leistung des Planungsraumbuchs mit 6 bis 10 % des Honorars nach § 16 HOAI anzusetzen ist. Angesichts des ebenfalls erheblichen Aufwands für das analytische Raumbuch, das zwingend vorzuschalten ist, kann das Verfahren unabhängig von Umbauzuschlägen Honorarerhöhungen für den Architekten um bis zu 15 % auslösen.

Es ist festzustellen, daß auf seiten der Denkmalbehörden trotz des Raumbuchs und verformungsgetreuer Bauaufmaße die Enttäuschung über Substanzverluste nach wie vor groß ist. Hier gilt – wie überall: Es kommt darauf an, was man daraus macht. Das analytische Raumbuch ohne seine planerische Umsetzung in der raumbezogenen Leistungsbeschreibung hat sich als unbrauchbarer »Datenfriedhof« erwiesen, der seine Informationen angesichts undurchdringlicher Aktenberge und ausgeklügelter Befundblätter nicht wieder preisgibt. Nur die Verankerung in der Planungsmethodik bietet die Chance, daß die erfaßten Details auch zum richtigen Zeitpunkt abgerufen und maßnahmenrelevant verwertet werden können.

Hier muß von seiten der Architektenschaft auf die Hersteller von AVA-Programmen eingewirkt werden, damit der Raum für die analytische Bestandserfassung in den mitgelieferten digitalen »Formularen« erweitert wird, Umsortierungsvorgänge zwischen Raumbuch und Leistungsverzeichnis ohne Daten- und Massenverluste vor sich gehen und auch im externen Datenaustausch funktionieren. Überflüssige Programmfehler kommen immer noch vor, weil das »Programmodul Raumbuch« von Architekten, die traditionsgemäß nach Gewerken ausschreiben, zu wenig gefordert wird.

Die Verwaltung von komplexen Baubestandsdaten wird angesichts der Tatsache, daß die Gestehungskosten eines durchschnittlichen Neubaus, über seine Lebensdauer gerechnet, nur 25 % der Gesamtkosten ausmachen, nicht nur im Altbau immer wichtiger. Insofern ist ein nach Raumbuch ausgeschriebenes Sanierungsobjekt durch seine systematisch erfaßten und räumlich zuordenbaren Qualitätsmerkmale prädestiniert, in das *Facility Management* des Betreibers übernommen zu werden. Diese »Zauberformel«, die dem Umstand Rechnung trägt, daß die übersichtliche Verwaltung von Bestandsdaten bei später anstehenden Umbau- oder Modernisierungsmaßnahmen viel Geld spart, könnte auch für die Verwaltung von größeren Denkmälerbeständen durch öffentliche oder kirchliche Träger in der Zukunft ein interessantes Betätigungsfeld für Architekten eröffnen.

---

[23] Kohlhammer Kommentare: Autoren Neuenfeld, Baden, Dohna, Groscurth, Schmitz, Stand Juni 1996

5.1.4 Das Bauaufmaß als analytisches und planerisches Instrument

Um die richtige bzw. angemessene Methode der Bauaufnahme entbrannte vor ca. 15 Jahren eine heftige Auseinandersetzung: Die bauenden Architekten betrachteten die Bauaufnahme bis dahin als eine Art Fingerübung für Bauzeichnerlehrlinge, die nichts kosten durfte – als notwendiges Übel am Altbau vor dem eigentlichen Planungsprozeß. Mittlerweile hat sich auf diesem Gebiet die Einschätzung in Fachkreisen gründlich geändert, wie eine reichhaltige Literatur belegt.[24]

Die Bauaufnahme als mehrdimensionales Annäherungsverfahren an den Baubestand hat eine beachtenswerte Geschichte, die eng verbunden ist mit dem Beginn der Kenntnisnahme der antiken Architektur. So berichtete Giorgio Vasari über Studienreisen von Filippo Brunelleschi und Donatello 1402 nach Rom, die dort die Skulptur der römischen Antike zeichnerisch studierten. Domenico Ghirlandaio zeigte in einer Zeichnung, wie das Kolosseum in der zweiten Hälfte des 15. Jahrhunderts aussah.

Die systematische zeichnerische Bestandserfassung zum Zwecke der Umsetzung in zeitgenössische Architektur reicht von Filarete (bis 1469), Alberti (bis 1472), Bramante (bis 1514), G. da Sangallo (bis 1516) über Dürer (bis 1528) zu Palladio (bis 1580) – alles Meister, die in der Vermessung und Zeichnung historischer Architektur eine Quelle der Inspiration für ihre zeitgenössische Architektur sahen. Piranesi begeistert mit seinen suggestiven Blättern der unterirdischen »Carceri« seit dem 18. Jahrhundert bis heute ganze Architektengenerationen.

Angesichts solcher Vorgänger, die sich über Fischer von Erlach, Gilly, Weinbrenner, Gärtner, Schinkel, Moller, Klenze, Viollet le Duc fortsetzen läßt, ist die Geringschätzung der Bauaufnahme als untergeordnete Hilfstechnik des doch lieber entwerfenden Architekten in einer Zeit, in der sich über 50 % des Bauaufkommens im Bestand abspielt, kaum nachvollziehbar.

Ein bemerkenswertes Handbuch der Bauaufnahme erschien in diesem Jahrhundert von Karl Staatsmann[25], der 1910 in Straßburg in zwei Bänden die Systematik der geodätisch unterstützten Baubestandsaufnahme mit Meßachsen und koordinatenmäßiger Erfassung so überzeugend und reich illustriert beschrieb, daß ein Nachdruck in heutiger Zeit lediglich die Abbildungen seiner etwas archaisch anmutenden Vermessungsgeräte austauschen müßte, um wieder aktuell zu sein: Selbst die Methode der Fotogrammetrie, die Albrecht Meydenbauer als »Meßbildkunst« ab 1865 entwickelte und die ihren Niederschlag in der Preußischen Meßbildanstalt 1885 fand, ist dort in ihren Prinzipien so gültig beschrieben, daß sie lediglich um die Erläuterung der heute gängigen digitalen Verfahren ergänzt werden müßte. Das Buch zeigt insbesondere, daß es zur Herstellung exakter Bauaufnahmen, die den Qualitätskriterien des heute üblichen *verformungsgetreuen Aufmaßes* durchaus genügen, keinesfalls als Grundausrüstung des Rotationslasers und digitaler Technik bedarf – die heute zweifellos die Arbeit erleichtert und beschleunigt.

---

[24] Erfassen und Dokumentieren im Denkmalschutz: Schriftenreihe des Deutschen Nationalkomitees für Denkmalschutz, Band 19, 1982
Johannes Cramer: Handbuch der Bauaufnahme. DVA 1984
Gerda Wangerin: Bauaufnahme – Grundlagen, Methoden, Darstellung. Vieweg 1986
BAUAUFNAHME, Bestandsuntersuchung und Dokumentation historischer Bauwerke: Kolloquiumsbericht des Sonderforschungsbereichs 315 der Universität Karlsruhe Nr. 8 – Heft 7/1997
BAUAUFNAHME, Befunderhebung und Schadensanalyse an historischen Bauwerken: Kolloquiumsbericht des SFB 315, Nr. 13 – Heft 8/1988
Michael Korte: Neue Techniken der Bauaufnahme. In: Bauwelt 33/1988
[25] Karl Staatsmann: Das Aufnehmen von Architekturen, Band I + II, Straßburg 1910
[26] Eckstein/Gromer: Empfehlungen, Bauaufnahmen. Genauigkeitsstufen, Planinhalte, Kalkulationsrahmen. Landesdenkmalamt Baden-Württemberg, Stuttgart 1986 (später Übernahme des Weka-Verlag)

5.1.4.1 Ansprüche an ein Bauaufmaß: Genauigkeitsstufen und Aussageschärfe

Die Bauaufnahme ist nicht nur die Voraussetzung für die notwendige Rücksichtnahme auf den erhaltenswerten historischen Bestand, sondern auch für die wissenschaftliche Dokumentation. Sie kann deswegen als Voraussetzung für die denkmalschutzrechtliche Genehmigung und für die Baugenehmigung gefordert werden. Die Landesdenkmalämter haben zur Bauaufnahme Empfehlungen herausgegeben.[26] Das Aufnahmeverfahren selbst kann und soll hierbei nicht vorgeschrieben werden. Festgelegt wird hingegen die Genauigkeit der Darstellung, um möglichst gleichwertige Bauaufnahmen bei unterschiedlichen Objekten zu erhalten.

Die Bauaufnahme dient dem Erfassen eines räumlichen Gebildes, z. B. eines Bauwerks, in zweidimensionalen Zeichnungen. Sie ist die Umkehrfunktion der eigentlichen Bauplanung, bei der aus Grundrissen, Schnitten und Ansichten ein Gebäude entsteht, also aus zweidimensionalen Zeichnungen ein räumliches Gebilde. Ebenso wie die zuvor erwähnten Grundrisse, Schnitte und Ansichten einer Neuplanung wichtige Informationen über Raumgefüge, zu verwendende Materialien und Tragkonstruktionen enthalten, müssen auch die erstellten Zeichnungen eines Bauaufmaßes diese Informationen enthalten.

Folgende Mindestanforderungen muß ein Bauaufmaß erfüllen:

- Die Tragkonstruktion als wichtigstes konstruktives Element muß eindeutig erkennbar sein. Es müssen, soweit möglich, Aussagen über tragende Wände, einzelne Tragglieder und Spannrichtungen von Decken gemacht werden.
- Bauliche Veränderungen oder Störungen des Baugefüges müssen in den Planungsunterlagen vermerkt werden.
- Die verwendeten Baumaterialien sollen, soweit dies möglich ist, in Texterläuterungen oder direkt in den Planungsunterlagen dokumentiert werden.
- Das räumliche Gefüge und die Verknüpfung einzelner Geschosse miteinander müssen aus den Grundrissen und Schnitten klar erkennbar sein.

Bauaufmaße werden aus den verschiedensten Gründen erstellt. Das wahrscheinlich größte Einsatzgebiet für Bauaufmaße ist die Verwendung als Planungsgrundlage für

Sanierungs- und Modernisierungsmaßnahmen. Aber auch zur Wertermittlung eines Gebäudes oder zur bauhistorischen Untersuchung werden Bauaufmaße benötigt. So unterschiedlich wie die Einsatzgebiete sind daher auch die Anforderungen an ein Bauaufmaß.

Aufgrund dieser unterschiedlichen Anforderungen sollte der erste Schritt – noch vor Beginn der Aufmaßarbeiten – das Erstellen einer Konzeption sein, die Umfang und Anspruch des Bauaufmaßes festlegt. Diese konzeptionelle Überlegung ist erforderlich, um das Bauaufmaß der jeweiligen Aufgabe anzupassen. Sie verhindert das *Zuwenig*, wo das *Mehr* angebracht wäre, verhindert aber auch das *Zuviel*, wo das *Weniger* ausreichend wäre.

Die Aussageschärfe eines Bauaufmaßes ist im wesentlichen abhängig von zwei Faktoren: von der **Meßgenauigkeit** und der **Darstellungsgenauigkeit**.

Die Meßgenauigkeit ist ein Faktor, der durch die Wahl der meßtechnischen Geräte und die Art der Meßmethodik bestimmt wird. Die Vielfalt der Kombinationen aus Meßtechnik und Meßmethodik ist groß. Sie reicht von einfachen Aufmaßen mit Zollstock und Maßband über Handaufmaße, die sich ausschließlich auf geodätisch eingerichtete Meßachsen beziehen, bis hin zu computerunterstützten Meßsystemen, die mit Genauigkeiten von einem Millimeter oder weniger arbeiten.

Diese für das Bauwesen optimalen technischen Bedingungen zur Erarbeitung eines präzisen Aufmaßes sind jedoch nicht allein ausschlaggebend für die Qualität einer Bauaufnahme. Ebenso wichtig wie die Meßgenauigkeit ist daher auch die Darstellungsgenauigkeit. Sie hängt wiederum nicht nur von der zeichentechnischen Umsetzung des Gemessenen auf der Zeichenunterlage ab, sondern auch von der Form der Darstellung.

Schraffieren, Punktieren oder Anlegen von Flächen zur Verdeutlichung verschiedenartiger Oberflächen sind z. B. Zeichentechniken, die, unabhängig von der Meßgenauigkeit, die Aussageschärfe eines Aufmaßes steigern. Ähnlich verhält es sich mit der Kommentierung von Details anhand von Texterläuterungen; ohne Bezug zur Meßgenauigkeit wird durch das *In-Worte-fassen* der Beobachtungen eine Steigerung der Aussageschärfe erreicht.

Aus diesen Ausführungen läßt sich erkennen, daß Meßgenauigkeit und Darstellungsgenauigkeit Faktoren sind, die immer in gegenseitigem Wechselspiel die Aussageschärfe eines Aufmaßes bestimmen.

In den Empfehlungen des Landesdenkmalamtes Baden-Württemberg (s. Fußnote 26) wird die Aussageschärfe von Bauaufmaßen in vier Genauigkeitsstufen unterteilt. Um jedoch Bauaufmaßen für die wissenschaftliche Bauforschung und Bauarchäologie gerecht zu werden, wurde die Einteilung hier weiter differenziert und eine Einteilung in fünf Grade vorgenommen, wobei die Stufen I bis IV weitgehend den vier Genauigkeitsstufen der Empfehlungen entsprechen.[27]

• *Genauigkeitsstufe I*
Aufmaß im Maßstab 1:100

Herkömmliches, idealisiertes *Architektenaufmaß*: Schematische, jedoch vollständige Darstellung durch Skizzieren und Messen vor Ort oder anhand von Maßblattskizzen mit anschließender Übertragung in vermaßte Freihandzeichnung oder Reinzeichnung.

Ergebnis:

Einfache Dokumentation eines Gebäudetyps in Grundrißgliederung, Höhenentwicklung, Form und Außenerscheinung. Die Pläne sollen als Besprechungsgrundlage bei Vorplanungen dienen oder bei Renovierungsmaßnahmen, wenn die Bausubstanz selbst nicht angegriffen wird.

• *Genauigkeitsstufe II*
Aufmaß im Maßstab 1:50 (in Sonderfällen 1:100 oder 1:20)

Annähernd wirklichkeitsgetreue Wiedergabe als Grundlage für einfache Sanierungen ohne weiterführende Umbaumaßnahmen oder als Grundlage für Orts- und Stadtbildanalysen sowie für Dokumentationen auch im Rahmen der Denkmäler-Inventarisation.

Eine geodätische Einmessung ist nicht erforderlich. Die Darstellungsgenauigkeit soll innerhalb ± 10 cm liegen. Dabei muß der konstruktive Aufbau richtig proportioniert sein. Verformungen sollen im Flächennivellement zuverlässig erfaßt, im Grundriß qualitativ ablesbar sein, Einzelteile, wie Fensterabmessungen und Balkenstärken, müssen innerhalb der Zeichengenauigkeit stimmen. Übereinanderliegende Grundrisse müssen, z. B. mit durchgehenden Loten, lagemäßig einander zugeordnet werden. Die zeichnerische Aufnahme soll weitgehend vor Ort erfolgen.

In den Plänen wird, soweit erkennbar, folgendes dargestellt:

- Konstruktion und Struktur der Wände
- Spannrichtung der Deckenbalken im Grundriß
- deutlich sichtbare Deckendurchbiegungen, Fußbodengefälle und Wandneigungen sowie Grundrißabweichungen vom rechten Winkel
- Hinweise auf frühere Bauzustände.

Folgendes kann zusätzlich vereinbart werden:

- Ausbaudetails wie Türen, Fenster oder Lamperien durch vereinfachte Konturen – typenmäßige Erfassung durch Fotos
- Außenabmessungen und lichte Raummaße
- Bezeichnung von Baumaterial und Konstruktion
- Erfassen von Bauschäden.

Ergebnis:

Annähernd wirklichkeitsgetreue Dokumentation eines Baubestandes mit der Feststellung des hauptsächlichen konstruktiven Systems. Die Pläne sollen als Grundlage für einfache Sanierungs- und Sicherungsmaßnahmen sowie zur Kartierung restauratorischer Untersuchungen benutzbar sein.

---

[27] Einteilung in vier Genauigkeitsstufen nach Eckstein/Gromer in: Normengerechte Musterbauzeichnungen, Teil 8: Altbausanierung, Weka-Fachverlage GmbH 1987

Abb. 5.1.9 (rechts)

Genauigkeitsstufe II, Breitenbachs Mühle – aufgenommen im M = 1:50 durch Studenten der FH Mainz 1987

Annähernd verformungsgetreue Darstellung mit Diagonalmaß-Kontrolle ohne Einsatz optischer Meßgeräte

5.1 Sanierungsvoruntersuchung und Bauforschung als Teil des Planungsprozesses

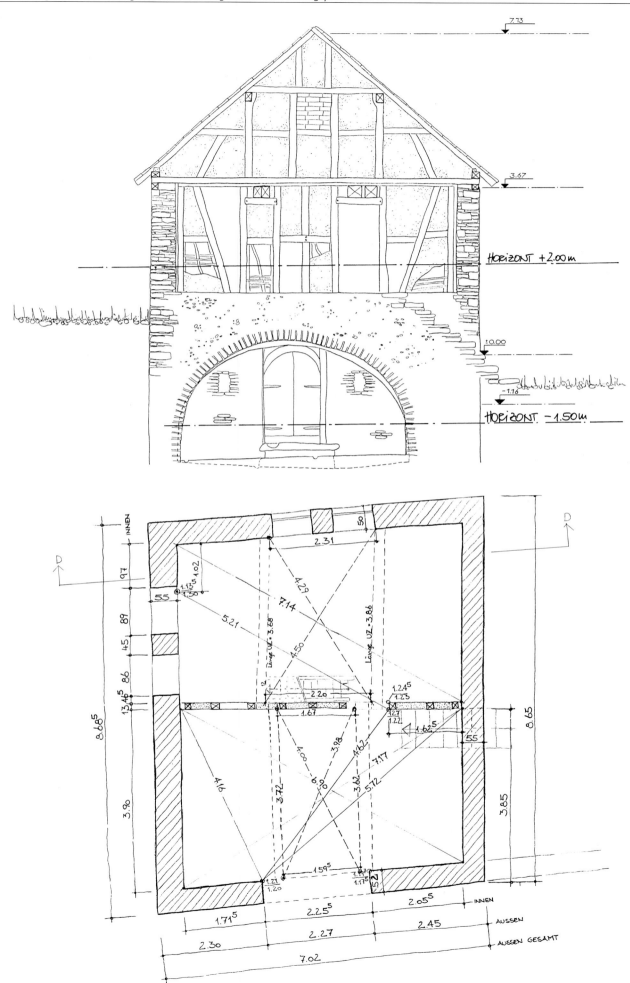

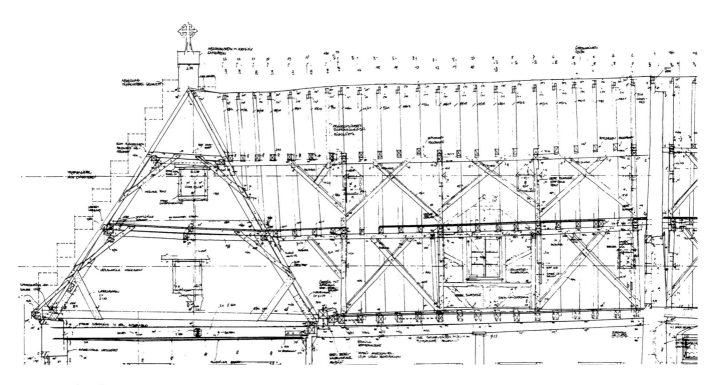

Abb. 5.1.10 (oben)

Genauigkeitsstufe III, Stiftsmuseum Aschaffenburg, Dachstuhl – aufgenommen im M = 1 : 50 durch Bingenheimer, Hädler, Schmilinsky & Partner 1985

Verformungsgetreues Handaufmaß nach den Richtlinien des Bayerischen Landesamts für Denkmalpflege auf der Grundlage geodätischer Achseneinmessung, mit Darstellung aller baukonstruktiv wesentlichen, instandsetzungsrelevanten Details

Abb. 5.1.11 (unten)

Gegenüberstellung: Derselbe Dachstuhl nach Genauigkeitsstufe I, aufgenommen im M = 1 : 100 von Alois Grimm 1948

Idealisierte Darstellung des Konstruktionsprinzips, ohne Anspruch auf lagegetreue Wiedergabe von Details und späteren Umbauten

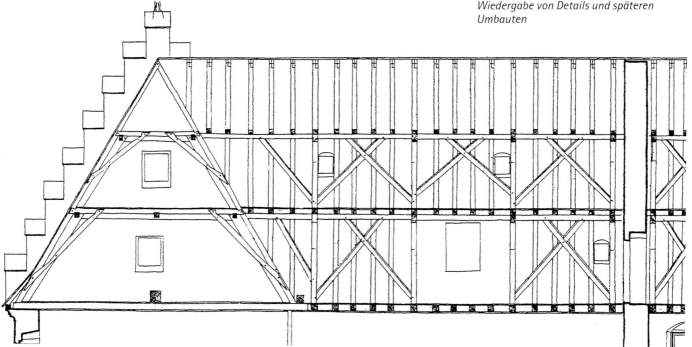

- *Genauigkeitsstufe III*
  Aufmaß im Maßstab 1 : 50

Exaktes und verformungsgetreues Aufmaß, das auch den Erfordernissen der Bauforschung genügt und die werkplanfähige Grundlage für Umbaumaßnahmen bildet.

Eine geodätische Einmessung ist erforderlich. Die Aufnahme erfolgt im dreidimensionalen Vermessungssystem, auf das außerhalb und innerhalb des Gebäudes in allen Räumen die Detailaufnahme aufgebaut ist. Grundrißpläne, Schnitte und Ansichten müssen über Netzkreuze oder Paßpunkte auf- oder aneinandergepaßt werden können. Die Auftragungen müssen vor Ort erfolgen. Die Darstellungsgenauigkeit muß innerhalb ± 2,5 cm liegen. Wenn erforderlich, werden die gemessenen Werte mit eingetragen. Die hier dargestellte Genauigkeit läßt sich neben dem Handaufmaß auf Basis von Netzkreuzen auch durch computergestützte Verfahren bzw. auf fotogrammetrischem Wege erreichen. Digitale Bestandserfassungen erfordern in der Regel eine Nachbearbeitung vor Ort.

In den Plänen wird folgendes dargestellt:

- Konstruktion und Struktur der Wände
- Konstruktion und Untersicht der Decken
- Struktur und Aufbau der Fußböden
- Baufugen
- Bauschäden
- Zimmermanns- und Steinmetzzeichen
- Hinweise auf frühere Bauzustände wie vermauerte Wandöffnungen, Ansätze vormaliger Gewölbe, nicht mehr genutzte Zimmermannsdetails etc.
- bei Bedarf Detailzeichnungen im vergrößerten Maßstab
- Beschreibung des Baumaterials und der Konstruktion, sofern dafür Symbole nicht ausreichen.

Ergebnis:

Wirklichkeitsgerechte Dokumentation für Restaurierungs- und Umbauplanungen sowie für Zwecke der wissenschaftlichen Bauforschung, der statischen Sicherung und der planungsvorbereitenden Bauzustandsanalyse.

Abb. 5.1.12
Genauigkeitsstufe IV, Chor der Disibodenberg-Kapelle in Sobernheim mit Schnitt durch die Sakristei, aufgenommen im M = 1 : 25 von Studenten des Projektstudiums Denkmalpflege der FH Mainz 1994
Grundlage für die Erforschung geplanter, nie realisierter Bauzustände

- *Genauigkeitsstufe IV*
  Aufmaß im Maßstab 1 : 25 oder größer

Exaktes und verformungsgetreues Aufmaß, das den Erfordernissen der Bauforschung genügt und die Grundlage für schwierige Umbaumaßnahmen bildet.

Die meßtechnischen Voraussetzungen für das verformungsgetreue Aufmaß sowie die Planinhalte entsprechen der Genauigkeitsstufe III. Die Darstellungsgenauigkeit muß innerhalb ± 2 cm liegen. Bei höheren Anforderungen, z. B. bei Untersuchungen für die statische Sicherheit, muß die Darstellungsgenauigkeit der möglichen Meßgenauigkeit bei vertretbarem Aufwand entsprechen: Maßstab 1 : 20 = Genauigkeit ± 1 cm, Details im Maßstab 1 : 10 = Genauigkeit ± 0,5 cm. Sinn der großmaßstäblichen Bauaufnahmen sind die größere Darstellungsgenauigkeit, z. B. für ingenieurtechnische Aussagen, und die Möglichkeit der detaillierteren Darstellung, z. B. bei Fenster- und Türleibungen und Zierelementen sowie Doppellinien bei Steinfugen und Fachwerksverbindungen.

Ergebnis:

Großmaßstäbliche und verformungsgetreue Dokumentation für alle Zwecke der wissenschaftlichen Bauforschung, der statischen Sicherung und der planungsvorbereitenden Bauzustandsanalyse sowie bei komplizierten Umbaumaßnahmen, für Translozierungen und für Rekonstruktionen.

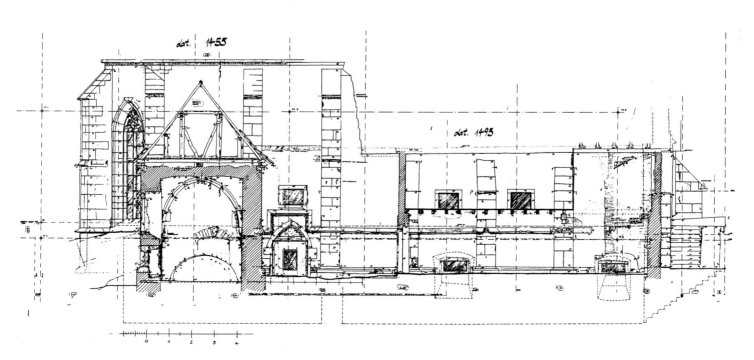

- *Genauigkeitsstufe V*
  Aufmaß im Maßstab 1 : 25 oder größer

Verdichtung von Aufmaßen III. oder IV. Grades, die anspruchsvollen Fragen der Bauforschung und Bauarchäologie genügen.

Die meßtechnischen Voraussetzungen für das verformungsgetreue Aufmaß sowie die Planinhalte entsprechen dem III. und IV. Grad. Die Darstellungsgenauigkeit muß innerhalb ± 2 cm liegen. Bei höheren Anforderungen, z. B. bei Untersuchungen für die statische Sicherheit, muß die Darstellungsgenauigkeit der möglichen Meßgenauigkeit bei vertretbarem Aufwand entsprechen: Maßstab M = 1 : 20/25 = Genauigkeit ± 1 cm, Maßstab M = 1 : 10 = Genauigkeit ± 0,5 cm. Die großmaßstäbliche Bauaufnahme mit porträtierender Darstellung der Oberflächenbearbeitung dient in der Regel ausschließlich wissenschaftlichen Zwecken.

Die Genauigkeitsstufen IV und V sind die am weitesten differenzierten Stufen der Bauaufnahme. Sie genügen den höchsten Ansprüchen der wissenschaftlichen Bauforschung und zeichnen sich insbesondere durch eine hohe Aussagedichte durch porträtierende Angaben von Texturen und Bearbeitungsspuren aus. Zur Werkplanfähigkeit reicht in der Regel die Genauigkeitsstufe III im M = 1 : 50. Die hierfür angemessene Darstellungsgenauigkeit läßt sich in der Regel auch mit technisch optimierten, digitalen Verfahren gut erreichen. Jede weitere Differenzierung in Richtung der Stufen IV und V macht aber eine Weiterbearbeitung von Hand im Objekt selbst unverzichtbar.

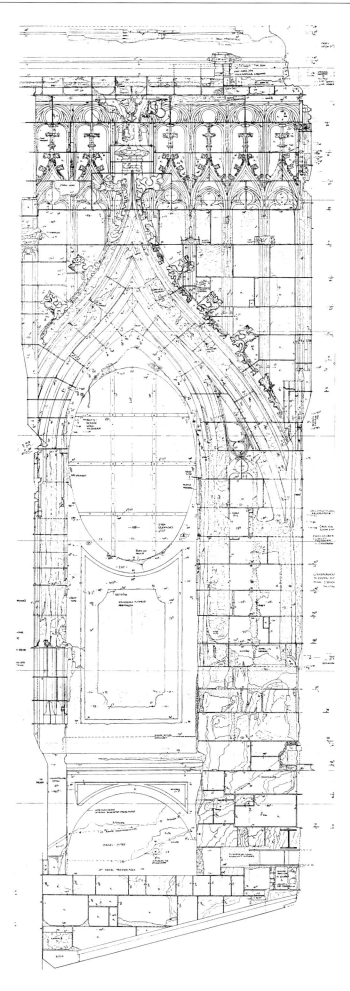

Abb. 5.1.13
Genauigkeitsstufe V, Wimperg und Fiale am Passauer Dom, aufgenommen im M = 1 : 10 durch Georg Schonlau 1997

Wissenschaftliche Erforschung des barocken Umbaus am gotischen Dom, Analyse der Steinschnitte, Oberflächenbearbeitung und Auswechslung von Werkstücken durch spätere Baumaßnahmen

5.1.4.2 Herstellung werkplanfähiger Bestandsgrundlagen

In den vergangenen zehn Jahren hat sich die digitale Aufbereitung von grafischen Daten auf der Seite der Vermessungstechnik ebenso wie bei Anbietern von handelsüblichen Architektur-CAD-Systemen so rasant entwickelt, daß künftig die Werkplanbearbeitung am Computer auch im komplexen Altbaubestand als zeitgemäßer Stand der Technik anzusehen ist. Die Zweifel an der Leistungsfähigkeit der entsprechenden Zeichenprogramme dürfen als ausgeräumt gelten. Diese Technik ermöglicht hinsichtlich Präzision und Zuverlässigkeit grundlegend neue Möglichkeiten beim Planen im Bestand, erfordert aber gegenüber herkömmlichen Verfahren eine im Ablauf andere Planung. Die HOAI trägt diesem Umstand auch in ihrer Fassung von 1996 nicht Rechnung.

Es ist davon auszugehen, daß die erforderlichen grafischen Planungsdaten immer aus heterogenem Bestandsdatenmaterial herzustellen sind. Dies liegt zwingend in der Tatsache begründet, daß sich ein kompliziertes Baudenkmal nicht ökonomisch sinnvoll mit jeweils einer einzigen Bauaufnahmemethode erfassen läßt. Theoretisch ist zwar die verformungsgetreue Bauaufnahme im Maßstab M = 1 : 25 in Bleistift auf Kartons, wie Mader sie postuliert, überall einsetzbar. Im konkreten Fall der Bauforschung am Regensburger Dom[28] hatten die Bauvermesser und Bauforscher der Universität Bamberg aber über vier Jahre eine komplette Inneneinrüstung bis unter die Gewölbescheitel und Generationen von Studenten des Aufbaustudiums Denkmalpflege zur Verfügung, um den Bestand in dieser Durchgängigkeit abzubilden. Als Modell für ein Sanierungsvorhaben dürfte ein solches Verfahren ausscheiden. Der projektierende Architekt ist darauf angewiesen, unterschiedliche Verfahren im Rahmen ihrer Leistungsspitzen so einzusetzen, daß das zwangsläufig heterogene Datenmaterial zu einem Planwerk zusammengesetzt werden kann. Am Beispiel des neugotischen Schlosses Sayn-Wittgenstein, nahe Koblenz, soll ein solches Verfahren exemplarisch dargestellt werden.

Das von 1848 bis 1850 von dem französischen Architekten François Joseph Girard als Umbau eines barocken Herrenhauses und einiger in Resten erhaltener mittelalterlicher Burgmannshäuser in nur zwei Jahren erbaute romantische Rheinschloß verfiel nach 1945 zur Ruine. Der heterogene Baubestand beschleunigte den Verfall, so daß 1970 nur noch die Außenmauern standen. Bei einigen rohbaumäßigen Einbauten im Ostflügel kam ein relatives Architektenaufmaß der Genauigkeitsstufe I zum Tragen.

Ab 1988 wurde im Westtrakt, dem Kern der mittelalterlichen, barocken und neugotischen Anlage, vom Verfasser eine Bauforschung durchgeführt, die sich auf die stereofotogrammetrische Aufnahme eines spezialisierten Ingenieurbüros stützte.[29] Angesichts des ruinösen Zustands war es möglich, mit einer begrenzten Anzahl von Aufnahmestandorten ein dreidimensionales Modell herzustellen und dieses stereometrisch auszuwerten.

Für den Vermessungsingenieur ergab sich die Frage, welche der vielfältigen Details steingerecht und welche nur in ihren Konturen zu erfassen seien. Man einigte sich aus Kostengründen auf eine steingerechte Auswertung von einem Drittel aller Ansichtsflächen. Welche Elemente nun digital mit hoher Präzision darzustellen waren, mußte vom Verfasser genau angegeben werden: Für den in historischen Architekturen ungeschulten Vermessungsingenieur hat ein Regenfallrohr unter Umständen die gleiche Bedeutung wie eine Baunaht, die Hinweise auf Bauphasen und fehlenden Verbund im Mauerwerk bietet.

Ein zunächst mißlungener Versuch der Auswertung gelang erst nach einem gemeinsamen Tag am Stereo-Auswertungsgerät und einer detaillierten Vorauswertung der Stereobilder am 3D-Betrachtungsgerät. Diese Erfahrung mag zeigen, daß es keineswegs damit getan ist, von dem Sonderfachmann Vermessungsingenieur »ein Stück fotogrammetrische Aufnahme« zu bestellen. Die präzise Anleitung des Ingenieurs, für das, was er sehen und auswerten soll, ist zwingend eine Leistung des Architekten. Auf diese Weise wurden hochpräzise Gravurzeichnungen auf verziehungsfreier Folie erstellt, die allerdings 1988/89 noch nicht als digitale Files abgespeichert wurden: Der Computer »merkte« sich seine Daten nur bis zur Ausgabe am Gravurplotter.

Die Übergabe von zeichnerischen Daten in digitaler Form an den Auftraggeber war damals noch nicht sehr verbreitet, so daß diese wertvollen Daten nur als Folienoriginale erhalten blieben.

---

[28] Der Dom zu Regensburg – Ausgrabung, Restaurierung, Forschung. Ausstellung anläßlich der Beendigung der Innenrestaurierung des Regenburger Domes 1984–1988. Verlag Schnell & Steiner, München-Zürich 1989

[29] Fotogrammetrie des Schlosses Sayn-Wittgenstein durch Ingenieurbüro Fischer, Müllheim 1989

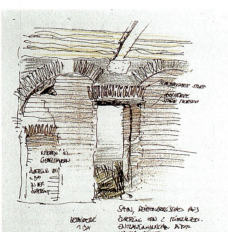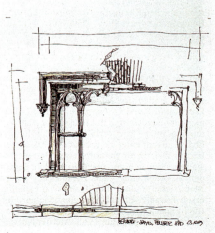

Abb. 5.1.14
Analytische Freihandskizzen als Ergänzung der Fotodokumentation: Maßstäbliche und unmaßstäbliche Skizzen schärfen das Verständnis für komplexe Befunde und tragen zur Klärung bei, an welchen Stellen maßlich exakte Aufnahmen durchzuführen sind

Die Fotogrammetrie kam dort an ihre Grenzen, wo unterirdische Servicegänge und enge Wendeltreppenschächte eine solche Vielzahl von Aufnahmestandorten erforderlich gemacht hätten, daß das Verfahren nicht mehr ökonomisch gewesen wäre. In diesen Bereichen kam das klassische verformungsgetreue Handaufmaß nach Mader im M = 1 : 25 zum Einsatz, das durch koordinatenmäßige Verknüpfung in die Lücken der fotogrammetrischen Zeichnungen eingepaßt wurde. Die Aufnahme wurde mit dem Rotationslaser vorbereitet und in Bleistift auf verziehungsfreier Zeichenfolie ausgegeben.

Abb 5.1.15 a und b (links)

a) Schloß Sayn:
Fotogrammetrische Aufnahme der Fassade mit Hinterlegung der ruinösen Innenwand (rot); die Überlagerung zeigt die Höhenentwicklung der mittelalterlichen Keller unter dem Parkflügel

b) Schloß Sayn:
Rekonstruktion der neugotischen Fassade aus den fotogrammetrisch dokumentierten Fragmenten

Abb. 5.1.16 (rechts)

Schloß Sayn:
Überlagerung des fotogrammetrischen Konturenaufmaßes im Erdgeschoß und ersten Obergeschoß, mit Nachträgen von Befunden im verformungsgetreuen Handaufmaß an unzugänglichen Stellen nach Freilegungen. Die Überlagerung zeigt die exakte geometrische Position der mittelalterlichen Gewölbe wie der archäologischen Befunde unter dem neugotischen Schloßbau und die Problematik der Lastabtragung (schwarz: Erdgeschoß, rot: Obergeschoß)

Das repräsentative neugotische Treppenhaus mit Resten einer reichen Stuckdekoration blieb zunächst ausgeklammert. Die exakte Bestandsaufnahme wurde nachträglich von einem Vermessungsbüro durchgeführt, das durch eine punktweise Tachymeteraufnahme mit Reflektor den Raum auf die Auswertung durch ein Ein-Bild-Fotogrammetriesystem (Rollei-Metric) vorbereitete.[30] Die punktweise Tachymeteraufnahme im Altbaubestand wurde insbesondere von M. Korte mit dem System CASOB (Computer-Aided Surveying of Buildings) ausgebaut.[31]

---

[30] Tachymeteraufnahme und Einbild-Auswertung des neugotischen Treppenhauses durch Ingenieurbüro Klaus-P. Nuber, München 1990
[31] Michael Korte: Neue Techniken der Bauaufnahme, in Bauwelt 33/1988

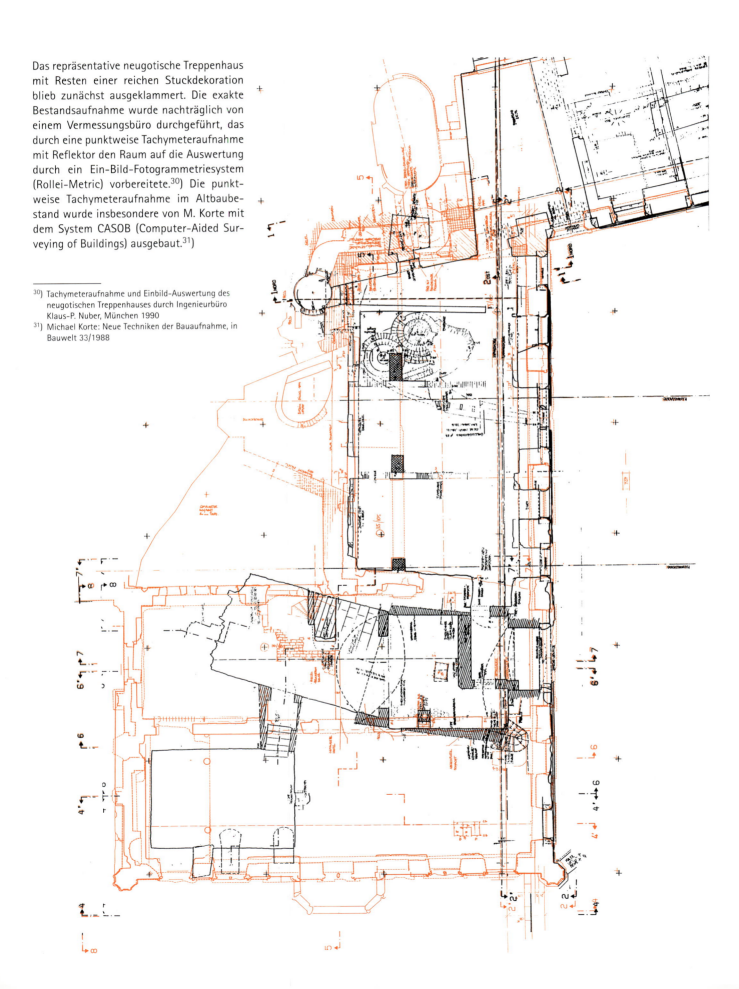

Abb. 5.1.17
Ergänzende verformungsgetreue Handvermessung im M = 1 : 50 an schwer zugänglichen Hohlräumen

Einpassung in das fotogrammetrische Konturenaufmaß

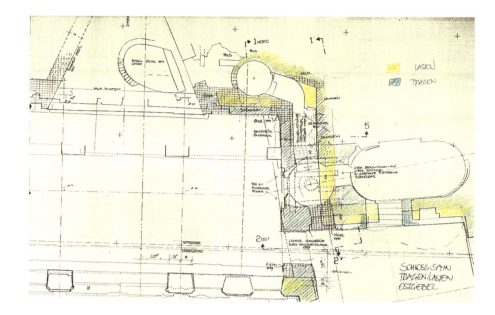

Ab 1996 zeichnete sich ein Nutzungskonzept für das Schloß als Unternehmerakademie für Führungskräfte ab. Es wurde notwendig, die Bereiche des Ostflügels, die nur als Konturenaufmaß der Genauigkeitsstufe I vorlagen, den Standards der Stufe III entsprechend nachzubearbeiten. Hier kam nach Abwägung der Vor- und Nachteile anstatt einer (sinnvolleren) digitalen Tachymeteraufnahme ein verformungsgetreues Handaufmaß im M = 1 : 50 zum Einsatz, da An-, Abreise und Einrichtung durch ein Ingenieurbüro für den relativ geringen Leistungsumfang teurer gekommen wäre als das an und für sich aufwendigere Handaufnahmeverfahren.

Später wurde die Kapelle dann doch stereofotogrammetrisch aufgenommen und digital ausgewertet, so daß sich der vorherige Handaufmaßeinsatz mit der Notwendigkeit der digitalen Nachbearbeitung im nachhinein als unökonomisch herausstellte. Der Dachstuhl der Kapelle eignete sich aufgrund der räumlichen Enge tatsächlich nicht für die fotogrammetrische Erfassung. Er wurde zurückgestellt und wird zu einem späteren Zeitpunkt im verformungsgetreuen Handaufmaß (der dort einzig angemessenen Methode) erfaßt. Dieser Vergabeabschnitt am Ostflügel zeigt, daß durch Unsicherheiten und ein Hin und Her in den zeitlichen Abläufen Mehraufwand um ein vielfaches entstehen kann. Die teuren Außendiensteinsätze der Vermessungs-Fachingenieure müssen vom Architekten durch entsprechende Planung auf ein Minimum reduziert werden.

Ab 1997 war es Aufgabe des beauftragten Architektenteams[32], aus den unzusammenhängenden Planfragmenten durch digitale Verknüpfung ein Gesamtplanwerk zu erstellen, das bauantrags- und werkplanfähig

---

[32] Revitalisierung des Schlosses Sayn als Unternehmerakademie für Führungskräfte durch: Planungsgemeinschaft MOW (Olschock-Westenberger), Frankfurt und BHS & Partner (Bingenheimer-Hädler-Schmilinsky) Darmstadt-Mainz

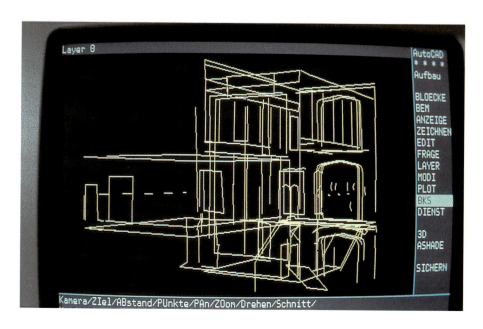

Abb. 5.1.18
Drahtmodell der punktweisen Tachymeteraufnahme des neugotischen Treppenhauses

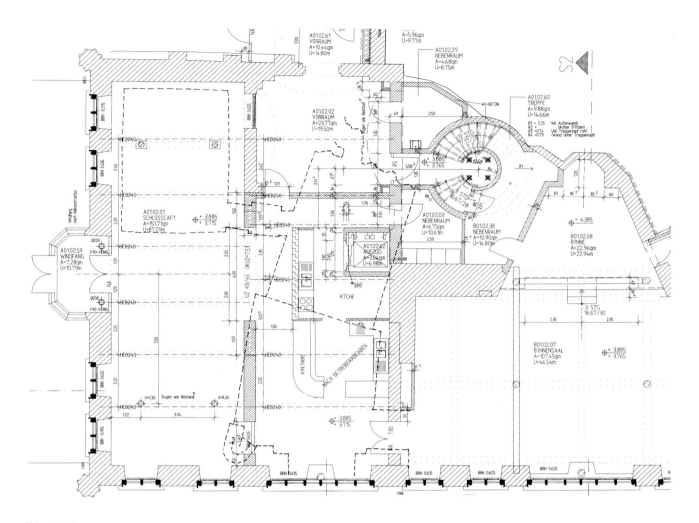

Abb. 5.1.19

Schloß Sayn, Ausschnitt aus dem Werkplan in CAD, M = 1:50

Obergeschoß mit Parkterrasse: Schloßcafé im Parkflügel, mit Eintrag der darunterliegenden mittelalterlichen Gewölbe, die die aufgehenden Wände unterschneiden; deutlich wird die schwierige Lastabtragung

sein sollte. Sinnvollerweise begann die CAD-Bearbeitung mit der Leistungsphase 3.

An dieser Stelle muß darauf hingewiesen werden, daß die Erwartung, aus Altplanbeständen ließen sich durch *Scannen* und Nachbearbeiten zuverlässige Planungsgrundlagen erstellen, in den Bereich der Legende gehört. Selbst maßhaltige Zeichnungen auf verziehungsfreier Folie werden durch die handelsüblichen Walzenscanner so verzerrt wiedergegeben, daß diese Gebilde in ihrer Zuverlässigkeit kaum die Genauigkeitsstufe I übertreffen. Großformatige Flachbettscanner, die die Folienvorlagen durch Unterdruck ansaugen und so den Verzug vermeiden, sind teuer und selten. Sie stehen dem durchschnittlichen Architekturbüro kaum zur Verfügung. Obendrein erfordern die so erstellten Pixel-Dateien bei verformungsgetreuen Handaufmaßen mit einer entsprechenden Informationsdichte Speicherkapazitäten, die mit einer üblichen Büro-PC-Ausstattung nicht mehr zu bewältigen ist. Aber auch technisch stellt die für die CAD-Bearbeitung notwendige Vektorisierung von Zeichnungen dieser Art ein erhebliches Problem dar.

Vorerst bleibt nur die digitale Verknüpfung der vorhandenen Planformate (Gravurplots auf Folie, Bleistift auf Folie, digital erfaßte Punkte im »Drahtmodell«, dxf-files der Fotogrammetrie) von Hand am Zeichentablett. Der Bearbeitungsaufwand ist in der Leistungsphase 3 entsprechend hoch und nimmt zwingend wesentliche Anteile der Leistungsphase 5 vorweg. Hier stellt sich für den Architekten die Frage nach einer angemessenen Vertragsgestaltung, da häufig nur bis zur Leistungsphase 4 beauftragt wird. Der Mehraufwand kann letztlich nur durch den Ansatz besonderer Leistungen in der Leistungsphase 3, die prozentuale Höherbewertung dieser Leistungsphase oder durch Vorziehen von Teilen der Leistungsphase 5 aufgefangen werden.

Weitaus angemessener wäre die Honorierung dieser Sonderleistung außerhalb des Planungsauftrags im Rahmen der Honorarvereinbarung für das Bauaufmaß geregelt.

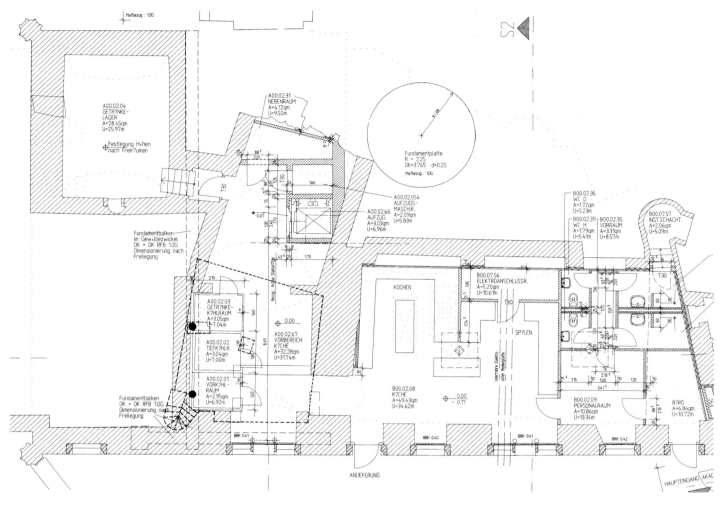

Abb. 5.1.20

Schloß Sayn, Ausschnitt aus dem Werkplan in CAD, M = 1 : 50

Erdgeschoß: Küchenbetrieb in den mittelalterlichen Gewölben; von Hand: Eintrag einer Planänderung, die nach Erkenntnissen während der Freilegungen kurzfristig erforderlich wurde. Der Einsatz der CAD wird besonders bei diesen befundbedingten Planänderungen effizient, die zum Tagesgeschäft des Architekten in der Denkmalpflege gehören

Akzeptiert man die Auffassung von Petzet/Mader, nach der eine denkmalrechtliche Genehmigung davon abhängig gemacht werden kann, ob der Entwurfsplanung eine detaillierte Bauaufnahme mindestens der Genauigkeitsstufe III zugrunde gelegen hat, so wird in der Leistungsphase 3 zwingend ein Durcharbeitungsgrad erforderlich, der durch die Leistungsaufteilung nach Prozentanteilen, wie die HOAI sie bislang vorsieht, nicht mehr gedeckt ist. Die Bearbeitung in der CAD führt systembedingt ohnehin in diese Richtung, da die Computerbearbeitung Unschärfen, wie sie in der herkömmlichen Entwurfsplanung üblich sind, technisch gar nicht zuläßt.

Wie die Erfahrung zeigt, rechnet sich angesichts des hohen Vorbereitungsaufwands die CAD-Bearbeitung beim Planen im Bestand wirtschaftlich erst in der Werkplanungsphase, wenn eine Vielzahl von Nachträgen und Planänderungen, mit denen beim Planen im Bestand immer zu rechnen ist, nicht mehr durch Kratzen in Mutterpausen, sondern durch Änderung der grafischen Eingaben im Detail bewältigt werden.

Die CAD-Bearbeitung gestattet durch ihre Layer-Technik das Ein- und Ausblenden der Bauaufnahme hinter die Entwurfsplanung, so daß immer nachprüfbar bleibt, welche konkreten Eingriffe der Entwurf in den Bestand vorsieht.

Der Auffassung insbesondere öffentlicher Auftraggeber, es sei alleinige Sache des Planers, auf welche Weise er zu seinen Planungsgrundlagen kommt, sollte der Architekt nicht folgen, wenn der Auftraggeber letztlich in den Genuß einer wesentlich präziseren technischen Durchplanung des Bestandes kommt. Die HOAI muß sich hier über kurz oder lang den veränderten technischen Gegebenheiten der Computerbearbeitung auch beim Planen im Bestand anpassen müssen.

5.2 Befunde als Grundlage der Konzeptfindung

Der folgende Beitrag basiert auf einem Vortrag, der im Sommer 1991 am Institut für Denkmalpflege der ETH Zürich gehalten wurde.[33] Damals ging es um die Frage, wieviel wir überhaupt jemals von einem Baudenkmal wissen können oder müssen, um als Architekt in der Projektierung kompetent handeln zu können. Ausgangspunkt der dort formulierten Thesen und Bekenntnisse war die Festellung des Bauforschers Gert Th. Mader[34], der zu dem Schluß kommt, daß *»die Vorstellung einiger durchdachter, denkmalpflegerisch erfolgreicher Sicherungslösungen ... nicht darüber hinwegtäuschen (darf), daß wir auf diesem Gebiet Anfänger sind, die wichtigere, häufig vorkommende Situationen noch überhaupt nicht bewältigen«.*

Diese Aussage berührt die Frage der *Kompetenz* desjenigen, der an ein Baudenkmal Hand anlegt. Wer mehr weiß, hat nach gängiger Auffassung mehr recht. Wer zugibt, nichts zu wissen, hat sich selbst als inkompetent »geoutet«. Die Vorstellung von Kompetenz wird so reduziert auf die Fähigkeit, möglichst schnell möglichst viel Wissen in gültige Antworten zu übersetzen. Da der dem Baudenkmal verpflichtete Bauforscher in der Regel mehr über ein Bauwerk weiß als der dem Bauherrn verpflichtete planende Architekt wird die Frage von Kompetenz oder Nicht-Kompetenz zumeist recht rasch beantwortet. Als Ausdruck dieser kaum hinterfragten Haltung hat sich eine verkürzte Vorstellung der Rolle von Kreativität im Sanierungsgeschehen eingeschlichen, die allgemein konsensfähig zu sein scheint. Sie drückt sich als Disput der römischen Hausgötter, der Laren und der Penaten, etwa in den folgenden beiden Behauptungen aus:

Behauptung der Laren (Schutzgötter des Hauses)

Die zulässige Arbeit am Baudenkmal ist deduktiv, analysierend, wissenschaftlich. Die Summe allen erforschten Wissens über ein Bauwerk führt nach Ausscheiden von Irrtümern allmählich zur denkmalverträglichen Instandsetzungskonzeption. Pannen und das Unbeantwortet-Lassen von Fragen sind Ausdruck mangelnder fachlicher Kompetenz. Wer an historischer Bausubstanz arbeitet, darf sich nicht durch eigentlich »chaotische« Prinzipien wie Intuition, Affinität, ästhetisches Empfinden, Erfindungsgabe etc. leiten lassen. Es gilt, spezielle Probleme zu erkennen und richtige Lösungen zu finden. Derjenige ist erfahren, der über eine große Anzahl erprobter Rezepturen und Methoden verfügt.

Behauptung der Penaten (Schutzgötter der Bewohner)

Die Arbeit am Baudenkmal behindert naturgemäß die schöpferische Kraft des Architekten. Wahre Kreativität bei der Arbeit am historischen Bauwerk ist nur möglich, wenn historische Substanz als Material für neue Ideen dem Selbstausdruck des Bauherrn sowie des aktuellen Zeitgeistes dient. *»Nur der zugleich behutsame und selbstbewußte Umgang mit der historischen Bausubstanz verbürgt die Authentizität, die wir von einem Gebäude als lebendigem Zeugnis der Geschichte erwarten. Die bewußte Veränderung erscheint geradezu geboten, um dem Gebäude Geschichtlichkeit zuteil werden zu lassen«.*[35] Große Baumeister haben das schon immer so gemacht. Nur deshalb konnten Bauten entstehen, die wir heute als Denkmale wertschätzen.

---

[33] Klaus Bingenheimer, Emil Hädler: Bauforschung als Grundlage für Bauplanung und Entwurf – eine Herausforderung an die Kreativität? In: Bauforschung und ihr Beitrag zum Entwurf, Veröffentlichungen des Institus für Denkmalpflege an der ETH Zürich, Band 12, 1993
[34] Gert Th. Mader: Denkmalpflegerische Konzeptionen. In: 20 Kolloquien des SFB 315, Heft 9/1989 – S. 49
[35] a.a.O. (siehe Fußnote 4)
[36] a.a.O. (siehe Fußnote 13)
[37] Gert Th. Mader: Zur Frage der denkmalpflegerischen Konzeptionen bei technischen Sicherungsmaßnahmen. In: Arbeitshefte des Sonderforschungsbereichs 315 »Erhalten historisch bedeutsamer Bauwerke«. Universität Karlsruhe 9, 1989, Seite 23

5.2.1 Vom Gewußten und vom Nicht-Gewußten: Entscheidung nach bestem Wissen und Gewissen

Spätestens seit Italo Calvino[36] wissen wir, daß die Position der Laren so wahr und berechtigt ist wie die der Penaten. Der scheinbaren Polarisierung soll hier ein Modell von Kreativität gegenübergestellt werden, das jenseits »schon immer gewußter Antworten«

- Fragen stellt und offene Fragen erträgt
- bereit ist, Antworten (vor allem den eigenen) zu mißtrauen
- Antworten nicht als das Ende von Fragen versteht
- die Möglichkeit von Fehleinschätzungen anerkennt
- Widersprüche akzeptiert und bestehenläßt
- unvermeidlichen Pannen schöpferisch und intuitiv begegnet
- das Potential des interdisziplinären Teams voll ausspielt.

Die These soll deshalb lauten:

»Die Arbeit am Kulturdenkmal fordert den kreativen Dilettanten, der sich das gesamte verfügbare Wissen erschließt, sich seiner bedient und weiß, daß er letztlich nichts weiß. Dieses Stadium der Erkenntnis ist Ausdruck von Professionalität und kreativer Kompetenz und muß immer wieder neu errungen werden.«[37]

Freilich ist dieser kritische Dilettantismus nicht mit der Vernachlässigung von Sorgfaltspflichten oder Unverantwortlichkeit zu verwechseln, und der Begriff des Dilettanten sollte verstanden werden im Sinne des Liebhabers der schönen Dinge, der den Objekten seines Interesses mehr verpflichtet ist als seinen eigenen Meinungen, Neigungen und Wünschen.

Bauforschung wird in der Regel betrieben, um im komplexen historischen Baubestand den Bereich des *Nicht-Wissens* zugunsten des *Wissens* zu verkleinern. Um sich in der Flut der Erkenntnisse nicht zu verlieren, werden brauchbare Systeme der Informationsverarbeitung ständig weiterentwickelt und verfeinert, mit dem Ziel, unter Abwägung aller Interessen zu substanzschonenden Instandsetzungskonzeptionen zu finden. Geräte werden erfunden, Meßverfahren erprobt, naturwissenschaftliche Methoden in die Untersuchungen eingebunden, Bestandserfassungssysteme durch EDV-Einsatz so optimiert, daß die direkte Verbindung zur Bauvorbereitung und -ausführung gewährleistet ist. Tagungen finden statt mit dem Ziel, den Austausch erfolgversprechender Methoden und Erfahrungen zu fördern und die Einsatzmöglichkeiten neuer Techniken bekannt zu machen. All dies geschieht, um »zweifelhafte Intuition« durch gesicherte Erkenntnis zu ersetzen.

Dennoch lehrt uns die Erfahrung, die Mader mit seiner oben angesprochenen These[37]) bestätigt, daß mit zunehmendem Wissen über ein historisches Gebäude die Ahnung davon, was uns noch verborgen geblieben ist und sich ggf. nie entschlüsseln läßt, eher zu- als abnimmt. Diese Grunderfahrung wird in der Abbildung 5.2.1 erläutert.

lichen Recherchen noch nicht einmal wußten, daß wir sie nicht kennen. Je erfolgreicher wir uns durch Gebäudeuntersuchungen aus dem Bereich des *Nicht-Wissens* Kenntnisse aneignen, um so weiter dringen wir in den Bereich dessen vor, *wovon wir noch gar nicht wußten, daß wir es nicht wissen*. Viel Vorgewußtes wird dazu in dem Maß fragwürdig, in dem neues Wissen hinzutritt.

Bedauerlicherweise ist dieser letzte Bereich unerschöpflich – auch dann, wenn wir bereit wären, im Sinne einer totalen Bauwerkserforschung die völlige Demontage unseres Untersuchungsobjekts in Kauf zu nehmen. Die Abbildung 5.2.2 liefert hierzu eine griffige wie paradoxe Formulierung.

und es macht keinen Unterschied, ob man es mit alten oder neuen Wandoberflächen zu tun hat.«

Gefahr für ein Baudenkmal geht also eher aus von dem bereits mit Sicherheit Gewußten – sei es, daß dieses Bekannte das Ergebnis einer objektbezogenen Gebäudeuntersuchung ist oder als Erfahrung aus anderen, scheinbar ähnlich gelagerten Fällen auf eine spezielle Situation übertragen werden soll.

Jedem in der Bauforschung Tätigen ist der verführerische Sog überinterpretierter Einzelinformationen bekannt, der sich wie ein Schlagschatten auf andere, nicht ins Konzept passende Erkenntnisse legt. Die Quelle gravierender Fehleinschätzungen liegt in der Attraktivität schlüssiger Beweisketten.

Als Notbremse für solche sich verselbständigenden Prozesse wurde das denkmalpflegerische Postulat der *Reversibilität von Maßnahmen* aufgestellt, das sich in der Praxis so gut wie nie durchhalten läßt. Essentiell ist dabei aber die Erkenntnis, daß »*der Mensch irrt, solang' er strebt*«. Die Anwendung einer konsensfähigen Formel wie Reversibilität bietet für sich allein allerdings nur sehr begrenzte Sicherheitsreserven, weil sie den vielen Patentrezepten noch ein weiteres hinzufügt. Doch in den meisten Fällen steht Besseres nicht zur Verfügung, wenn vermieden werden soll, daß die Erkenntnis: »*Irren ist menschlich*« zu der trotzigen Position verkommt, die da lautet: »Alles ist erlaubt, es ist ja sowieso irgendwann falsch.«

Abb. 5.2.1
Systemkreis:
Wissen – Nicht-Wissen – Nicht Wissen,
Nicht zu Wissen

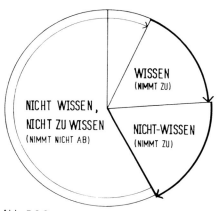

Abb. 5.2.2
Systemkreis:
Erkenntnis nimmt zu – Nicht-Wissen nimmt dennoch nicht ab

Wir kennen erfolgversprechende Verfahren, die uns zu Beginn einer Gebäudeuntersuchung relativ rasch einen gewissen Kenntnisstand über die besondere Problemlage eines Bauwerks vermitteln. Es fällt meist nicht schwer, sich in diesem Stadium als kompetenten, d. h. *durch Wissen ausgezeichneten Fachmann*, auszuweisen. Hinter diesen Kenntnissen steht jedoch auch ein Wissen über offene Fragen, auf die wir noch keine Antworten haben. Selbstverständlich werden wir bestrebt sein, diese Informationslücken zu schließen. Die grundlegende Erfahrung aller Experten liegt aber gerade darin, daß sich im Laufe von Instandsetzungsprojekten verborgene Aspekte in den Vordergrund schieben, von denen wir selbst nach gründ-

Die Gefahr für ein Baudenkmal, an das der Denkmalpfleger, Handwerker, Architekt oder Ingenieur Hand anlegt, liegt nicht im Bereich des Nicht-Wissens: Wer sich als Fachkraft darüber im klaren ist, daß gewisse Kenntnisse, Fähigkeiten, Erfahrungen oder Informationen gegenwärtig nicht vorhanden sind, kann sich – bei entsprechendem Verantwortungsbewußtsein – vorsichtig verhalten. Der oft zitierte Installationsschlitz durch die unter Tapeten verborgene gotische Malerei wird erst möglich, wenn Planer und Handwerker statt der Frage: »Wissen wir, wie und wo man in diesem Gebäude Leitungen am besten verlegt?« bereits die fertige Antwort mitbrachten: »Leitungen gehören unter Putz, sind auf dem kürzesten Wege zu verlegen,

Entscheidend für den im Kern kreativen Akt bei der Arbeit am Kulturdenkmal bleibt der Bereich des letztlich nicht Zugänglichen. Hier treten interessante Fragen auf, die jeder befugt Handelnde für sich sehr persönlich beantworten muß:

– Wer bin ich als der, der einer 600 Jahre alten Burg ein Kapitel seiner Geschichte hinzufügt?
– Mit welchem Selbstverständnis greife ich in einen 300 Jahre alten Dachstuhl ein, der mir als »Patient« anvertraut wird?
– Wie gültig ist meine eigene Einschätzung einer Situation angesichts der Einschätzungen von 100 Generationen vor mir (mit ihren jeweils sehr spezifischen, kulturgeschichtlich hinterlegten Interpretationen) und einer Reihe von Generationen nach mir.

Ein Chirurg, der zum Schnitt ansetzt, steht mit seinen Entscheidungen sehr allein, buchstäblich vor dem Nichts. Er mag alle erforderlichen Analysen durchgeführt haben, und es würde ihm zu Recht niemand nachsehen, wenn er hier nicht sorgfältig vorgegangen wäre. Die Entscheidung, Hand anzulegen, ist dagegen bedingungslos und nicht gesichert. In diesem Moment liegt wirkliche Kreativität vor, und zwar in jedem Moment solcher Entscheidungen immer wieder neu. Diese Situationen bedingungsloser Herausforderung an Kreativität kennen alle, die sich mit komplexen historischen Bauten von Berufs wegen befassen:

- der Denkmalpfleger, wenn er seine Bewertung im Einzelfall abgibt
- der Restaurator, wenn er vor der weiß gekalkten Wand Art und Umfang einer Befundsondage anlegt
- der Bauphysiker, wenn er entscheidet, an welcher Stelle er seine Mörtel- oder Gesteinsprobe entnimmt
- der Bauvermesser, wenn er sein geodätisches Meßnetz über ein Bauwerk legt
- der Ingenieur, wenn er sich für eine ganz bestimmte Sicherungskonstruktion entscheidet
- der Architekt, wenn er eine vom Bauherrn gewünschte Nutzungsabsicht in Kenntnis aller Randbedingungen einem Kulturdenkmal zumutet.

Die immer wieder gehörte Feststellung, daß wir historische Bauten von den vorangegangenen Generationen übernehmen, um sie verantwortlich an die nach uns folgenden weiterzugeben, illustriert, daß wir mit unserem Tun an einem Prozeß teilhaben, dessen Anfang wir nicht festgelegt haben, und dessen Ende wir vermutlich nicht erleben werden. In dieser Spanne handeln wir wie alle Generationen vor uns so gut wir können – mit den uns zur Verfügung stehenden Mitteln, die vielleicht heute richtig sein mögen, aber morgen vielleicht schon nicht mehr. Einige Ergebnisse der Bauforschung weisen uns auf Irrtümer und Fehleinschätzungen hin, die vor unserer Zeit verursacht wurden. Bauforschung deckt immer wieder gravierende Mängel auf, die einem Bauwerk aus Unkenntnis angetan wurden. Doch berechtigt uns nichts zu der Annahme, wir könnten es besser und würden bestimmte Fehler nicht mehr machen – wir machen andere.

Die Arbeit am Kulturdenkmal ist eine *beispiellose Herausforderung an die Kreativität* insofern, als wir durch den Prozeß der Erforschung eines historischen Bauwerks erfahren, daß nichts, was einmal als gültig erschien, gültig bleibt. Kreativität lebt ihrem Wesen nach im Prozeßhaften, sie findet wieder und wieder neu ihren Niederschlag im *Er-Finden* und *Ver-Werfen* von Lösungen. Es sind niemals die fertigen Lösungen, die uns zeigen, wo und wie ein einzelner Mensch im ursprünglichen Sinn des Wortes kreativ in einen geschichtlichen Vorgang eingegriffen hat. Sie sind bestenfalls die Wegmarken, die zeigen, ob hier jemand vorbeigekommen ist, der die geschichtliche Dimension seines Handelns begriffen hat.

In diesem Sinne sollen die eingangs angeführten Behauptungen neu vorgestellt werden.

Tanz der Laren (Schutzgötter des Hauses)

Jedes Kulturdenkmal ist ein Unikat. Die Arbeit von Architekt und Ingenieur am Baudenkmal ist in demselben Maß schöpferisch, wie dieser bereit ist, zum Verständnis des jeweils individuellen Objekts alles Vorgewußte zu vergessen und das Ziel seiner Tätigkeit in der Formulierung eines schlüssigen Systems von Fragen zu sehen. Die gefundenen Lösungen sind nicht übertragbar. Intuition ist erforderlich.

Tanz der Penaten (Schutzgötter der Bewohner)

Kreativität schafft aus dem Nichts. Das Moment der Kreativität in der Arbeit am Baudenkmal liegt nicht im Finden des gültigen Ergebnisses, der richtigen Antwort, sondern vor allem im prozeßhaften Vorgang, im Suchen. Zum Suchen wie zum Finden einer Lösung sind Intuition und Kreativität unerläßlich.

5.3 Bauforschung aus der Sicht des Restaurators*)

5.3.1 Begriffsklärung

- *Restauratorische Befunduntersuchung vor Ort*

Die vom Restaurator durchgeführte Befunduntersuchung und Bauforschung zählt zu den notwendigen Voruntersuchungen eines zu sanierenden Gebäudes und sollte vor Beginn der Baumaßnahme, am besten sogar vor der Planung des Architekten, erfolgen.

Im Gegensatz zu der vom Architekten durchgeführten Bauforschung, die in der Regel erst begleitend zu einer Baumaßnahme die hierbei aufgedeckten Informationen sammelt und maßlich zueinander in Beziehung bringt, setzt die Untersuchung des Restaurators vor den Baumaßnahmen oder Freilegungen der Baukonstruktionen zu einem Zeitpunkt ein, an dem der historische Baubestand in weiten Bereichen noch durch Verkleidungen, Überputzungen und Tapeten verdeckt ist.

Während das gleichzeitig durchgeführte verformungsgerechte Aufmaß lediglich Grundrißstrukturen, sichtbare Konstruktionen und ungewöhnliche Konstruktionsstärken in Folge von Verkleidungen etc. feststellt, greift der Restaurator während seiner Untersuchung mit sparsamen und gezielten Sondagen in solche Verkleidungen beziehungsweise Putze, Tapeten und Anstriche ein, um die darunter verborgene Bausubstanz zu sondieren.

Dabei wird aus vielen kleinen Einzelbefunden ein Gesamtbild der Baugeschichte und Entwicklung eines Hauses erarbeitet.

Die restauratorische Befunduntersuchung umfaßt Mauerwerk, Setz- und Putzmörtel, Raumfassungen und festes Inventar, Baukonstruktionen, wie Fachwerkwände, Dachwerke, Gewölbe und Kamine, aber auch Baudetails, wie z. B. Fenster- und Türgewände.

In einer schriftlichen Dokumentation, auf die in einem gesonderten Abschnitt noch eingegangen wird, werden die Einzelbefunde beschrieben und fotografisch dargestellt. Ferner wird die Baugeschichte und Entwicklung des Gebäudes zusammenfassend aufgezeigt.

5.3.2 Sinn und Nutzen der Befunduntersuchung

- *Vorurteile des Bauherrn und des Architekten*

Da eine Befunduntersuchung einen erheblichen Kostenaufwand darstellt, gilt es zunächst, den Bauherrn vom Nutzen einer solchen Untersuchung zu überzeugen.

Auch wenn die bei der Untersuchung eines Hauses gewonnenen Ergebnisse zur Baugeschichte für die Denkmalpflege und die Wissenschaft von hohem Interesse sein mögen, stehen jedoch bei vielen Bauherren primär wirtschaftliche Erwägungen im Vordergrund. Meist sind Bauherren an einer gründlichen Untersuchung nicht besonders interessiert, weil sie diese selbst bezahlen müssen. Allerdings werden Befunduntersuchungen in der Regel vom Landesamt für Denkmalpflege bezuschußt. Oft fürchten die Bauherren auch, durch wertvolle Befunde in ihren Planungen und Nutzungsmöglichkeiten behindert zu werden. Nicht selten wird der Restaurator bereits zu Beginn der Untersuchung vom Bauherrn mit dem Wunsch konfrontiert, doch möglichst gar nichts oder nur sehr wenig zu finden.

Der Architekt als Vertreter des Bauherrn schließt sich diesem Wunsch oft an. In der Praxis hat der Architekt meistens bereits ein fertiges Nutzungskonzept parat, manchmal sogar eine detaillierte Planung. Demnach betrachtet er nun alle wichtigen Befunde als Störung, die ihn zu lästigem Umdenken und zu zeitaufwendigen Planungsänderungen bis hin zur Neuplanung zwingen können.

- *Planungs- und Kostensicherheit für den Architekten*

Dies wäre jedoch nicht nötig, wenn die Befunduntersuchung der Planung vorausginge. Im Gegenteil: Durch eine exakte Befunduntersuchung würde der Architekt eine Planungssicherheit und damit auch eine Kostensicherheit für die anstehende Sanierung erhalten.

Die restauratorische Untersuchung sollte also die Grundlage für die Planung des Architekten sein, denn die Befunduntersuchung klärt, wo sich im Gebäude historisch wertvolle Substanz befindet, die von Eingriffen jeglicher Art verschont bleiben sollte. Gleichzeitig werden bei der Untersuchung aber auch die Bereiche ermittelt, in denen Eingriffe und Veränderungen unproblematisch sind (z. B. bei bereits vorhandenen Störungen oder neu eingezogenen Zwischenwänden), und es wird festgestellt, wie etwa dringend benötigte Versorgungsleitungen in bereits vorhandenen vertikalen Schächten (es eignen sich hierfür besonders Kamine) untergebracht werden können. Geklärt werden können auch die Fragen nach nötigen Türdurchbrüchen, nach Änderungen des Raumkonzepts bis hin zur Fassadengestaltung, wo gerade durch die Befundergebnisse oft hervorragende Fassadenrekonstruktionen ermöglicht werden.

Die Ergebnisse der Befunduntersuchung hinsichtlich früherer Grundrißstrukturen könnten den Planer mitunter sogar zu ganz neuen Ideen und Lösungen anregen. Schließlich sind die meisten historischen Grundrisse äußerst logisch und funktionell aufgebaut. Außerdem können z. B. erst bei der Befunduntersuchung aufgedeckte Baudetails oder Bemalungen den späteren Wohnwert erheblich steigern.

- *Hilfe für den Statiker*

Um unnötige Substanzverluste durch unsachgemäße Aufbrüche zu vermeiden, sollten auch die für die Abklärung der Statik notwendigen Sondageöffnungen vom Restaurator angelegt werden. Oft wird bei den vom Statiker gewünschten Eingriffen aus Unachtsamkeit der ausführenden Firmen wertvollste Bausubstanz zerstört. Die Folge davon: Unwiederbringlicher Verlust oder noch mehr Aufwand für Sicherungs- und Restaurierungsarbeiten (Abb. 5.3.1 und 5.3.2).

Die durch die Untersuchung ermittelten und im Baualtersplan visualisierten Ergebnisse zur Baugeschichte gewähren einen schnellen Überblick über die Bauentwicklung und die vorhandene Substanz. An den im Baualtersplan ablesbaren, zu unterschiedlicher Zeit erfolgten Veränderungen eines Gebäudes wird auch für den Statiker deutlich, ob ein Schaden durch Setzungen oder spätere Umbauten entstanden ist, wann dies passierte, und zu welcher Zeit man bereits an der Behebung des Schadens arbeitete.

---

*) Für die kritische fachliche und sprachliche Überarbeitung dankt der Autor Herrn Dr. phil Friedrich Fuchs, Regensburg, und Herrn Dipl.-Ing. Karl Schnieringer, Regensburg

5.3 Bauforschung aus der Sicht des Restaurators

Abb. 5.3.1
In einem im Kern mittelalterlichen Altstadthaus in Regensburg wurden von einem Statiker Öffnungen zur Sichtung von Rissen veranlaßt. Die Ausführung erfolgte durch eine Baufirma, die teilweise über die gesamte Länge des Gebäudes die Wandflächen bis aufs Mauerwerk schlitzte. Dabei wurden historische Putze und eine nahezu komplett erhaltene Rankenmalerei des späten 15. bis frühen 16. Jahrhunderts zerstört.

Durch diesen »Schlitz« war die Flächenspannung der Putze gestört worden, es bestand die Gefahr, daß sich die restlichen Putzflächen lockerten. Mit erheblichem Aufwand mußten die aufgeschlagenen Putzränder restauratorisch gesichert und die Fehlflächen wieder geschlossen werden

- *Beispiel aus Regensburg*

Das ausgewählte Gebäude, ein Regensburger Altstadthaus, umfaßt zwei mittelalterliche Parzellen. An der Straßenseite befindet sich ein turmartiger Bau, das sogenannte Steinhaus. Der hintere Teil des Gebäudes weist noch mittelalterliche Holzbalkendecken auf. Außerdem fand sich im ersten Obergeschoß eine mittelalterliche Bohlenstube.

Der Statiker stellte umfangreiche Verformungen fest, die Deckenkonstruktionen im rückwärtigen Gebäudeteil waren teilweise um 50 cm abgesackt.

Durch die Befunduntersuchung konnte festgestellt werden, daß die Rückwand des Gebäudes zum Innenhof im Mittelalter vermutlich aus einer Holzkonstruktion bestanden hatte. Im Spätmittelalter wurde diese Holzkonstruktion durch eine massive Wand ersetzt. Die mittelalterlichen Holzkonstruktionen liegen samt ihrer Verformung in jener spätmittelalterlichen Mauer.

Dies zeigt, daß es sich um einen mittelalterlichen statischen Schaden handelte, daß also die Holzkonstruktion bereits im Mittelalter in sich zusammengesackt war und durch die im Spätmittelalter erneuerte Rückwand in ihrer verformten Lage abgefangen wurde. Seit dieser Zeit ist das Gebäude mitsamt der Verformung stabil; es gab keine größeren Bewegungen mehr. Durch diese Erkenntnis kann der Statiker nun trotz Verformung auf die Stabilität der spätmittelalterlichen Rückwand vertrauen und ein geeignetes Konzept entwickeln.

Abb. 5.3.2
Ergebnis der späteren Befunduntersuchung: die Rankenmalerei des späten 15. bis frühen 16. Jahrhunderts im Anschluß an den von der Baufirma aufgeschlagenen »Schlitz«

5.3.3 Kostenermittlung

• *Kostenschätzung durch den Restaurator*

Die Kosten für eine Befunduntersuchung werden vom Restaurator meist nach dem zu erwartenden Aufwand geschätzt. Eine vorherige Begehung des Objekts ist dabei unerläßlich. Es ist zu beachten, daß jedes Gebäude seine eigene spezifische Baugeschichte hat und deswegen auch individuell geschätzt werden muß. So ist der Aufwand für die Untersuchung eines im Kern mittelalterlichen und später mehrmals umgebauten Gebäudes natürlich wesentlich größer als für einen barocken Bau. Während beim überarbeiteten mittelalterlichen Gebäude die Baugeschichte erst durch umfangreiche Sondagen herausgearbeitet werden muß, ist dies bei einem einheitlich barocken Bau nicht nötig, denn eventuell später eingezogene Zwischenwände oder kleinere Umbauten lassen sich hier schnell nachweisen.

Andererseits ist es bei einem im Kern vielleicht noch mittelalterlichen Gebäude, das im 18. oder 19. Jahrhundert komplett umgebaut und verändert wurde, nicht nötig und auch nicht sinnvoll, die mittelalterliche Raumstruktur zu ergründen, da dies zu schwerwiegenden Eingriffen und zu unverantwortbarem Substanzverlust führen würde.

• *Vergleich von Kostenangeboten*

Ein großes Problem für den Bauherrn und den Architekten ist der Vergleich mehrerer Kostenangebote. Da der Begriff Befunduntersuchung allgemein nicht verbindlich definiert ist, liegen die einzelnen Angebote preislich nicht selten weit auseinander. Selbst Differenzen von mehreren hundert Prozent sind keine Seltenheit. Da sich die Stundensätze der einzelnen Firmen nicht stark unterscheiden können, bedeutet natürlich ein niedrigeres Angebot, daß hier ein geringerer Arbeitsaufwand betrieben wird. Daß der unerfahrene Bauherr geneigt ist, das billigste Angebot zu akzeptieren, liegt auf der Hand. Der Architekt, der mit den Ergebnissen der Befunduntersuchung arbeitet und seine Planung darauf abstellt, sollte sich jedoch überlegen, ob ihm nicht vielleicht das höhere Angebot auch einen größeren Nutzen bringt und dieses damit letztendlich günstiger ist.

Andererseits sagt selbst der Vergleich der einzelnen Stundensätze nichts darüber aus, wieviel Erfahrung der Restaurator hat und in welcher Zeit er die für die Baugeschichte wichtigen Schlüsselbefunde aufzudecken imstande ist.

• *Leistungsverzeichnis für Befunduntersuchungen*

In den letzten Jahren wurden von mehreren Architekturbüros Versuche unternommen, die Ausschreibung von Befunduntersuchungen nach Leistungsverzeichnis durchzuführen. Dabei wurden Modelle entwickelt, die einzelnen Sondageöffnungen zu definieren und zu katalogisieren, wie z. B. Befundöffnung aufs Mauerwerk, Befundöffnung mit Abfolge von drei Putzen, Befundöffnung mit Abfolge von bis zu fünf Schichten, Befundöffnung mit Abfolge von bis zu zehn Schichten etc.

Alle diese Versuche waren letztendlich zum Scheitern verurteilt, da sie nur die Anzahl der Befundöffnungen festlegen, jedoch keinerlei Vergleichskriterien für die Qualität der Aussagen enthalten. So kann eine Befundsondage an der richtigen Stelle wesentlich mehr zur Aufschlüsselung der Baugeschichte des Gebäudes beitragen, als fünf im Raum verteilte Sondagen, die eine noch so große Anzahl von Putzen und Fassungen aufzeigen.

Jede Sondage muß individuell angelegt und zielgerecht auf den Gesamtbefund abgestimmt werden.

• *Vergleich verschiedener Dokumentationen*

Wenn Bauherr und Architekt noch keine Erfahrung mit Firmen haben, die Befunduntersuchungen durchführen, so sollten sie sich am besten vom zuständigen Referenten des Landesamtes für Denkmalpflege entsprechende Informationen einholen.

An dieser Stelle sei grundsätzlich darauf hingewiesen, daß jede Befunduntersuchung und jeder Eingriff in einen historischen Bau der vorherigen Genehmigung des Landesamtes für Denkmalpflege bedarf.

Es empfiehlt sich, daß sich die Architekten von den in Frage kommenden Firmen Dokumentationen über Untersuchungen ähnlicher Objekte vorlegen lassen und überprüfen, wie sie mit der Befundbeschreibung und insbesondere dem Baualtersplan zurechtkommen. Manche Dokumentationen werden so »wissenschaftlich« geschrieben, daß sie selbst der Fachmann ohne Einarbeitung in die verwendete Terminologie nicht gewinnbringend lesen kann. Andere sind so knapp gehalten, daß sie nur wenig über eine fotografische Bestandsdokumentation hinausgehen.

5.3.4 Grundlagen und Methodik einer Befunduntersuchung

• *Wünschenswerte Grundlagen*

Erste Anlaufstelle sind die wissenschaftlichen Kunstdenkmälerinventare, wo sich im günstigsten Fall eine Beschreibung und kunsthistorische Würdigung des zu untersuchenden Objekts finden läßt.

In Regensburg sind z. B. alle Altstadthäuser als kurze Beschreibung des sichtbaren Bestands erfaßt und in einer Buchreihe publiziert, dem sogenannten »Regensburger Baualtersplan«. In anderen Städten gibt es allerdings kaum Vergleichbares.

In den vielgerühmten »Kunstdenkmälern des Königreiches Bayern« aus dem späten 19. und frühen 20. Jahrhundert sind die meisten Bürger- oder Bauernhäuser überhaupt nicht verzeichnet, auf barocke Häuser wurde zu dieser Zeit noch kaum Wert gelegt.

Um so lohnender, aber meist nicht finanzierbar, erscheint es daher, bei einer anstehenden Befunduntersuchung den Stand der *Archivalienforschung* abzufragen. Oft sind schriftliche Quellen die einzige Möglichkeit, Bauphasen zu datieren. Aber auch alte Pläne, Stiche oder Fotos können dem Restaurator helfen, die Sondagen gezielt anzusetzen.

Die Archivalienforschung ist jedoch nicht ureigene Aufgabe des Restaurators, sondern eines speziell für die Arbeit mit Archivalien prädestinierten Kunsthistorikers.

Eine ideale Ausgangsbasis für eine gute Befunduntersuchung ist ein *verformungsgerechtes Bauaufmaß* des betreffenden Objekts. Dies wirkt sich für den Restaurator sogar kostenmindernd aus, da im Bauaufmaß die Grundrißstruktur des Gebäudes mit allen Mauerstärken bereits erkennbar ist, und somit die Sondagen gezielt an den für die Baugeschichte wichtigen Schlüsselpunkten angesetzt werden können. Leider ist jedoch das verformungsgerechte Bauaufmaß noch immer nicht Standard für eine Sanierungsplanung, so daß der Restaurator oft mit den technischen Aufmaßen, den sogenannten »Architektenaufmaßen« arbeiten muß. Die Erfahrung zeigt, daß gerade die »Architektenaufmaße« in den wichtigen Details, wie Wandstärken, Anschlüssen und Versprüngen, so ungenau sind, daß die Pläne teils zu falschen Schlüssen verleiten und einen ersten Teil der Untersuchung ins Leere laufen lassen.

- *Begehung und Betrachtung des Objekts*

In der Praxis hat es sich bewährt, bei einer Untersuchung nicht in blindem Eifer ans Werk zu gehen und mit Sondagen zu beginnen, sondern sich zunächst einmal das Haus genau vom Keller bis zum Dach anzuschauen. Der Keller weist normalerweise den ältesten Bestand auf, Ausnahmen sind – wie üblich – auch hier möglich. Meist verhilft der Keller zu einer ersten zeitlichen Einordnung des Gesamtgebäudes. Ein nur in Teilbereichen vorhandener Keller kann z.B. auf einen älteren Kernbau hindeuten.

Als nächstes sucht man im Gebäude und an der Fassade nach grob datierbaren Indizien, z.B. Fachwerk, Deckenkonstruktionen, Fenster- und Türgewände. Auch das feste Inventar, d.h. Türen, Türstöcke und Fußböden geben wichtige Hinweise.

- *Fragestellungen bei der Befunduntersuchung*

Die Anlage der Sondagen richtet sich vor allem nach der Art der Fragestellung. Bei einem überarbeiteten mittelalterlichen Gebäude gilt es, die einzelnen Bauphasen herauszufinden und einander in Konkordanz zuzuordnen. Erst dann lassen sich die auf den einzelnen Putzen befindlichen Fassungen zeitlich einordnen.

Bei einem barocken Gebäude können die Sondagen natürlich mehr an der Oberfläche bleiben, da hier nur die Farbschichten und späteren Veränderungen erfaßt werden müssen.

Es darf nicht vergessen werden, daß jede Sondageöffnung eine Zerstörung bedeutet. Sondagen sollten deshalb in Anzahl und Größe so gering wie möglich gehalten werden. Gerade durch intensive Beobachtung, durch richtig eingesetzte Beleuchtung (z.B. Streiflicht) lassen sich oft ohne jeglichen Eingriff wichtige Befunde erkennen. In manchen Fällen kann es dabei ratsam sein, dem auf die Kosten achtenden Bauherrn frühzeitig klarzumachen, daß der Restaurator bei der genauen Durchsicht des Gebäudes bereits arbeitet und nicht etwa einen neugierigen Rundgang unternimmt.

Die Sondagen konzentrieren sich auf die Raumecken, die Wandanschlüsse und auffälligen Unregelmäßigkeiten in den Wandflächen, um so Baufugen und nachträglich eingesetzte Wände herauszufinden; dann auf die Deckenanschlüsse, um zu klären, ob es über abgehängten Putzdecken noch ältere Decken gibt; sodann auf die einzelnen Tür- und Fensteröffnungen, mit der Frage, ob diese Öffnungen original sind, wann sie aufgebrochen wurden und wo es frühere Wandöffnungen gibt. Bei all diesen Sondageöffnungen müssen natürlich auch die auf den einzelnen Putzen befindlichen Farbfassungen Beachtung finden, damit keine Bemalungen zerstört werden.

- *Zuordnung der Bauphasen*

Eine Zuordnung der einzelnen Bauphasen erfolgt im allgemeinen anhand der Abfolge der verschiedenen Putzschichten sowie der über Baunähte ablesbaren Chronologie einzelner Bauteile. Soweit es für die Kenntnis der historischen Raumfassungen und Dekorationen von Belang ist, müssen nun auch die einzelnen Farbschichten genauestens erfaßt werden. Hierzu werden in minutiöser Arbeit mit dem Skalpell Schichtabtreppungen angelegt, so daß sich ein Bild von der Abfolge der verschiedenen übereinanderliegenden Farbfassungen, eine sogenannte »Stratigraphie«, ergibt.

- *Probleme der Farbschichtenabfolgen*

Gerade diese Farbabtreppungen sind sehr zeitaufwendig und kostenintensiv, so daß sich zu Recht die Frage stellt, ob sie allgemein in allen Räumen erstellt werden sollen oder nur dort, wo es zur Beantwortung bestimmter Fragen nötig ist. Sondagetreppen von der ältesten Farbschicht bis zur jüngsten, und dies in allen Räumen, sehen sehr eindrucksvoll aus und ergeben den Anschein einer besonders exakten Arbeit. Dabei wird jedoch übersehen, daß es sich bei jeder Abtreppung nur um eine Momentaufnahme an der betreffenden Stelle handelt. Denn überall gibt es Abplatzungen, Ausbrüche und Ausbesserungen, also sehr viele Fehlstellen, an denen nicht mehr die komplette Farbschichtenabfolge des Raumes vorhanden ist. Schon wenige Zentimeter von einer Abtreppung entfernt kann sich die Farbschichtenabfolge bereits wesentlich anders darstellen.

Um eine wirklich exakte und in sich lückenlose Schichtabfolge eines Raumes zu erhalten, müßten diese Abfolgen an vielen Stellen angelegt und miteinander verglichen werden, da erst im Vergleich klar wird, ob eine Fassung noch im gesamten Raum vorhanden ist oder in bestimmten Bereichen zufällig oder konzeptionell fehlt.

Die Farbschichtenabfolgen müßten sowohl im Sockel- und Deckenanschlußbereich der Wände als auch an den Decken, den Fenster- und Türleibungen erstellt werden, da ja eine Raumfassung meist nicht einheitlich den ganzen Raum überzieht. Die Decke wurde oft farblich abgesetzt, außerdem erhielten die Sockelzonen der Wandflächen und die Friese im Deckenanschluß oft andersfarbige Gestaltungen.

In einem weiteren Schritt müßten die einzelnen Fassungen der verschiedenen Raumteile einander zugeordnet werden. Dies würde heißen: Welche Wandfassung entspricht welcher Deckenfassung bzw. welcher Fassung in der Fensterleibung?

Im Prinzip wäre dies sehr einfach durch eine übergreifende Abtreppung herauszufinden, die in der Kehle oder an der Kante zwischen zwei solchen Raumteilen ausgeführt wird, so daß beide Bereiche zugleich erfaßt werden. Häufig jedoch sind zwischen Wand- und Deckenflächen Risse, die an der Oberfläche oft nur als Haarrisse sichtbar sind, sich in tieferen Schichten aber auf mehrere Millimeter Breite erweitern können, so daß ein Übergreifen der Schichten nicht mehr sicher verfolgt werden kann.

Außerdem gibt es auch Teilfassungen, denn oft wurden nur die Wände gestrichen und die Decken im vorigen Zustand belassen, so daß an den Wänden oft mehr Fassungen zu finden sind als an den Decken. Wenn man sich nun vorstellt, daß ein historischer Raum nicht selten 30 oder 40, teilweise sogar über 60 Anstriche aufweist, dann wird klar, daß Zielvorstellungen, eine lückenlose Schichtenabfolge zu erhalten, als utopisch gelten müssen, weil dies unbezahlbar ist.

- *Stratigraphische Zuordnung*

Besonders wichtig ist jedoch die stratigraphische Zuordnung von Putzen und Fassungen für die Sondierung und Chronologie einzelner Bauteile. Dabei müssen die Fassungen nicht unbedingt in alle einzelnen Schichtlagen getrennt werden; man kann hier sehr gut auch mit sogenannten »Leitschichten« arbeiten, d.h. mit besonders farbkräftigen Fassungen oder Bemalungen, aber auch mit Weißschichten mit einer markanten Oberfläche wie z.B. Pinselstreifen oder mit in der Kalktünche eingebetteten Sandkörnchen oder spezifischer Oberflächenverschmutzung.

Mauerwerks- und Mörtelanschlüsse allein sind für eine genaue Zuordnung zu ungenau, erst in Verbindung mit der auf dem Putz befindlichen Fassungs-Stratigraphie ist eine exakte Aussage möglich. Es ist also nicht immer nötig, an allen Stellen die einzelnen Schichten durchzuzählen. Eine Beweisführung kann schneller und aussagekräftiger über die Stratigraphie der Leitschichten möglich sein.

- *Auffinden von Bemalungen*

Wie kann man nun aus der Vielzahl der übereinanderliegenden Anstriche die wichtigen Farbfassungen und Bemalungen herausfinden?

Malereien sind meist nicht willkürlich in den Raum gesetzt, sondern weisen immer einen Bezug zur Architektur des Raumes auf. Besonders betont werden oft Deckenanschlüsse, z. B. durch Friese und Linierungen, des weiteren Wand-, Tür- und Fensternischen durch besondere Rahmungen, die Raumecken und die Sockelbereiche durch farbige Gliederungen.

Mittelalterliche und spätmittelalterliche Malereien sind allerdings oft auch »frei Hand« auf der gesamten Wandfläche aufgemalt.

Bei Sichtfachwerk findet sich in der Regel entlang der Balken ein farbiger Begleitstrich. Oft ist auch das gesamte Fachwerk farbig gefaßt. Hier überwiegen Ocker-, Rot- und Grautöne, wobei die Farbfassung der Fachwerkbalken jeweils ein Stück auf die Fläche der geputzten Gefache hinausgezogen wird. Dieses Hinausziehen der Farbfassung in die Fläche resultiert daraus, daß die Fachwerkbalken oft unregelmäßige Ränder haben und somit durch die Farbfassung optisch begradigt werden. Oft enden diese Fachwerkfassungen mit einem schwarzen oder farbigen Begleitstrich, teilweise zeigen die Gefachflächen darüber hinaus noch weitere Rahmungen.

Auch bei Decken gibt es bestimmte Stellen, die farblich immer wieder abgehoben werden. Bei Balken-Bohlendecken sind oft die Fasen oder Fasenausläufe besonders betont, ebenso die Mitte und die Enden der Balken. Balkendecken mit Putzfeldern weisen sehr oft farbige Balken mit Randlinierungen ähnlich den Fachwerkwänden auf. Auf Putzdecken sind manchmal Randrahmen und Zentralornamente aufgemalt.

5.3.5 Zeitliche Zuordnung der Befunde

- *Datierungsmöglichkeiten*

Für eine genaue Datierung gibt es nur wenig Möglichkeiten.

Ein seltener Glücksfall ist eine in den frischen Putz eingeritzte Jahreszahl. Jede andere Jahreszahl ist nur ein »terminus ante quam«.

Malereien lassen sich in gewissem Umfang stilistisch zuordnen. Außerdem lassen sich Architekturteile, wie profilierte Gewände, Kapitelle und Schlußsteine, einigermaßen genau datieren, wobei zu berücksichtigen ist, daß solche Werksteinteile sehr oft in Zweitverwendung eingesetzt werden.

Anhaltspunkte für eine Datierung kann gegebenenfalls auch die Quellenforschung liefern.

Datierungen finden sich oft auch auf Dachstuhlbalken, allerdings ist hierbei Vorsicht anzuraten, da häufig die Daten späterer Umbauten aufgeschrieben wurden.

- *Dendrochronologische Untersuchung*

Eine relativ sichere Datierung läßt sich bei Holzteilen über eine dendrochronologische Untersuchung erreichen. Für diese Untersuchung wird ein Bohrkern oder ein Teil des Holzes (Balkenscheibe) benötigt, der eine »Waldkante« aufweist, also den letzten Jahresring vor der Rinde. Von speziellen Labors (Jahrringlabor) wird dann die Stärke der einzelnen Jahresringe gemessen und graphisch dargestellt. Es ergibt sich eine sogenannte Baumkurve, welche Minima, also Perioden mit geringem Wachstum, und Maxima, d. h. starke Wachstumsperioden, aufzeigt. Diese Baumkurve wird dann mit der überregionalen, bereits durch Summation vieler Einzelkurven ermittelten Standard-Baumkurve verglichen und entsprechend zugeordnet. Die Waldkante der zu untersuchenden Holzprobe ergibt nun das exakte Datum des letzten Jahres vor der Fällung.

Für eine dendrochronologische Datierung müssen jedoch von jedem Objekt mehrere Proben gezogen werden, da nur durch eine Absicherung über mehrere Auswertungen das Ergebnis verläßlich ist. Bei Entnahme der Proben ist vor allem darauf zu achten, daß die Hölzer sich »in situ« befinden, am Bau also noch in der ursprünglichen Position liegen, und eine Zweitverwendung auszuschließen ist.

Aus Erfahrung wissen wir, daß Bauholz bis ins 19. Jahrhundert fast immer frisch verwendet wurde, d. h., im Winter wurde das Holz geschlagen, das man für das kommende Jahr benötigte. Deshalb liegen auch die meisten dendrochronologisch ermittelten Fälldaten im Winter. Nur nach Brandkatastrophen tauchen beim Wiederaufbau Sommerfällungen auf; ein deutliches Zeichen dafür, daß kein Holz auf Vorrat im Handel existierte und in einem solchen Fall frisch geschlagen werden mußte.

Eine grobe zeitliche Einordnung eines Gebäudes ist ferner möglich über Deckenkonstruktionen oder Unterkonstruktionen von Putzdecken, über Türen und Fenster, über fest eingebautes Inventar und in begrenztem Maße auch über die Art und Oberfläche des Mauerwerks sowie die Konsistenz von Putzen und Mörteln, soweit regionales Vergleichsmaterial vorliegt.

- *Mauerwerk**)

Am Mauerwerk läßt sich generell eine Entwicklung nachvollziehen, die vom Sichtmauerwerk der Romanik und Frühgotik schließlich ab dem 14./15. Jahrhundert zu unregelmäßigeren, auf Verputzung angelegten Oberflächen führt (Abb. 5.3.3 bis 5.3.5).

In Gegenden mit ausreichenden Natursteinvorkommen stellt sich romanisches Mauerwerk bis etwa zur Mitte des 13. Jahrhunderts meist als Sichtmauerwerk aus handspannenbreiten oder halb- bis viertelhandspannenbreiten Kleinquadern dar. Die Fugen sind sorgfältig verstrichen und weisen oft eine mit der Kelle in den frischen Putz geritzte Fuge auf, den sogenannten Kellenstrich. Diese Fugen verlaufen waagrecht und senkrecht und verstärken so den Eindruck eines echten Quadermauerwerks (Abb. 5.3.3).

---

*) Die im folgenden zu den Stichworten Mauerwerk, Mörtel und Deckenkonstruktionen vorgeführten Ergebnisse beruhen auf ca. 15 Jahren eigener Erfahrung des Verfassers mit Befunduntersuchungen in unterschiedlichsten Gebäuden im Großraum Bayern. Auszuklammern sind bestimmte Gegenden wie etwa der Jura, wo z. B. aufgrund ganz spezifischer Natursteinlagerstätten die Entwicklungslinien etwas anders verlaufen und aus der Sicht des Verfassers auch noch nicht zur Genüge untersucht sind. Wünschenswert wäre in dieser Hinsicht ein länderübergreifender Erfahrungsaustausch mit dem Fernziel einer Gesamttopographie der Bautechnik

5.3 Bauforschung aus der Sicht des Restaurators

Abb. 5.3.3 (rechts)

Romanisches Mauerwerk in Regensburg aus handspannen- und halbhandspannenbreiten Kalksteinquadern. Die Fugen sind sorgfältig verstrichen und weisen eine mit der Kelle in den frischen Putz gezogene Fuge auf, den sogenannten Kellenstrich

Abb. 5.3.4 (unten links)

Beispiel eines »pietra-rasa«-Putzes aus Amberg/Opf.

Das Mauerwerk besteht aus Kleinquadern, die jedoch nicht mehr so exakt behauen sind. Der Flächenputz ist nicht deckend aufgetragen, die Höhen der Steine bleiben sichtbar.

Die in den frischen Putz geritzten senkrechten und waagrechten Fugen, die sogenannten Kellenstriche, ergeben den Eindruck eines echten Quadermauerwerks

Abb. 5.3.5 (unten rechts)

Regensburg, Wollwirkengasse 1, Nordfassade, Detail

Das im Erdgeschoßbereich freiliegende Mauerwerk ist im sogenannten Fischgrät- oder Kornährenverband gesetzt. Die Nordwestecke besteht aus handspannenbreiten Kalksteinquadern – um 1300

Abb. 5.3.6
Regensburg, Glockengasse 14
Der auf dem Bruchsteinmauerwerk liegende deckende Verputz ist einlagig und nur dünn mitlaufend aufgetragen, wie im Streiflicht zu erkennen ist. Die Putzoberfläche ist exakt ausgeglättet. Die auf dem Putz erkennbare Secco-Bemalung datiert um 1350.

Die Hacklöcher in der Putzfläche wurden bei einer späteren Überputzung eingeschlagen, um auf der ausgeglätteten Oberfläche eine bessere Haftung zu erzielen

Ab der Mitte des 13. Jahrhunderts wurden nicht mehr derart exakt behauene Steine verwendet, das Mauerwerk wurde statt dessen teilweise verputzt. Die Verputzung war jedoch noch nicht deckend, vielmehr blieben die Höhen der Steine sichtbar. Dieser Verputz wird als »pietra rasa«-Putz bezeichnet (Abb. 5.3.4).

Ab dem 15. Jahrhundert nahm die Bearbeitungsqualität der Mauerwerksteine ab, für Baukanten, Bogenstürze und Zwischenwände wurden nun Ziegel verwendet. Ab dem 18. und 19. Jahrhundert wurden Neubauten oft rein aus Ziegel errichtet.

Im Spätmittelalter waren bereits deckende Verputzungen auf dem Bruchstein- oder Mischmauerwerk üblich. Ihr besonderes Charakteristikum ist, daß der Verputz einlagig und nur dünn mitlaufend aufgetragen wird. Er läßt also deutlich die Struktur des Mauerwerks durchspüren. Die Oberfläche mittelalterlicher Putze ist oft nur ganz grob verrieben, was als »gerappt« bezeichnet wird, in hochwertigen Räumen finden sich aber auch exakt ausgeglättete Oberflächen. Solche ausgeglätteten Kalkputze sind beispielsweise ganz typisch für mittelalterliche Gebäude in Regensburg (Abb. 5.3.6).

Wo Naturstein von weit hergeschafft werden mußte, setzte bereits in romanischer Zeit die Verwendung von Ziegeln ein, in der frühen Zeit häufig durchmischt mit Bachkieseln.

Im Mittelalter gab es durchaus auch Sichtmauerwerk aus Ziegeln, so in Norddeutschland und regional im süddeutschen Raum, vor allem in den Flußtälern Niederbayerns, wo Lehm reichlich vorhanden ist. Auch bei diesem Ziegelsichtmauerwerk wurde der Fugenmörtel sorgfältig verstrichen. Teilweise wurde die Verfugung mit weißer Kalktünche überstrichen. Damit sollten Unregelmäßigkeiten im Ziegelmauerwerk ausgeglichen werden. Wenn nötig, konnte sogar eine solche gemalte Fuge in der Mitte eines Ziegels zu liegen kommen.

Ab dem 16. Jahrhundert wurde das Ziegelmauerwerk deutlich gröber gesetzt und unzweifelhaft auf eine deckende Verputzung angelegt.

• *Mörtel*

Vielfach lassen sich auch anhand des verwendeten Mauer- und Putzmörtels gewisse Anhaltspunkte für eine zeitliche Einordnung gewinnen.

So wurde der Kalk im Mittelalter generell nicht gemahlen, sondern nur zerstoßen, was zu charakteristischen, teils bis zu taubeneigroßen Kalkeinschlüssen im Mörtel führte. Diese Kalkeinschlüsse werden im Fachjargon als »Kalkspatzen« bezeichnet.

Die Auswahl und Korngröße der für die Mörtelherstellung verwendeten Sande richtete sich oft nach den verwendeten Bausteinen. So wurde für Bruchsteinmauerwerk grobkörniger Sand verwendet, der die Steine bereits vor dem Erhärten des Mörtels stabilisierte, während für Ziegelmauerwerk die Kiesel auf eine Korngröße unter der minimalen Fugenstärke ausgesiebt werden mußten.

Grundsätzlich gilt, daß im Mittelalter die Putze nur einlagig aufgetragen wurden, erst ab dem 16. Jahrhundert wurde der Putzauftrag zwei- oder mehrlagig. Ab der Renaissance wurde der Putz teilweise auch als farbiges Gestaltungsmittel verwendet. Er wurde dabei eingefärbt, z. B. rot (mit Ziegelmehl), braunschwarz (mit Holzkohle) oder blauschwarz (mit Schiefermehl). In Verbindung mehrerer farbiger Putze ließ sich ein sogenanntes Sgraffito herstellen, bei dem mehrere verschiedenfarbige Putze dünn übereinander aufgetragen und nach dem Trocknen teilweise wieder abgekratzt wurden, so daß ein farbiges Putzreliefbild entstand.

Im 17. und 18. Jahrhundert wurden im Innenbereich dem Kalkmörtel oft Tierhaare (Roß-, Rinder- oder Kälberhaare) beigemischt, um den Mörtel elastischer zu machen. Dabei mußten die Haare ganz sorgfältig »auseinandergezupft« beigemischt werden, damit sie nicht verklumpten. Durch diese Armierung wurde der Mörtel so elastisch, daß er Bewegungen im Mauerwerk rißfrei überstand.

Im Außenbereich entstanden sogenannte Stupfputze, wobei in den frischen Mörtel mit einem Reisigbesen Vertiefungen eingedrückt wurden oder sogenannte Nagelbrettputze, bei denen dies mit einem Nagelbrett erfolgte.

Gegen Ende des 18. Jahrhunderts wurden die ersten hochhydraulischen Kalke oder Zemente entdeckt und dem Mörtel beigegeben (z. B. Romankalk oder Peißenberger-Cement).

Im 19. Jahrhundert wurde der Zementanteil immer höher, bis hin zur Verwendung von Hochofenschlacke-Zementen um die Jahrhundertwende.

• *Deckenkonstruktionen*

Eine weitere kontinuierliche Entwicklung läßt sich auch an den Deckenkonstruktionen beobachten.

Im Mittelalter war es nicht üblich, Holz als Putzträger zu benutzen. Verputzt waren nur die gemauerten Gewölbe; flach gedeckte Räume erhielten Holzbalkendecken. In den einfacheren Fällen verwendete man dabei einen Balkenrost, auf den oben schwere Bohlen aufgelegt wurden, die somit gleichzeitig die Deckenuntersicht und den Fußboden darstellten (Abb. 5.3.7 A). Die Deckenbalken konnten einfach entrindet sein oder einen rechteckigen Querschnitt aufweisen.

In der Romanik wurden die Balken und Bohlen gebeilt, in späterer Zeit gesägt. Romanische Bohlen wiesen Stärken von 10 bis 12 cm auf, später reduzierte sich die Stärke auf 4 bis 6 cm.

Die gehobenen Räume hatten Balkenbohlendecken. Deren Tragebalken besitzen an der Unterseite beidseitig einen auskragenden Falz, der sich im Querschnitt als ein kopfstehendes »T« darstellt. In diesen Falz wurden von oben her Bohlen eingelegt. Falls die Tragebalken Bestandteil eines Dachwerks sind, also zugleich Zerr- oder Leerbalken sein können, gibt es spezielle Sonderlösungen (Abb. 5.3.7 B). Handelt es sich um Zerrbalken, auf denen die Sparren sitzen, besitzt der Balken den vollen Querschnitt mit einer ausgetieften Nut. Leerbalken hingegen zeigen im Querschnitt die Form des umgedrehten »T«. Bei den Zerrbalken wurden die Bohlen schräg in die Nut eingeführt, sie ließen sich sodann auf den Falz des benachbarten Leerbalkens auflegen. Um zu verhindern, daß sich die Bohlen aufwerfen, wurden sie mit Spangen oder Hartholzkeilen, die in die Balken eingeschlagen wurden, fixiert.

Eine Sonderform des Spätmittelalters ist die sogenannte Schiffskehldecke, bei der die

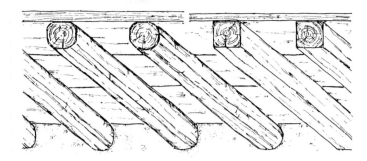

A. Deckenbalkenrost mit aufgelegten Bohlen

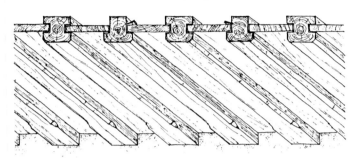

B. Balkenbohlendecke aus Zerr- und Leerbalken

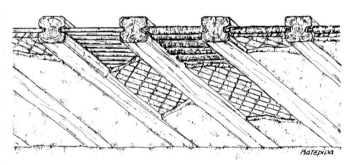

C. Lehmschlagdecke (links) und Lehmwickeldecke (rechts)

Abb. 5.3.7
Deckenkonstruktionen

Balken eine geschnitzte Fase in der Form eines Schiffskieles aufweisen.

Balkenbohlendecken waren vor allem in ländlichen Gegenden noch bis in die Mitte des 18. Jahrhunderts üblich. Teilweise wurden sie sogar noch im 19. Jahrhundert eingebaut.

Ab dem 16. Jahrhundert gibt es auch Balkendecken mit Putzfeldern; die sogenannten Lehmschlag- oder Lehmwickeldecken (Abb 5.3.7 C). Diese Decken haben als Grundgerüst Balken mit seitlichen Kerbnuten. In diese Nuten wurden Riegelhölzer (Staken) eingeschoben, an den Staken wurde dann ein Unterputz aus mit Stroh durchmischtem Lehm aufgetragen. Teilweise sind die Staken bereits einzeln mit dem Lehm-Stroh-Geflecht umwickelt worden. In diesem Fall handelt es sich um echte Lehmwickeldecken.

Der Lehmschlag auf dem Stakengerüst wurde schließlich durch rautenförmige Rillen aufgerauht, damit der folgende Feinputz besser haftete. Wickeldecken zeigen also an der Untersicht jeweils nebeneinander Balken und Putzfeld, wobei die Putzfelder in der Regel mit der Unterkante der Balken bündig sind. Da der Einbau von Wickeldecken auch nachträglich von unten her leicht möglich ist, wurden an vielen älteren mittelalterlichen Decken ab dem 16. Jahrhundert Wickeldecken angehängt, wohl zur besseren Wärmeisolierung.

Abb. 5.3.8
Beispiel einer durch unzählige Kalktüncheschichten verlegten Stuckdecke (um 1725–1730)

Im Streiflicht werden die stark verlegten stuckierten Bänder sichtbar. In den Sondageschnitten erkennt man das scharfkantige, teilweise ornamentierte Bandelwerk. Die weißen Stuckornamente liegen auf einer schwarzen Hintergrundfläche

Abb. 5.3.9
Nachweis einer ehemaligen Zwischenwand durch die beidseitigen Putzanschlußkanten (markiert mit roten Punkten); die Wandstärke betrug ca. 35 cm

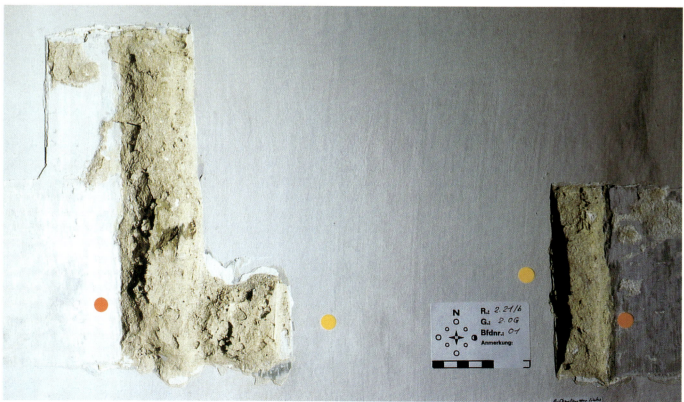

In barocker Zeit herrschten meist Putzdecken vor, wobei als Unterkonstruktion auf einen Balkenrost angekerbte Latten aufgenagelt oder auf einer Bretterlage halbierte Weidenäste befestigt werden.

Ab dem späten 17. Jahrhundert tauchten als Sonderform die sogenannten »Stäbchendecken« auf. Hier besteht die Unterkonstruktion aus ca. 5 cm breiten und 2 cm hohen, seitlich genuteten Leisten, die im Abstand von ca. 20 bis 25 cm von unten an einen Balkenrost genagelt wurden. In die Nuten der Leisten wurden angespitzte Stäbchen gesteckt. Danach wurde von unten her eine Kalkmörtelschicht aufgetragen, die Leisten und Stäbchen überdeckte.

Ebenfalls ab dem 17. Jahrhundert gibt es die Rohrmattendecken, die bis in unsere Zeit üblich waren und in den letzten Jahren wieder häufiger verwendet werden, da sich Schilfrohrmatten als Unterkonstruktion für eine Kalkputzdecke von der Haltbarkeit und Elastizität her als die beste Lösung erwiesen haben.

Bei den Rohrmattendecken des 17. bis 18. Jahrhunderts wurden die Schilfrohre mit Eisendraht und handgeschmiedeten Nägeln befestigt. Dieser Eisendraht kann bei Feuchtigkeit leicht durchrosten, was oft schwerste Schäden zur Folge hat, weil die Deckenflächen ihren eigentlichen Halt verlieren.

5.3.6 Deutung der Befunde

Naturgemäß bedarf es einiger Erfahrung, die Befunde zu deuten und auszuwerten. Hierzu seien einige Beispiele angeführt.

Eine Putzanschlußkante kann einen ehemaligen senkrecht oder spitzwinkelig die an die Befundebene anschließenden Bauteil bedeuten, z. B. eine ehemalige Decke, die an die Wandfläche anschloß, ein ehemaliges Fußbodenniveau oder eine ehemalige Wand, soweit eine ehemals vorhandene zweite Putzkante dieser Art nicht grundsätzlich auszuschließen ist (Abb. 5.3.9).

Anhand kleiner Aufkantungen lassen sich ehemalige Stuckleisten und Stuckprofile in ihrer Breite, nicht jedoch in der Profilierung rekonstruieren.

Schräg verlaufende Putzkanten weisen oft auf Treppen, Dächer oder Fachwerkstreben hin.

Eine Holzmaserung im Mörtel kann ein Indiz für eine ehemalige Holzverkleidung eines Raumes sein. Viele inzwischen verschwundene Holzteile lassen sich nur noch aufgrund des Abdrucks im Setzmörtel rekonstruieren.

Zahlreiche Befunde lassen sich oft bereits im Streiflicht aufdecken: abgebrochene Wände, vermauerte oder versetzte Fenster- oder Türöffnungen oder ehemalige Kamine.

Ruß und Versottung auf Mauerwerk oder Putz deuten auf offenes Feuer hin, sei es ein Kamin, eine »Rauchkuchl« oder eine schwarze Küche. Ebenso sind durch Mörtel- oder Tüncheschichten durchschlagende Versottungen immer ein Zeichen von ehemaligem offenen Feuer.

Brände hinterlassen deutliche Spuren, allerdings weit weniger Rauch- oder Schmutzablagerungen als man vermuten möchte, statt dessen aber spezifische Verfärbungen am Putz und am Mauerwerk (Abb. 5.3.10). Die in den Steinen und im Sand des Mörtels enthaltenen gelben oder weißen Eisenoxyd-Anteile verfärben sich durch die starke Hitze des Brandes rot, ebenso wie auch die Farbpigmente Ocker und Siena natur beim Brennen rötlich werden. Diese Rotfärbung, die sogenannte Kalzinierung, reicht bis zu einigen Zentimetern tief ins Mauerwerk, danach zeigen Mörtel und Steine wieder ihre ursprüngliche Farbigkeit.

Abb. 5.3.10

Kalziniertes Mauerwerk an einer Ausbruchstelle.

Durch die hohen Temperaturen eines Brandes wurden das Mauerwerk und der Mörtel rot verfärbt.

Die Oberfläche der Kleinquader ist durch die Hitze des Feuers teilweise abgeplatzt.

Nach dem Brand wurde das Mauerwerk neu überputzt (markiert durch den blauen Punkt)

5.3.7 Dokumentation

Nur die umfassende Darstellung der Befundergebnisse in Text, Fotos und Baualtersplänen ermöglicht eine vollständige Indizienverkettung. Vom Restaurator wird erwartet, daß er seine Ergebnisse zur geschichtlichen Entwicklung eines Bauwerks auch überzeugend belegen kann. Die Beweisführung erfolgt mittels Indizien, sie ist durchaus vergleichbar mit den Methoden der Kriminalistik. Lage, Form, Zusammenhang der Indizien, Zulässigkeit der Indizien-Kombination und Wahrheitswert der Indizien lassen sich am besten im Gesamtzusammenhang der Dokumentation beurteilen.

Durch Eingriffe während der Sanierung werden oft wichtige Befunde entfernt, teils aus Unachtsamkeit, teils auch zwangsweise im Zuge von Umbauten. Nach Abschluß der Sanierung sind die noch erhaltenen Befunde wieder überdeckt, so daß die Nachvollziehbarkeit der Ergebnisse der Befunduntersuchung grundsätzlich nur noch durch die Dokumentation möglich ist.

Normalerweise wird die Dokumentation in zweifacher Ausfertigung erstellt, einmal für das Landesamt für Denkmalpflege und einmal für den Auftraggeber, wobei der Architekt während der Arbeiten die Dokumentation des Auftraggebers verwendet und sie ihm anschließend wieder übergibt.

Ein drittes Exemplar für den Restaurator, das natürlich nur in »Sparausführung« angefertigt wird, erscheint durchaus sinnvoll, da eventuelle Rückfragen beim Restaurator sofort telefonisch geklärt werden können, ohne daß neue Ortstermine nötig sind.

Um bei der Benutzung der Dokumentation schnell Ergebnisse abfragen zu können, sind die folgenden Inhalte erforderlich.

- *Befundbericht*

Das Deckblatt des Befundberichtes soll den Namen der ausführenden Firma mit Nennung der an der Untersuchung beteiligten Restauratoren enthalten, ferner das Objekt mit Adresse sowie die dazugehörige Textpassage aus der Denkmalliste, des weiteren sollte es die Aufgabenstellung, z. B. Voruntersuchung, Teilabbruch, Systemdokumentation, sowie einen Hinweis über die Betreuung durch die Denkmalpflegebehörden (Landesamt für Denkmalpflege oder Denkmalschutzbehörde) mit den Namen der Beteiligten enthalten.

Am Anfang des Befundberichtes sollte eine Zusammenfassung der Ergebnisse stehen, wobei die Baugeschichte und die Umgestaltungen in den einzelnen Bauphasen kurz umrissen werden, ferner sollten Art und Umfang historischer Putze und Dekorationen sowie die historische Ausstattung mit Zuordnung zu den Umgestaltungen dargestellt werden.

Im weiteren Bericht erfolgt die Beschreibung der einzelnen Räume, abgestellt auf die einzelnen Wände, mit der Erläuterung der Befunde.

Es hat sich bewährt, den sichtbaren Bestand genau zu beschreiben, da nur die exakte Beschreibung auch zu genauem Hinsehen zwingt und Fragestellungen auslöst, die bei einer oberflächlichen Betrachtung unterbleiben.

Im Befundbericht werden die Putze und Setzmörtel anhand der Konsistenz (fein-, mittelfein- und grobsandig, Korngröße des Zuschlags, Einschluß von Kalkspatzen), anhand der Härte, der Farbigkeit und der Angabe von Technik und Oberflächenbeschaffenheit (z. B. einlagig, mit der Kelle geglättet, gefilzt) beschrieben.

Wenn dies vorab zusammenfassend dargestellt ist, genügt bei der Beschreibung der Befundstellen die Angabe der Bezeichnung (z. B. Putz 1 oder Putz der ersten Bauphase).

Die einzelnen Befundstellen müssen genau beschrieben werden, wobei sorgfältig zu trennen ist zwischen der Beobachtung des Befundes und der Interpretation. So ist beispielsweise ein Anschluß einer ehemaligen, inzwischen abgebrochenen Wand zuerst durch den Aufbruch des Mauerwerks und die Putzaufkantung an die ehemalige Wand zu beschreiben, erst dann darf die Schlußfolgerung gezogen werden, daß es sich hier um eine abgebrochene Wand handelt. Querverweise auf erklärende weitere Befundstellen, auch in anderen Räumen, sind sehr hilfreich. Zur Verdeutlichung der Beobachtungen können in die Fotos (oder besser in davon angefertigte Kopien) Bemerkungen und Kennzeichnungen eingetragen und, wenn nötig, separate Handskizzen beigegeben werden.

Die Erfassung der historischen Ausstattung kann als Eintrag in den Baualtersplan oder raumweise aufgelistet als Vorspann vor einer raum- oder wandweisen Beschreibung der Befundstellen erfolgen.

- *Baualtersplan*

Die Darstellung der zeitlichen Entwicklung eines Gebäudes erfolgt durch Anlage von farbigen Bestandsplänen (normalerweise Grundrisse, evtl. auch Schnitte und Wandansichten). Die Auswahl der Farben ist durch das Landesamt für Denkmalpflege festgelegt, so steht grau für Romanik, dunkelblau für Mittelalter, hellblau für Spätmittelalter, grün für Renaissance, rot für Barock, braun für Klassizismus, orange für 19. Jahrhundert, gelb für die Jahrhundertwende und violett für das 20. Jahrhundert.

In den Baualtersplan müssen auch die einzelnen Befundstellen mit Angabe der Befundnummer und zumindest einem Höhenvermerk eingetragen werden. Nur so läßt sich die Beweisführung über Befunde beurteilen. Wenn z. B. im Baualtersplan eine Baufuge zwischen zwei verschiedenen Bauabschnitten dargestellt ist, kann durch den Vermerk der Befundnummer die betreffende Textstelle im Bericht leicht aufgefunden und durch das zugehörige Foto überprüft werden.

Im Baualtersplan muß zwischen Nachweis und Vermutung klar unterschieden werden. So können beispielsweise sicher nachgewiesene Mauerteile voll farbig angelegt werden, während vermutete Teile nur farbig schraffiert erscheinen. Aufgezeigt werden alle raumhaltigen Bauteile und Vormauerungen. Im Einzelfall können auch bedeutende Putzbefunde dargestellt werden.

Eine Mitberücksichtigung auch nicht so genau untersuchter Bereiche im Baualtersplan (z. B. Beilage eines Kellergrundrisses) kann für das Verständnis des Hauses hilfreich sein. Voraussetzung sollte aber auch hier zumindest eine gründliche Baubeobachtung sein.

- *Fotodokumentation*

Die Darstellung der Befunde erfolgt mit Schwarzweiß- und Farbfotos, wobei die Farbfotos zweckmäßigerweise über Dias hergestellt werden. Außer der Fotodokumentation soll auch ein Diasatz, gerahmt in Journalen, dem Landesamt für Denkmalpflege zur Archivierung übergeben werden.

Die Schwarzweißfotos werden am besten im Format 13 × 18 cm angefertigt. Sie zeigen räumliche Situationen, Ausstattungsstücke und großflächige Putz- und Mauerwerksstrukturen. Die Farbfotos im Format 9 × 13 cm zeigen die Befundstellen und farbigen Dekorationen. Es hat sich bewährt, zum besseren Verständnis der Fotos die Befundstellen mit kleinen Textaufklebern zu erläutern und verschiedene übereinanderliegende Putze durch auf den Baualtersplan abgestellte farbige Markierungspunkte hervorzuheben.

Um die Kosten für die Fotodokumentation in Grenzen zu halten, genügt es, von den aussagekräftigsten Befunddias Farbabzüge herzustellen und der Dokumentation beizufügen. Wenn bei der Textbeschreibung der Befundstellen die Dianummer mit vermerkt wird, lassen sich somit auch die nicht in der Fotodokumentation dargestellten Befunde anhand der Dias überprüfen.

- *Protokollblätter*

Vom Bayerischen Landesamt für Denkmalpflege wurden spezielle Protokollblätter herausgegeben, auf denen eine sinnvolle Darstellung der verschiedenen Farbfassungen eines Raumes oder einer Fassade möglich ist. Auf einem speziellen Auswertungsblatt können somit die zu einer Fassung gehörenden verschiedenfarbigen Raumteile in ihrer Zuordnung dargestellt werden.

Farbmuster, in Aquarell oder mit Buntstift ausgeführt, sind notwendig, wenn Farbnuancen für einen Befund entscheidend sind. Dies ist beispielsweise beim Nachweis wichtiger Dekorationen der Fall, erfolgt in der Regel aber nicht bei der Voruntersuchung, sondern erst bei einer speziellen Systemdokumentation.

Grundsätzlich ist hier festzustellen, daß diese farbigen Darstellungen auf Papier dem Original, nämlich Kalktünche auf Mörtel, nur ungefähr nahekommen können. Eine fatale Fehlinterpretation passierte bei einer Fassadenrekonstruktion an einem Bau des 19. Jahrhunderts in Regensburg. Hier wurde für den Neuanstrich der Farbton mit der ausführenden Malerfirma nach dem Protokollblatt festgelegt, das Ergebnis war ein »schweinchenrosa«-farbener Anstrich an der Fassade, die ursprünglich in einem rötlichgrauen Ton gehalten war und rötlichen Sandstein imitieren sollte.

- *Restriktionsplan*

Normalerweise soll der Restaurator seine Befunde sachlich feststellen, eine Wertung oder Empfehlung hingegen obliegt den Gebietsreferenten des Landesamtes für Denkmalpflege.

In speziellen Fällen kann auf Wunsch des Gebietsreferenten vom Restaurator ein sogenannter Restriktionsplan erstellt werden. Im einfachen Fall handelt es sich hierbei um einen Grundriß, in dem vor die Wände verschiedenfarbige Linien gezogen werden, die Aufschluß darüber geben, welche Bereiche wichtige Befunde und Malereien tragen und somit nicht angetastet werden dürfen, an welchen Flächen nur in Absprache mit dem Restaurator Eingriffe möglich sind und welche Wandflächen (neu eingezogene Wände, Neuverputzungen) problemlos bearbeitet werden können.

Da sich die wichtigen Befunde meist nicht über die gesamte Wandfläche erstrecken, muß nach Bedarf der Restriktionsplan als vollständige Wandabwicklung dargestellt werden.

5.3.8 Während der Sanierung

Nach Abschluß der Untersuchung ist die Arbeit des Restaurators noch nicht zu Ende. Zum einen müssen die bei der Untersuchung zutage getretenen Befunde konservatorisch gesichert werden, zum anderen werden während der Sanierung fast immer neue Befunde aufgedeckt, die noch gesichtet und dokumentiert werden sollten. In der Praxis wird dies jedoch nur selten durchgeführt, da für den Bauherrn und meist auch für den Architekten mit der Übergabe der Befunddokumentation die Arbeit des Restaurators als abgeschlossen gilt. Außerdem bedeutet die Aufnahme neuer Befunde naturgemäß neue Kosten, die sich manch einer gern sparen möchte.

Dabei ergeben sich während einer Sanierung immer wieder Probleme und Fragen, die durch kurze Nachbefundungen schnell geklärt werden könnten.

Aber auch bei den Arbeiten anderer Gewerke kann der Restaurator den Architekten beraten. So könnten bei den meisten Sanierungen die historischen Wandputze großflächig erhalten und nur ausgebessert werden. Hier kann der Restaurator auch zum historischen Putz passende Mörtelrezepturen erstellen und auf Wunsch auch die Handwerker anleiten und einarbeiten.

5.3.9 Zusammenfassung

Das dargestellte Anforderungsprofil an die Arbeit des Restaurators auf der Baustelle und bei der Ausfertigung der Dokumentation macht mehr als deutlich, daß eine Befunduntersuchung keine Arbeit nach einem vorgegebenen Schema sein kann, sondern eher eine Forschungsleistung darstellt, die Spürsinn, Erfahrung und Wissen auf vielen Gebieten verlangt. Der Restaurator benötigt Grundkenntnisse in Geschichte und Volkskunde, in Kunst- und Baugeschichte. Er braucht Verständnis für Baukonstruktionen und Statik sowie Wissen über historische Handwerkstechniken und über Rezepturen und Verarbeitung von Mörteln und Anstrichen. Bei komplexen Untersuchungen ist ein normaler Handwerksbetrieb oder Kirchenmalerbetrieb in der Regel überfordert.

Aber letztlich ermöglicht erst die kooperative Zusammenarbeit zwischen dem Restaurator, dem Gebietsreferenten und Bauforscher des Landesamtes für Denkmalpflege, dem Architekten und dem Bauherrn ein optimales Untersuchungsergebnis.

5.4 Bestands- und Entwicklungsgutachten

Das Befassen mit dem Problemfall Altbau bedeutet das gleichzeitige Denken und Handeln auf unterschiedlichen Ebenen. Die Nutzungsebene ist auf die zukünftige Verwendung eines Gebäudes ausgerichtet. Für den Architekten hängt das Beschäftigen mit den zukünftigen Nutzungen meist direkt mit seiner Beauftragung zusammen, denn auch für den Bauherrn ist der Wunsch nach zukünftiger Nutzbarkeit der Ausgangspunkt der Bauwünsche. Die vorhandene Substanz stellt die zweite Befassungsebene dar. Sie besteht aus einem baulichen Gefüge, Grundrissen, Erschließungsgegebenheiten, Raumhöhen etc. Diese Gebäudeeigenschaften sind nur teilweise sinnvoll veränderbar und stellen einerseits Bindungen, andererseits aber auch Potentiale dar, die bei der Realisierung der Bauaufgabe mit einbezogen werden können. Gerade diese oft überraschenden Möglichkeiten, die sich durch die vorhandene Baustruktur ergeben können, tragen wesentlich zur Attraktivität renovierter Altbauten bei.

Das Baudenkmal – als Sonderfall des Altbaus – kann aufgrund seiner historischen Dimension diesen Reiz steigern. Es stellt aber auch zusätzliche Anforderungen, die mit der Notwendigkeit einer Erhaltung seines Zeugniswertes zusammenhängen und die sich von den vorbereitenden Bestandsuntersuchungen bis hin zur Baudurchführung auswirken.

Für dieses zweigleisige Vorgehen zur Untersuchung der Altbausubstanz und bei gleichzeitiger Prüfung der möglichen Bedingungen für die Unterbringung einer neuen Nutzung hat der Verfasser 1993 den Begriff »Bestands- und Entwicklungsgutachten« eingeführt [1]. Eine solche Aufgabe – als Betätigungsfeld für in der Denkmalpflege tätige Architekten – wird nachfolgend beschrieben. In den meisten Fällen ist ein solches Gutachten der Erarbeitung einer Hochbauplanung vorgeschaltet. Es hat die Aufgabe, die Baulichkeit auf unterschiedlichen Ebenen – Gebäude- und Raumstruktur, technischer Zustand, Baugeschichte und Zeugniswert – zu untersuchen und sie in bezug auf ihre Verwendungs- und Entwicklungsmöglichkeiten zu prüfen. Dabei ist die verzahnende Verbindung der einzelnen Untersuchungs- und Planungsebenen erforderlich.

5.4.1 Ablauf einer Bestands- und Entwicklungsplanung

Die Bearbeitung umfaßt drei Phasen, die nach dem Zeitpunkt ihrer Bearbeitung unterschieden werden. Der Ausgangspunkt kann dabei entweder das vorhandene Gebäude oder eine »heimatlose« Nutzung sein. Für die weitere Bearbeitung des Gebäudes ist in jedem Fall eine zeichnerische Bauaufnahme erforderlich. In welcher Genauigkeitsstufe sie zu erstellen ist, hängt von der Art des Gebäudes, dem Denkmalwert sowie der durch die weitere Behandlung möglichen Bandbreite der Eingriffe ab (siehe hierzu Abschnitt 5.1.4.1).

Entweder gibt es noch keine konkrete Nutzungsüberlegung, dann wird sie Teil der gebäudebezogenen Aufgabenstellung sein. Es kann aber auch eine Nutzung Ausgangspunkt der Untersuchung sein, und die Aufgabe kann zunächst darin bestehen, ein geeignetes (z. B. denkmalgeschütztes) Gebäude zu finden oder auszuwählen, das diese Funktionen aufnehmen kann.

Nach Vorliegen der zeichnerischen Bauaufnahme sowie der Analyse der Nutzungsanforderungen ist die Nutzungsverträglichkeit zu überprüfen, d. h., es ist zu klären, ob überhaupt die Möglichkeit eines vertretbaren Zusammenbringens der unterschiedlichen Anforderungen vorhanden ist. Da sind die Schutzansprüche der denkmalgeschützten Altbausubstanz auf der einen sowie die Raum-, Funktions- sowie technischen Ansprüche der erwogenen Nutzung auf der anderen Seite. Erst wenn die Verträglichkeit grundsätzlich möglich erscheint, ist die weitere Bearbeitung sinnvoll.

Die nächste Bearbeitungsphase bildet den Kernbereich des Gutachtens. Hier sind drei Bereiche korrespondierend zu untersuchen: der bauhistorische (Zeugniswert, sonstige Schutzwerte), der bautechnische (Bauschäden) und der entwerferische (Nutzungs- und Funktionsverteilung im Gebäude). Diese drei Bereiche sollen im weiteren ausführlicher dargestellt werden.

Abb. 5.4.1

Zu ihrer Erhaltung benötigen (fast alle) Altbauten eine Nutzung; hier Umnutzung von Nebengebäuden des Projekts Oberhof in Büdingen (Architekten: von Perbandt und Zuschlag; städtebauliche Konzeption: Planergruppe Hytrek, Thomas, Weyell und Weyell)

5.4.2 Bauhistorische Untersuchung

Abgesehen von wenigen bedeutenden Baudenkmalen, bei denen auf ausführliche Untersuchungen in vorhandenen Inventaren zurückgegriffen werden kann, sind die für den Architekten verfügbaren Informationen über denkmalpflegerische Begründungen, Schutzansprüche und Zeugniswerte bei alltäglicheren Baudenkmalen meist spärlich. Als Beispiel mag stellvertretend eine unter Denkmalschutz stehende Hofreite gelten, deren giebelständiges Fachwerkwohnhaus als regionaltypisch für die Zeit um 1800 bezeichnet wird. Das gegenüber der Toreinfahrt gelegene Nebengebäude, die Torüberdachung und die Fachwerkscheune werden zwar ebenfalls in den denkmalpflegerischen Schutzanspruch einbezogen, allerdings ohne weitere Angaben über die Entstehungszeit sowie zur Denkmalbegründung.

Eine solche Pauschalität mag auf die begrenzte Bearbeitungstiefe der breitenorientierten Kurzinventare zurückzuführen sein, könnte aber auch ein Hinweis auf eine Art von Ensemble-Charakter der übrigen Bauten sein, denen dann lediglich die Aufgabe zukäme, die Einbindung des Hauptgebäudes in seinen baulichen Zusammenhang zu gewährleisten.

Für die weitere Behandlung der Bauten durch den Architekten ist die Klärung dieser Frage natürlich sehr wichtig. Bedeutet die Minderbefassung im Kurzinventar eine größere Entwurfsfreiheit mit der Möglichkeit stärkerer Eingriffe zwecks Nutzungsanpassung? Aufgrund der vermutlich vorliegenden Erkenntnisse ist eine solche Aussage verfrüht. So ist es Aufgabe der gutachterlichen Tätigkeit, die Bausubstanz mit ihren Konstruktions-, Material- und Ausstattungsmerkmalen genau zu beschreiben, die Entstehungszeiten der einzelnen Bauteile sowie die Umbauphasen mit den entsprechenden Datierungen so genau wie möglich zu bestimmen und den einzelnen Elementen Bewertungen zuzuordnen.

Mit Blick auf die Frage der Nutzungsverträglichkeit der ersten Bearbeitungsphase ergeben sich zwei pragmatische Zielsetzungen für eine bauhistorische Untersuchung: Einerseits soll dabei deutlich werden, welche denkmalspezifischen Eigenschaften und welche Zeugniswerte vorrangig zu schützen sind. Auf der anderen Seite sollen die Freiräume herausgearbeitet werden, die Möglichkeiten für eine Anpassung des Gebäudes an zukünftige Nutzungen bieten. Für eine solche Abwägung ist jedoch eine planerische Ausbildung erforderlich, die den Bearbeiter in die Lage versetzt, entwurflich zu überprüfen, welche Möglichkeiten z. B. für die Grundrißentwicklung einer in Frage stehenden Nutzung überhaupt bestehen und wie Spielräume aus der Denkmalbewertung im Grundriß, nutzungsmäßig sowie gestalterisch, in eine Planung umgesetzt werden können.

Abb. 5.4.2
Denkmalschutzobjekt mit mehreren im Kurzinventar nicht näher bewerteten Nebengebäuden. Dienen sie »nur« der Einbindung, oder besitzen sie eigenen Denkmalwert?

5.4.3 Entwurfsansätze

Der Auftraggeber einer solchen Untersuchung ist in der Regel daran interessiert zu erfahren, für welche Nutzung die zu untersuchende Bausubstanz geeignet oder nicht geeignet ist bzw. welche qualitativen oder quantitativen Möglichkeiten sich aus der vorhandenen Substanz ergeben können. Dafür ist eine Entwurfsüberprüfung zweckmäßig, die zunächst einmal den Planungsaufwand auf die Grundsätzlichkeit bzw. auf prinzipielle Alternativen beschränkt. Dies ist maximal die Leistung eines Vorentwurfs, bisweilen sind es auch nur maßliche Überprüfungen mit Fragen wie z. B.: »Geht das Bett oder der Eßtisch zwischen zwei vorhandene Wände oder nicht?« In jedem Fall sind erste Entwurfs- und Nutzungsüberlegungen zu leisten, die eine entsprechende Qualifikation auf planerischem Gebiet voraussetzen.

Diese erste Entwurfsphase ist deshalb so entscheidend, weil hier versucht werden soll, die unterschiedlichen Belange in einem gemeinsamen und für alle Seiten verträglichen Konzept zusammenzubringen. Auf der Grundlage der in der bauhistorischen Untersuchung festgestellten Freiräume sowie unter Beachtung der darin definierten Bindungen gilt es, eine Idee für die zukünftige Nutzung und Gestaltung des Baudenkmals zu entwickeln und so darzustellen, daß eine Überprüfung und Bewertung durch die unterschiedlichen Beteiligten – Bauherr, Denkmalpfleger, Stadtplaner etc. – möglich ist.

Die Entwurfsphase baut auf den verschiedenen Voruntersuchungen auf, sie steht aber gleichzeitig in einer Wechselbeziehung mit ihnen. So können z. B. Erkenntnisse des Bauforschers oder Restaurators zu einer Veränderung der Entwurfskonzeption führen, eine neue Entwurfsidee kann aber auch weitere Untersuchungen des Bestandes erforderlich machen, so daß es zu einer zeitlichen und inhaltlichen Verzahnung zwischen Untersuchungs- und Planungsprozeß kommen kann.

Abb. 5.4.3 a und b

Planungsbeispiele für Umnutzungen: Klärung der Grundrißnutzung unter weitgehender Wahrung der Raumstruktur (für ein Jugendwohnheim) und Umnutzung von Nebenanlagen für gewerbliche Nutzung (Architekten: Planergruppe Hytrek, Thomas, Weyell und Weyell)

Auch Baumängel können den Entwurf beeinflussen. Ein schlechter bzw. geringer Erhaltungszustand – die Untersuchung des technischen Zustands wird noch beschrieben – kann den Denkmalwert eines Teilbereichs erheblich mindern oder ihn ganz in Frage stellen. Das Erfordernis einer teilweisen Erneuerung von Bauteilen kann somit nutzungsmäßig in Einklang gebracht werden mit einer Unterbringung von Funktionen, die eine Anpassung der Bausubstanz mit größeren Eingriffen in den Bestand notwendig macht. Bauteile mit hohem Denkmalwert und/oder gutem Erhaltungszustand an anderer Stelle können so geschont werden. Bereiche, deren Zeugniswert durch die Notwendigkeit einer Auswechslung von Bauteilen ohnehin stark vermindert wird, werden stärker für Umnutzungsveränderungen in Anspruch genommen. Ein solches Vorgehen kann sich dann noch weitergehend auf die Entwurfsaufgabe auswirken, wenn zu erneuernde Bauteile nicht nur nachgebaut, sondern – im Sinne einer gestaltenden und interpretierenden Denkmalpflege – mit eigenem, zeitgebundenem Anspruch erneuert werden.

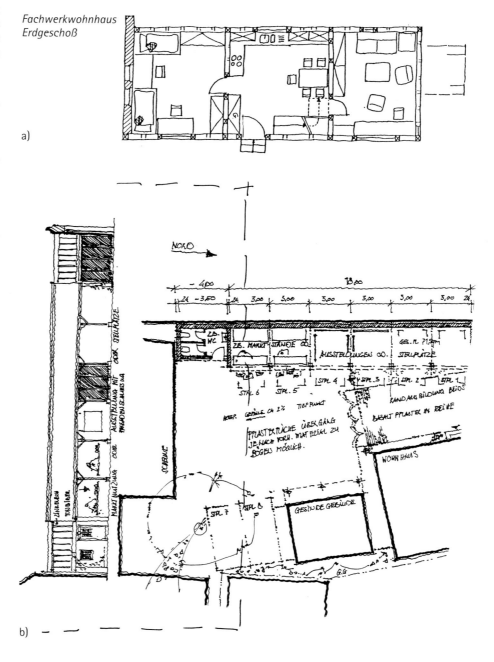

Fachwerkwohnhaus Erdgeschoß

a)

b)

Je mehr gestalterische Eigenständigkeit eine solche Hinzufügung für sich in Anspruch nimmt, desto höher sind die Anforderungen an die Qualität des Entwurfs zu stellen. Daraus ist herzuleiten, daß für den mit denkmalpflegerischen Bauaufgaben betrauten Architekten die allgemeine Architektenausbildung einschließlich ihrer gestalterischen Elemente die richtige Voraussetzung darstellt und sie nicht etwa zugunsten einer frühzeitigen Spezialisierung in ihrer Bandbreite reduziert und modifiziert werden sollte.

5.4.4 Bautechnische Untersuchung

Wenn am Beispiel der Entwurfsaufgabe ausgeführt wurde, daß auch für den mit denkmalpflegerischen Baumaßnahmen betrauten Architekten die allgemeine Ausbildung mit ihren gestalterischen Aspekten eine Grundnotwendigkeit darstellt, so bedeutet das nicht, daß jeder Architekt automatisch alle Voraussetzungen für einen sachgerechten Umgang mit historisch wertvoller Altbausubstanz besitzt. Es sind zusätzliche Qualifikationen erforderlich, nicht nur auf baugeschichtlichem, sondern auch auf altbauspezifisch-bautechnischem Gebiet. Die erforderlichen zusätzlichen Kenntnisse müssen teilweise theoretisch erlernt werden. Gerade auf bautechnischem Gebiet ist jedoch auch eine praktische Komponente unentbehrlich.

Einen schadensfreien Altbau wird es nur im seltenen Ausnahmefall geben, und so wird eine wichtige Aufgabe des Altbau-Gutachters darin bestehen, vorhandene Mängel zu erkennen, zu bewerten und sie Ursachen und Ursachenüberlagerungen zuzuordnen. Eine solche Ursachenforschung setzt Kenntnisse historischer Konstruktionen und inzwischen nicht mehr verwendeter Materialien voraus sowie Erfahrungen auf den verschiedensten Gebieten der Bautechnik. Bezüglich der Kenntnisse der Untersuchungsmethoden sowie der Frage nach dem Einsatz von Fachleuten unterschiedlicher Spezialgebiete wird auf die Abschnitte 5.1 und 9.1 verwiesen.

Abb. 5.4.4
Neugestaltung ist in Bereichen mit zerstörter Substanz besser vertretbar, da hier der Denkmalwert (nach der erforderlichen Auswechslung) ohnehin nur noch gering ist (Architekt: Reinhard Schott)

5.4.5 Denkmalpflegerische Architektenaufgabe

Bestands- und Entwicklungsgutachten als klärende – untersuchende, zielsuchende oder konzeptionelle – Vorstufen vor der Vergabe der klassischen Architektenaufträge, setzen sich bei denkmalpflegerischen Bauaufgaben immer stärker durch. Dies liegt in erster Linie an der schwierigen Überschaubarkeit der Gesamtaufgabe *Erhaltung und Nutzung* mit ihren Wechselbeziehungen und der häufig unklaren Bewertungshierarchie sowie dem anfänglichen Fehlen einer als verbindlich vorgebbaren Zielsetzung, deren Vorbereitung bzw. Definition erst Gegenstand der Begutachtung sein soll. Für den Architekten – oder denkmalpflegerisch tätigen Ingenieur – eröffnen sich auf diesem Tätigkeitsfeld Aufgaben von hoher Verantwortlichkeit und großer Interessantheit, insbesondere weil sie als Gutachter in einer grundsätzlicheren Weise in eine Konzeptionsfindung eingebunden sind, als dies bei den meisten Auftragssituationen der Fall ist.

Das wesentliche Kennzeichen solcher Untersuchungen ist die Verknüpfung sehr verschiedener Aufgabenteile – baugeschichtliche, bautechnische Befunde, Bewertungen sowie Entwurfsleistungen –, die ein aufgabenbezogenes Beurteilungssystem notwendig machen. Um dies zu gewährleisten, ist die Bearbeitung des Gutachtens unter der Leitung eines Architekten erforderlich, weil eine solche Leistung nur auf Grundlage der Architektenausbildung kompetent erbracht werden kann. Allerdings ist für den Architekten eine denkmalpflegerische Vorbildung erforderlich, die als Zusatzqualifikation erworben werden muß.

Die Frage, ob die detaillierte Kenntnis aller wesentlichen Schichten des denkmalgeschützten Altbaus Voraussetzung für eine verantwortbare Planung ist oder ob durch zuviel Detailwissen die Kreativität des Entwurfs gehemmt wird, ist im Abschnitt 5.1.1.3 – kontrovers bis versöhnlich – dargestellt worden.

5.4.6 Beispiel

Ein Beispiel soll zeigen, daß sich Bestandskenntnisse und Kreativität nicht zwangsweise ausschließen müssen. Dies gilt insbesondere bei Bestands- und Entwicklungsgutachten, bei denen der Architekt bisweilen den Auftrag hat, das Programm für eine Weiternutzung des Altbaus überhaupt erst zu erarbeiten. Er ist dann in der Lage, auf Untersuchungserkenntnisse kreativ zu reagieren. Dies soll die Arbeit des Architekten Massimo Carmassi aus Pisa veranschaulichen, der als Leiter eines kommunalen Planungsamtes diese frühe Einflußnahme auf öffentliche Projekte ausüben konnte.

Carmassis Umgang mit historischer Bausubstanz zeichnet sich durch großen Respekt und große Zurückhaltung aus. Sein Konzept besteht aus der Sichtbarmachung des Schicksals, welches das Denkmal in seiner Zeit erlebt und erlitten hat. Veränderungen, hinzugekommene Schichten und Ablagerungen bewertet er dabei als »kollektives Gedächtnis«, das dem Betrachter den Zeitablauf vor Augen führt.

Zu den dargestellten Geschichtsspuren gehören aber nicht nur die »schönen« Seiten der Entwicklung. Auch Verletzungen und Narben sind untrennbar mit der Substanz verbunden und werden deshalb in gleicher Weise in das Konzept der Darstellung einbezogen. Beim Palazzo Lanfranchi in Pisa, den Carmassi zu einem Kultur- und Ausstellungsgebäude umgebaut hat, sind an den freigelegten Ziegelwänden die Spuren zahlreicher Veränderungen ablesbar: zugemauerte Öffnungen, neuere Durchbrüche, Putzreste mit Spuren von Dekorationsmalerei oder mit Hacklöchern (zur Haftverbesserung späterer Schichten) bis hin zu Schlitzen, für die Unterputz-Verlegung einer nicht mehr vorhandenen Haustechnik.

Neue Erfordernisse aus der aktuellen Bauaufgabe sind dem Bau vorsichtig eingefügt. Die Eingriffe sind minimiert und kontrastieren durch ihre Materialwahl, so daß es nicht zu einer Verwechslung kommen kann, was alt und was neu ist.

Eine noch unvollendete Wohnbebauung bei der Kirche San Michele in Borgo, ebenfalls in Pisa, zeichnet die historische Situation des ehemaligen Kreuzgangs nach, indem die ruinösen Ziegelbauten durch Weiterbauen – mit neuem Ziegelmaterial – ergänzt werden. Auch hier entsteht die Kreativität zunächst aus der Untersuchung und Bewertung, dann aus der Idee, wie man die Baugeschichte sichtbar machen und gleichzeitig die Substanz durch modernes Vervollständigen wieder nutzbar machen kann.

Literatur:

[1] Horst Thomas: Bestands- und Entwicklungsgutachten. In: Deutsches Architektenblatt, Ausgabe Südwest, 3/94

Abb. 5.4.5 a und b
Spuren der Baugeschichte werden sichtbar belassen und bilden ein »kollektives Gedächtnis« (Palazzo Lanfranchi, Pisa; Architekt: Massimo Carmassi)

5.4 Bestands- und Entwicklungsgutachten

Abb. 5.4.6 a und b
Durch Weiterbauen werden die ruinösen Reste des Kreuzgangs der Kirche San Michele in Borgo wieder nutzbar gemacht. Die Voraussetzung für die Erhaltung der Reste ist gewachsen, ihre Verständlichkeit bleibt weitgehend erhalten (Architekt: Massimo Carmassi)

6 Erhalten, Reparieren, Erneuern

Die wichtigste Aufgabe des Denkmalpflegers ist das Erhalten und dies gilt auch für den Architekten, dessen Auftrag es ist, mit Kulturdenkmalen umzugehen. Im günstigsten Fall ist dies durch eine pflegende Konservierung und ohne verändernde Eingriffe in die Substanz zu erreichen. Dies wird allerdings in den seltensten Fällen ausreichend sein, denn historische Bausubstanz ist praktisch nie schadensfrei und – soll sie genutzt werden – wird die Erhaltung zumindest mit einer Instandsetzung verbunden sein. Die Palette der Möglichkeiten reicht dabei von der Reparatur von beschädigten Teilen bis hin zu deren Erneuerung.

Aus denkmalpflegerischer Sicht ist dabei – soweit irgendwie möglich – der Reparatur der Vorzug zu geben, weil hier mehr originale Bausubstanz erhalten werden kann, während bei einer Erneuerung kaum noch Zeugniswert verbleibt. Die *Kultur des Reparierens*, ihre Akzeptanz als Aufgabe, ist allerdings stark an den Zeitgeist gebunden.

Während es Zeiten gab, in denen die reparierende Instandsetzung selbstverständliche Praxis war, begünstigten und bevorzugten andere Zeitumstände eher die Erneuerung.

6.1 Zeitgeist

Die Entscheidung, ob im Zweifelsfall mehr repariert oder erneuert wird, hängt von dem jeweiligen Verhältnis der Verfügbarkeit und des Preises von Material und Arbeitskräften sowie von den Produktionsbedingungen ab. Zeiten mit Materialknappheit und preisgünstiger Arbeitskraft müssen der Reparatur den Vorzug geben und tun dies auch. Statt dessen erscheint es unverständlich, Reparaturen durchführen zu lassen, wenn die Erneuerung oder Neubeschaffung preisgünstiger zu haben ist.

Hinzu kommt als wichtiger Faktor die Bewertung eines reparierten Gegenstandes im Vergleich zu einem neuen. Sieht man – von den Kosten abgesehen – Repariertes als »geflickt« an und wünscht man sich Makellosigkeit, so wird man die Erneuerung vorziehen. Bestimmt dagegen das Bewußtsein von der Unwiederbringbarkeit des aus der Vergangenheit stammenden Gegenstandes die Entscheidung, wird man die Reparatur eher hinnehmen.

Unsere Zeit ist durch eine Zwiespältigkeit gekennzeichnet. Einerseits gibt es eine weitverbreitete und wachsende Neigung zur Erhaltung kultureller Werte aus der Vergangenheit, andererseits besitzt diese Zeit alle Merkmale einer Wegwerfgesellschaft mit einer Vorliebe für perfekte Makellosigkeit des Neuen. Übertragen auf die alltägliche Situation unserer gebauten Umwelt, zeigt sich das dann vielleicht in folgender Weise: Man schmückt sich mit Gestaltwerten der Vergangenheit, diese werden aber in Neubauperfektion erwartet.

Das Baudenkmal – z. B. ein Fachwerkbauernhaus – wird so gründlich »durcherneuert«, daß kaum noch ein alter Balken als Originalsubstanz erhalten bleibt, womit sich der Zeugniswert (später einmal) fast nur noch auf unsere Zeit und unsere Vorliebe zu Bauformen der Vergangenheit beziehen kann. Auch die in den Neubaugebieten entstehenden Gebäude werden – neu! – mit allen Merkmalen der Vergangenheit gestaltet: Krüppelwalm-Dächer, barocke Haustüren und Fenster mit »Sprossen in Aspik«, letztere gern aus Kunststoff.

Es gibt also eine kuriose Annäherung unserer Alltagsarchitektur bei den Sanierungen und den Neubauten: Die »Denkmale« werden immer jünger – in der Bausubstanz – und die Neubauten immer »älter« – im Design. Diese Entwicklung zeigt einen Werteverfall in der Baukultur an, dem nur durch eine Bewußtseinsänderung entgegengewirkt werden kann. Die staatliche Denkmalpflege, als Anwältin originaler Werte der Bautradition, ist hier gefragt, den Unterschied zwischen Wert und Schein zu erklären und den Blick für Qualität zu vermitteln. Ein Weg zu einem geschärften Qualitätsbewußtsein – nicht nur, aber insbesondere – auf dem Gebiet der denkmalpflegerischen Sanierungspraxis führt über eine Neubewertung des Handwerklichen (siehe auch Abschnitt 8.1).

Abb. 6.1.1

Der runderneuerte Altbau: kaum noch Originalsubstanz und genausowenig Zeugniswert; es bleibt lediglich die städtebauliche Kuriosität

Abb. 6.2.1
Stahlwinkelverbindungen bei Fachwerksanierungen: Die hohe Wärmeleitfähigkeit des Metalls stellt in der dünnen Fachwerkwand ein bauphysikalisches Risiko dar, das Manfred Gerner, Leiter des Deutschen Zentrums für Handwerk und Denkmalpflege, einmal zu der Feststellung veranlaßt hat, es müsse eine regelmäßige TÜV-Überprüfung für solche Konstruktionen eingeführt werden

Abb. 6.2.2
Die fachgerechte Reparatur muß sich um die Erhaltung von möglichst viel originaler Substanz bemühen; die zu erneuernden Teile müssen auf das unabweisbare Minimum reduziert und die Verbindungen materialgerecht ausgeführt werden

6.2 Handwerk und Denkmalpflege

Für die Instandsetzung schadhafter Bausubstanz ist das Handwerk traditionell der Partner von Denkmalpflege und Architekten. Es verfügt über die notwendigen Möglichkeiten individueller Reparatur und kann sich den Gegebenheiten des Standorts anpassen. Allerdings befinden sich auch die handwerklichen Arbeits- und Wirtschaftsbedingungen im Wandel, so daß die Selbstverständlichkeit dieser Feststellung schon lange nicht mehr für alle Handwerksberufe und -betriebe zutrifft.

Auch das Handwerk bedient sich zunehmend industriell vorgefertigter Produkte, die bestenfalls noch angepaßt, teilweise aber nur noch eingebaut werden. Es ist festzustellen, daß sich der handwerkliche Teil der Arbeit anteilmäßig erheblich reduziert, die Händlertätigkeit dagegen stark ausgeweitet hat. Diese Entwicklung hat das Interesse an der Annahme von Reparaturaufträgen verkümmern lassen. Als Folge sind im Lauf von Jahrzehnten schließlich bestimmte Fähigkeiten und Fertigkeiten der Instandsetzung verlorengegangen, wie sie heute im Bereich der Altbausanierung und insbesondere der Denkmalpflege dringend benötigt werden.

Der Schreiner, der das einzubauende Fenster oder die Eingangstür aus dem Katalog bestellt, und der Zimmermann, der statt traditioneller und werkgerechter Holzverbindungen nur noch mit Stahlwinkeln und Nagelblechen arbeitet und diese Verfahren auch bei wertvoller historischer Bausubstanz bedenkenlos anbietet, gehören längst zur alltäglichen Erscheinung, während der für Denkmalpflegeaufgaben qualifizierte Handwerker heute die Ausnahmeerscheinung ist.

Daß diese Entwicklung den Betrieben insgesamt auch geschadet hat, zeigt die Entwicklung der Baumärkte, in denen sich Heimwerker vorgefertigte Bauteile abholen, um sie in ihrer Freizeit selbst einzubauen. Für zahlreiche Tätigkeiten werden Firmen gar nicht mehr gebraucht, bieten sie doch kaum noch die berufsmäßig erlernte »Handwerkskunst« an, sondern die Montage von Fertigprodukten, für die die Qualifikation eines geschickten Hilfsarbeiters ausreicht. Die Qualifikationen von Handwerkern und Heimwerkern haben sich durch diese Entwicklung – hier andere Interessen, dort zunehmende Übung – einander angenähert.

Seit einigen Jahren gibt es jedoch eine Bewegung in die entgegengesetzte Richtung. Ein neues Interesse für die Erhaltung historischer Bausubstanz sowie die Erkenntnis, daß Denkmalpflegeaufgaben einen nicht unbedeutenden und zudem expandierenden Markt darstellen, haben zu einer neuen Qualifizierungswelle geführt, die durch entsprechende Weiterbildungsangebote für Handwerker unterschiedlicher Fachrichtungen entscheidend gefördert wurde (Insbesondere ist hier das Deutsche Zentrum für Handwerk und Denkmalpflege in Fulda-Johannesberg zu nennen.). Die inzwischen eingeführte Qualifikation »Restaurator im Handwerk« hat zudem dazu beigetragen, daß die Lücke zwischen handwerklicher und wissenschaftlicher Restauratorentätigkeit in sinnvoller Weise geschlossen werden konnte. In den letzten Jahren werden denkmalpflegerische Qualifikationen bei Handwerksbetrieben zunehmend angestrebt, und es ist zu wünschen, daß sich diese Tendenz weiter fortsetzt.

6.3 Zwischen Denkmalpflege und Baumarkt

Zunehmender Kostendruck begünstigt bei der Altbausanierung nach wie vor den Einsatz von vorgefertigten Bauelementen, durch den – gegenüber der rein handwerklichen Herstellung – Rationalisierungseffekte erzielt werden können. So werden ganze Bauteile – wie Türen, Fenster etc. – oder halbfertige Bauteile als zuzuschneidende und anzupassende Platten-, Profil- oder Bahnenware – für Beläge, Verkleidungen, Umwehrungen u. v. m. – eingesetzt.

Im Grunde ist die Frage nach der Richtigkeit oder gar Zulässigkeit solcher Verwendungen nur im Einzelfall zu beantworten. Sie hängt von der Bewertung der Denkmaleigenschaften des Gebäudes oder Bauteiles ab, von Qualität und Eignung der Produkte und Materialien sowie von der architektonischen Konzeption der Instandsetzung bzw. des Umbaus. Im übrigen ist die Grenze fließend.

Gegen Türen aus laufender Produktion ist bei einem »Recycling«-Altbauvorhaben nichts einzuwenden. Die Allerweltstür, die, verbunden mit einem Trockenausbau mit Gipskartonplatten das Gebäudeinnere des Denkmals dem eines modernen Fertighauses ähnlich werden läßt, ist dagegen keine erstrebenswerte Lösung. Besonders schlimm wird es jedoch bei Fabrikfenstern, wenn das Gebäude den fertigen Formaten notdürftig angepaßt wird oder wenn mehrflüglige Fenster aus mehreren Einzelfenstern zusammengesetzt werden, was zu einer Addition der Profilstärken und zu absurden Proportionen führt. Gerade die Fenster sind es, die sanierte historische Gebäude besonders beeinträchtigen können, wobei eine ungeeignete Materialwahl (Kunststoff) sowie Imitationen der ursprünglichen Sprossenteilung (zwischen den Glasscheiben liegende »Sprossen in Aspik«) auch noch triviale Aspekte einbringen können (siehe auch Abschnitt 10.4.4).

Bei halbfertigen Platten-, Bahnen- und Profilelementen ist die Gefahr in ähnlicher Weise vorhanden. Hier gibt es aber auch gute Beispiele für den Einsatz moderner Materialien, die – handwerklich weiterverarbeitet – zu zeitgemäßen Ergänzungen des Bestandes im Sinne einer schöpferischen Denkmalpflege geführt haben.

Letztlich ist es doch wieder die Anpassungsfähigkeit der handwerklichen Produktionsform, die eine für die Denkmalpflege vertretbare Verwendung industrieller Produkte hervorzubringen imstande ist. Es ist Aufgabe des Architekten, die Entwürfe und Konstruktionsdetails für solche Elemente zu entwickeln und mit den Handwerksbetrieben über die Ausführungsmöglichkeiten im Gespräch zu bleiben.

Abb. 6.3.1

Industriell gefertigte Produkte, qualitätvoll verwendet bei einer denkmalpflegerischen Bauaufgabe: Stadtbibliothek Herrenberg, Architekten: Dollmann und Partner (Foto: Helmut Mohr)

7 Erhalten und Gestalten

Ist die zentrale Aufgabe der Denkmalpflege die Erhaltung denkmalwerter (Original-)Substanz, so ist es zunächst nicht ihre Aufgabe, zu gestalten. Allenfalls wird es im Zusammenhang mit Restaurierungsmaßnahmen darum gehen, Verunstaltungen zurückzubauen, originale Substanz herauszuarbeiten und die Befunde auf der Grundlage von Erkenntnissen der Bauforschung neu zu interpretieren. Bereits eine solche Neuinterpretation hat etwas mit Gestaltung zu tun, sie wird sich aber abgrenzen von einem geschmäcklerischen Manipulieren der historischen Substanz nach den jeweils aktuellen Vorlieben.

7.1 Historisch gestalten?

Erhalten kann man nur etwas, was vorhanden ist. Wenn etwas nicht mehr vorhanden ist, ist die Wiederherstellung keine Aufgabe der Denkmalpflege. Die zur Zeit verbreitete Rekonstruktion verlorengegangener Bausubstanz entspricht offenbar einem Willen unserer Zeit, sich mit dem Verlust von Denkmalen nicht ohne weiteres abzufinden. Sie ist damit ein Indiz für die heutige Wertschätzung einer historisch geprägten Umgebung, die vielleicht auch aus einer skeptischen Haltung gegenüber der Architektur unserer Zeit resultiert. Jedenfalls legt sie Zeugnis ab für unser Lebensgefühl an der Wende zum 21. Jahrhundert und wird später einmal - als historische Tendenz unserer Zeit - zum Gegenstand einer Bewertung werden. Eine Aufgabe der Denkmalpflege ist das Wiederherstellen von nicht mehr existierenden Gebäuden jedenfalls nicht.

Anders zu bewerten ist die Instandsetzung und Reparatur beschädigter oder teilzerstörter Denkmale. Diese ist um so plausibler, wenn sie zeitnah nach der Beschädigung erfolgt und nicht erst nach Jahrzehnten, in denen andere Zielsetzungen verfolgt wurden. Je nach Schadensumfang und Instandsetzungskonzept kann sich eine Reparatur auf das reine Wiederherstellen im gleichen Material beschränken oder die verbliebene Substanz mit zeitgemäßen Mitteln ergänzen.

Eine Ergänzung der verbliebenen historischen Substanz mit Formen der aktuellen Architektur ist keineswegs eine neue Vorstellung, sondern war zu allen Zeiten gängige Praxis. Rückblickend nennen wir ein solches Auftreten unterschiedlicher Baustile an einem Gebäude *Akkumulation*.

Abb. 7.1.1
Trotz sorgfältiger Erforschung der Bau- und Konstruktionsgeschichte war die wiederaufgebaute Ostzeile am Frankfurter Römerberg keine Aufgabe der Denkmalpflege; sie entstand gemäß dem politischen Willen zu Beginn der 80er Jahre (Architekten: Dr. Schirmacher und Partner)

Abb. 7.1.2
Die spätromanische Westgruppe des Mainzer Domes wurde im zweiten Drittel des 18. Jahrhunderts durch einen Brand teilweise zerstört. Franz Ignaz Michael Neumann ergänzte die fehlenden Turmaufsätze, indem er sie der vorgegebenen Architektur anpaßte. Gleichzeitig brachte er jedoch das barocke Lebensgefühl seiner Zeit zum Ausdruck und schuf eine akkumulative Weiterentwicklung von höchster Qualität

7.2 Akkumulationen

Die »Anhäufung« unterschiedlicher Stile an einem Bauwerk hat ihre Ursachen in der Weiterentwicklung der nutzungsbedingten sowie gestalterischen Vorstellungen und in dem Wunsch nach Anpassung überkommener Substanz an die Ansprüche der jeweiligen Zeit. Konkrete Auslöser von Veränderungen können sehr unterschiedlich sein: Von der Notwendigkeit einer räumlichen Anpassung (Vergrößerung, Verkleinerung), der Anpassung an veränderte Funktionserfordernisse bis hin zu einer Modernisierung oder Teilerneuerung mit dem Anspruch einer mehr oder weniger weitreichenden Neugestaltung reicht die Palette der Möglichkeiten.

Abb. 7.2.1 a und b (oben)

Akkumulative Überlagerung zweier romanischer Innenräume:
Die ehemalige Stiftskirche in Gengenbach, Abb. a), wurde um 1900 durch eine polychrome Ausmalung »reromanisiert«.
Die ehemalige Klosterkirche auf dem Johannisberg (Rheingau), Abb. b wurde im Rahmen des Wiederaufbaus nach dem Zweiten Weltkrieg ebenfalls romanisch rückinterpretiert.
(Architekt: Rudolf Schwarz)

Die Raumfassungen des Historismus sowie des 20. Jahrhunderts besitzen heute eigenen Denkmalwert

Abb. 7.2.2 (rechts)

Akkumulative Veränderungen kurioser Art: Eine gotische Dekorationsschicht (13. Jh.) überlagert die ehemalige Klosterkirche Unserer Lieben Frauen in Magdeburg (12. Jh.). Die Wandvorblendung entstand im Zusammenhang mit der Einwölbung der Kirche. Obwohl nicht unbedingt »schön«, besitzt sie Zeugnis- und Denkmalwert

7.3 Interpretierende und gestaltende Denkmalpflege

Aber auch Zerstörungen durch Brände, kriegerische oder sonstige Ereignisse sowie die Ergänzung oder Wiederherstellung in den Architekturformen der neuen Zeit haben Akkumulationen hervorgebracht.

Die Bewertung solcher akkumulativer Veränderungen historischer Gebäude war nicht immer einheitlich. So wurde seit dem 19. Jahrhundert immer wieder »Stilreinheit« verlangt, und diese Vorstellung hat zu purifizierendem Rückbauen geführt. Mit dem Thema Stilreinheit hat sich die *Charta von Venedig* auseinandergesetzt und festgestellt, daß sie kein Ziel der Restaurierung sei (siehe auch Abschnitt 3.4).

Spätere Hinzufügungen oder Überformungen besitzen häufig selbst Denkmalwert, und auch der Umformungsprozeß hat Informationswert, spiegelt er doch sowohl die Notwendigkeiten und Möglichkeiten der jeweiligen Zeit als auch deren Gestaltungsvorstellungen wider. Entscheidend ist also die Qualität der Veränderung sowie ihr Informationswert. Ist beides ohne Belang und sogar negativ zu bewerten, handelt es sich um eine Verunstaltung, deren Rückbau – sofern möglich – in Betracht gezogen werden kann.

Der Denkmalwert der einzelnen Teile oder Schichten eines akkumulierten Gebäudes muß also jeweils begründet sein (siehe auch Abschnitt 4.3).

Abb. 7.3.1 a und b
Die Paulskirche in Frankfurt am Main nach dem Wiederaufbau mit der neuen flachen Kuppel und einem neu interpretierten Innenraum

Die Ergänzung unvollständiger Gebäude durch Architekturelemente in zeitgemäßem Design ist also eine legitime und genau so selbstverständliche Möglichkeit, wie es die Reparatur beschädigter Substanz ist. Auch die *Charta von Venedig* hat 1964 diese Auffassung bestätigt.

In der Wiederaufbauzeit nach dem Zweiten Weltkrieg war diese Problematik von besonderer Aktualität, und so wurde um zahlreiche Einzelkonzeptionen des Wiederaufbaus gerungen. Die Frage stand dabei im Vordergrund, ob ein Gebäude so wiederhergestellt werden solle, wie es einmal war oder ob es mit modernen Ergänzungen weiterentwickelt werden solle. Einer der wichtigsten

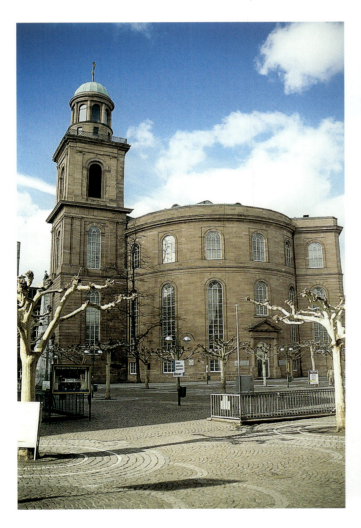

Architekten des Wiederaufbaus war Rudolf Schwarz.

Beim Wiederaufbau der Frankfurter Paulskirche verweigerte Schwarz die von der Denkmalpflege gewollte genaue Wiederherstellung, von der schreibt, sie solle die (hier nicht angemessene, d. Verf.) Ausnahme sein und die Regel die Interpretation. Man solle mit dem alten Werk »eine Zwiesprache beginnen . . ., aber mit einem Partner, nicht wie er einmal war, sondern wie er jetzt, in dieser geschichtlichen Stunde, da ist und Geschichte erlitten hat«. [1]

Bei der Paulskirche setzte sich Schwarz kritisch mit dem Bau vor der Zerstörung auseinander [1]. Die Empore nannte er »kleinlich«, sie hätte den Raum um seine Größe gebracht, die Stoffdecke nannte er ein »gewaltsames Mittel«, um den Bau »hörsam« zu machen. Hinzu kam eine neue Nutzung: Frankfurt war als provisorische Bundeshauptstadt in enger Wahl, und die Paulskirche hätte im Falle einer positiven Entscheidung als Plenarsaal des Bundestages dienen sollen. Dies hatte natürlich Auswirkungen auf das Wiederaufbaukonzept.

Die Architekten legten also ein neues Tiefgeschoß mit den erforderlichen Nebenräumen an. Durch das Anheben des Saalbodens auf die Höhe der Fensterbrüstungen entstand Platz für eine darunterliegende Wandelhalle, über die man das Gebäude heute betritt und von wo aus man über eine zweiläufige Treppenanlage nach oben in den Saal gelangt, der – ohne Empore – in seiner großzügigen Weite und asketisch weißen Raumfassung genauso sehr ein Raum des 20. Jahrhunderts wie des Klassizismus geworden ist [1].

In den 80er Jahren – zur Zeit der beginnenden Rekonstruktionswelle im Krieg zerstörter Gebäude – wurde auch im politischen Raum der Stadt Frankfurt am Main die Frage gestellt, ob man nicht die Paulskirche wieder in ihre ursprüngliche Gestalt zurückverwandeln solle. Dieses Mal stand die staatliche Denkmalpflege auf Seite des Architekten Schwarz. Sie setzte sich dafür ein, die Paulskirche als »Geschichtsdenkmal« in ihrer derzeitigen Form zu belassen, wohl auch aus der Bewertung heraus, daß die Wiederaufbauphase inzwischen selbst denkmalrelevant geworden ist und die Paulskirche ein hervorragendes Beispiel für eine interpretierende Denkmalpflege darstellt.

Schöpferische Weiterentwicklung historischer Bausubstanz kann im Großen wie im Detail entstehen. Unter der Leitung von Willy Weyres als Dombaumeister, entstanden modern gestaltete Kreuzblumen und andere Zierformen am Äußeren des Kölner Doms. Weyres ging davon aus, daß das reine Reproduzieren von zu erneuernden Teilen weder der Qualität des Gesamtobjekts noch der der Steinmetze dienlich sein könne und zur formalen Erstarrung führen müsse. Bei der Ausführung der Werkstücke wurde darauf geachtet, daß sie im Umriß ihren Vorbildern entsprechen, so daß die Erscheinung des Doms aus der Fußgängerperspektive erhalten bleibt [2].

Literatur:

[1] Rudolf Schwarz: Kirchenbau. F. H. Kerle Verlag, Heidelberg, 1960
[2] Friedrich Mielke: Die Zukunft der Vergangenheit. dva, 1975

Abb. 7.3.2

Modern gestaltete Kreuzblume am Kölner Dom aus der Nähe betrachtet

8 Das Denkmal – bauliche Substanz, ihre Entdeckung und Weiterentwicklung

- *Chancen und Grenzen von Nutzung und Umnutzung*

Was wir an Gebautem brauchen, steht meist schon da. Wir haben es nur herzurichten, einzurichten, umzunutzen. Der größere Teil heutiger Bauaufgaben spielt sich im Bestand ab. Daraus entwickeln sich für den Architekten – mit oder ohne die Institution Denkmalpflege – im wesentlichen folgende konkrete Programme und Aufgaben:

- *die Aufgabe der Baukonservierung, vielleicht das Unkomplizierteste für den Architekten: Das Bauwerk wird so, wie es auf uns überkommen ist, und ohne jede Änderung erhalten und vor weiterem Verfall geschützt;*
- *die Aufgabe einer teilweisen oder vollständigen Rekonstruktion und Kopie, eine Aufgabe, die nur ausnahmsweise, dennoch immer häufiger gestellt wird;*
- *die Aufgabe der Sanierung und Renovierung von Einzelobjekten mit veränderter Nutzung – wohl die häufigste Bauaufgabe, wobei zu bedenken ist, daß schon die Anpassung historischer Bauten an heutige Lebens- und Wohngewohnheiten Änderung bedeutet;*
- *die Aufgabe der Integration neuer Bauten oder neuer Bauteile in historische Bausubstanz und umgekehrt – in einer ständigen Auseinandersetzung mit der Struktur des Vorgegebenen;*
- *die Zusammenfassung aller oder einzelner der vorgenannten Aufgaben bei der Stadtsanierung oder Stadterneuerung.*

Bei all diesen Aufgaben fordert der Umgang mit dem historischen Bau, den ich nur ungern Denkmal nenne, nicht nur unseren Respekt, sondern vor allem unser Studium. Die Auseinandersetzung mit dem historischen Kontext lehrt uns (wieder) Grundregeln, die wir in unseren Neubauten oft leichtfertig vernachlässigen. Sicher gilt dies nicht nur für das Bauen: Das Alte ist Lernfeld für das Neue.

Abb. 8.1.1

Tempelruinen in Selinunt/Sizilien

Die Reste sind von haptischer Qualität und lassen uns das Ganze des Tempels ahnen – pars pro toto

8.1 Die Kontinuität des Handwerklichen

- *Bauten sind aus Baustoffen und Bauteilen gemachte Dinge*
- *Fragwürdigkeit von »Verkleidungsarchitektur«*

Die Geschichtlichkeit eines Bauwerks wird geprägt durch die Faktoren Zeit, Form, Material, Konstruktionsmethoden und Konstruktion. Diese Faktoren und ihr »Kündungscharakter« sind miteinander vernetzt und werden mit dem Bauwerk ständig unverändert aus der Vergangenheit in Gegenwart und Zukunft tradiert – unabhängig von seiner Nutzung. Dabei können wir entdecken, was Lampugnani »die Modernität des Dauerhaften« nennt. Er schreibt in seinem Werk: »*Ein Handwerk ist ein System von überwiegend praktischen Regeln, die sich in Jahrzehnten, Jahrhunderten, manchmal sogar in Jahrtausenden entwickelt, gefestigt und verfeinert haben. Diese Regeln gehören nicht dem einzelnen Handwerker, sondern allen Handwerkern, welche die Arbeit zusammenführt. Die auf der Grundlage solcher Regeln geschaffenen Erzeugnisse sind mithin vertraut. Es sind Erzeugnisse* (Bauten d. Verf.), *die Orientierung vermitteln. Die man leicht benutzt. Die man versteht. Die einem nahe sind.*«[1])

Wenn wir auf Delos Ruinen skizzieren, dann können wir uns die Tempel vorstellen, von denen die Trümmer stammen (Abb. 8.1.1). Wir erinnern uns an die Ideen, die dahinterstecken. Wir können mit unseren Händen haptisch die Technik der Kanelluren und Kapitellplatten abtasten und das Zusammenfügen nachvollziehen. Auf unseren heutigen Bauschuttdeponien kann nur noch mit viel Aufwand getrennt werden, was eigentlich nicht zusammengehört. Der banale Vergleich weist auf die schwindende Kontinuität des Handwerklichen hin. Aus dem Umgang mit der historischen Bausubstanz lassen sich die alten und immer wieder neuen Grundregeln ableiten, wenn wir uns auch als Architekten wieder handwerklich verstehen.

Das heißt, um nur einiges beispielhaft zu nennen, für den Städtebau und die Baukörper als Ganzes:

- Klarheit der Baukörper und einfache Form,
- Ablesbarkeit der Form, Verständnis der ihr innewohnenden Bilder,
- Hausverwandtschaft durch Ausrichtung und Respekt vor dem Nachbarn,
- additives Prinzip vom Kleinen zum Großen mit der daraus gewonnenen Maßstäblichkeit,
- erlebbare Ordnung zwischen Bauten der Gemeinschaft neben Gebäuden des Privaten,
- Verzicht auf das Spektakuläre.

Und das heißt für das Einzelgebäude:

- Beschränkung auf wenige Materialien, Verwendung von Materialien möglichst gleicher oder ähnlicher Elastizitäts-Module,
- Ablesbarkeit der Statik: Was trägt da, was lastet?
- Selbstverständlichkeit einer Wasserführung von oben nach unten mit Ableitungen, Wetterschenkeln, Tropfnasen ...
- Holzkonstruktionen mit Rahmen, die tragen, und Füllungen, die ergänzen.

---

[1]) Vittorio Magnago Lampugnani: Die Modernität des Dauerhaften, erschienen 1995 als 51. Band der Reihe Kleine kulturwissenschaftliche Bibliothek, Klaus Wagenbach

Abb. 8.1.2
Flurkapelle im Altmühltal
Aus der einfachen handwerklichen Handhabe entsteht Architektur von großer Selbstverständlichkeit
Architekt: Paulus Eckerle, Ingolstadt
Foto: s. kracher + m. schneider photodesign, Ingolstadt

Eben »eine lebendige, eine bescheidene, eine einfache, angemessene, eine höchst qualifizierte Architektur«[2]*,* die Geschichte fortsetzt.

So banal sich solche Aufzählungen lesen, es geht um das Gefühl für das Selbstverständliche (Abb. 8.1.2). Zu Beginn unseres Jahrhunderts waren mit dem Aufbruch der Moderne derartige Selbstverständlichkeiten auf dem besten Weg, zum Allgemeingut in der Architektenschaft, Handwerkerschaft und Gemeinschaft zu werden. Statt dessen erleben wir jetzt eine Inflation des Besonderen. Unsere Baukultur schrumpft mit Plattenverkleidungen, offenen Fugen, Hinterlüftungen, Gehängtem statt Stehendem auf eine *Zwei-Zentimeter-Kultur* (Plattenstärke). Und unsere Einrichtungen sogar auf eine *Zwei-Millimeter-Kultur* (Furnierstärke).

Wenn schon vor der Eröffnung der neuen Bastille-Oper in Paris oder an den Vorbauten des Ulmer Münsters im Sockelbereich das Vorgehängte durch Fahrräder oder Fußtritte in die Brüche geht, zeigt dies einerseits das verlorengegangene Handwerk des Bautechnischen, gibt aber andererseits erfreulicherweise einen Einblick in das Eigentliche, nämlich die tragende Stütze aus Beton (Abb. 8.1.3).

Es geht hier in keiner Weise um eine Aufforderung zum historisierenden Bauen - Zeitgenossenschaft ist notwendig -, sondern es geht um die Beachtung von Grundregeln, die für das tradierte und zeitgenössische Bauen in gleichem Maße gelten: die Entwicklung der Details, Konstruktion und Konstruktionsmethoden aus dem gewählten Material, in Verbindung mit dem beschlossenen Konzept.

Auch Otto Wagner hat von 1904 bis 1906 das Gebäude der Postsparkasse in Wien mit

Abb. 8.1.3
Eckdetail an der Opéra de la Bastille ein Jahr nach der Eröffnung (1990)
Architekt: Carlos Ott

Marmor verkleidet. Verkleidung und Befestigung mit besonders ausgeformten Bolzen wurden bei ihm zur Grundlage eines handwerklichen und gestalterischen Konzepts (Abb. 8.1.4), gebaut, wie er schreibt, nach den Bedürfnissen, dem Zweck, aus der Konstruktion und für den Schönheitssinn – Erinnerung an die dreifache Aufforderung Vitruvs zur firmitas, utilitas und venustas. Vitruv könnte aus heutiger Erfahrung Mitautor dieses Buches sein. Er schreibt: »*Da ich aber bemerke, daß Leute ohne Ausbildung und Erfahrung sich mit einer Kunst von so großer Bedeutung befassen, Leute, die nicht nur nichts von Baukunst, sondern überhaupt nicht einmal vom Handwerklichen etwas verstehen, kann ich nur das Verhalten derjenigen Bauherren anerkennen, die, ermutigt durch das Vertrauen auf ein Lehrbuch, selbst den Bau leiten, in der Meinung, wenn man Leuten ohne Erfahrung die Arbeit anvertrauen müsse, dann komme es eher ihnen selbst zu, ihr Geld nach ihrem eigenen Belieben zu verbauen.*«[3]

Zeitgenossenschaft und Handwerksregel gehörten zum Konzept von Hans Döllgast, als er in den 50er Jahren die Alte Pinakothek in

---

[2] Roland Ostertag: Über Qualität in der Architektur, in der Ausbildung. In: DAB (Deutsches Architektenblatt) Mai 1997/29. Jahrgang, S. 663
[3] VITRUV: Zehn Bücher über Architektur (aus der Vorrede zum sechsten Buch), übersetzt und mit Anmerkungen versehen von Dr. Curt Fensterbusch, Wissenschaftliche Buchgesellschaft Darmstadt 1964

8.1 Die Kontinuität des Handwerklichen

Abb. 8.1.4 a und b

Postsparkasse Wien 1904 bis 1906

Die Konstruktion, mit Bolzen befestigte Marmorplatten, beruht auf der Einheit von Bedürfnis, Zweck und Schönheitssinn.
Das Handwerkliche wird zum Gestaltungselement
Architekt: Otto Wagner

München rettete und die ausgebombte Mitte mit tragenden Stahlstützen und füllenden Trümmerziegeln der benachbarten zerstörten Kaserne wieder schloß: erlebbare Baustoffe mit optischer Qualität (Abb. 8.1.5). Dies ist ein Paradebeispiel für den Umgang mit dem und das Konstruieren im historischen Kontext. Die Fragwürdigkeit unserer Verkleidungsarchitektur wird deutlich. Auch das zeitgenössische ökologische Konzept des Jugendheims von Herzog in Windberg ist entwickelt nach den uralten Spielregeln: eine Antwort auf die Topographie, Detailentwicklung aus den Materialien Stahl, Glas. Daraus folgt Tragendes, Füllendes und Bergendes, mit dem geschlossenen Rücken zur Nordseite und der sammelnden Öffnung zur Sonne im Süden.

Die Kontinuität des Handwerklichen, die wir aus dem Umgang mit den Bauten der Geschichte erfahren, könnte ein Beitrag gegen die wachsende Beziehungslosigkeit sein und den Irrglauben des »Alles-Machbaren« unserer Zeit. Festzustellen ist nämlich auch, daß die Ablehnung zeitgenössischer Bauten dort am größten ist, wo der Bau aus gewohnten Spielregeln herausfällt und nur originär sein will. Die Akzeptanz, auch der zeitgenössischen Bauten, ist dort größer, wo Besucher und Betrachter etwas spüren vom angemessenen und selbstverständlichen Umgang mit Baumaterialien, Konstruktion und Konstruktionsmethoden. Bekanntes schafft Verbindung. Da bin ich zu Hause.

Abb. 8.1.5

Alte Pinakothek in München 1825 bis 1836

Teilzerstörung im Zweiten Weltkrieg

Architekt Hans Döllgast schließt die »Narbe« in handwerklicher Manier mit den in den Nachkriegsjahren zur Verfügung stehenden materiellen und technischen Mitteln (1955)

8.2 Die Authentizität des Gebauten

• *Fragwürdigkeit der Postmoderne*

Der Palazzo Cancelleria in Rom ist ein Edelwerk der Frührenaissance, 1517 von Bramante errichtet. Er hat in diesen Palast eine bis dahin bestehende fünfschiffige Basilika nach Teilabbruch eingefügt, Michelangelo soll mit Bramante über diesen Umbau in Streit geraten sein. Michelangelo: »*Stein gehört an die Stelle, für die er geplant war und ausgehauen wurde.*« Bramante: »*Eine altmodische Idee Buonarroti, Stein gehört dahin, wo ein Architekt ihn braucht. Nichts würde ich verschonen, hätte ich die Gelegenheit, etwas Schöneres an seine Stelle zu setzen.*«[4]) Authentizität mit der starken griechischen Vorsilbe *autós*, übersetzt = selbst. Authentisch = selbstvollendend, von eigener Hand ausgeführt. Damit sind Macher und Mörder gemeint.

In der Bauanlage des Trierer Doms sind folgende Bauzeiten mit ihren Gebäudeanteilen auch heute noch mit großer Authentizität ablesbar:

– die antike Halle aus dem 4. und 6. Jahrhundert, 40 × 40 × 23 m,
– die Erweiterung nach Westen mit einer neuen Fassade aus der ersten Hälfte des 11. Jahrhunderts,
– die Umwandlung der antiken Halle zur mittelalterlichen Basilika durch Einzug von Gewölben aus dem Anfang des 13. Jahrhunderts,
– die barocke Veränderung durch Anlage von Querschiffen und Herabzonen der antiken Längsmauern.

Jede der Epochen hat mit großem Selbstbewußtsein ein Dokument ihrer Zeitläufe im Bau verwirklicht – unter Wahrung der Kontinuität des Handwerklichen (siehe unter 8.1). Die Authentizität des Gebäudes ist hier also weniger die Handschrift des Architekten – dies selbstverständlich auch –, sondern weit mehr der unmittelbare Ausdruck des Empfindens einer Zeitepoche, in Auftrag gegeben durch geniale Bauherren, verwirklicht durch kongeniale Baumeister. Die Zeit hat Hand angelegt. Der baumeisterliche Architekt verstand sich als Mittler. Interessant ist in diesem Zusammenhang, daß uns von den geschichtlichen Bauten vergangener Epochen bis zum ausgehenden Mittelalter die Namen der Architekten weniger, die der Bauherren als Vertreter ihrer Zeit mehr bekannt sind. Architektonische Authentizität findet sich dort, wo es gelingt, seiner Zeit oder seiner Person dokumentarischen, baulichen Ausdruck zu geben. Authentizität der Zeit und/oder Authentizität der Person ist unerläßlich.

Zur Definition des Begriffs architektonische Authentizität gehört auch die Übersetzung der griechischen Wortwurzel τεc in dem Wort Technik: hervorbringen, »*etwas in der Zeit als dieses oder jenes so oder anders in dem Anwesenden erscheinen lassen*«.[5])

Und wie ist das mit dem Wiederaufbau der Frauenkirche in Dresden, mit dem Kathedralen-Grundriß für ein neues Wissenschaftszentrum in Berlin, mit dem Neubau des Hotels Adlon in wilhelminischer Manier, mit dem Paladio-Motiv an der Hochgarage und dem Diskocenter, mit der Postmoderne? Die Themen Rekonstruktion, Kopie und historisierende Erneuerung wurden auf dem Denkmalpflegetag Rheinland-Pfalz und Saarland 1983 eingehend diskutiert. Der rheinlandpfälzische Landeskonservator Dr. Magnus Backes hat aus dem erarbeiteten Gedankengut folgendes zusammenfassend referiert:

– »*wenn ein zerstörtes Baudenkmal ganz oder teilweise rekonstruiert wird, in den alten Formen, . . . entsteht nicht wieder das originale historische Werk, sondern eben eine Erneuerung, ein Neubau als historische Erinnerung . . .*
– *wenn ein Baudenkmal abgebrochen ist oder wird und durch eine Kopie ersetzt wird, so ist das keine denkmalpflegerische Maßnahme, d. h. keine Maßnahme zum Erhalt historischer Bausubstanz, sondern eine Neubaumaßnahme unserer Zeit . . .*
– *wenn Neubauten in historisierenden Formen, also ohne unmittelbare historische Vorgänger und Vorbilder entstehen, so sind das ebenfalls Maßnahmen modernen, gegenwärtigen Bauschaffens . . ., Teilerscheinungen unseres jüngsten Architektur- und Lebensstils.*«[6])

Wenn James Stirling asiatische Tempeleingänge in seinen Neubauten versinken läßt oder historische Grundrisse von Kirchen, Burgen und Schlössern als Grundlage für den Neubau des Wissenschaftszentrums in Berlin verwendet, dann ist dies ein ironischer Umgang mit Geschichte, witzig gemacht. Wir sollten uns amüsieren und darin nicht

---

[4]) Irving Stone: Michelangelo, Roman, deutsche Übersetzung von Hans Kaempfer. Ullstein Verlag, Frankfurt – Berlin, S. 382
[5]) lexikalischer Begriff
[6]) Denkmalpflege in Rheinland-Pfalz, Jahrgang 37/38 1982/83, S. 153

Abb. 8.2.1

Nationalgalerie Stuttgart 1977 bis 1984
Ein Architekt spielt mit der Geschichte: historische Formen als Versatzstücke und gegen ihre ursprüngliche Sinnhaftigkeit eingesetzt
Architekt: James Stirling

einen erhebenden Beitrag zur Geschichte der Baukultur sehen (Abb. 8.2.1). Am Hotel Adlon in Berlin sind nur 16 cm wilhelminisch, Wilhelm II. als Sandwichplatte. Die Geschichte der Platte geht eben weiter und ein Hohlkörper ist Architektur allemal. Dennoch: Für die Jahrhundertrede unseres Bundespräsidenten am 26. April 1997 war auch das Hotel Adlon gut.

Und scheinbar sind viele der arbeitslosen Kunsthistoriker inzwischen in der Werbung tätig: Renault in der Kathedrale, Kawasaki donnert aus dem Kirchenportal, Palladio steht vor der Glasmanufaktur (Abb. 8.2.2). Der Begriff »postmodern«, der all dies abdecken soll, ist ablenkend und absurd. *Postmodern* oder *ante-historisch*, beides ist gleich weit vom Eigentlichen entfernt.

Authentizität in der Denkmalpflege? Das heißt einfach: Pflege des authentisch Alten, des gesichert Überkommen. Aber dennoch tragen die römischen Kaiserthermen in Trier seit 1980 einige geschlossene Bögen mehr als vor diesem Datum. Und erhalten wir mit den neuen Farbfassungen mittelalterlicher Burgen, Wohnhäuser und Kirchen – meist nach 100 cm² »Originalbefund« – wirklich die Einzigartigkeit des Denkmals? Da sind wir schon im Bereich des Rekonstruierens und Erneuerns, in dieser alten und immer neuen Diskussion zwischen Bauen und Bewahren. In Zeiten finanzieller Engpässe müssen wir die Diskussion neu führen, auch inhaltlich. Verschleiern wir nicht sogar mit der perfekten Fassung die Schichten der Geschichte? Einzigartigkeit und Nicht-Produzierbarkeit sind doch unverzichtbare Kriterien für ein Denkmal. Die Spurensuche nach diesen Schichten, dieses Forschen nach den Ursprüngen ist ureigenes Handwerk der Architekten und gehört an den Anfang ihres Entwerfens.

Mit der Wiederentdeckung, Renovierung und Sanierung der ehemaligen Klosterkirche St. Maximin in Trier, wurde in dieser aus der Antike durch alle Epochen gewachsenen Bauanlage versucht, diesem Grundsatz zu folgen.[7] Das tragende Gerüst des Monumentalbaus im Inneren, die zehn Pfeilerpaare, die Gurt- und Diagonalbögen und Rippen wurden vom Dreck der Jahrhunderte gesäubert – fein und nur mit Bürste und Wasser; keine Farbfassung, weder innen noch außen. Neue Stücke wurden nur dort eingesetzt, wo die Statik dies notwendig machte oder wo Architekturlinien nicht mehr ablesbar waren. Die Ersatzstücke wurden nicht als Platten eingeblendet, sondern nach entsprechendem Ausbruch der Schadstelle hauwerkgerecht 12 cm oder 24 cm oder 36 cm tief, eingebunden im Verbund. Narben, Fehlstellen, Störungen aus der Kasernenzeit und Aussalzungen wurden bis auf den gesunden Kern zurückgeschlagen und belassen (Abb. 8.2.3 a bis d). Das Bauwerk erzählt seine Geschichte, auch seine schlimmen Tage. Neue Außenputze sind wie bei anderen Trierer Bauten mit entsprechenden Sanden oder gemahlenem Sandstein gemischt hergestellt worden, von *HandWerkern* aufgetragen, und sie verbinden sich so in ihrer Rötelung mit dem *Original-Alten*. Das Fragmentarische macht Geschichte in höherem Maße erfaßbar als das Perfekte. Und diese Brüchigkeit müssen wir der Neugier der Menschen wegen erhalten und sie schützen vor den allzu Perfekten, die mit einer falschverstandenen *Altgier* alle Brüchigkeit aus unseren Bauten vertreiben und durch Rekonstruktion oder mit dem Leintuch historisierender Fassaden – oder Schablonenmalerei – alles überdecken oder Fehlendes zu ersetzen glauben. Nicht Anpassung, sondern Anknüpfung an die Tradition heißt die Devise.

Es wird immer deutlicher: Der Umgang mit unseren Bauwerken, auch oder erst recht der Umgang mit den historischen Bauwerken erfordert den vollen Einsatz und die volle Kompetenz des Architekten. Das gilt für das Konservieren, Restaurieren, Sanieren und Renovieren in gleichem Maße wie für den Neubau. Es geht dem Verfasser nicht darum, einen Gegensatz zwischen Architekten und Denkmalpflegern zu inszenieren, es geht um die Gleichung: Architektur *ist* Denkmalpflege. Vielleicht liegt das Trennende und Gemeinsame in der Verantwortung für das Tradierte: »Die einen bewahren Tradition, die anderen transformieren sie.«[8]

Abb. 8.2.2

Büros und Ausstellungssalon, Paris 1972 bis 1978

Prestigegebäude für einen ehrwürdigen Luxusgeschirr-Hersteller

Der Torbogen mit dem Palladio-Motiv, eine rekonstruierte Kopie des Eingangs von 1825 »drückt die alte Tradition der Firma« aus: Palladio hebt Umsatz

Architekt: Jean Paul Kozlowski

---

[7] Die Bauanlage wurde von 1975 bis 1995 vom Bischöflichen Bauamt in Trier unter Leitung des Verfassers wiederhergestellt

[8] Beat Wyss: Der Wille zur Kunst. DuMont, Köln, 1996, S. 137

Abb. 8.2.3 a bis d

Ehemalige Klosterkirche St. Maximin, Trier, 1680

Umnutzung zur Sportstätte und zum Konzertsaal

Eindrücke nach der zwanzigjährigen Renovierung (1975 bis 1995): Statt perfekter Restaurierung blieben die Spuren der Geschichte sichtbar; das Fragmentarische macht Geschichte erfahrbar

Architekt: Alois Peitz mit dem Bischöflichen Bauamt, seit 1989 in ARGE mit Prof. Böhm und Prof. Baumewerd

Fotos: Tobias Trapp, Oldenburg

8.3 Die Zwecklosigkeit der Räume

• *In den von der Zeit geprägten Gebäuden ist unterschiedliches Handeln möglich*

Die Authentizität der geschichtlichen Bauten hängt, wie schon beschrieben, mehr mit den jeweiligen Zeitläufen als mit der Persönlichkeit eines Architekten zusammen. Gerade dies hat sich in unserer Zeit in der Sucht nach Originalität – oft um jeden Preis – gewaltig geändert. Die Bauten der Geschichte künden bis in das 19. Jahrhundert hinein mittels ihrer Materialien, Konstruktionen, Konstruktionsmethoden und Formen von einer Zeitepoche. Die trutzigen Mauern und Burgen, Schlösser und Kirchen des 11. und 12. Jahrhunderts sind »Festungswerke« eines mächtigen deutschen Kaiser- und Rittertums, monumental, einfach und klar gegliedert. Dem entsprechen Dichtungen der Minnesänger und das Lied der Nibelungen; so klingt der gregorianische Chorgesang, so ist die Malerei jener Zeit, in Umriß und Farbe mehr großzügig und monumental als fein ausgeführt. Der Kündungs-Charakter der historischen Bauten bleibt ihnen – unabhängig von und trotz andersartiger Nutzung. Und das Raumprogramm, die Funktion, der Zweck?

Es ist festzustellen, daß sich Bauherren und Baumeister der Vergangenheit bis zum Anfang unseres Jahrhunderts weniger von Raumprogrammen und eingeengten Funktionsabläufen leiten ließen als von ihrem Standpunkt in der jeweiligen Zeit. Es ist auch festzustellen, daß dies für die älteren Bauten in höherem Maße zutrifft als für die jüngeren. Das ursprüngliche Amtsgebäude des Basileus auf dem Markt von Athen, die römische Markt-, Gerichts- und Versammlungshalle und der altchristliche Kirchenbau waren der gleiche oder ein sehr ähnlicher Gebäudetyp: die Basilika. Die in Resten erhaltene Maxentius-Basilika, eine rechteckige Halle von 80 m Länge und 36 m Höhe, durch

Abb. 8.3.1
Maxentius Basilika, Rom
Der Bautyp für vieles: Königshalle, Markt-, Gerichts-, Versammlungshalle, Kirche
Foto: Burg, Mertesdorf

Abb. 8.3.2
Scheune in Lisseweghe bei Brügge aus dem Anfang des 13. Jahrhunderts
Gotische Architektur auf dem Dorf, ein Bautyp des Mittelalters für ganz unterschiedliche Nutzungsprogramme: Scheune, Hospital, Kirche

drei kühne Bögen überwölbt und von je sechs Strebepfeilern getragen – jedes Joch überspannt eine Wölbung von 23 m – ist kein Raum der Funktion, ein »zweckloser Raum«, der die Macht der Zeit, die Macht des Kaisers, in starker Weise zum Ausdruck bringt (Abb. 8.3.1). Die noch erhaltene gotische Scheune in Lisseweghe bei Brügge ist in ihrer Struktur noch der gotischen Kirche und diese wiederum dem Hospital der gleichen Epoche sehr verwandt (Abb. 8.3.2). Noch in der Gasgebläsehalle der Völklinger Hütte aus der zweiten Hälfte des 19. Jahrhunderts »funktioniert« die Chopin-Matinee so gut wie die Aufführung des Filmes »Metropolis« von Fritz Lang, in der Europahalle in Trier von 1975 funktioniert keine Veranstaltung von beiden.

Die Differenzierung der Gebäude wurde im Laufe der Geschichte immer reicher, die Gebäude wurden typisiert. Die Menschen als individuelle Bewohner und Nutzer entwickelten durch Gewohnheit und Hang nach Beständigkeit einerseits und durch die Differenzierung andererseits wohl Vorstellungen, wie ein Gebäude bestimmter Nutzung auszusehen habe, und dieses Empfinden hat sich verfeinert und verfestigt. Das hat zur Folge, daß sich heute mit einer bestimmten Raumform meist nur noch ein Nutzen verbindet.

Das Fach »Gebäudekunde« an unseren Hochschulen ist ein verhältnismäßig junges. Auch die Moderne ging diesen Weg bis zum »Ende der Zuversicht«, wie Wolfgang Pehnt sein Buch über dieses Kapitel der Bau- und Kunstgeschichte nennt. Mögliche Veränderungen bzw. das Einbeziehen der Zeit waren nicht Bestandteil der Entwürfe der Moderne. Die Perfektion, die Sucht nach dem Endgültigen war dagegen ihr Fall im doppelten Sinn.

Es bleibt festzuhalten, daß die Bauten der Vergangenheit bis zum Anfang des 20. Jahrhunderts eigentlich »zwecklos« entwickelt wurden, d. h. nicht vordergründig auf Zweck und Funktion ausgelegt. Sie waren große Hülle und nicht hauteng, obwohl das Gewünschte darin immer auch funktionierte. Sie gaben auch auf den ersten Blick nicht gleich ihre Bedeutung und Nützlichkeit preis. Sie waren nicht »verzweckt«, sondern hatten und haben offene Strukturen. Zu fragen ist: Erhalten wir bei unseren Umnutzprogrammen diese Offenheit der Baustruktur? Sind unsere Kirchen wirklich zu groß? Oder fehlt es uns an der Phantasie der Nutzung? Die hohen großen Räume verleiten uns zum Einziehen von Decken, zu Umbauten und zum Einbau unserer meist knapp bemessenen Grund- und Aufrisse. Wir geben dem historischen Bau dort oft seinen letztmaligen Zweck und Nutzen. Wir haben als Architekten für den Umbau wie für den Neubau eine bisher nur selten diskutierte Verantwortung: den Bauten – bei aller Wirtschaftlichkeit und Kostenrelevanz – offene Strukturen zu geben, den Altbauten, damit sie auch künftig von Nutzen bleiben können, den Neubauten, damit sie auch zukünftig zu etwas nütze sind.

Die Bauten von Walter M. Förderer wurden in den 60er Jahren völlig mißverstanden und als Mehrzweckräume diffamiert. Er sagte dazu: »Anfang der 70er Jahre wurde mir klar, daß ich von Bau zu Bau stets ein Stück mehr von dem zu verwirklichen suchte, was ich mir als ein Gebilde von hoher Zwecklosigkeit erträumte.«[9])

---

[9]) Entrückte Räume, Ausstellungskatalog in der Glyptothek München 1988, S. 20
[10]) Paul Jesberg: Vom Bauen zwischen Gesetz und Freiheit. Friedr. Vieweg & Sohn, Braunschweig/Wiesbaden 1987, S. 46

8.4 Die Erhaltung durch Nutzung

• *Die ursprüngliche Nutzung historischer Bauanlagen ist nur noch in Ausnahmefällen die gleiche geblieben*

Auf Sizilien entstand im 6. Jahrhundert v. Chr. ein Tempel der Athena, die heutige Bischofskirche, eine historische Bausubstanz, voller Leben bis in unsere Zeit (Abb. 8.4.1a). Nun sind die Menschen seit dem 6. Jahrhundert nicht die gleichen geblieben. Ihre Befindlichkeit in Räumen und ihre Empfindlichkeit für Räume hat sich geändert. Die junge Christengemeinde hat im 8. Jahrhundert n. Chr. dem Tempel der Athena kein neues Etikett gegeben, sondern ihn behutsam angepaßt, wie wir es gewohnt sind. Sie hat für die Neunutzung die Grundidee des Tempels, seine Ikonographie, völlig umgedreht. Baulich ereignete sich ein radikal zu nennender Wechsel. Der griechische Tempel mit 36 umgebenden Säulen, öffnete sich von innen nach außen, *»von der geschlossenen Cella über die sie umgebenden offenen Säulenhallen zum Außenraum. Die Umnutzung kehrt nun das Äußere nach innen. Der äußere Säulenkranz wird eingemauert, die inneren Cellawände werden mit Bögen durchbrochen; es entsteht die dreischiffige Basilika. Der Bau geht den Weg von der Entäußerung zur Verinnerlichung!«*[10]) (Abb. 8.4.1b).

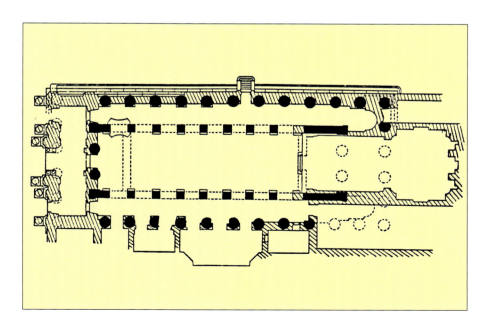

Dieses erstaunliche Schauspiel ist an den Säulen und Kapitellen des Athena Tempels zu verfolgen, die aus der Seitenwand des heutigen Domes herausschwellen. Weitere Umformung entstand durch die Zinnen der Normannen. Und nach einem Erdbeben im 18. Jahrhundert setzte der Barock eine neue Fassade in einem malerischen Reichtum vor das Ganze, wie sie schöner auf Sizilien kaum zu finden ist. Die Kirche blieb dorischer Tempel, wurde ein würdiges Gotteshaus, lebendiger geistlicher Mittelpunkt auch des heutigen Syrakus, seit nun etwa 2.500 Jahren. Syrakus ist kein Einzelfall, aber beispielhaft für den lebendigen und gekonnten Umgang in der Geschichte der Bauten mit dem jeweils Vorangegangenen: Erhaltung nicht als nützliche Wiederverwendung von Resten aus ökologisch-wirtschaftlichen oder aus denkmalpflegerischen Gründen; Erhaltung mit dem aus Überzeugung berechtigten Eingriff in das Bestehende.

Wer käme von uns auf die Idee, ein römisches Stadttor in eine zweigeschossige romanische Kirche zu *verzaubern* (Abb. 8.4.2)? Um die letzte Jahrtausendwende geschah dies mit der Porta Nigra in Trier. Erst etwa 800 Jahre später, zu Beginn des 19. Jahrhunderts wurde die Kirche bis auf die Ostapsis wieder herausgebrochen. Ohne die Fremdnutzung wäre sie wie die anderen Tore der Stadt längst auf Trierer Gartenmauern und Wohngebäude verteilt worden, oder ihr weißer Sandstein wäre zum Rohstoff der Bildhauer geworden.

Dies sind zwei markante Beispiele für die Grunderfahrung: Nur Nutzungen – auch Fremdnutzungen – erhalten unsere Gebäude. Diese Erfahrung sollte Eigentümer, die öffentliche Hand und Architekten ständig zur Suche treiben, wo Bestehendes keinen Nutzen mehr hat, um Wege einzuleiten, anstehende Bauaufgaben damit zu verknüpfen. Daß es dabei zu Konflikten mit dem Bestehenden, mit Institutionen und der Gesellschaft kommt, wird in anderen Beiträgen erörtert. Hier geht es um die Tatsachen. Wer kennt nicht die Museen und Bibliotheken in Kirchenräumen, die Ausstellungsräume in Eisenbahnausbesserungswerken und Bahnhöfen, den »Treff« in der alten Scheune mit der Diskothek »Im Kuhstall«.

Abb. 8.4.1 a (links) und b (unten)
Athena Tempel, Syrakus, 500 v. Chr.
Für die Neunutzung durch die frühe Christengemeinde wurde die Ikonographie umgedreht, der Säulengang wurde vermauert, und die Cellawände wurden aufgebrochen
a) Grundriß
b) Ansicht

Abb. 8.4.2 (oben)
Porta Nigra, Trier, 4. Jahrhundert
Im Mittelalter fand die gewaltige Toranlage einen neuen Verwendungszweck, sie wurde in eine Doppelkirchenanlage einbezogen und entging so ihrer Zerstörung

Die beiden eingangs beschriebenen Beispiele behandeln die Erhaltung und gleichzeitig das Wachstum dieser Bauten durch Änderung aufgrund geänderter ideeller Grundlagen. Viel häufiger und nicht weniger sinnvoll geht es ganz einfach um die Verwendung der Reste, um die Erhaltung von nicht mehr Gebrauchtem, der Einführung neuer Nutzungen als Dauer- oder Übergangslösung zur Vermeidung von Zerfall und Abriß. Recycling von Produktionsstätten und Industriebauwerken, Umnutzung und Wahrung des Ortes statt Neubau, Preise für realisierte Umnutzungsbauten, Sondernummern von Fachzeitschriften, Symposien für Schlachthöfe und Akademien ... man gewinnt in der Tat den Eindruck: Alles, was wir an Gebautem brauchen, steht schon, es muß nur genutzt werden.

Der Wasserturm in Köln hat als Reservoir ausgedient. Seit einigen Jahren erst als Hotel umgenutzt, können Sie dort für 450 DM pro Nacht wohnen oder in der Suite für 800 DM. Der besondere Schick des Alten, die Steigerung des Nutzwertes läßt sich rechnen (Abb. 8.4.3).

Abb. 8.4.3
Wasserturm, Köln, 1868 bis 1872
Ausgedient als Wasserreservoir, dient die Anlage heute als Hotel und Restaurant der Spitzenklasse – die Steigerung des Nutzwertes läßt sich rechnen

Abb. 8.4.4 a und b
Königlich Preußisches Gefängnis, Trier, 1830
Abbruch war angesagt – statt dessen heute als Museum Anziehungspunkt für Kunst und Begegnung – Steigerung des Nutzwertes
Architekt: Alois Peitz mit dem Bischöflichen Bauamt
Fotos: Tobias Trapp, Oldenburg
a) Der Museumsbau wurde in die Mauern des Gefängnisses eingefügt
b) Rechts der Gefängnisbau, links eine Erweiterung, dazwischen die verglaste Museumsstraße

Abb. 8.4.5
Ehemalige Klosterkirche St. Maximin, Trier, 1680

Mehrfach-Nutzung als positive Chance, das historisch bedeutsame Gebäude längerfristig zu erhalten: Konzertsaal und Sportstätte

Ein »Erhalt an sich« ist bei einem Komplex dieses Ausmaßes Illusion

Architekt: Alois Peitz mit dem Bischöflichen Bauamt und seit 1989 in ARGE mit Prof. Böhm und Prof. Baumewerd

Foto: Tobias Trapp, Oldenburg

Die 1865 errichtete Textilfabrik im Bergischen Land wurde durch das Büro »Baucoop Köln« zu einem neuen Stadtzentrum: Aus der Spinnerei wurde das Rathaus, aus der Zwirnerei ein Wohn- und Geschäftshaus, aus dem Wollager ein Hotel und aus der Färberei ein Feuerwehrhaus. Es ist ein neues Ganzes entstanden; die notwendigen Eingriffe zerstörten nicht, sie schufen für die neuen Inhalte ein neues Gesicht. Das preußische Gefängnis in Trier von »Wolff/Schinkel« wurde zum Bischöflichen Museum. Abbruch war zunächst angesagt, statt dessen ist es heute Anziehungspunkt für Kunst und Begegnung.[11] (Abb. 8.44 a und b)

Noch einmal das Paradebeispiel der ehemaligen Klosterkirche St. Maximin in Trier: Die Barockkirche von 1680 blieb uns erhalten, weil sie Anfang des 19. Jahrhunderts zur Kaserne ausgebaut wurde. Mit dem Ausbruch der Kaserneneinbauten 1982 wurden die alten Strukturen und Architekturen wiedergewonnen, einfach geschenkt. Und heute geschieht die Umwandlung dieser Kirche-Kaserne zu einer Versammlungs- und Sportstätte aus den gleichen Gründen: zu ihrer Erhaltung. Nach heftigen Diskussionen über die »Geschichte ohne Nutzeffekt«, über »Nutzbarkeit = Erhaltungszumutbarkeit« war der Bauherr mit der staatlichen und kirchlichen Denkmalpflege zu dieser mehrfachen Nutzung gekommen. Der Trierer Diözesankonservator dazu: »*Der Not gehorchend, nicht dem eigenen Triebe, erkennt man in der angestrebten Mehrfachnutzung einen Kompromiß und die derzeit einzige Möglichkeit und auch positive Chance, das historisch bedeutsame Gebäude längerfristig zu erhalten, zu finanzieren und in einem entschieden besseren Zustand zu präsentieren, als dies ab 1815 der Fall war. Ein ›Erhalt‹ an sich, ist bei einem Komplex dieses Ausmaßes eine Illusion. Es ist eine alte und in der*

[11] Planung und Bauleitung durch das Bischöfliche Bauamt Trier unter Leitung des Verfassers von 1982–1988

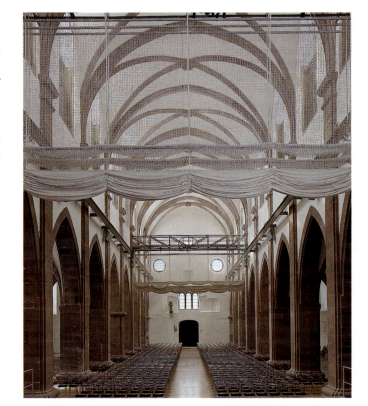

Abb. 8.4.6
Ehemalige Klosterkirche St. Maximin, Trier, 1680

An den Vormittagen Sport mit zwei Klassen parallel und seit der Eröffnung (1995) ca. 160.000 Besucher in Konzerten

Architekt: Alois Peitz mit dem Bischöflichen Bauamt und seit 1989 in ARGE mit Prof. Böhm und Prof. Baumewerd

Foto: Tobias Trapp, Oldenburg

Geschichte unserer Europäischen Denkmäler immer wieder festzustellende Tatsache: Ein nicht genutztes Gebäude zerfällt, eine notgedrungene Umwidmung rettet wenigstens die Substanz. Dabei ist die Hoffnung auf eine der ursprünglichen Intention adäquate Nutzung immer ›mit eingebaut‹, wie Hunderte von Denkmälern in Europa beweisen.«[12]) (Abb. 8.4.5)

Der entscheidende Unterschied zu den eingangs erwähnten Beispielen ist bei dieser Abteikirche, daß für die geänderte Nutzungsart keine zerstörenden Eingriffe stattfanden, sondern umgekehrt das Gebäude von 1680 wieder entdeckt und wieder erweckt wurde, also ein Rückbau stattfand. Auf die Möglichkeiten von Deckeneinbauten, Abzonung von Bereichen durch Gitter- oder Glaswandteile, raumhohe Glaswände oder eingehängte Decken wurde verzichtet. Die erwähnte Mehrfachnutzung wurde möglich durch den Einbau bühnentechnischer Sekundärkonstruktionen. Reversible Mittel, wie verfahrbare Brückenkonstruktionen zur Teilung, lassen Vielfältiges zu und geben in Ruhestellung den Raum von 1680 immer wieder als Ganzes zurück. Ein spezielles System von Sekundärbeleuchtungen vergrößert die Vielfalt der Nutzung ebenso wie versenkbare Bühnenteile und Einrichtungen. Gottesdienste, täglich Sportunterricht mit zwei Klassen parallel und im ersten Jahr seit der Eröffnung (1995) 160.000 Besucher von Konzerten und ähnlichen künstlerischen Veranstaltungen bewahren und transformieren die Tradition (Abb. 8.4.6).

8.5 Die Chancen und Grenzen neuer Nutzungen

• *Vom objektiven und subjektiven Gebrauchswert*

Stellen Sie sich vor: Der Architekt hat mit Fleiß aus einem geschundenen Gefängnisbau ein Museum geschaffen und erhält Beifall der Besucher, der Museumsspezialisten sowie das Schulterklopfen der Kollegen. Die Erfahrung im Umgang mit historischer Bausubstanz bringt ihm einen neuen Auftrag: Umbau eines alten Museumsbaus in eine Haftanstalt. Diskussion und Verriß in Presse und Öffentlichkeit, Kopfschütteln der Kollegen. Dabei war die Architektur doch in Ordnung. Die Ablehnung mußte also etwas mit der Nutzung zu tun haben. Unser Architekt versucht zunächst lexikalisch zu klären: *»Gebrauchswert: Wert eines Gutes unter dem Aspekt seiner Eignung für bestimmte Funktionen und Zwecke . . . Der objektive Gebrauchswert ist die allein aus sachlichen Gegebenheiten resultierende Eignung eines Gutes für bestimmte Zwecke . . . Der subjektive Gebrauchswert ist die individuelle Wertvorstellung, die ein Wirtschaftssubjekt von einem Gute hat . . .«*[13])

Der objektive Gebrauchswert eines Gebäudes oder eines Raumes ist schnell festgestellt. Hallenartige Bauten und Räume eignen sich für viele, oft entgegengesetzte, immer aber hallengebundene Nutzungen. So eignet sich der Kirchenraum objektiv als Museum oder Ratssaal, als Werkhalle, Lager oder Stallung, der Klosterbau als Bauanlage eines Hospitals, einer Kaserne oder Haftanstalt. Solche Nutzungen sind in der Geschichte oft geschehen und haben immer wieder deutlich gemacht: Veränderbar ist der Gebrauch eines Gebäudes im Rahmen der baulichen Eignung, unveränderbar ist sein Kündungscharakter als Teil der Geschichte. Das historische Gebäude vermittelt immer – bei jeder Art von Nutzung – durch seine formale Erscheinung dreidimensional den sichtbaren Ausdruck der Gesellschaft seiner Entstehungszeit. Diese Vermittlerrolle aus Vergangenheit in Gegenwart und Zukunft bleibt mit dem historischen Gebäude, nämlich in seiner durch Materialien, Konstruktionen und Konstruktionsmethoden bestimmten formalen Gestalt untrennbar und unveränderlich verbunden. Das macht seinen (Denkmal-)Wert aus.

Wesentlich subtiler ist die Frage und Suche nach dem subjektiven Gebrauchswert des Gebäudes. Wie oben erwähnt, hat sich im Laufe der Geschichte aus dem Empfinden für den subjektiven Gebrauch eines Raumes auch eine Vorstellung entwickelt, wie ein Gebäude bestimmter Nutzung auszusehen habe.

Dieses Empfinden hat sich im Laufe der Zeit als eine Art Bautypisierung sehr verfeinert, verfestigt und verengt. Das hat zur Folge, daß sich heute mit einer bestimmten Raumform meist nur noch *ein* Nutzen verbindet. In dem gleichen Maße aber, in dem die Identität zwischen Mensch, Raum und Nutzen wächst, nimmt scheinbar die Fähigkeit der Anpassung ab, Räume auch für Zwecke zu nutzen, für die sie ursprünglich (und eigentlich) nicht geplant waren. In der Tat: »Dame blanche« zergeht in der ehemaligen Kapelle eines zum Feinschmeckerrestaurants umgenutzten Klosters nicht so leicht auf der Zunge, und Schlaf stellt sich in den mittelalterlichen Folterkammern der zum Hotel umgebauten Burganlage nur schwer ein. Der Begriff Umnutzung hat nun *». . . etwas Suspektes an sich. Er signalisiert Handlungen, die gewohnte Wege verlassen. Das kann leicht einen säuerlichen Vorgeschmack auf eine als bedrohlich empfundene Zukunft erzeugen. Umnutzung setzt diffuse Ängste frei, assoziativ führt der eigentlich neutrale Begriff zu negativ Besetztem, zur Abweichung, zum Umfunktionieren. Als ob die Revolution ante portas stünde . . . das ist erklärbar: Denn wo Umnutzung gefordert wird, droht allemal der gesellschaftliche Konflikt.«*[14])

Das Ausmaß des Konfliktes und das Maß der Akzeptanz bei Einführung neuer Nutzungen in historischen Gebäuden ist abhängig von der subjektiven Einstufung des Wertes der Neunutzung im Vergleich zur ursprünglichen. Es scheinen sich in unserem Empfinden Wertebenen für Nutzungen eingestellt zu haben. Danach werden vermeintlich höherwertige Nutzungen schnell akzeptiert, Umwidmungen für vermeintlich minderwertigere – immer im Vergleich zu den ursprünglichen – werden abgelehnt:

---

12) Franz J. Ronig: St. Maximin – Das Ausbauprojekt. In: Kunstchronik, Hrsg. Zentralinstitut für Kunstgeschichte in München, Heft 3/März 1989, S. 113

13) Meiers Enzyklopädisches Wörterbuch
14) Lore Dietzen und Armando Kaczmarczyk 1984 im Gespräch mit Kurt Biedenkopf und Peter Klotz über den sinnvollen Gebrauch der Reste. In: »Werk und Zeit« 1984, Heft 1

- Gefängnis zum Museum – ja
  Museum zur Kaserne – besser nicht oder doch?
- Lagerhalle zum Theater – ja
  Theater zum Möbellager – besser nicht oder doch?
- Kirche zum Konzertsaal – ja
  Konzertsaal zum Bodyzentrum – besser nicht oder doch?
- Turnhalle zur Kirche – ja
  Kirche zur Sportstätte – besser nicht oder doch?

Die Annahme einer veränderten Nutzung scheint also weniger eine Sache der Architekten, sondern mehr eine der Sozialwissenschaftler und Psychologen zu sein. Hier gilt auch die allgemeine Lebenserfahrung, daß konformes Verhalten gängiger ist und schneller eingeht als Entwicklung zur Zeitgenossenschaft und ausbrechendes Verhalten.

Und sehr schnell ist bei diesen Diskussionen über den subjektiven Gebrauchswert der Gegensatz in den Entscheidungsgremien und in der Öffentlichkeit zwischen den Insidern und Aussteigern und ähnlichen Gruppierungen zu erkennen. Diese Auseinandersetzung sollten wir als Architekten nicht scheuen, sondern sie vorbereiten, organisieren und beeinflussen.

Dazu bieten sich folgende Möglichkeiten an:

- Werkberichte immer wieder der Öffentlichkeit vorstellen,
- Führungen, Ausstellungen, Konzerte in die Baustelle einbeziehen,
- neue Nutzungen über bestimmte Zeiträume als Experiment anbieten,
- Investitionen und Bauzeitpläne bis zur positiven Annahme der neuen Nutzung zurückstellen.

Für die baulichen Ergänzungen sollte gelten, daß sie die überkommene Architektur in ihrem Erscheinungsbild nicht stören, eher deutend und wachsend ergänzen sollten. Reversibilität ist dabei oft angesagt. Ist die Erhaltung eines historischen Bauwerks in Gefahr und sein Wert außer Zweifel, dann kann die Einführung neuer Nutzungen für das *Am-Leben-Erhalten* des Gebäudes einerseits und für die Geldbeschaffung andererseits unabdingbar werden, auch wenn diese Nutzungen dem Empfinden eines Teiles der Nutzer widersprechen und Zeit zur Konsensbildung nicht zur Verfügung steht, da die Vermittlerfunktion des Bauwerks, sein Erzählwert aus Vergangenheit in Gegenwart und Zukunft erhalten bleiben soll. So können durch Umnutzungen Auseinandersetzungen und Provokationen im besten Sinne des Wortes die Folge sein. Daraus wächst bei solchen Gebäuden die Chance für ein sich positiv veränderndes Wertempfinden ganz in dem Sinne, daß *»jedes Kunstwerk (auch jedes veränderte, d. Verf.) der Anfang neuer Geschichte ist.«*[15]

---

[15] Schinkel

8.6 Die Wandelbarkeit historischer Bauanlagen

- *Bauten der Geschichte sind lebendige, in allen Epochen durch Zutaten, Eingriffe, Veränderungen immer wieder weiterentwickelte Gesamtkunstwerke*

Woher nahmen sich unsere baumeisterlichen Vorfahren das Recht zu Eingriffen in die historische Bausubstanz wie im Beispiel des Palazzo Cancelleria in Rom, des Athena Tempels in Syrakus oder der Porta Nigra in Trier? (Jeder kennt solche Beispiele.) Warum tun wir uns mit den gleichen Anliegen so schwer? Daß dies an unserer Zeit läge, ist sicher eine der Antworten, aber auch eine kurz gegriffene. Auf einer der Tagungen der Anoldshainer Kreise über »Zukunftgewandte Denkmalpflege« beschreibt der hessische Landeskonservator Gottfried Kiesow den inhaltlichen Wandel von einer mittelalterlichen Prozessions- oder Wegkirche mit nur nach vorn gerichteten Bankblöcken zu einer Predigtkirche, in der die Gläubigen den Predigtstuhl »umscharen«. Der Wandel ist architektonisch nachvollziehbar. Er ist erkennbar an den Emporen, die sich U-förmig um die im Zentrum stehende Kanzel legen; der vorher längsgerichtete Bau wird zentral orientiert. An diesem äußeren architektonischen Wandel wird erkennbar, daß der geistige Inhalt sich gewandelt hat, daß hier die Reformation mit der Zeit eine bauliche Veränderung vom Inhalt her erreicht hat. Kiesow formuliert dazu: *»Änderungen in der Nutzung, wenn sie zu einem lebendigen, neuen Leben führen, legitimieren auch bauliche Änderungen.«*[16]

Hier der Versuch einer Antwort auf die eingangs gestellten Fragen: Wir wissen aus der empirischen Erfahrung und aus der philosophischen Lehre, daß die körperliche Empfindung des Raumes für die Grundbefindlichkeit des Menschen wichtig ist. Räume sind nicht nur »Werkzeuge« für Funktionsabläufe, im Raum ist mehr. Darin begegnet der Mensch sich selbst, er begegnet dem anderen, und, wenn der Raum oder das Gebäude älter ist, seinen Vorfahren. Mensch ist er nur durch die Beziehung zu anderen. Die anderen sind aber nicht nur diejenigen, mit denen wir gleichzeitig sind, auch die kommenden

---

[16] Vom Zukunftswert der alten Kirchen: Tagungen des Arbeitskreises »Bildende Kunst« in Brensbach, Braubach, Hirzenhain und Rod am Berg/im Taunus, von 1973–1977

und die vergangenen Geschlechter gehören dazu. Im Verhältnis zu denen, die nach uns kommen, sind wir es, die weitgehend die Möglichkeiten und Unmöglichkeiten ihres Lebens bestimmen (Genetik, Energie, Umweltbelastung). Im Verhältnis zu denen vor uns, mit denen wir ebenso kommunizieren, tragen wir Geschichte mit uns, ob wir wollen oder nicht. Dieses Verhältnis zu den anderen kann erwachsen oder traumatisch sein. Menschen, Völker, Kulturen, die mit ihrer Vorgeschichte nicht fertig geworden sind oder nicht fertig werden, zeigen Merkmale der Unerwachsenheit.

Sie fliehen in die Vergangenheit, weil ihnen die Gegenwart zu schwer ist. Oder sie verneinen ihre Vergangenheit und versuchen, an einem Punkt Null anzufangen. Es handelt sich um Krankheitsbilder, die auch der Psychiatrie keineswegs unbekannt sind, Krankheitsbilder, die auch die Architektur in der Kopie und Rekonstruktion einerseits und in der Originalität um jeden Preis andererseits kennt.

Nun wissen wir aus unserer allgemeinen Lebenserfahrung, daß Verbindungswege zur Vergangenheit gar nicht ohne weiteres gegeben sind. Vergangenheit gibt es nicht als Wiederholung. Unser eigenes Leben vor 25 Jahren ist für uns unerreichbar geworden.

In unserem Gedächtnis und in unseren Planungen fließen Erinnerungsbilder und Gegenwart unentwirrbar zusammen. Hier spürt man, daß es nie Rekonstruktionen der Vergangenheit geben kann, die von allem Heutigen losgelöst sind, sondern immer nur um Begegnungspunkte, um Traditionen. Tradition heißt dann: nicht alles genauso machen wie es früher getan wurde, sondern weiterbilden, modifizieren, was uns überliefert wurde. Solche Begegnungspunkte werden konkret in dem, was uns an Sichtbarem aus der Vergangenheit geblieben ist, z. B. in der Literatur und in den Gebäuden. *»In Gebautem« findet die Begegnung von Vergangenheit und Gegenwart mehr im Gebrauch als in der Interpretation statt: im Gehen, Schauen, Treppensteigen, Anfassen, Riechen, Empfinden. Gebäude als ein Teil von Tradition müßten also grundsätzlich veränderbar sein, genauso wie Tradition nur lebendige Tradition ist, wenn sie ständig verändert, Neues zugefügt, und Altes abgeschliffen wird...* Denkmalpflege, die nur von kunst-geschichtlichen Gesichtspunkten her arbeitet und nur an dem Erhalten oder der Wiederherstellung stilsauberer Form interes-

siert ist, verurteilt ein Gebäude, eine Stadt zum Tode an der Vergangenheit.«[17]

Angesichts der heutigen *»Intensität der Vergangenheitszuwendung, die historisch beispiellos ist«*[18]), müßten wir Flagge zeigen: Konservatorischen *und* gestalterischen Ehrgeiz, Geschichte *und* Gegenwart, das vorhandene Alte konservieren *und* das Neue authentisch hinzufügen. Wir sollten unser Entwerfen als handwerkliche Kontinuität sehen und uns gleichzeitig vom Impetus für das nutzungsorientierte Eingreifen leiten lassen. K. J. Schattner spricht von *»Eintragungen in das Dokument«* eines historischen Gebäudes.

Der Slogan des Denkmalschutzjahres 1975 *»Eine Zukunft für unsere Vergangenheit«* ist griffig, aber er spart die Gegenwart aus und könnte mit Karl Valentin auch heißen: *»Die Zukunft war früher auch besser.«* Dann doch lieber: Das Erbe in die Gegenwart übernehmen, damit Zukunft möglich wird.

---

[17] Hans R. Blankensteijn: Der menschliche Mehrwert des Alten, auf den Tagungen des Arbeitskreises »Bildende Kunst« in Brensbach
[18] Herrmann Lübbe, Züricher Politologe und Philosoph. In: Archithese Nr. 1/1994

8.7 Praktische und wirtschaftliche Vorteile beim Umgang mit historischen Bauanlagen

- *Das schon Bestehende erlaubt, mit Nutznießern und Bauherren Möglichkeiten anschaulichst zu entwickeln und zu experimentieren*

Zunächst eine Beschreibung des Istzustands und dann die einer Utopie des Möglichen: Der Istzustand sieht im allgemeinen so aus, daß das Verhältnis zwischen Eigentümern, Planern und Denkmalpflegeinstitutionen über Rechtsverordnungen geregelt ist. Das Bemühen zur Festlegung von Denkmalzonen und zugehörigen Rechtsverordnungen wächst. Schon Bürgermeister und Ortsvertreter halten dagegen. In den Präambeln dieser Verordnungen ist deshalb meist der Satz zu finden, man solle *»das Genehmigungsraster nicht zu eng fassen, damit die Veränderungs- und Fortentwicklungsbedürftigkeit der historischen Ortslage nicht mit zu großen Hemmnissen versehen werde«.*[19]) Und dann wird dennoch geregelt: an bestehenden Gebäuden der Denkmalzone (eigentlich also im ganzen Ort) Verbot von Empfangseinrichtungen für Funk, Fernsehen und Solarinstallationen im öffentlich sichtbaren Bereich; Verbot von sichtbaren Konstruktionen und Bauteilen aus Metall an und in der Nähe historischer Gebäude; Genehmigungspflicht für Sprossen, Beschläge, Beläge auf Dach und Fensterbänken ... In vielen dieser Verordnungen ist zu spüren, wie heutige Gestaltungsdefizite für das Einzelgebäude und Ortsbild durch Denkmalschutz ausgeglichen werden sollten. So sieht auch der Inhaber eines Lehrstuhles für Denkmalpflege sein Lehrziel vor allem darin, den Studenten in den historischen Bauten die Möglichkeit zu zeigen, *»etwas Schönes zu entwerfen«.*[20])

Dabei geben ein bestehendes Gebäude und eine bestehende Ortssituation doch die Möglichkeit, daß aus der Sozialbindung des Eigentums auch gemeinsame Projekte und Modelle Platz greifen können. Im Umgang mit der historischen Bausubstanz könnten wir partiell erproben, was es heißt: entwer-

---

[19] RVO einer Denkmalzone, Gem. Lambheim/Pfalz
[20] Lehrstuhl dem Verfasser bekannt

fen, planen und bauen in der Demokratie. Wenn man eine Eigentümlichkeit für das Verhältnis zwischen Architekten, Auftraggebern und in unserem Fall Denkmalpflegeinstitutionen für unsere Tage sucht, dann kann man feststellen, daß von heute auf morgen und hier wie dort alles anders ist. Das so andere hat eine tiefere Ursache in der neu gewonnenen Freiheit, in den demokratisierten Strukturen der Gesellschaft und in der anerkannten individuellen Würde und Verantwortung jedes einzelnen. Vorbei ist die Zeit der Autoritäten von Alexander bis Adolf »dem Großen«.

An die Stelle des herausfordernden Primates einzelner Souveräne sind viele Selbständige, sich gegenseitig tolerierende Einzelpersonen, Gruppen, Gremien, Gemeinden getreten. Der Hilferuf der Kölner Stadtkonservatorin Kier nach einem »*Michelangelo und 20 Millionen heute*« zur Vollendung der romanischen Kirchen oder der Hilferuf des ersten Bürgermeisters der Hansestadt Hamburg, Dr. Klaus v. Dohnany, nach einem »*Hamburger Schinkel jetzt*«, also nach dem Genie, der starken Persönlichkeit auf der Planerseite, führt uns sicher für unser tägliches Tun allein nicht weiter oder weiter in die Sackgasse, in der Architekten oft genug in die leer gewordenen Kleider des Souveräns schlüpfen, in die sie gesteckt werden und sich darin auch noch wohl fühlen.

Zurück in die Altbauten und in die Ortskerne, um miteinander zu sprechen nach dem Motto: die Kompetenz der Vielen statt das Monopol der Besten. Es ist durch Vortragsveranstaltungen, Werkberichte, Einzelgespräche, Ausstellungen, Flugblätter, Besichtigungen u. a. möglich, eine Stadtteilidee oder den Wert einer bestehenden Scheune für die Straßenecke bewußt zu machen. Es ist möglich, Wohn- und Lebensraum gemeinsam wieder zu entdecken. Dabei lernen Eigentümer etwas von öffentlicher Verpflichtung, spüren etwas von der positiven Macht einer Gemeinschaft, das Element des Wettbewerbs untereinander greift. Und wenn – wie in Luxemburg – dann ein Konservator dauernd unterwegs noch mit der Geldspritze hier und da etwas stützend nachhilft, dann wird das Ergebnis ein erarbeitetes Ergebnis der Gruppe sein und sich als solches wieder in die Öffentlichkeit einfügen. Und umgekehrt lernen Vertreter von Denkmalbehörden und Architekten, daß heutige Lebensform und Lebenspraxis auch heutige Ausdrucksform bedingt und daß mehr als nur Kompromisse zu erreichen sind. Es gilt der soziologische Grundsatz: Öffentlichkeit kann sich nur aus dem Privaten entwickeln. »*Dem Denkmalpfleger gehören die Bauwerke ja nicht allein, im rechtlichen Sinn ohnehin nicht. Die Öffentlichkeit hat deshalb ein Anrecht auf Teilnahme an dem, was er tut. Diese Teilnahme gelingt am besten dann, wenn die Arbeitsergebnisse, wie immer sie auch aussehen, vermittelt werden. Wenn das nicht funktioniert, wird er nicht seine Dogmen, sondern seine Öffentlichkeitsarbeit überdenken müssen.*«[21]

Also entspräche es heutiger demokratischer Lebensform, wenn die Lambsheimer in der Pfalz sich ihr Ortsbild im Zusammenspiel mit Denkmalpflegern, Architekten und Ortsplanern entwickeln. Es entsteht Identität, wo sonst über Rechtsverordnungen, Gebot und Verbot innenliegende Sprossen zwischen Isolierglasscheiben Eintracht vortäuschen.

Mut zum Risiko ist gefragt. Hier ist nicht die einmalige, im Baugesetz vorgeschriebene Bürgerversammlung vor der Erstellung eines Bauleitplanes gemeint. Hier ist die mittel- und langfristig angelegte, konkrete, nach Checklisten abzurufende Gemeinsamkeit angesprochen. Das ist Knochenarbeit. Im Herbst 1994 gaben sich in Wiesbaden in fast täglichen gut besuchten Podiumsdiskussionen, Bürgerversammlungen und Informationsrunden in Sachen »Zeitgenössischer Architektur« Dieter Bartetzko und Thomas Sieverts, Claude Vasconi und Max Bächer, Roland Ostertag und Walter von Lom gegenseitig die Klinke in die Hand. Die zwanzigjährige heiße Diskussion um die Lösung am Saarbrücker Schloß war eine ähnlich demokratische. Und wie groß ist heute dort die Akzeptanz! Interessant, daß diese Vorgänge im öffentlichen Raum schon als »Rückkehr in die Gemeinschaft«[22] bezeichnet werden. Noch einmal: weniger Verordnungen, mehr Mut zum Risiko, weniger Aufträge den Restauratoren, mehr Aufträge den Bildenden Künstlern.

Die Frage nach den Kosten im Umgang mit der historischen Bausubstanz ist allgemein nur schwer zu beantworten. Die Erfahrung des Verfassers als Querschnitt der von ihm betreuten Baumaßnahmen ist folgende: Bei Verwirklichung eines Raumprogramms in einem Altbau mit meist größerem Bauvolumen als einem veranschlagten Neubau können 20 % bis 35 % der Kosten eingespart werden. Hinzu kommt, daß im Altbau die Möglichkeit der Eigenleistung von Eigentümern meist größer ist als bei einem vergleichbaren Neubau.

Für den Umgang mit der gebauten Energie im historischen Gebäude fehlen statistische Erhebungen. Folgende Parameter könnten im Einzelfall dazu verhelfen, Entscheidungsprozesse zu beeinflussen:

– Wieviel Energie steckt im historischen Bau, in den Kubikmetern Mauerwerk, den laufenden Metern verarbeiteter Hölzer, in den Decken und Dachstühlen, den Hauwerksteilen der Gewände und Treppen? (Gemeint ist die Energie der Herstellung, des Antransportes und des Errichtens vor Ort)
– Wieviel Energie muß/müßte investiert werden bei Abbruch der Bauanlage? (Gemeint ist der Einsatz der Maschinen, der Transport über die Straßen, die Entsorgung auf Deponien)
– Wieviel Energie erfordert der Neubau unter Berücksichtigung gleicher Berechnungsmethoden wie vorn?

Letztlich müßte im Umgang mit historischer Bausubstanz immer eine Energiebilanz erarbeitet und für die Entscheidung mit herangezogen werden.

---

[21] Dr. Brönner, Landeskonservator Rheinland-Pfalz. In: Bauwelt 8/1994
[22] Für eine andere Architektur, Band II, Fischer Alternativ 1981

8.8 Thesen für den Umgang mit historischer Bausubstanz

- *Zusammenfassung – Erfahrenes*

1. Die Gesellschaft lebt mit historischer Bausubstanz.
2. Jedes Bauwerk lebt und wirkt aus seiner Geschichte und seiner Nutzung.
3. Die Geschichtlichkeit eines Bauwerks aus den Faktoren Zeit, Form, Material, Konstruktionsmethoden und Konstruktion wird mit dem Bauwerk ständig unverändert aus der Vergangenheit in die Gegenwart und Zukunft tradiert.
4. Jedes Bauwerk kann mit seiner Geschichtlichkeit verschiedenen Nutzungen dienen.
5. Die Nutzung eines Bauwerks kann sich ändern. Die meisten Bauwerke erfahren im Laufe ihres Bestandes unterschiedliche Nutzungen.
6. Zwischen Geschichtlichkeit und Nutzung eines Bauwerks besteht auf Dauer kein zwingender Zusammenhang.
7. Durch Veränderung von historischer Bausubstanz entstehen Veränderungen auch in der Gesellschaft.
8. In den vergangenen Epochen – bis zur Aufklärung – wurde bei der Planung und dem Bau, zumindest bei allen Kultur- und Gemeinschaftsbauten, auf die Geschichtlichkeit größerer Wert gelegt als auf ihren Nutzen. Diese Bauten sind offen für unterschiedliche Nutzungen. Das macht Umnutzung möglich.
9. In der Neuzeit wird größerer Wert auf den Nutzen eines Bauwerks gelegt. Das engt die Möglichkeiten zu Nutzungsveränderungen ein.
10. Für Umnutzung und Umwidmung eines Bauwerks gibt es zwei Anlässe: die Verwendung der Reste (Recycling) und die Veränderung des Bauwerks mit der Absicht der Schaffung einer neuen Schicht (Revitalisierung).
11. Die Weiter- und Wiederverwendung bestehender Gebäude ermöglicht in stärkerem Maße die Einbeziehung der Nutzer und Bauherren in den Planungsprozeß.
12. Umnutzung und Umwidmung gibt Innovation für neue Architektur.
13. Das Gesagte gilt sinngemäß auch für neues Bauen in alter Umgebung und für Einrichtungen.
14. Es geht darum, Geschichtlichkeit zu wahren und Geschichte fortzusetzen.

9 Denkmalpflege und Baukonstruktion

9.1 Ingenieurmäßige Denkmalpflege

Die konstruktive Sicherung gefährdeter Bauwerke erfordert das verzahnende Zusammenwirken von Denkmalpflegern, Architekten und Ingenieuren. In der Praxis ist eine solche Zusammenarbeit jedoch selten. Dies hat unterschiedliche Gründe, die aus der Sicht der einzelnen Partner kurz anzusprechen sind.

Denkmalpfleger mit ingenieurmäßig-konstruktiven Kenntnissen sind selten. Die Ausbildung geht von einem Studium der Architektur oder der Kunstgeschichte aus, auf das in der Regel ein Aufbaustudium folgt, in dem eine breite Palette von zusätzlichen Kenntnissen vermittelt wird. Schwerpunkte sind das Erforschen und Begründen; konservatorische und restauratorische Kenntnisse gehören genauso dazu wie ein Grundwissen in Rechtsfragen. Friedrich Mielkes »Vorschlag eines Lehrprogramms für das Fach Denkmalpflege« besteht aus einer mehrseitigen Auflistung von Wissensgebieten, die deutlich zeigt, daß es für eine Einzelperson nicht möglich sein kann, auf jedem Gebiet kompetent zu sein [1]. Das Wissen über die Wirkungsweise historischer Baukonstruktionen, ihrer Gefährdungen sowie über Instandsetzungsmöglichkeiten bei Tragsystemen gehören natürlich ebenfalls zum Wissenskatalog. Da die Ausbildungsmöglichkeiten jedoch gering sind, ist hier der Mangel besonders gravierend.

Kunsthistoriker unter den Denkmalpflegern tun sich naturgemäß schwer mit dem Verständnis der Tragwerkslehre. Aber auch für Architekten mit Schwerpunkt Denkmalpflege ist das Befassen damit keineswegs selbstverständlich, da sie während des Studiums wohl mehr Bau- und Kunstgeschichte vertieft haben als ausgerechnet Statik. Und selbst wenn sie sich doch dafür interessiert hätten, hätten sie wohl kaum irgendwo ein entsprechendes Lehrangebot vorgefunden, das sich in einer für Architekten geeigneten Weise mit historischen Baukonstruktionen auseinandersetzt.

An den meisten Ausbildungsstätten für Bauingenieure wird der Bedarf an Lehrangeboten im Bereich der denkmalgerechten Altbausanierung überhaupt nicht erkannt, mit der Folge, daß es noch weniger Ingenieure als Architekten gibt, die hier eingesetzt werden können. Für den Verfasser wurde die – letztlich kläglich gescheiterte – Zusammenarbeit mit einem Baustatiker beim Umbau eines denkmalgeschützten Fachwerkhauses zum Schlüsselerlebnis. Dieser forderte Ausführungspläne in einer Aussagegenauigkeit, die (theoretisch) seinen Baustellenbesuch nicht erforderlich gemacht hätte. Dann war er doch einmal auf der Baustelle, seine Tragwerkskonzeption entstand jedoch ohne eine genauere örtliche Überprüfung der vorhandenen Konstruktion, die dann konsequenterweise durch soviel neue Bauteile ersetzt wurde, daß das Resultat der Totalverlust des Denkmals war.

In der Tat kann nur durch das Einplanen neuer Elemente ein Baustellenbesuch »überflüssig« werden. Die verantwortliche Tätigkeit des Ingenieurs in der Denkmalpflege bedeutet jedoch in erster Linie die Untersuchung und Bewertung der vorhandenen Bausysteme sowie die Entwicklung von verträglichen, die Denkmalwerte weitestgehend wahrenden Instandsetzungskonzepten. Dabei muß das Ziel mit dem geringstmöglichen Einsatz angestrebt werden. Nicht der Ingenieur mit dem am meisten auf der sicheren Seite liegenden Ergebnis ist gefragt, sondern der, der es versteht, den Bau mit den geringstmöglichen Eingriffen (den geringstmöglichen Verlusten) zu stabilisieren.

Grundlegende Impulse erhielt die Entwicklung 1983 durch das Buch »Sicherung historischer Bauten« des Bauingenieurs Prof. Dr. Klaus Pieper [2] sowie – zwei Jahre später – durch die Gründung des Sonderforschungsbereichs (SFB) 315 an der Universität Karlsruhe. In den vom SFB 315 herausgegebenen Arbeitsheften sowie Jahrbüchern [3] vermittelt ein interdisziplinär zusammengesetztes Autorenteam anwendungsbezogene Forschungsergebnisse zum Erhalten historisch bedeutsamer Bauwerke. Auf diese Literatur soll hier verwiesen werden. Die folgenden Beispiele zeigen jedoch die praktische Anwendbarkeit.

9.1.1 Der relative Standsicherheitsnachweis

Berechnungen des Kräfteverlaufs und daraus abgeleitete Dimensionierungen der tragenden Bauteile, wie wir sie heute kennen, sind vergleichsweise jung. Historische Bauwerke sind dagegen nach Erfahrungswerten entstanden, die sich durch Weitergabe des Wissens, aber auch durch Lernen aus Fehlern weiterentwickelt haben. Dabei ist es immer wieder zu Einstürzen mit einer Vielzahl an Opfern gekommen. Wenn wir so entstandene Bauten weiternutzen wollen, stellt sich die Frage, ob eine für uns heute hinreichende Stand*sicherheit* angenommen werden kann.

Die Berechnung der Standsicherheit historischer Konstruktionen mit Hilfe der heute üblichen Verfahren erweist sich allerdings als schwierig, und es sind zahlreiche Fälle bekannt, in denen ein befriedigendes Ergebnis nicht zu erzielen war. Nicht nur konnte keine Standsicherheit festgestellt werden, es war noch nicht einmal möglich nachzuweisen, daß die – offensichtlich vorhandene – Stand*festigkeit* gegeben ist. Spätestens hier stellt sich die Frage nach einer Nachweismethode, die in der Lage ist, die Bedingungen der historischen Konstruktion in einer besser angenäherten Weise nachzuvollziehen, als die »Neubaustatik« dies vermag.

Der Begriff »relativer Standsicherheitsnachweis« wurde von Pieper [2] eingeführt. Er soll anhand des Beispiels der Knickschlankheit gemauerter Pfeiler kurz erläutert werden.

Der Bau des Martinsmünsters in Landshut wurde im 15. Jahrhundert von Hans von Burghausen und danach von Hans Stethheimer geleitet. Es entstand ein Bau von atemberaubenden Ausmaßen und Proportionen. Beim Innenraum der Hallenkirche stellte sich die Frage nach der Standsicherheit der übermäßig schlanken Pfeiler des 29 m hohen Innenraumes, der schon früh immer wieder Anlaß zu Befürchtungen und zur Untersuchung möglicher Risiken gab. Mit heute anerkannten Konstruktionsregeln ist eine Sicherheit – insbesondere gegen die Gefahr des Knickens – bei weitem nicht nachzuweisen. Geht man von einer noch vertretbaren Knickschlankheit von 1:20 oder sogar 1:25 aus, so müßte man als Voraussetzung eine zentrische Einleitung der Kräfte fordern.

Die Pfeiler des Martinsmünsters sind aber nicht zentrisch belastet: Durch die unterschiedliche Breite der Schiffe werden die

Abb. 9.1.1
Die nur 1,24 m starken Pfeiler tragen das Gewölbe des 29 m hohen Raumes der Martinskirche; die Breite des Mittelschiffs beträgt 11 m

Abb. 9.1.2
Ein im Jahre 1230 aufgesetzter Vierungsturm machte die scherenförmige Knickaussteifung erforderlich; sie wurde dreiseitig ausgeführt; auf der vierten Seite übernahm eine vorhandene Steinschranke die Funktion

Kräfte sogar mit einem solchen Biegemoment eingebracht, daß sich im Kapitellbereich deutliche Verdrehungen erkennen lassen. Die Knickschlankheit der Pfeiler liegt außerdem mit 1 : 32 weit über dem maximal Zulässigen [2]. Piepers Untersuchungen, ob aus den Verdickungen an den Säulenschäften eine Einspannung und damit eine günstigere *Eulerformel* angenommen werden könnte, führen zwar zu einer rechnerischen Reduzierung der Knicklänge auf 75 %, die jedoch nicht ausreichend ist, so daß der Bau heute in dieser Weise nicht ausgeführt werden dürfte.

Dem negativen Ergebnis der Stand*sicherheits*-Berechnung steht die Tatsache gegenüber, daß der Bau nicht nur offensichtlich stand*fest* ist, sondern dies seit rund 500 Jahren! Allerdings kann sich in dieser Zeit die technische Qualität der Konstruktion allmählich durch alterungsbedingten Materialabbau vermindert haben, so daß es doch irgendwann zu einem Versagen der Pfeiler kommen könnte. Dies muß natürlich ausgeschlossen werden können.

Der relative Standsicherheitsnachweis beruht nun auf der Erkenntnis, daß die Sicherheit einer vorhandenen Konstruktion mit den Mitteln heutiger Baustatik bisweilen nicht nachgewiesen werden kann. Er wird dann als *black box* betrachtet, als schwarzer Kasten, in den man nicht hineinsehen kann. Auf den nicht nachweisbaren – aber vorhandenen – Gleichgewichtszustand »sattelt« man nun eine konstruktive Verbesserung auf, und diese kann als (die erforderliche) Sicherheit angesehen werden.

Wie eine solche Verbesserung aussehen kann, dazu gibt es – auf den Fall bezogen – drei grundsätzliche Möglichkeiten:

- *Verstärken* der Konstruktion
- *Entlasten* der Konstruktion
- *Vergüten* des Materials.

Die Möglichkeiten werden nachfolgend beispielhaft verdeutlicht.

Verstärkung

Die Verstärkung der knickgefährdeten Konstruktion durch kraftschlüssiges Ummanteln der Säulen muß hier ausscheiden, da die Wirkung der Architektur wesentlich und nachteilig verändert würde. Ein anderer Fall mag daher als Beispiel dienen: Bei der Kathedrale von Wells wurde – bereits in der Gotik – eine Knickaussteifung eingebaut, die einen auf den Vierungspfeilern errichteten

Abb. 9.1.3
St. Martin in Landshut: Die eingebaute Konstruktion beeinträchtigt nicht den Innenraum und tritt auch im Dachstuhl nur wenig in Erscheinung (Zeichnung: Gallus Rehm)

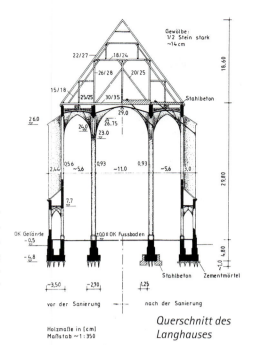

Querschnitt des Langhauses

Turm sicherte. Die scherenförmige Steinkonstruktion stellt über die statische Wirksamkeit hinaus eine architektonisch anspruchsvolle Bereicherung der Kathedrale und ein baugeschichtliches Unikat dar. Auslöser war jedoch die Notwendigkeit einer Verstärkung der Konstruktion.

Vergütung

Bis in die Barockzeit wurden aus Bruchsteinmaterial gemauerte Wände (bisweilen auch Pfeiler) meist als Schalenmauerwerk errichtet. Zwischen sorgfältig ausgeführte Innen- und Außenschalen wurde ein minderwertiger Kern aus Verfüllmaterial eingebracht. Durch Vernadelung (Armierung) und Verpressung mit einem Injektionsmörtel kann nachträglich eine Verbundwirkung mit wesentlich höherer Belastbarkeit hergestellt werden.

Entlastung

Tatsächlich ausgeführt wurde bei der Martinskirche eine entlastende Konstruktion. Dazu wurden Balkenlagen über den Gewölben – in Höhe der Fußpunkte der Dachkonstruktion – eingebaut, die jetzt eine zentrische Einleitung der Lasten gewährleisten. Durch Wegfall des Biegemomentes wurde eine wesentliche Verringerung der Knickgefahr bewirkt.

Die Maßnahmen wurden nach jahrzehntelanger Untersuchungs- und Vorbereitungszeit im Jahre 1991 abgeschlossen. Als weitere Sicherungsmaßnahmen wurden dabei noch die Gründung der Pfeiler sowie des 133 m hohen Turmes verstärkt. Der verantwortliche Ingenieur war Prof. Dr. Gallus Rehm [4].

9.1.2 Der Arbeitskanon

Pieper entwickelte den bereits in Kapitel 5 erwähnten Arbeitskanon *Anamnese, Diagnose, Therapie* [2], der eine gute Organisationshilfe bei der Suche nach Schadensursachen und deren Behandlung darstellt. Die aus dem medizinischen Sprachgebrauch entlehnten Begriffe bezeichnen mit

– **Anamnese**
 die Vorgeschichte der Schäden; die Ereignisse, die zur Entwicklung des Schadens beigetragen haben (könnten)

– **Diagnose**
 die Zuordnung der Ursachen zu den Schäden mit genauer Unterscheidung zwischen Ursachen und Folgen

– **Therapie**
 die Handlung, nach der zuerst die Ursachen der Schäden, dann die Folgeschäden beseitigt werden sollen.

Die Handhabung des Arbeitskanons soll am Beispiel der Sanierungsaufgabe *Küsterhaus* in Hochheim am Main dargestellt werden. (Als Architekten war die Planergruppe Hytrek, Thomas, Weyell und Weyell, als Ingenieur Friedrich Hofmann tätig; im Anamnese- und Diagnosebereich lieferte die Firma BEBAG, Hanau, wichtige Beiträge, die nachfolgend eingearbeitet sind.)

Das Küsterhaus ist Teil der Stadtbefestigung der Stadt Hochheim am Main, die im 16. Jahrhundert als Ersatz für eine Palisadenbefestigung errichtet wurde. Durch das Torhaus, das im 18. Jahrhundert verändert und mit einem Fachwerkhaus überbaut wurde, erfolgte die Erschließung der am Main liegenden Südstadt, deren einzige Anbindung es bis in die 80er Jahre war. Um die Verkehrsanbindung sicherzustellen, wurde die Toröffnung seit den 30er Jahren immer weiter vergrößert, bis das Sockelgeschoß maximal aufgerissen war und man noch eine zusätzliche Fußgängeröffnung schuf, um die Durchfahrt allein dem Fahrverkehr über-

Abb. 9.1.4
Der Torhaus neben der Barockkirche St. Peter und Paul in Hochheim am Main ist Teil der Befestigung des 16. Jahrhunderts; das Fachwerkgeschoß wurde im 18. Jahrhundert errichtet (Ansicht Stadtseite)

Abb. 9.1.5
Das massive Sockelgeschoß ist auseinandergebrochen, der untere Teil (im Bild links) hat sich um mehrere Zentimeter den Hang (nach links) hinunterbewegt

lassen zu können. Entsprechend den verbesserten Durchfahrmöglichkeiten siedelte sich in der Südstadt Gewerbe mit beträchtlich großen Fahrzeugen an, u. a. ein Kübeldienst, der mit seinen schweren Fahrzeugen das Tor ständig durchfahren mußte.

Im massiven Sockelgeschoß zeigten sich zuletzt armbreite Risse; das Fachwerkgeschoß mußte durch einen Stahlbock provisorisch gesichert werden. Schließlich mußte die Durchfahrt aus Sicherheitsgründen vollständig für den Fahrverkehr gesperrt werden.

Die Architekten erhielten den Auftrag zur Erstellung eines Bestands- und Entwicklungsgutachtens, das sie konkurrierend mit anderen Büros erarbeiteten. Als Grundlage stand ein Aufmaß sowie das Gutachten eines Statikers zur Verfügung, außerdem ein von letzterem angeregtes Bodengutachten. Das Bodengutachten gab Aufschluß über den – sehr problematischen – Baugrund. Der ganze Hügel mit Kirche und Küsterhaus besteht aus Tonmergel, einem bindigen Material, das bei Feuchtezufuhr breiig weich wird, beim Austrocknen Volumen verliert und breite Klüfte bildet. Der Statiker kam schließlich zu dem Ergebnis, daß die einzig sinnvolle Lösung der Abbruch und die Wiedererrichtung »in gleicher Form« sei. Hier haben sich der Verfasser und seine Kollegen verweigert. Sie erklärten, daß sie als Architekten nur zur Verfügung stünden, wenn es darum ginge, originale Bausubstanz soweit als möglich zu erhalten.

Abb. 9.1.6
Die untere Stützmauer läßt am Bewuchs erkennen, daß Wasser durchfiltriert. Am unteren Rand liegt ein Streifen des Fundaments frei

Hierzu wurde eine Untersuchung mit dem Ziel der Klärung der **Anamnesefrage** durchgeführt:

Was ist geschehen, wodurch ein seit mehreren Jahrhunderten existierendes Bauwerk in wenigen Jahrzehnten derart baufällig wurde, daß es nur noch durch den Stahlbock vor dem Einsturz bewahrt werden konnte?

Tatsache ist, daß das Gebäude von Anfang an auf dem problematischen Baugrund gestanden hat, der also nicht der alleinige Grund für den Niedergang sein konnte. Im Sinne der **Anamnese** ist folgendes geschehen:

Bereits zu Beginn des 20. Jahrhunderts wurde durch das Tor hindurch ein Kanal zur Südstadt verlegt. Die Kanalsohle liegt unterhalb der Fundamente des Hauses; der empfindliche Baugrund wurde also bereits damals erheblich gestört. Später kam eine Wasserleitung hinzu, deren Graben oberhalb der Fundamentsohle verlief. Die Wasserleitung war in der Folge mehrfach oberhalb des Küsterhauses gebrochen, wodurch unkontrollierte Mengen Wasser in den Baugrund eingedrungen sind.

Zur **Diagnose**:

Wie sich später bestätigt hat, war der Kanal in einem Kiesbett verlegt worden, wodurch außen am Rohr entlang mit einer Drainagewirkung zu rechnen war. Auf diese Weise konnte der durch das Wasser verflüssigte Tonmergel abfließen. Durch das Gewicht des Hauses wurde der aufgeweichte Boden zur Seite gedrückt, ein Teil floß ab, wodurch sich das Volumen allmählich verringerte. Das Gebäude sank daher in jeder Durchfeuchtungsphase pulsierend immer weiter ein und rutschte dabei den Berg hinunter, wodurch die armbreiten Risse erklärt werden können.

Wasser konnte aber auch bei jedem Regen in größeren Mengen über die Oberfläche in den Boden eindringen. Das große Kirchendach entwässerte auf die Platzfläche und konnte überall versickern. An der unterhalb des Küsterhauses gelegenen Stützmauer zeigten helle Auswaschungen sowie hellgrüner Bewuchs, daß das Wasser durch die Stützmauer durchfiltrierte. Am Fuß dieser Mauer fiel noch die grobere Ausführung des Mauerwerks auf. Es handelt sich dabei um Fundamentmauerwerk. Es zeigt an, daß die Straße in der Durchfahrt nachträglich um etwa 30 cm tiefer gelegt worden ist. Dadurch wurde die Einbindetiefe der Küsterhausfundamente in den Boden verringert. Der Unterschied im Feuchtegehalt zwischen Phasen der Durchfeuchtung und solchen der Austrocknung ist im Oberflächenbereich jedoch sehr viel stärker als bei tieferer Gründung.

Die *Therapie* hat Ingenieur Friedrich Hofmann in Abstimmung mit den Architekten und unter Beteiligung der ausführenden Firma entwickelt: Die Wasserleitung wurde im Bereich der Durchfahrt mit einem zusätzlichen Betonrohr umgeben und die Kirchendachentwässerung an den Kanal angeschlossen, und es wurde eine sichere Oberflächenentwässerung des Platzes hergestellt. Dabei wurde auch die Stützmauer durch Materialaustausch entlastet und mit einer Drainage versehen, und schließlich wurde das Küsterhaus tiefer gegründet und das Fundament verbreitert. Das Gebäude selbst wurde schließlich instand gesetzt und dabei die Durchfahrt – die Südstadt hat inzwischen eine andere Anbindung erhalten – auf ihr ursprüngliches Maß zurückgebaut.

Literatur:

[1] Friedrich Mielke: Die Zukunft der Vergangenheit. Deutsche Verlags-Anstalt, Stuttgart, 1975
[2] Klaus Pieper: Sicherung historischer Bauten. Ernst & Sohn, Berlin, 1983
[3] Sonderforschungsbereich (SFB) 315 der Universität Karlsruhe (Hrsg.): Arbeitshefte und Jahrbücher »Erhalten historisch bedeutender Bauwerke – Baugefüge, Konstruktionen, Werkstoffe«
[4] Gallus Rehm: Die konstruktive Sanierung der Pfarr- und Stiftskirche Sankt Martin zu Landshut 1946–1991. Festschrift, herausgegeben von: Kath. Kirchenstiftung Sankt Martin, Landshut

Abb. 9.1.7
Die Tordurchfahrt wurde nach der Sicherung wieder zurückgebaut. Ansicht Stadtseite mit St. Peter und Paul

9.2 Tragsysteme historischer Holzkonstruktionen, Modellbildungen und Berechnungsmöglichkeiten

9.2.1 Vorbemerkungen

Der statische Nachweis bei historischen Holzkonstruktionen bedarf stets besonderer Überlegungen, wie diese bei Neubauten meist nicht erforderlich sind. Nachfolgend werden Beispiele aus der Praxis dargestellt, für die zwar jeweils statische Berechnungen aufgestellt wurden, die hier jedoch nur in ihren Modellbildungen und Ergebnissen vorgestellt werden. Dieser Beitrag will keine Tragwerkslehre vermitteln, sondern zum Verständnis für die Bildung von Rechenmodellen beim Umgang mit historischen Tragwerken beitragen.

Ganz allgemein kann festgestellt werden, daß die alten Baumeister hervorragend und logisch konstruieren und bauen konnten.

Dies gilt zumindest für die Bauwerke, die uns überliefert wurden. Zum Unterschied zu Neubauten, bei denen der Ingenieur die Planung der Tragwerke vornimmt, gibt es bei dem Umgang mit historischer Bausubstanz zunächst nichts zu planen. Die Planung der Tragwerke hat ein anderer Meister vor uns gemacht. Wir können sie nur sorgfältig nachvollziehen. Insofern ist die Kenntnis über historische Baukonstruktionen bei der Bildung von angepaßten Rechenmodellen von besonderer Bedeutung.

Die Entwurfs- und Ausführungsmodalitäten von historischen Bauten sind heute nicht mehr bekannt. Möglicherweise waren sie niemals festgeschrieben, wie wir es heute gewohnt sind. Dies würde auch die Vielfalt der Konstruktionsvarianten alter Bauwerke erklären. Gleichwohl sind grundsätzliche Regeln erkennbar, die jedoch im allgemeinen nicht den heutigen »Regeln der Baukunst« (Stand der Technik) entsprechen.

Seit Menschen Behausungen bauen, war man sicher bemüht, eine gewisse Dauerhaftigkeit und Standfestigkeit zu erzielen. Diese Bemühungen bestimmten die regional vorhandenen Baumaterialien und Konstruktionsmethoden. Aus Erwartung und Enttäuschung entstand ein Erfahrungsschatz, der eine gewisse Allgemeingültigkeit gewann. Darin war auch das enthalten, was wir Statik nennen. Der Begriff Statik kommt im übrigen von dem alten griechischen Wort *Statikos*, das besagt »zum Stillstehen bringen«. Ein Bauwerk, bei dem die *Statik* nicht stimmt, kann nicht Stillstehen und muß einstürzen. (Nach Hörensagen soll dies schon vorgekommen sein.) Das »Stillstehen« allein genügte jedoch nie, denn man erwartete auch zu allen Zeiten von seinen Bauwerken eine gewisse Dauerhaftigkeit (Standsicherheit). In unserer heutigen Terminologie läßt sich dies wie folgt formulieren:

**Standsicherheit =
Standfestigkeit × Standsicherheitsbeiwert**

Nach den heute gültigen Regeln der Baukunst wird dieser Standsicherheitsbeiwert für die Aufstellung von statischen Berechnungen und die Bauausführung verbindlich vorgeschrieben.

Jedes vorhandene Bauwerk belegt allein dadurch, daß es noch steht, seine Standfestigkeit. Eine Aussage über seine Standsicherheit kann jedoch von daher nicht gemacht werden. Dies ist die besondere Schwierigkeit beim Umgang mit historischer Bausubstanz. Sie führt bei vielen Ingenieuren zu der Behauptung, daß man historische Konstruktionen nicht sachgerecht berechnen könne. Diese Behauptung zu widerlegen dient dieser Beitrag.

9.2.2 Historische Holzbalkendecken – Modellbildung und das Rechnen mit Systemen veränderlicher Gliederung

Betrachten wir erst einmal die historischen Holzbalkendecken. Auffällig ist bei den alten Holzbalkendecken, daß die Deckenbalken stets mehr breit als hoch anzutreffen sind. Nach unseren heutigen Vorstellungen erscheint dies so nicht richtig, weil die Tragfähigkeit des stehenden Querschnitts offensichtlich höher ist als die des liegenden Querschnitts. Ohne auf dieses Problem näher eingehen zu wollen: Es soll eine Faustformel gegeben haben, nach der das Verhältnis von $b:h$ sich in etwa wie $7:5$ verhalten sollte. In späteren Baupolizeiverordnungen, etwa um 1900, taucht genau das umgekehrte Verhältnis $b:h = 5:7$ auf [1]. Bei größeren Häusern mit größeren Stützweiten der Deckenbalken wurden dann ein oder auch mehrere Unterzüge angeordnet.

- *Statische Nachweise – ehemalige Winterschule*

Statische Nachweise einer Holzbalkendecke mit zwei Längsunterzügen werden am Beispiel einer 1825 im Odenwald errichteten sogenannten *Winterschule* dargestellt. Diese ehemalige Winterschule ist ein zweigeschossiges Fachwerkhaus mit einem Satteldach und liegenden Stühlen. Sie ist noch in der Tradition der dreizonigen hessisch-fränkischen Fachwerkhäuser erbaut, wie sie von Heinrich Walbe [17] beschrieben worden sind. Im linken Hausteil befanden sich sowohl im Erdgeschoß als auch im Obergeschoß je ein ca. 40 m² großer Klassenraum, während die rechte Hauszone vermutlich immer als Wohnung genutzt war.

Bei der Berechnung eines Trägerrostsystems wird die Verformung (Durchbiegung) der Deckenbalken und Unterzüge so berücksichtigt, daß sichergestellt ist, daß die Durchbiegung der Deckenbalken und Unterzüge an jedem Kreuzungspunkt gleich groß ist (Verträglichkeitsbedingung). [2], [11], [12]

In der Winterschule wurden die Kinder, die im Sommer auf dem Feld mithelfen mußten, im Winter unterrichtet. Entsprechend dieser Nutzung wurde die Holzbalkendecke zunächst für ein Eigengewicht von 1,85 kN (185 kg)/m² und eine Verkehrslast von 2,0 kN (200 kg)/m² untersucht.*) Die Ergebnisse

---

*) Seit Juli 1970 gelten für den amtlichen Schriftverkehr im Meßwesen neue Einheiten. Zum besseren Verständnis wird im folgenden neben der neuen Einheit kN (Kilonewton) die noch bis 1957 gültige Einheit kg verwendet. (Eine Masse von 100 kg erzeugt eine Kraft von 1 kN.)

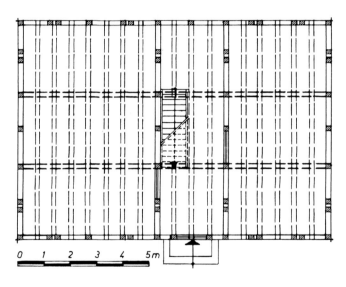

Ehemalige Winterschule

Abb. 9.2.1
Grundriß des Erdgeschosses

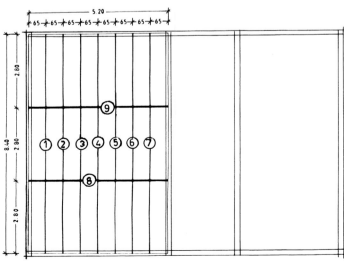

Abb. 9.2.2
Rechenmodell als Trägerrostsystem

Querschnitte der vorhandenen Holzbalkendecke:

Deckenbalken

(Stab 1 bis Stab 7) $b:h = 22:20$ cm

Trägheitsmoment $I = 14.667$ cm⁴

Widerstandsmoment $W = 1.467$ cm³

Unterzüge:

(Stab 8 und Stab 9) $b:h = 27:26,5$ cm

Trägheitsmoment $I = 41.872$ cm⁴

Widerstandsmoment $W = 3.160$ cm³

sind in der Abbildung 9.2.3 dargestellt, zum besseren Verständnis in drei untereinander liegenden Ebenen: die Verformungen (Durchbiegungen), die Biegemomente der Deckenbalken und die Biegemomente der Unterzüge.

Die DIN 1052 »Holzbauwerke, Berechnung und Ausführung« (Ausgabe 1965)*) läßt für Nadelholz Güteklasse II eine Biegespannung von 560 kN : 1.467 cm² = 0,38 kN/cm² = 1,0 kN/cm² (100 kg/cm²) zu. Mit den ermittelten Biegemomenten ergaben sich die maximal auftretenden Spannungen wie folgt:

Deckenbalken: σ = 560 kN : 1.467 cm² = 0,38 kN/cm² (38 kg/cm² < 100 kg/cm²)

Unterzüge σ = 3.380 kN : 3.160 cm² = 1,07 kN/cm² (107 kg/cm² ~ 100 kg/cm²)

*) Seit 1988 liegt eine neue Norm vor, deren erste Änderung von 1996 statt Güteklassen den Begriff Sortierklassen eingeführt hat

Abgesehen von der unerheblichen Spannungsüberschreitung in den Unterzügen ist die vorhandene Holzbalkendecke für die ursprüngliche Nutzung als Klassenräume hinreichend standsicher. Der Baumeister der ehemaligen Winterschule hat die Dimensionierung der Deckenbalken und der Unterzüge durchaus zutreffend vorgenommen.

Abb. 9.2.3
Vorhandene Decke in der Winterschule
Nutzung als Klassenraum
Eigengewicht 1,85 kN (185 kg)/m²
Verkehrslast 2,0 kN (200 kg)/m²

a) Verformungen (Durchbiegungen)
b) Biegemomente der Deckenbalken
c) Biegemomente der Unterzüge

Abb. 9.2.4
Vorhandene Decke in der Winterschule
Nur Eigengewicht 1,85 kN (185 kg)/m²

a) Verformungen (Durchbiegungen)
b) Biegemomente der Deckenbalken
c) Biegemomente der Unterzüge

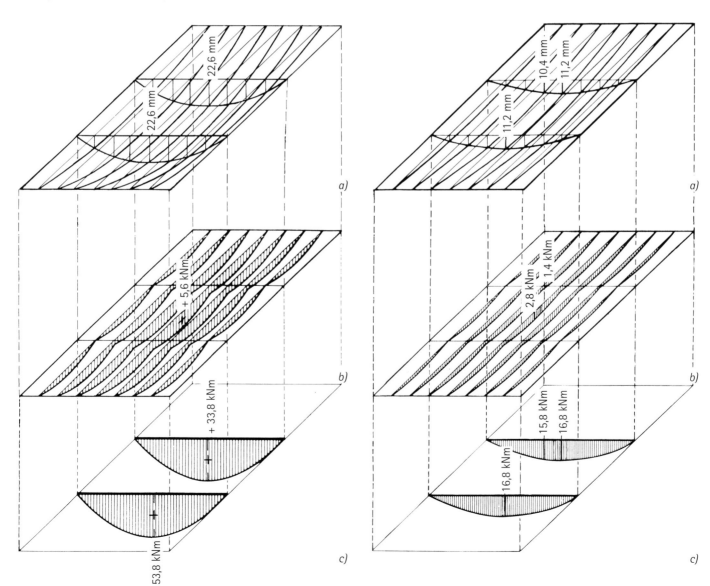

Wenngleich der Verfasser bereits 1980 diese Berechnungsmethode für historische Holzbalkendecken veröffentlicht hat [11], wird von vielen Ingenieuren immer noch mit dem falschen Berechnungsmodell von Durchlaufträgern für die Deckenbalken gerechnet, bei dem die an und für sich nachgiebigen Unterzüge als starre (unnachgiebige) Auflager betrachtet werden (Durchlaufträgermodell). Es ist aber leicht vorstellbar, daß aufgrund ihrer Nachgiebigkeit die Unterzüge den Lasten aus den Deckenbalken gleichsam auszuweichen versuchen, während die Deckenbalken selbst einen höheren Lastanteil zu tragen haben.

Das simple Rechenmodell mit der Annahme starrer Auflager der Deckenbalken auf den Unterzügen weist den Unterzügen immer zu hohe Lasten zu. Dadurch entsteht dann oft der Eindruck, sie seien zu schwach dimensioniert und müßten verstärkt werden. Nicht selten werden beiderseits der Unterzüge sogar Stahlprofile angebracht. Abgesehen davon, daß diese Maßnahme kein erfreulicher Anblick in einem alten Fachwerkhaus ist, entstehen auch Schwierigkeiten, gerade Stahlträger an durchgebogenen Unterzügen anbringen zu wollen. Im normalen Neubau unserer Zeit ist diese Berechnungsmethode mit Deckenplatten und Unterzügen noch weit verbreitet. Nichtsdestoweniger ist diese Methode, selbst wenn sie meist auf der sicheren Seite liegt, auch dort genauso falsch. [2], [11]

In der Abbildung 9.2.4 sind wie in der Abbildung 9.2.3 die Durchbiegung, die Biegemomente der Deckenbalken und die Biegemomente der Unterzüge jedoch nur für den Lastfall des Eigengewichts der vorhandenen Holzbalkendecke dargestellt.

Nachdem die Schule nicht mehr genutzt wurde, sollten die beiden Klassenräume zu einem kleinen Heimatmuseum ausgebaut werden. Für die Museumsnutzung waren mindestens 3,5 kN/m² (350 kg/m²) Verkehrslast nachzuweisen. Würde die Holzbalkendecke jedoch mit der für die Museumsnutzung erforderlichen Verkehrslast belastet, träte in den Unterzügen eine Spannungsüberschreitung von annähernd 50 % auf. Dies konnte auf keinen Fall vertreten werden.

Um trotzdem eine Museumsnutzung zu ermöglichen, waren weitere Überlegungen und Berechnungen erforderlich.

Bei der Museumsplanung war vorgesehen, einen kleineren Raum im Erdgeschoß durch eine nichttragende Rigipsständerwand abzuteilen (Abb. 9.2.5). Damit war es möglich, integrierend in die Ständerwand, eine Holzstütze unter dem Kreuzungspunkt des Deckenbalken (Stab 3) und dem Unterzug (Stab 9) in das durch das Eigengewicht verformte (durchgebogene) Deckensystem einzubauen. Entsprechend der Abbildung 9.2.4 a beträgt die rechnerische Durchbiegung durch Eigengewicht an diesem Punkt 10,4 mm. Diese zusätzliche Stütze war paßgenau so einzubauen, daß sie gerade kraftschlüssig unter dem Unterzug zu stehen kam.

Von dem Einbau der Stütze bemerkte die Decke zunächst noch nichts. Jedoch beim Auftreten der Verkehrslast kann sich der Unterzug an dieser Stelle nicht mehr weiter durchbiegen.

Für die Verkehrslast gilt also ein anderes statisches Rechenmodell (Abb. 9.2.6) (Trägerrost mit einem zusätzlichen Auflager des einen Unterzuges) als für die Eigengewichtslasten der Decke.

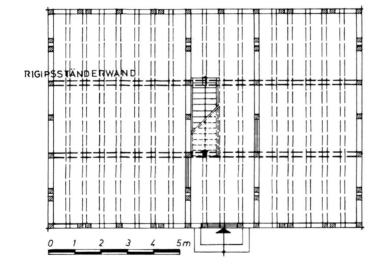

Abb. 9.2.5
Grundriß mit Rigipsständerwand

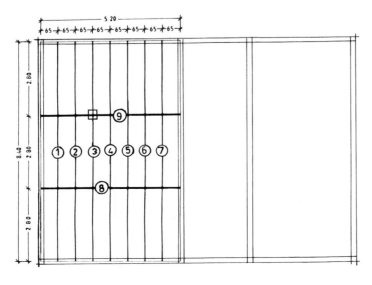

Abb. 9.2.6
Rechenmodell mit Holzstütze

Der Statiker bezeichnet diesen Wechsel des Rechenmodells als *System veränderlicher Gliederung*. Dazu noch zwei Bemerkungen:

- Wenn bereits zuvor der Vorteil des Trägerrostmodells gezeigt werden konnte, so wird an dieser Stelle erneut deutlich, daß sich der höhere Rechenaufwand mit komplexeren Modellen lohnt, denn mit dem einfacheren Durchlaufträgermodell kann ein solches Vorgehen zur Traglasterhöhung überhaupt nicht erfaßt werden.

- Diese Vorgehensweise ist keine statische Spielerei, sondern hat natürlich zum Ziel, die vorhandene Decke mit möglichst geringem Aufwand und geringsten Eingriffen in die vorhandene historische Bausubstanz in ihrer Tragwirkung zu verbessern. Daß dies gelingt, wird nachfolgend nachgewiesen.

Die Durchbiegungen sowie auch die Biegemomente der Deckenbalken und der Unterzüge beim Auftreten einer Verkehrslast auf dem veränderten Tragsystem sind in der Abbildung 9.2.7 dargestellt.

Abb. 9.2.7
Vorhandene Decke in der Winterschule
Nutzung als Museum
Nur Verkehrslast 3,5 kN (350 kg)/m²
System mit Stütze

a) Verformungen (Durchbiegungen)
b) Biegemomente der Deckenbalken
c) Biegemomente der Unterzüge

Abb. 9.2.8
Vorhandene Decke in der Winterschule
Nutzung als Museum
Überlagerung
Eigengewicht 1,85 kN (185 kg)/m² ohne Stütze
Verkehrslast 3,5 kN (350 kg)/m² mit Stütze

a) Verformungen (Durchbiegungen)
b) Biegemomente der Deckenbalken
c) Biegemomente der Unterzüge

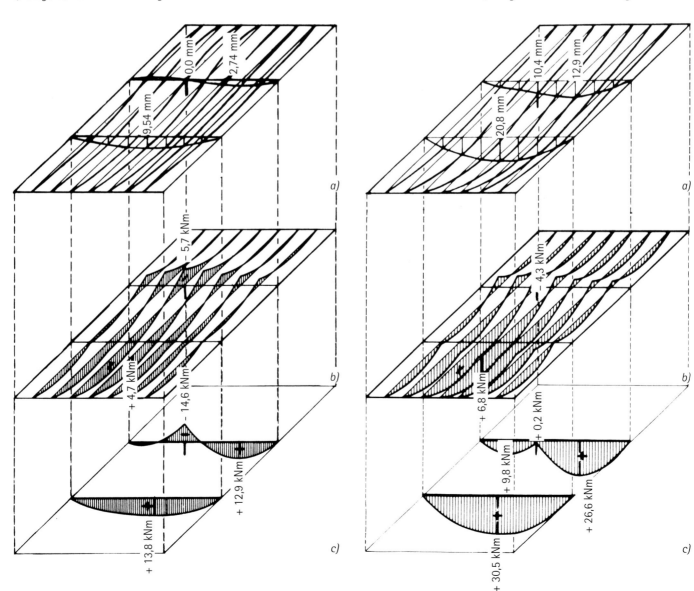

Es zeigt sich, daß das vorhandene Deckensystem nach der Einstellung einer Stütze unter nur einem Unterzug zu einem völlig veränderten Tragverhalten führt. Sieht man von der sehr geringen Normalkraft-Verkürzung ab, so ist die Durchbiegung über der Stütze in der Tat gleich Null, und der Unterzug (Stab 9) wirkt wie ein Zweifeldträger (negatives Stützmoment). Auch die betroffenen Deckenbalken bilden über der Stütze negative Momente aus. Durch die wesentlich größere Steifigkeit im Bereich der eingestellten Stütze wird auch der andere Unterzug (ohne Stütze) nicht unerheblich entlastet.

Die für die endgültige Durchbiegung und Beanspruchung maßgeblichen Schnittlasten erhält man durch die Überlagerung (vorzeichengerechte Addition) der Werte aus Eigengewicht (Abb. 9.2.4) und aus Verkehrslast (Abb. 9.2.7). Diese Ergebnisse sind in der Abbildung 9.2.8 dargestellt.

Die Berechnung nach dem Modell des Systems veränderlicher Gliederung ergab, daß selbst bei der erheblich größeren Verkehrslast für eine Museumsnutzung die vorhandene Holzbalkendecke ausreichend standsicher ist. Die zulässigen Biegespannungen sind eingehalten:

Deckenbalken: σ = 680 kN : 1.467 cm^2 = 0,46 kN/cm^2
(46,4 kg/cm^2 < 100 kg/cm^2)

Unterzüge: σ = 3.050 kN : 3.160 cm^2 = 0,97 kN/cm^2
(96,5 kg/cm^2 < 100 kg/cm^2)

Dieses Beispiel zeigt sehr deutlich den Vorteil dieser Berechnungsmethode, die – nebenbei bemerkt – auch die geringsten Kosten zur Herstellung der Standsicherheit ergab.

Auf diesem Wege, die auftretenden Spannungen in bezug zu den jeweils gültigen DIN-Vorschriften zu setzen, wird auch die Frage nach dem zuvor beschriebenen, unbekannten *Sicherheitsbeiwert* einer bestehenden alten Holzkonstruktion umgangen. In den vorgeschriebenen zulässigen Spannungen sind bereits alle relevanten Sicherheiten berücksichtigt.

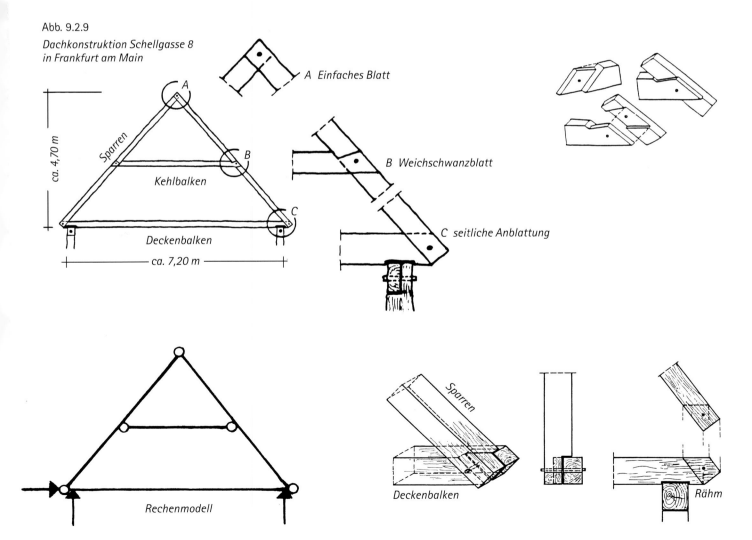

Abb. 9.2.9
Dachkonstruktion Schellgasse 8 in Frankfurt am Main

A Einfaches Blatt
B Weichschwanzblatt
C seitliche Anblattung

9.2.3 Modellbildung zur Berechnung historischer Dachwerke

Während sich bei der statisch-konstruktiven Funktion der Fachwerkwände grundsätzliche Veränderungen nur beim Übergang von der *Ständerbauweise* zur *Rähmbauweise* vollzogen hat (etwa zwischen dem 13. und 15. Jahrhundert), sind statisch-konstruktive Funktionsveränderungen in den Dachwerken ständig vorgenommen worden. [3], [4], [6], [7], [13], [17]

Man kann getrost davon ausgehen, daß die Baumeister zu allen Zeiten nicht grundlos Veränderungen an überkommenen Konstruktionsprinzipien vorgenommen haben, wenn sie sich nicht verbesserte Tragwirkungen davon versprochen hätten. Da uns nur noch wenige Dachwerke aus dem 13. bis 14. Jahrhundert überliefert wurden, kann die Entwicklungsgeschichte der statisch-konstruktiven Tragfunktionen nur an den wenigen bekannten Beispielen nachvollzogen werden.

Eines der ältesten Dachwerke befindet sich auf dem *Ständerbau* des Hauses Schellgasse 8 in Frankfurt am Main, Bauzeit 1292 (Abb. 9.2.9, Seite 121).

Alle Hölzer der Dachkonstruktion sind miteinander verblattet und jeweils mit einem Holznagel gesichert. Nach unseren heutigen Statiktheorien treten in den Sparren und den Kehlbalken aus der Dachbelastung Druckkräfte und in den Deckenbalken aus dem Dachschub Zugkräfte auf. Diesem Dachschub konnten die Holznägel am Anschluß des Sparrens, die seitlich an die Deckenbalken angeblattet waren (Fußpunkt), nicht standhalten. Bei der 1988 durchgeführten Sanierung zeigte sich, daß jeweils auf einer Seite der Holznagel gebrochen war.

Möglicherweise hatten die alten Meister eine andere Vorstellung von der Tragwirkung dieser Dächer, sonst hätten sie wahrscheinlich den Anschluß der Kehlbalken nicht mit einem Weichschwanzblatt ausgeführt, denn ein Weichschwanzblatt kann auch gewisse Zugkräfte übertragen. Ganz abgesehen davon, daß die Verblattung in allen Teilen der Ständerbauten angewandt wurde. Daß das Dach nicht eingestürzt ist, verdankt es wahrscheinlich jedoch diesem Weichschwanzblatt-Anschluß, denn bei Ausfall des Fußpunktanschlusses entstehen in der Tat in den Kehlbalken Zugkräfte.

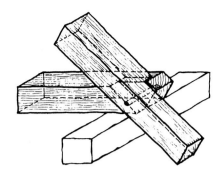

Abb. 9.2.10
Dachüberstand Schellgasse 8

Das Haus Schellgasse 8 hatte ursprünglich einen Dachüberstand, dies konnte bei der örtlichen Bestandsuntersuchung aufgrund der erkennbaren Schnittflächen festgestellt werden.

Dieser Dachüberstand (Abb. 9.2.10) wurde bei der 1988 durchgeführten Sanierung wiederhergestellt. Der kraftschlüssige Anschluß der Sparren an die Deckenbalken wurde durch Stahlanschlußteile so ausgeführt, daß der alte (nicht funktionierende) Anschluß als Zeitdokument erhalten bleiben konnte. Im übrigen wurden alle alten Hölzer, soweit wie möglich, bei der Gesamtsanierung weiter verwendet.

Man wird wohl davon ausgehen können, daß die Baumeister dieser Zeit recht frühzeitig diesen konstruktiven Mangel des Fußpunktanschlusses erkannt haben, denn in dem Dachwerk von 1340 (dendrochronologisch datiert) in der Burg Crass in Eltville (Abb. 9.2.11) ist bereits eine Weiterentwicklung dieses Fußpunktes, bei Beibehaltung der übrigen Konstruktionsdetails, festzustellen.

Durch die Verlängerung der Deckenbalken um eine entsprechende Vorholzlänge konnte der Sparrenanschluß mit einem Druckversatz zur Aufnahme des Dachschubs hergestellt werden. Dadurch wurde die Anordnung von Aufschieblingen zwingend erforderlich. Diese Ausführung entspricht bereits voll den heutigen Kenntnissen des Kräfteverlaufes eines Kehlbalkendaches.

Gleichzeitig mit dem Übergang vom *Ständerbau* zur *Rähmbauweise* wurde auch die Verblattung zugunsten der Verzapfung aufgegeben. Dies galt gleichermaßen für die Dachkonstruktionen, jedoch mit Ausnahme der Firstverbindung, die weiterhin verblattet oder als Scheerzapfen ausgeführt wurde.

Zunächst wird ein einfaches gotisches Kehlbalkendach (Abb. 9.2.12) bezüglich seiner statisch-konstruktiven Funktion untersucht. Dazu wird das bei Friedrich Ostendorf abgebildete Dachwerk mit den dort angegebenen Abmessungen und Querschnitten zugrunde gelegt. [13]

Mit dem in der Abbildung 9.2.12 angegebenen Rechenmodell wird vor allem der Lastfall Wind untersucht.

Bei einer Windgeschwindigkeit von ca. 130 km/Std. (0,8 kN/m^2 = 80 kg/m^2 Staudruck) beträgt die rechnerische Verformung ca. 21 cm. Solch große Verformungen werden wohl Dächer mit Weichdeckungen (Stroh-, Reet-Bedachungen oder auch Lehmschindeln mit Strohpuppen) schadlos ausgehalten haben, nicht aber Dächer mit Hartdeckung (Steinplatten, Ziegel oder Schiefer), die sicherlich zumindest undicht geworden wären, wenn die Verformungen nicht sogar zu größeren Schäden geführt hätten.

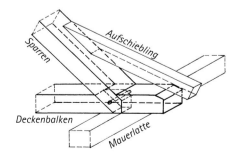 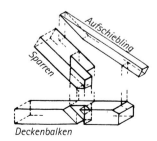

Abb. 9.2.11
Dachwerk Burg Crass in Eltville

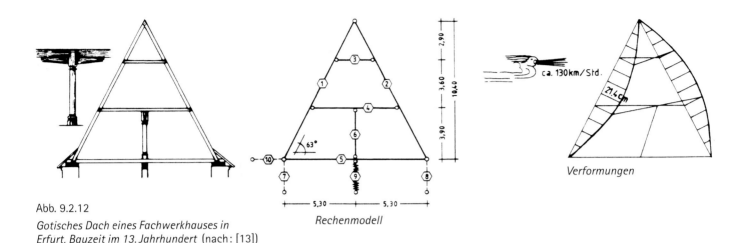

Abb. 9.2.12
Gotisches Dach eines Fachwerkhauses in Erfurt, Bauzeit im 13. Jahrhundert (nach: [13])

Rechenmodell

Verformungen

Ohne sich in größere Spekulationen zu begeben, wird dies wohl der Grund gewesen sein, daß in der Spätgotik die ersten Dächer mit Stühlen und Längspfetten anzutreffen sind. Mit dieser Weiterentwicklung wollte man möglicherweise den großen Verformungen entgegenwirken. Die ersten liegenden Stühle waren zunächst Stühle ohne Windbügen (Kopfbänder, siehe Abb. 9.2.13).

Von der statischen Funktion haben wir es hier mit zwei unterschiedlichen Tragsystemen zu tun. Einmal handelt es sich um das bekannte Kehlbalkendach, auch Sparrendach mit verschieblichen Riegeln genannt, und zum anderen um das Kehlbalkendach mit liegendem Stuhl, ohne Kopfbänder.

Das in der Abbildung 9.2.14 dargestellte Dachwerk ist die fiktive Weiterentwicklung mit liegenden Stühlen des in der Abbildung 9.2.12 dargestellten Kehlbalkendaches, jedoch ohne die Stuhlwand, die ohnehin keinen Beitrag zur Ablastung der Windlast leisten kann, wie im Verformungsbild der gleichen Abbildung erkennbar ist.

Während das Kehlbalkendach ein stabiles System ist, sind die liegenden Stühle allein ein labiles System (eine kinematische Kette), wie in der Abbildung 9.2.14 unter a) und c) dargestellt ist. Diese labilen Stühle, ohne Kopfbänder (früher auch Windbügen genannt) stehen nun in dem stabilen Sparrendachsystem und werden somit durch dieses stabilisiert. Die beiden punktierten Verbindungen A–A und B–B (Abb. 9.2.14 b) symbolisieren diese Stabilisierung.

Bezogen auf die in der Abbildung 9.2.14 definierte Belastungsbreite, wurde das System mit dem in der Abbildung 9.2.15 dargestellten Rechenmodell für alle anfallenden Belastungsfälle (Eigengewicht, Schneelasten, Verkehrslasten auf den Kehlbalkenlagen und Windlast) statisch untersucht, wobei entsprechend der Belastungsbreite fünf Sparrengespärre und ein liegender Stuhl in Ansatz gebracht wurden.

Sieht man von möglichen geringfügigen Nebentragwirkungen ab, so zeigt sich, daß die labilen Stühle ohne Kopfbänder dadurch, daß sie durch das stabile Kehlbalkendachsystem stabilisiert werden, in der Lage sind, symmetrische Lasten (Eigengewicht, symmetrische Verkehrslasten, Schneevoll-Lasten) anteilig aufzunehmen. Sie können jedoch keine asymmetrischen Lasten (Windlast) oder

Abb. 9.2.13
Kehlbalkendächer mit liegenden Stühlen, ohne Kopfbänder (nach [18] und [19])

Miltenberg 1470

Seligenstadt 1480

Büdingen 1609

Laubach 1624

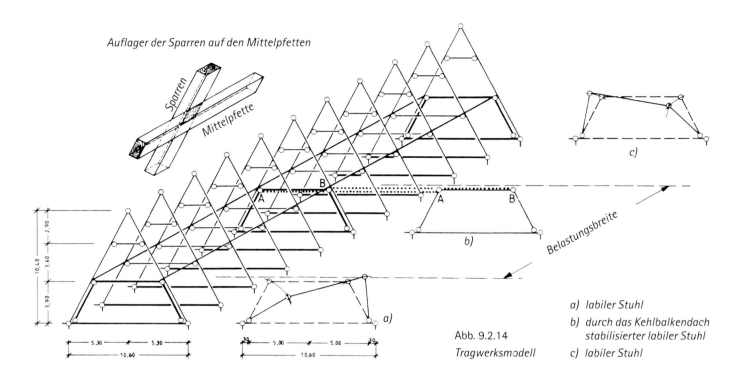

Abb. 9.2.14
Tragwerksmodell

a) labiler Stuhl
b) durch das Kehlbalkendach stabilisierter labiler Stuhl
c) labiler Stuhl

antimetrischen Lasten (einseitige Schnee- oder halbseitige Verkehrslasten) aufnehmen, während alle asymmetrischen und antimetrischen Lastfälle ausschließlich von den Gespärren des Kehlbalkendaches übernommen werden müssen. Wenn also die liegenden Stühle als labiles System keine Windlasten übernehmen können, kann sich auch die Verformung gegenüber dem Tragsystem der Abbildung 9.2.12 nicht verändern. Das hat auch die durchgeführte statische Berechnung ergeben.

Wenn es also stimmen würde, daß die alten Meister durch den Einbau von liegenden Stühlen in den gotischen Kehlbalkendächern, die großen Verformungen unter Windlasten zu reduzieren versuchten, so wurden sie wohl sehr enttäuscht. Jedoch entstehen durch Erwartung und Enttäuschung auch stets Weiterentwicklungen.

Eine solche Weiterentwicklung war dann der Einbau von Kopfbändern in die liegenden Stühle. Wenn man früher diese Kopfbänder als Windbügen bezeichnete, weist dies darauf hin, daß die alten Meister etwas gegen die großen Windverformungen unternehmen wollten.

Mit dem Einbau von Kopfbändern in die liegenden Stühle entstand nun ein zweites stabiles, rahmenartiges Tragsystem im Gesamttragwerk des Daches, das sich an der Aufnahme **aller** anfallenden Belastungen beteiligen konnte.

Erst mit dem Einbau von Kopfbändern in die liegenden Stühle konnten die ursprünglich großen Verformungen von 21,4 cm auf 4,3 cm reduziert werden (Abb. 9.2.16).

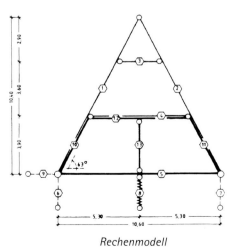

Rechenmodell

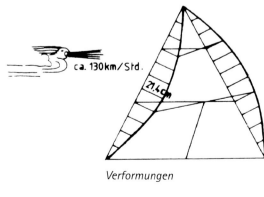

Verformungen

Abb. 9.2.15
Kehlbalkendach mit liegendem Stuhl, ohne Kopfbänder

Ergebnis der Berechnung für alle Belastungsfälle

9.2 Tragsysteme historischer Holzkonstruktionen, Modellbildungen und Berechnungsmöglichkeiten

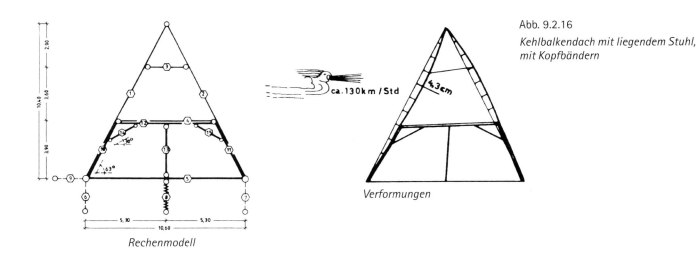

Abb. 9.2.16
Kehlbalkendach mit liegendem Stuhl, mit Kopfbändern

Rechenmodell

Verformungen

Mit der Entwicklung eines zweiten stabilen Tragwerks in Form des liegenden Stuhles mit Kopfbändern gewinnen auch die Längspfetten, die häufig auch fälschlich als »Stuhlrähm« [5] bezeichnet werden, eine andere Qualität. Durch diese Längspfetten, die meist in der Dachneigung liegend angeordnet wurden, werden die Sparren elastisch unterstützt (siehe Detail-Skizze, Abb. 9.2.14).

Durch die Ablastung der Längspfetten auf die zwar stabilen Stühle mit Kopfbändern, die sich jedoch unter Belastung auch selbst noch elastisch verformen (ca. 4,3 cm Verformung bei Windlast) entsteht ein komplexes räumliches Gesamt-Tragsystem (Abb. 9.2.17).

Bei dem Rechenmodell für das Gesamt-Dachwerk mit liegenden Stühlen wurde die zusätzliche, relativ geringe, verformungsabhängige Tragwirkung durch die Längspfetten und die Stühle vernachlässigt. Die nachvollziebaren Ergebnisse liegen somit ziemlich auf der sicheren Seite.

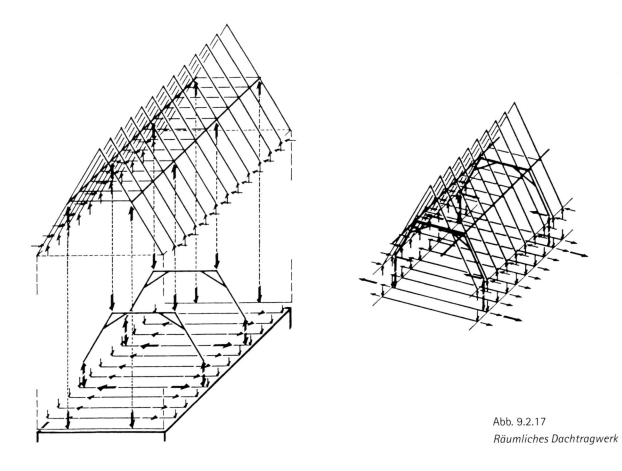

Abb. 9.2.17
Räumliches Dachtragwerk

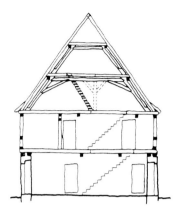

Michelstadt / Odw. 1561

Abb. 9.2.18
Kombination von Kehlbalkendächern mit liegenden Stühlen ohne und mit Kopfbändern (nach [19])

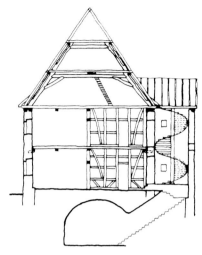

Burgmannenhaus in Runkel / Lahn 16. Jh.

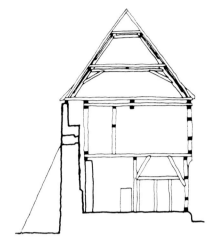

Burg Breuberg / Odw. 17. Jh.

Wenngleich, wie zuvor nachgewiesen, die liegenden Stühle ohne Kopfbänder keine Verringerung der Verformung des Daches unter Windlast erbringen konnten, wurde diese Konstruktion noch bis ins 17. Jahrhundert ausgeführt (Abb. 9.2.13). Oft sind auch noch Dachwerke in Kombination von liegenden Stühlen ohne Kopfbänder und liegenden Stühlen mit Kopfbändern anzutreffen. Im 18. Jahrhundert hatten sich jedoch die liegenden Stühle mit Kopfbändern und verzapften Anschlüssen weitgehend durchgesetzt.

Während die Längsaussteifung der gotischen Kehlbalkendächer nur über Windrispen-Bretter vorgenommen wurde, konnte bereits bei den Kehlbalkendächern mit liegenden Stühlen ohne Kopfbänder (Abb. 9.2.15) die Längsaussteifung durch in der Dachneigung liegende Andreas-Kreuze, oder auch andere Konstruktionen, wie z.B. Streben oder auch Windbügen, sehr vorteilhaft hergestellt werden.

Diese und auch andere Weiterentwicklungen wurden von Rolf Reutter in [15] in vorzüglicher Weise dargestellt (Abb. 9.2.19).

Bei dem in der Abbildung 9.2.20 dargestellten Mansarddach sind die statischen Zusammenhänge genau umgekehrt wie bei dem Kehlbalkendach mit liegenden Stühlen ohne Kopfbänder (Abb. 9.2.15). Bei dem Mansarddach sind die Sparrengespärre das labile System, das jedoch durch die stabilen liegenden Stühle mit Kopfbändern stabilisiert wird.

Das Mansarddach-Gespärre allein ist ein labiles System (Abb. 9.2.21 a), wie die liegenden Stühle ohne Kopfbänder (Abb. 9.2.14 a und b) kann es keinerlei Kräfte aufnehmen. Erst wenn es durch den stabilen Stuhl mit Kopfbändern stabilisiert wird, wie dies in der Abb. 9.2.21 b dargestellt (symbolisiert durch die punktierten Verbindungsstäbe), ist es in der Lage, symmetrische Lasten, wie Eigengewicht und Schneevollast (Verkehrslasten treten bei dem dargestellten Mansarddach nicht auf) abzulasten. Unsymmetrische Lastfälle, wie Schnee halbseitig und Windlast, können ausschließlich von den Stühlen aufgenommen werden.

Es ist immer wieder erstaunlich festzustellen, wie sicher die alten Baumeister konstruiert und auch dimensioniert haben. Es gab wohl gewisse Regeln, die uns heute jedoch nicht bekannt sind. Aufbauend auf Erfahrung und Tradition, wurden häufig sehr komplexe Tragwerke errichtet, die wir mit all unseren Theorien und Computern nur sehr mühsam nachvollziehen können. Dabei spielen die Modellbildungen, die dem natürlichen Tragverhalten möglichst eng angepaßt sein sollten, eine wesentliche Rolle.

Zu allen Zeiten erwartete man von seinen Bauwerken eine gewisse Dauerhaftigkeit und Standfestigkeit. Implizit war somit die Statik *(zum Stillstehen bringen)* bereits vorhanden, selbst wenn die damaligen Baumeister ihre Bauwerke noch nicht berechnen konnten, da die entsprechenden Theorien erst viel später entwickelt wurden. [16] Ein Gebäude, bei dem die Statik nicht stimmt, muß einstürzen. Es war durchaus nicht selten, daß Bauwerke bereits während der Bauzeit zusammengebrochen sind. Jedoch lernte man damals sehr schnell daraus, wie man am besten nicht bauen sollte.

Bei dem Umgang mit denkmalgeschützten historischen Bauten und deren Sanierung entstehen sowohl für Architekten als auch für Ingenieure ungewöhnliche Anforderungen und Aufgabenfelder, wie diese bei Neubauten normalerweise selten oder nie erforderlich sind.

Durch die Vielzahl der Objekte sowie die Unterschiedlichkeit der Problemlösungen und der einzusetzenden Methoden ist systematische Arbeit im Bereich der Denkmalpflege nötiger als in allen anderen Zweigen des Baugeschehens. Erhaltung originaler Bausubstanz sollte bei der Vielfalt der unersetzbaren Geschichtszeugnisse oberstes Gebot sein.

Architekten und Ingenieure werden oft in abenteuerlicher Weise vor immer neue Probleme gestellt. Jeder Einzelfall muß jeweils neu erarbeitet werden. Jedoch gerade von dieser Vielfältigkeit geht eine Faszination aus, sich darum zu bemühen, daß wir dem ursprünglichen Gehalt unserer beiden Berufe, Baumeister zu sein, wieder näher gebracht werden.

9.2 Tragsysteme historischer Holzkonstruktionen, Modellbildungen und Berechnungsmöglichkeiten

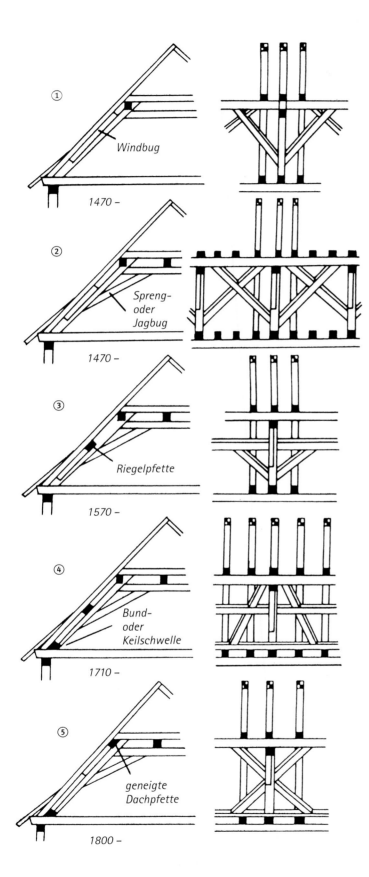

Abb. 9.2.19
Die Entwicklung des liegenden Stuhls (aus: [15])

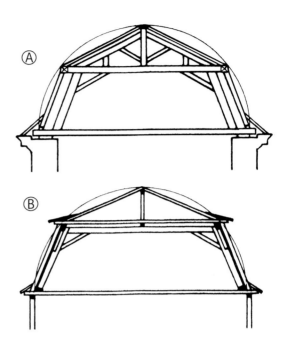

Abb. 9.2.20
Das Mansarddach, Erfinder Jules Mansart 1646 bis 1708

A) Mansardendach frei nach Diderot und d'Alembert »Charpenterie Figur 87«, Reprint 1761

B) Mansardendach des 18. und 19. Jahrhunderts

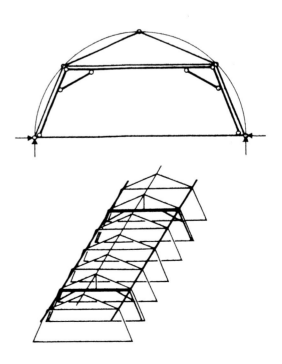

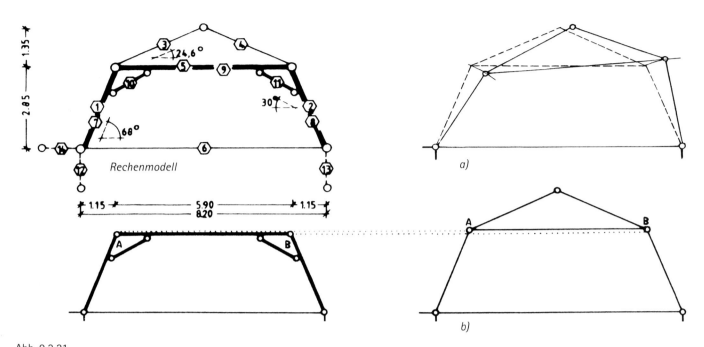

Abb. 9.2.21
Mansarddach
a) Mansarddach-Gespärre (labil)
b) Stabilisation durch Stuhl mit Kopfbändern

Literatur:

[1] Ahnert, Rudolf/Krause, Karl-Heinz: Typische Baukonstruktionen von 1860 bis 1940, Verlag für Bauwesen, Berlin Band 1, 4. Aufl. 1994
[2] Benninghoven, Hans: Trägerrostberechnung als Beitrag zur Fachwerkstatik. Bauen mit Holz, Heft 12/1985 Bruderverlag, Karlsruhe
[3] Binding, Günther/Mainzer, Udo/Wiedenau, Anita: Kleine Kunstgeschichte des deutschen Fachwerkbaus. Wissenschaftliche Buchgesellschaft, Darmstadt 4. Aufl. 1989
[4] Binding, Günther: Das Dachwerk auf Kirchen im deutschen Sprachraum vom Mittelalter bis zum 18. Jahrhundert. Deutscher Kunstverlag, München 1991
[5] Binding, Günther: Fachwerkterminologie für den historischen Holzbau, Fachwerk Dachwerk. 38. Veröffentlichung der Abteilung Architekturgeschichte des Kunsthistorischen Instituts der Universität zu Köln 1990
[6] Deinhard, Martin: Systembedingte Schäden an Dachwerken. Deutsches Zentrum für Handwerk und Denkmalpflege, Propstei Johannesberg, Fulda 1996
[7] Gerner, Manfred: Fachwerk, Entwicklung, Gefüge, Instandsetzung. Deutsche Verlags-Anstalt, Stuttgart 7. Aufl. 1994
[8] Gerner, Manfred: Historische Häuser erhalten und instand setzen. Augustus Verlag, Augsburg 2. Aufl. 1991
[9] Gerner, Manfred: Handwerkliche Holzverbindungen der Zimmerer. Deutsche Verlags-Anstalt, Stuttgart 2. Aufl. 1992
[10] Graefe, Rainer: Zur Geschichte des Konstruierens. Deutsche Verlags-Anstalt, Stuttgart 1989
[11] Hofmann, Friedrich: Statik von Fachwerk-Bauten. In: Deutsche Bauzeitung DBZ Heft 3/1980
[12] Hofmann, Friedrich: Historische Holzkonstruktionen. In: Deutsches Architektenblatt Forum-Verlag, Stuttgart Heft 5/1990
[13] Ostendorf, Friedrich: Die Geschichte des Dachwerks (Reprint von 1908). Edition »libri rari«, Th. Schäfer, Hannover 1982
[14] Pieper, Klaus: Sicherung historischer Bauten. Wilhelm Ernst & Sohn, Berlin 1983
[15] Reutter, Rolf: Haus und Hof im Odenwald. Form, Funktion und Geschichte. Arbeitsgemeinschaft der Geschichts- und Heimatvereine im Kreis Bergstraße, Geschichtsblätter Kreis Bergstraße, Sonderband 8, Heppenheim, Verlag Laurissa, Lorsch 1987
[16] Straub, Hans: Die Geschichte der Bauingenieurkunst, Birkhäuser, Basel 4. Aufl. 1996
[17] Walbe, Heinrich: Das hessisch-fränkische Fachwerk, Verlag der Brühlschen Universitätsdruckerei, Gießen-Wieseck 2. Aufl. 1979
[18] Winter, Heinrich: Das Bürgerhaus in Oberhessen. Verlag Ernst Wasmuth, Tübingen 1965
[19] Winter, Heinrich: Das Bürgerhaus zwischen Rhein, Main und Neckar. Verlag Ernst Wasmuth, Tübingen 1961

9.3 Die Zusammenarbeit von Architekt und Ingenieur in der Denkmalpflege

Komplizierte Aufgaben einer ingenieurmäßigen Denkmalpflege fordern ein Überdenken der Zusammenarbeit, wie sie sich zwischen Architekten und Ingenieuren entwickelt hat. In einer großen Zahl der Fälle findet eine Zusammenarbeit tatsächlich kaum statt, wie am Beispiel einer alltäglichen Neubauplanung dargestellt werden kann.

Ein konstruktiv nicht sehr aufregendes Wohnhaus erfordert vom Architekten erst einmal einen Entwurf. So entwickelt er Grundriß und räumliches Gefüge. Spätestens bei der erforderlichen Dimensionierung eines Trägers oder einer Stütze kommt der Gedanke, daß man ja auch noch einen Statiker benötigt. Man bittet um ein Angebot, das man spätestens dann weiterleitet, wenn der Entwurf fertig ist. Dann kann der Ingenieur schnell noch die statische Berechnung erstellen, damit der Bauantrag eingereicht werden kann.

Diese Art der *Zusammenarbeit* ist natürlich auch bei einer einfachen Neubauplanung eine Fehlentwicklung. Sie macht den Ingenieur zum Erfüllungsgehilfen und nimmt ihm einen Teil seiner Verantwortung ab. Wenn der in der Einleitung zum Abschnitt 9.1 zitierte Tragwerksplaner erklärt hat, eigentlich bedürfe es eines Besuchs der Baustelle überhaupt nicht, so zeigt diese Einschätzung sehr gut den Verfall seines Verantwortungsgefühls und seine Distanz zur Bauaufgabe.

Spätestens bei einer Sicherungsmaßnahme am gefährdeten Denkmal wird eine solche Position völlig unhaltbar. Instandsetzungs- und Sicherungsmaßnahmen an Baudenkmalen bedürfen einer intensiven Zusammenarbeit nicht nur von Architekten und Ingenieuren, sondern auch mit den Denkmalschutzbehörden sowie anderen Beteiligten. Voraussetzung für eine solche Zusammenarbeit ist ein »Bodensatz« an Grundlagenwissen aus den jeweils anderen Bereichen sowie die Bereitschaft, sich auf das Unikat des Denkmals sowie die Unwägbarkeiten eines interdisziplinären Zusammenwirkens einzulassen.

Vom Ingenieur ist zu fordern, daß ihm grundsätzliche Wirkungsweisen historischer Tragwerke geläufig sind und daß er in der Lage ist, sich objektbezogen auf heute nicht mehr gebräuchliche Konstruktionen einzustellen, ihre ursprüngliche Wirkungsweise von späteren Veränderungen zu unterscheiden sowie verträgliche Sanierungsmethoden zu entwickeln, die die Eingriffe minimieren und die historischen Konstruktionen sinnvoll ergänzen, ohne sie *ad absurdum* zu führen.

Der Denkmalpfleger muß in der Lage sein, konstruktive Sanierungsvorschläge kritisch zu überprüfen und notfalls prinzipielle Gegenvorschläge zu machen, die den Gegebenheiten des historischen Gefüges vielleicht zuträglicher sind. Er muß darüber wachen, daß der Zeugniswert nicht unnötig vermindert und die Konstruktion nicht durch orthodoxen Schematismus ge- oder zerstört wird. Dazu muß er über Grundkenntnisse im konstruktiven Bereich verfügen.

Der Architekt schließlich muß seine Vorstellungen mit denen aller anderen Beteiligten immer wieder in Einklang zu bringen versuchen, sich kritisch mit den konstruktiven wie restauratorischen Problemen auseinandersetzen und letztlich dafür sorgen, daß das Ergebnis eine integrierte Gesamtlösung ist. Unter seiner Leitung müssen die verschiedenen Maßnahmen schließlich auf der Baustelle umgesetzt werden. Diese Aufgabe kann er nicht lediglich moderierend zwischen den sektoral Teilverantwortlichen erfüllen. Statt dessen muß er »Herr des Verfahrens« sein, Träger der fachlichen Gesamtverantwortung, und dies kann er nicht sein, wenn er Teile der Arbeit »seiner« Sonderfachleute selbst nicht versteht.

Konstruktive Lösungen komplexer Aufgaben, für die es bisweilen keine unmittelbar übertragbaren Vorbilder gibt, entstehen in der eng verzahnten und rückkoppelnden Zusammenarbeit. Die Arbeit am Küsterhaus Hochheim war ein Beispiel dafür, die an der benachbarten Pfarrkirche St. Peter und Paul ein anderes. Die konstruktive Sicherung der Barockkirche wird in Abschnitt 9.4 dargestellt.

9.4 Beispiele

9.4.1 St. Peter und Paul, Hochheim am Main

Die Südfront der Wein- und Sektstadt Hochheim am Main wird von der über den Weinbergen aufragenden Barockkirche St. Peter und Paul sowie dem daneben gelegenen Torhaus der ehemaligen Stadtbefestigung (siehe auch Abschnitt 9.1.2) geprägt. Die zu Beginn der 90er Jahre durchgeführte konstruktive Sicherung ist ein Beispiel für die Notwendigkeit einer verzahnenden Zusammenarbeit von Architekten, Ingenieuren sowie der staatlichen und kirchlichen Denkmalpflege.

Für die Architekten begann die Kirchensanierung mit der Bitte, sich im Rahmen der Neugestaltung des Kirchplatzes – einer Folge der Sanierung des Küsterhauses – die Risse im Scheitel der Fenster anzusehen. Sie stellten fest, daß der Verbund des Bruchsteinmauerwerks in der Mauerkrone massiv unterbrochen war und empfahlen, einen erfahrenen Altbaustatiker hinzuzuziehen. Aus dessen »kleinem Begutachtungsauftrag« wurde schließlich eine fünf Jahre lang dauernde Untersuchungs-, Diskussions- und Vorbereitungsphase, als deren Ergebnis die Sanierung schließlich 1990 durchgeführt wurde.

Die Aufgabe der Architekten war die Gesamtleitung der Diskussion, zu der auch die Bewertung der Verträglichkeit einzelner konstruktiver Maßnahmen gehörte. So war die Frage, ob Zuganker sichtbar unter dem barocken Deckengemälde von J.B. Enderle geführt werden konnten oder nicht – eine konzeptionelle Frage, in der Zielkonflikte zu bewerten und zu entscheiden waren. Ebenso spielte die Frage nach der Behandlung des auseinandergebrochenen Schalenmauerwerks, durch dessen Verformung sich die äußere Schale um bis zu 5 cm vom Kern abgelöst hatte, eine wichtige Rolle in der interdisziplinär zusammengesetzten Diskussionsrunde, in der es u.a. ging um: Ringbalken oder nicht? Verpressung des Mauerwerks?

Weiterhin war es Aufgabe der Architekten, eine vergleichende Untersuchung der Konstruktion des – noch zu beschreibenden – unten offenen Dachstuhls mit dem der ca. dreieinhalb Jahrzehnte später gebauten Pfarrkirche in der Nachbarstadt Flörsheim durchzuführen. Dort gab es eine seltsame Baudiskontinuität, für die es zunächst keinerlei Erklärung gab. Am unverputzt gebliebenen Mauerwerk kann man eine horizontale Baunaht, ca. 3 m unterhalb der heutigen Mauerkrone, erkennen. Als Ergebnis dieser Untersuchung kann jetzt angenommen werden, daß man in Flörsheim den Plan, einen offenen Dachstuhl nach Hochheimer Vorbild einzubauen, fallenließ, weil man die Verformungen und Schäden dort bereits kurz nach der Errichtung erkannt hatte. Man baute also die Flörsheimer Kirche 3 m höher, damit man über dem gleichhohen Innenraum einen – konstruktiv problemloseren – geschlossenen Dachstuhl errichten konnte (ausführlich dargestellt in [1]). Diese Erkenntnisse waren für die Bewertung der zeitlichen Perspektive, zur Erarbeitung eines Konzepts für einen *Relativen Standsicherheitsnachweis* von Bedeutung.

Im Rahmen dieser Darstellung wird der statisch-konstruktive Aspekt der Kirchensanierung aus der Sicht des Ingenieurs nachfolgend stärker herausgestellt:

Über dem ca. 12 m hohen Kirchenschiff der Kirche befindet sich ein Dachwerk in Form einer offenen Dachkonstruktion. Im Abstand von ca. 2,80 m sind Stühle angeordnet. Dazwischen befinden sich jeweils drei Leergespärre. Diese Dachausführung ist häufig bei Kirchen oder auch bei großen Sälen anzutreffen, bei denen als Abschluß eine gewölbte Decke geplant war. Die Wölbung wurde in der Regel als Bretterschalung ausgeführt, die direkt an der Dachkonstruktion befestigt und dann mit Stuck oder auch Bemalungen versehen wurde (Abb. 9.4.2).

Über die statische Wirkungsweise dieser offenen Dachwerke schrieb Friedrich Ostendorf in »Die Geschichte des Dachwerks« [2] wörtlich:

Abb. 9.4.1

Die 1730 bis 32 erbaute Pfarrkirche St. Peter und Paul mit dem Küsterhaus über den Hochheimer Weinbergen

Der Innenraum greift zu einem Drittel in den Dachraum ein

Der Schub der weichen Dachkonstruktion hatte die Außenwände auseinandergedrückt; sie waren in jeder Fensterachse auseinandergebrochen

9.4 Beispiele

»Der Schub des Binders wird, da ein Binderbalken nicht vorhanden ist, und es nicht gebräuchlich war, die Mauern für die Aufnahme eines kräftigen Dachwerkschubes stark genug anzulegen und etwa noch mit Strebepfeilern auszustatten – wie in England –, wenn natürlich auch keineswegs aufgehoben, doch erheblich verringert durch zwei lange gekreuzte Streben, die den Hölzern des Binders aufgeblattet worden sind. Die Streben sollen also bei dieser Konstruktion den Ankerbalken..., soweit es möglich ist, ersetzen.«

Etwas irreführend ist jedoch, diesen Ersatz für die nicht vorhandenen Ankerbalken als »Streben« zu bezeichnen, weil bei Streben im allgemeinen immer von Druckkräften ausgegangen wird. Besser wäre es wohl, diese Hölzer als schrägliegende Zugbänder zu bezeichnen.

Betrachtet man das in diesem Buch abgebildete frühe offene Dachwerk, so wird deutlich, daß offensichtlich den frühen Meistern die Problematik des Dachschubes bei den offenen Stühlen ohne Ankerbalken bekannt war. Alle vorhandenen Anschlüsse sind als Weichschwanzblätter, die bekanntlich außer Druckkräften auch gewisse Zugkräfte aufnehmen können, ausgeführt, um damit den Dachschub soweit wie irgend möglich zu reduzieren.

Nicht so handelte der Erbauer der Kirche St. Peter und Paul. Bei diesem Dach sind nur die beiden schrägliegenden Zugbänder in der Lage, Zugkräfte aufzunehmen; alle anderen Hölzer sind mit Druckversätzen angeschlossen (Abb. 9.4.2). Die schrägliegenden Zugbänder wurden nur mit jeweils zwei Bolzen verbunden. Zum anderen wurden die aufgehenden Wände des ca. 12 m hohen Kirchenschiffes mit 1,15 m Wandstärke entschieden zu schwach dimensioniert. Das Ergebnis dieser in konstruktiver Hinsicht zweifach falschen Ausführung war am Bau ablesbar. Die Bolzen am Anschluß der Zugbänder waren extrem verbogen, und die Mauerkrone war auf der Talseite bei ca. 28,4 m Systemlänge um ca. 23 cm und auf der Bergseite bei einer Systemlänge von ca. 21,50 m (bis zu dem massiven Turm) um ca. 17 cm jeweils nach außen verformt. Dabei sind kräftige Risse im Scheitel der Kirchenfenster entstanden (Abb. 9.4.5 b, Seite 132).

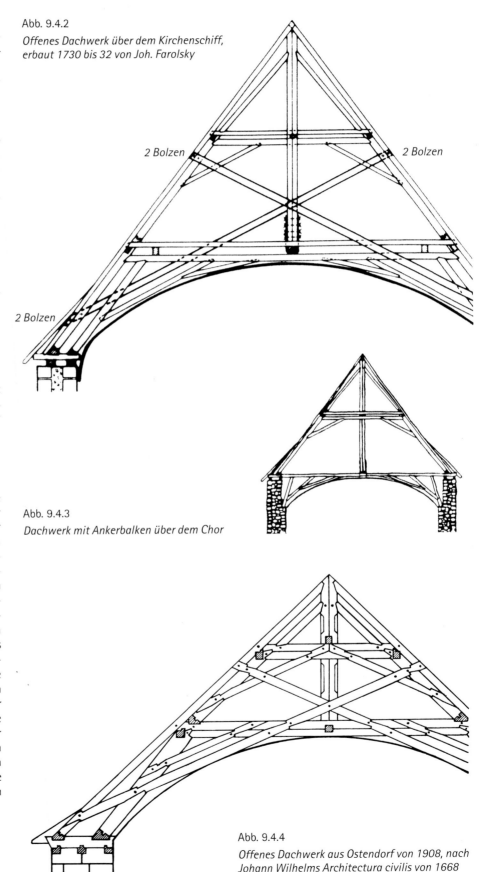

Abb. 9.4.2
Offenes Dachwerk über dem Kirchenschiff, erbaut 1730 bis 32 von Joh. Farolsky

Abb. 9.4.3
Dachwerk mit Ankerbalken über dem Chor

Abb. 9.4.4
Offenes Dachwerk aus Ostendorf von 1908, nach Johann Wilhelms Architectura civilis von 1668

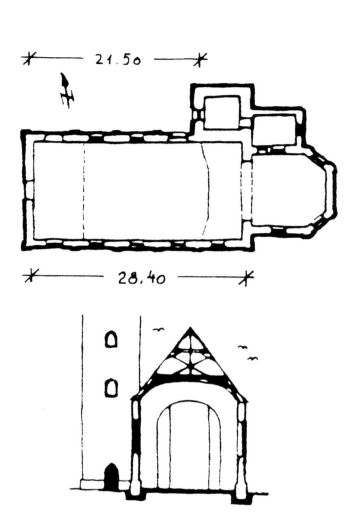

Abb. 9.4.5 a
St. Peter und Paul
Grundriß und Querschnitt

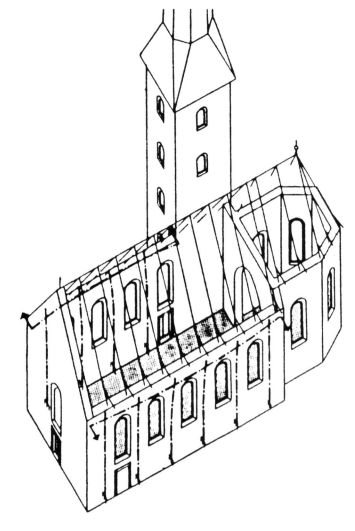

Abb. 9.4.5 b
Mauerrisse und Verformungen
Dachkonstruktion nur schematisch dargestellt

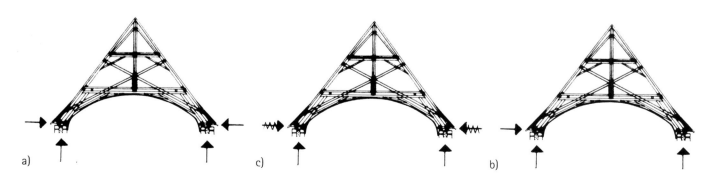

Abb. 9.4.6 a bis c
Horizontale Auflagerbedingungen

9.4 Beispiele

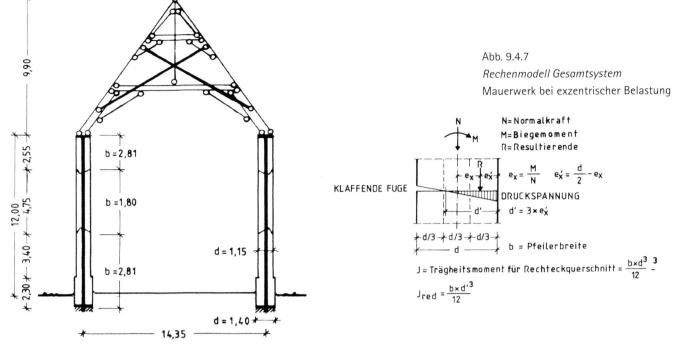

Abb. 9.4.7
Rechenmodell Gesamtsystem
Mauerwerk bei exzentrischer Belastung

N = Normalkraft
M = Biegemoment
R = Resultierende

$e_x = \dfrac{M}{N}$ $e'_x = \dfrac{d}{2} - e_x$

$d' = 3 \times e'_x$

b = Pfeilerbreite

J = Trägheitsmoment für Rechteckquerschnitt $= \dfrac{b \times d^3}{12}$

$J_{red} = \dfrac{b \times d'^3}{12}$

Im Bereich des Chores ist zwar auch eine Holz-Gewölbedecke vorhanden, jedoch ist dort die Dachkonstruktion nicht als offenes Dachwerk ausgeführt. Infolge der dort vorhandenen Ankerbalken entsteht – zumindest aus symmetrischen Belastungen (Eigengewicht, Verkehrs- und Schnee-Vollast) – und sieht man von der geringen Normalkraftverformung ab, kein das Mauerwerk belastender Dachschub. Demzufolge sind im Chor auch keine gravierenden Mauerwerkschäden erkennbar.

Die zuvor bei dem offenen Dachwerk über dem Kirchenschiff entstandene Ambivalenz, Druckstreben oder Zugbänder, ist letztendlich nur durch die horizontalen Auflagerbedingungen zu klären.

In der Abbildung 9.4.6 a bis c sind drei mögliche horizontale Auflagerbedingungen aufgezeigt, wobei in der Abbildung a und der Abbildung b die beiden Extrembedingungen dargestellt sind.

Die Abbildung a geht von starkem, praktisch unverformbarem Mauerwerk oder kräftigem Mauerwerk mit Mauervorlagen aus. Bei dieser Auflagerbedingung entstehen in den Streben in der Tat große Druckkräfte. Bei dem vorhandenen Mauerwerk von 1,15 m liegt jedoch die Resultierende aller Kräfte außerhalb des Querschnitts. Das heißt, die Wände würden schlicht und einfach einstürzen.

Bei der Auflagerbedingung in der Abbildung b kann sich kein Dachschub ausbilden; die schrägliegenden Zugbänder müßten sehr große Zugkräfte aufnehmen, die weder die vorhandenen Querschnitte, noch die Anschlüsse durch zwei Bolzen aufnehmen könnten. Das Dach würde einstürzen.

Da nun aber die Kirche selbst bei sehr großen Verformungen noch steht, muß es – glaubt man nicht an Wunder – zwischen den beiden Extremen einen standfesten, elastisch gelagerten Gleichgewichtszustand geben. Diesen zeigt die Abbildung c.

Um diesen zumindest standfesten Zustand statisch zu berechnen, wurde das in Abbildung 9.4.7 dargestellte Rechenmodell zugrunde gelegt:

In dem Rechenmodell wird davon ausgegangen, daß es sich bei Mauerwerk stets um einen inhomogenen Baustoff handelt, der im Unterschied z. B. zu Stahl oder auch Holz, die sowohl Druck- als auch Zugkräfte aufnehmen können, nur Druckkräfte aufnehmen kann.

Durch die Exzentrizität der Resultierenden Kraft (R) entstehen zwangsläufig klaffende Fugen im Mauerwerk, in deren Bereich überhaupt keine Kräfte übertragen werden können. Entsprechend den jeweils in den Außenwänden anfallenden Schnittlasten wurden durch Iteration die zugehörigen Trägheitsmomente ermittelt und in die Berechnung des Gesamtsystems eingeführt. Gleichzeitig wurden durch den Ansatz von elastischen Federn in denjenigen Stäben des Dachstuhles, deren Anschlüsse nur noch wenig Zugkraft aufnehmen oder von der Konstruktion her nur Druckkräfte übertragen können, die Stabkräfte weitgehend reduziert.

Zunächst wurde nur der Lastfall Eigengewicht (ständige Last) behandelt, denn nur dieser kann bleibende Verformungen in den Außenwänden hervorrufen. Nach umfangreicher Berechnung dieses komplexen statischen Systems mit jeweils schrittweiser Ermittlung der reduzierten Wandträgheitsmomente war es möglich, einen stabilen Gleichgewichtszustand des Gesamtsystems nachzuweisen.

Ziel der Sanierung war auch, eine zusätzliche Konstruktion in die Kirche einzubauen, mit der ein weiteres Auseinanderdriften der Außenwände des Kirchenschiffes verhindert und so eine relative Standsicherheit hergestellt werden konnte. Nach Abwägung aller Vor- und Nachteile der zur Debatte gestellten Sanierungskonzepte bestand ein Konsens aller Beteiligten darüber, daß der Einbau von vorgespannten Stahlrahmen im Dachgeschoß, jeweils rechts und links der Dachstühle, der notwendigen Sanierung zugrunde gelegt werden sollte (siehe Abb. 9.4.8 a bis d).

Dieses komplexe Rechenmodell mit der daraus folgenden langwierigen Iteration der reduzierten Wandträgheitsmomente erforderte zwar einen großen Arbeitsaufwand, ermöglichte jedoch den weitestgehenden Erhalt der Originalsubstanz der denkmalgeschützten barocken Kirche.

(Architekten: Planergruppe Hytrek, Thomas, Weyell und Weyell, Flörsheim; Statiker: Friedrich Hofmann)

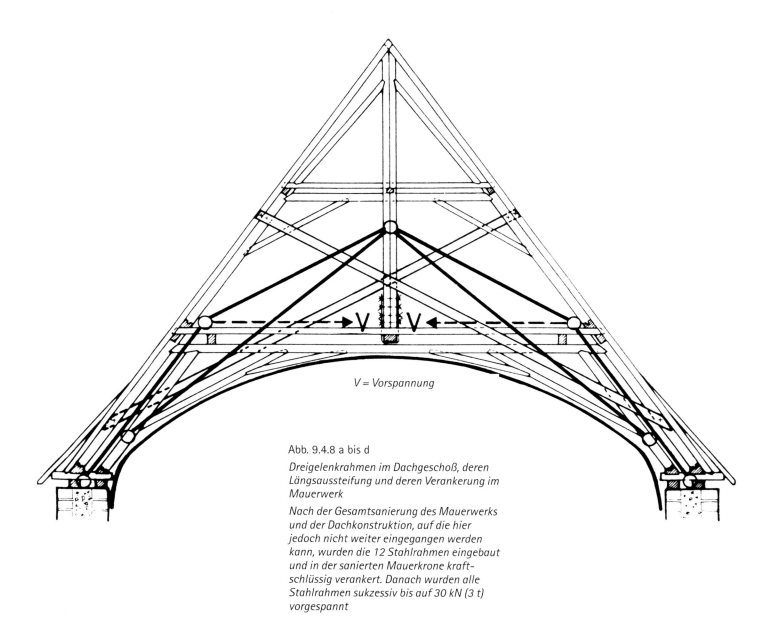

V = Vorspannung

Abb. 9.4.8 a bis d
Dreigelenkrahmen im Dachgeschoß, deren Längsaussteifung und deren Verankerung im Mauerwerk

Nach der Gesamtsanierung des Mauerwerks und der Dachkonstruktion, auf die hier jedoch nicht weiter eingegangen werden kann, wurden die 12 Stahlrahmen eingebaut und in der sanierten Mauerkrone kraftschlüssig verankert. Danach wurden alle Stahlrahmen sukzessiv bis auf 30 kN (3 t) vorgespannt

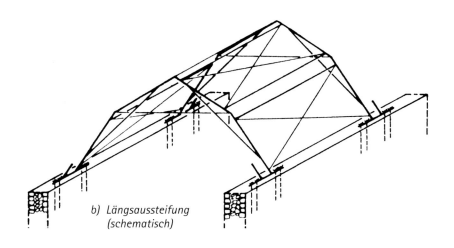

b) *Längsaussteifung (schematisch)*

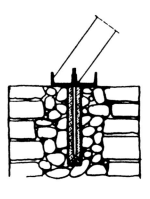

c) *4 Gewi-Anker ⌀ 28*

9.4 Beispiele

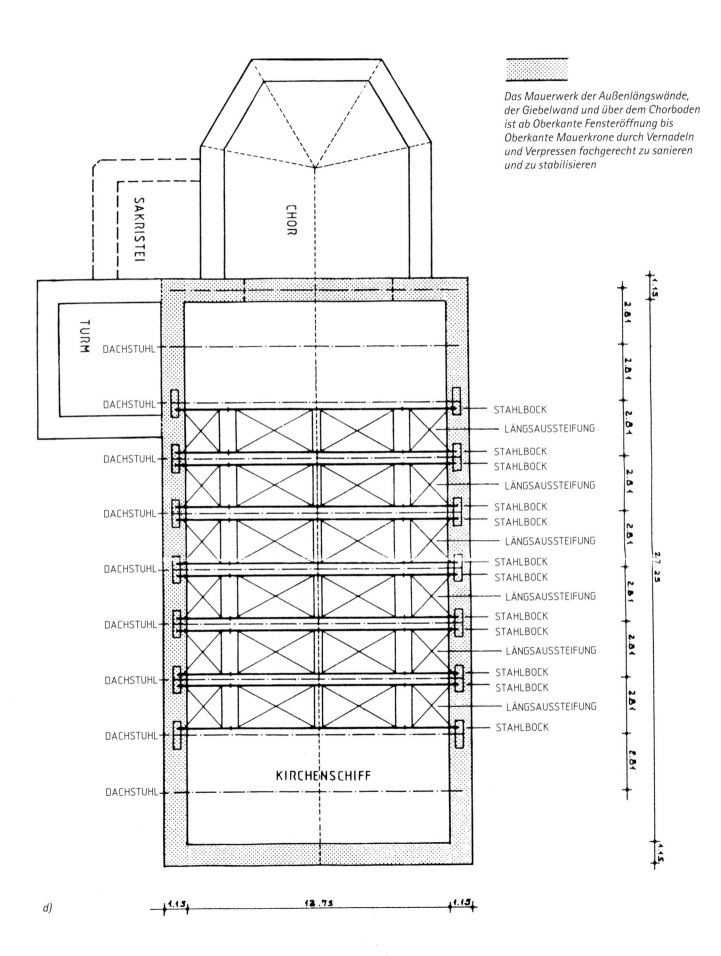

Das Mauerwerk der Außenlängswände, der Giebelwand und über dem Chorboden ist ab Oberkante Fensteröffnung bis Oberkante Mauerkrone durch Vernadeln und Verpressen fachgerecht zu sanieren und zu stabilisieren

d)

9.4.2 Fischmarkt 8 und 9 in Limburg an der Lahn

Das Fachwerkgebäude Fischmarkt 8 zeigt eine Ergänzung des historischen Holzwerks durch eine Stahlkonstruktion aus Doppel-T-Profilen. Sie ist das Ergebnis der konstruktiven Sanierung eines weitgehend zerstörten Hauses mit ingenieurmäßigen Mitteln. Diese Maßnahme wird nachfolgend geschildert.

Das Gebäude zeigt unterschiedliche Fachwerkformen, die erst durch Kenntnis seiner Baugeschichte verständlich werden. Es wurde 1343 als zweigeschossiges Hallenhaus traufständig in eine Lücke zwischen zwei Nachbarhäusern gebaut. Es hatte keine eigenen Giebelwände und wurde an die Nachbarbauten angehängt. 1518 wurde es um ein Stockwerk erhöht, indem man die Mittelpfetten des Daches als Unterzüge beließ und die Kehlbalken bis zu den Traufwänden (als Deckenbalken) verlängerte. Das spätgotische Fachwerk aus verblatteten gebogenen Streben und Gegenstreben dieser Aufstockung ist bis heute erhalten geblieben. Als dann 1540/41 das nördliche Nachbarhaus, Fischmarkt 9, abgebrochen und neu gebaut wurde, bildete man wieder eine gemeinsame Wand aus. Das mit nur 4,50 m Tiefe recht kleine Gebäude wurde mit weiten dreiseitigen Auskragungen errichtet, eine von Anfang an labile Konstruktion, die schon bald in Bewegung geriet.

Anfang des 17. Jahrhunderts wurde auch das südliche Nachbarhaus des Hauses Nr. 8 abgebrochen. Durch seinen Abbruch entstand der heutige Fischmarkt. Das Gebäude brauchte nun eine eigene Außenwand, die – als beherrschende Platzwand des Fischmarkt – in repräsentativer Form vorgestellt wurde. Die zusammengebaute Baumasse wurde durch den Abbruch des Hauses wesentlich verkleinert, so daß die Restzeile durch die starke Auskragung des Hauses Nr. 9 weiter nach Norden gezogen wurde.

Die Aufgabe der Sanierung beider Häuser wurde dem Limburger Architekten Franz Josef Hamm übertragen, nachdem ein früherer (separater) Sanierungsversuch des Hauses Nr. 9 fehlgeschlagen war. Als Statiker wurde Helmut Ebenritter beauftragt.

Zu Beginn der Maßnahme war bald klar, daß die beiden Fachwerkhäuser nur gemeinsam saniert werden konnten. Die Untersuchung der Substanz ergab zudem, daß das Haus Nr. 8 so weitgehend geschädigt war, daß nur

Abb. 9.4.9
Eine Stahlkonstruktion aus Doppel-T-Profilen ergänzt das fehlende Fachwerk des Hauses Fischmarkt 8 in Limburg/Lahn

9.4 Beispiele

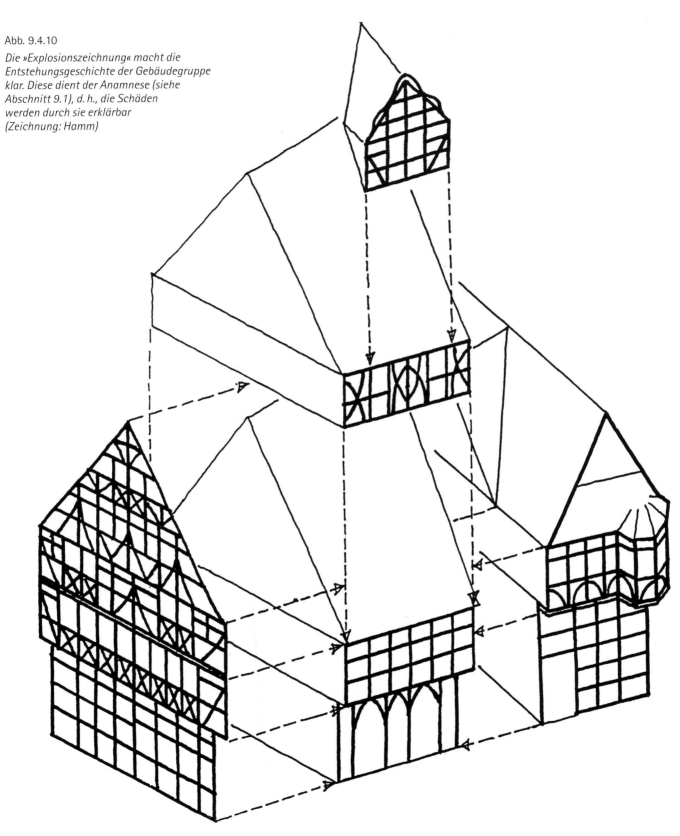

Abb. 9.4.10
Die »Explosionszeichnung« macht die Entstehungsgeschichte der Gebäudegruppe klar. Diese dient der Anamnese (siehe Abschnitt 9.1), d. h., die Schäden werden durch sie erklärbar
(Zeichnung: Hamm)

Fassade 1613

Ein Nachbarbau belegt (Keller)

Haus Nr. 8
Urbau 1343
Aufstockung 1518

Haus Nr. 9
früherer Nachbarbau belegt (Keller)
Neubau 1540/41

Abb. 9.4.11
Das Haus Fischmarkt 9 – hier die untere Ansicht von Westen – konnte erst nach der grundbuchmäßigen Zusammenlegung grundlegend gesichert werden. Ein früherer Sanierungsversuch – ohne das Nachbarhaus Nr. 8 – war nicht erfolgreich; das Haus mußte erneut abgestützt werden
(Foto: Hamm)

noch die Fassade zum Platz – das Bauteil von 1613 – sowie die Aufstockung von 1518 einschließlich Zwerchhaus saniert und wiederverwendet werden konnten. Alle weiteren Bauteile waren nicht sanierungsfähig. Daraus entstand die Idee, die unvermeidliche Erneuerung der Substanz des Hauses Nr. 8 konstruktiv für die Stabilisierung des Nachbarhauses Nr. 9 zu nutzen.

Es wurde also ein Stahlskelettbau mit Stahlbetondecken entwickelt, in den die erhaltenen Teile des Hauses Nr. 8 einbezogen wurden. An diesen wurde das Haus Nr. 9 angehängt. Rechtlich wurde dies erst möglich, nachdem die Häuser in ein Eigentum zusammengeführt und grundbuchlich vereinigt wurden.

Die Häuser Fischmarkt 8 und 9 stehen nach der Sanierung als selbstverständlicher Teil des historischen Fachwerkhausbestandes in der Limburger Altstadt. Die Andersartigkeit der mit Doppel-T-Trägern ergänzten Fassaden fällt erst auf den zweiten Blick auf.

Der Verfasser entdeckte die Gebäude und hielt sie zunächst für das Beispiel einer schöpferischen Denkmalpflege, das ihn interessierte. Erst bei näherer Erkundung der Sanierungsgeschichte wurde deutlich, daß sie eine beispielhafte ingenieurmäßige Denkmalpflegemaßnahme darstellen.

Literatur:

[1] Teamwork. In: db 1/1991, Architekt: Planergruppe Hytrek, Thomas, Weyell und Weyell, Flörsheim; Ingenieur: Friedrich Hofmann, Frankfurt am Main; Prüfingenieur: Walther Mann, Darmstadt
[2] Ostendorf, Friedrich: Die Geschichte des Dachwerks (Reprint von 1908). Edition »libri rari«, Th. Schäfer, Hannover 1982

Abb. 9.4.12
Die sanierte Hausgruppe von der Ostseite
(Foto: Hamm)

9.4 Beispiele

Abb. 9.4.13
Die Entwurfszeichnungen zur Sanierung der Baugruppe. Von dem stark zerstörten Haus Nr. 8 konnten nur die oberen Partien und die Giebelwand (nicht dargestellt) wiederverwendet werden. Das Haus wurde im Kern als Stahlskelett erneuert, das Haus Nr. 9 daran angehängt. Es konnte dadurch weitgehend erhalten und gesichert werden (Zeichnung: Hamm)

10 Baudenkmal und Verwaltungsrecht

10.1 Grundlagen

Denkmalpflege ist seit 1975, dem europaweiten »Jahr der Denkmalpflege«, im Bewußtsein der Bevölkerung fest verankert. Die grundsätzlichen Ziele der Denkmalpflege, Originale aller Kulturbereiche für künftige Generationen zu erhalten und zu pflegen, sind in weiten Kreisen der Gesellschaft unbestritten.

Heftige Auseinandersetzungen bleiben in der Praxis aber nicht aus, wenn im konkreten Einzelfall um den richtigen Weg oder die Grenzen der Denkmalpflege gestritten wird. Spätestens dann wird allen Betroffenen bewußt, daß Denkmalschutz nicht subjektives ästhetisches Empfinden, sondern nüchternes Verwaltungsrecht ist. So muß heute ein Denkmalpfleger nicht nur mit Überzeugungskraft, sondern auch mit den Mitteln des Verwaltungsrechtes ebenso gegen kulissenhafte, modeabhängige und inhaltslose Nostalgie kämpfen wie gegen überhebliche und leichtfertige Vernichtung der Leistungen unserer Vorfahren. Diese Auseinandersetzungen werden um so heftiger, je weniger Geld dem Denkmalpfleger zur »Besänftigung« aller Betroffenen zur Verfügung steht.

Die Denkmalschutzgesetze aller Bundesländer sind im wesentlichen Organisations- und Verfahrensgesetze. Sie enthalten außer der allgemeinen juristischen Definition des Denkmalbegriffes kaum Vorschriften zum Umgang mit den Kulturdenkmalen. Nach welchen materiellen Grundsätzen und unter welchen denkmalfachlichen Voraussetzungen eine bauliche Anlage überhaupt ein Denkmal ist und wann und wie es verändert, unterhalten oder beseitigt werden darf, bleibt den Einzelentscheidungen der örtlichen Behördenvertreter überlassen. Sie sind lediglich an den engen formalen Rahmen des Verwaltungsrechtes gebunden.

10.1.1 Rechtliche Einordnung des Denkmalschutzes

Denkmalschutz fällt unter die Kulturhoheit der Länder. Es gibt weder ein »Bundesdenkmalschutzrecht« noch empfohlene Mustervorschriften. Die Regelungen der einzelnen Bundesländer und folglich auch die Rechtsprechung sind damit im Detail sehr unterschiedlich und nur selten vergleichbar. Diese Darstellung kann deshalb nur die Gemeinsamkeiten beschreiben.

Das Denkmalschutzrecht steht gleichwertig neben allen anderen Bereichen des öffentlichen Rechtes. Einerseits ist es kein höherwertiger öffentlicher Belang als z. B. das Baurecht, das Wasserrecht oder das Naturschutzrecht, andererseits ist es anderen öffentlichen Belangen aber auch nicht untergeordnet. Nur in einzelnen Punkten kann eine »Unterordnung« unter anderes öffentliches Recht freiwillig erfolgen. So sind z. B. denkmalschutzrechtliche Genehmigungsverfahren in das Baugenehmigungsverfahren integriert, wenn das Vorhaben nach Baurecht genehmigungspflichtig ist. Umgekehrt gibt es aber auch in jeder Landesbauordnung und auch im Baugesetzbuch besondere Rücksichten auf den Denkmalschutz.

In diesem Zusammenhang ist es nicht möglich, diese vielfältig verschachtelten und in jedem Bundesland unterschiedlichen Vorschriften aufzuführen. Es muß dem Fachmann selbst überlassen bleiben, sie für das jeweilige Bundesland zu ermitteln, um die Belange des Denkmalschutzes auch im Einzelfall sachgerecht vertreten und durchsetzen zu können.

Denkmalschutz steht häufig im Konflikt mit anderen Rechtsbereichen. Einige Grundsätze zur Lösung dieser Konflikte werden im folgenden aufgeführt. Kann jedoch eine Abstimmung mit den anderen öffentlichen Belangen nicht herbeigeführt werden, muß die neue Nutzung oder die bauliche Änderung des Denkmals von der jeweiligen Genehmigungsbehörde versagt werden. Der Denkmalschutz ist zwar aufgerufen, alle rechtlichen Möglichkeiten zu seinen Gunsten auszunutzen und selbstbewußt die ihm gegebenen Rechte zu vertreten, er kann sich jedoch andererseits auch nicht über die Vorschriften anderer Rechtsbereiche hinwegsetzen.

Denkmalpflege soll Kulturdenkmale pflegen, bewahren und erhalten. Es muß somit immer ein schützenswerter Bestand vorhanden sein. Denkmalschutzgesetze sind folglich nicht auf Neubauten oder auf die Wiedererrichtung eines zerstörten Gebäudes anwendbar; nur bei Neubauten innerhalb einer Gesamtanlage oder bei Wiederaufbau nach böswilliger Vernichtung eines Kulturdenkmals ist die Einflußnahme auf die Gestaltung von Neubauten möglich.

»Der Anwendungsbereich der Denkmalschutzgesetze ist auf Denkmale beschränkt.« Dieser »Allgemeinplatz« hat in der Praxis große Bedeutung. Denn danach kann kein Denkmalpfleger auf bauliche Maßnahmen Einfluß nehmen, die nicht an Denkmalen durchgeführt werden. Dies wird jedoch in der Praxis immer wieder versucht, sei es, weil die Gemeinden und die Entwurfsverfasser bei der Ortsbildpflege versagen, sei es, weil die Denkmalpfleger bei der Einstufung des Denkmalwertes eines Gebäudes unsicher sind.

Schließlich müssen auch engagierte Denkmalpfleger bei ihrer täglichen Arbeit bedenken, daß die Denkmalschutzgesetze nicht allein dem Schutz der Denkmale dienen. Vielmehr regeln Sie den Ausgleich zwischen dem öffentlichen Interesse an der originalgetreuen Erhaltung der Kulturgüter und den privaten Interessen der Eigentümer an einer optimalen wirtschaftlichen Verwertung und Nutzung ihres Eigentums. Alle Denkmalschutzgesetze enthalten deshalb nicht nur Verfahrensvorschriften zur Konfliktlösung, sondern auch Abwägungsgebote zur Berücksichtigung berechtigter privater Interessen. Nur weil in allen Denkmalschutzgesetzen entsprechende Ausgleichsregelungen enthalten sind, konnte das Bundesverfassungsgericht ihre Verfassungsmäßigkeit bestätigen.

10.1.2 Schutzziele

Innerhalb des gesetzlichen Rahmens müssen Denkmalpflege und Denkmalschutz dafür sorgen, daß Kulturdenkmale nicht verfälscht, beschädigt, beeinträchtigt oder zerstört werden. Denkmalfachliche Festlegungen sind in den Gesetzen jedoch kaum vorhanden. Behördliche Anordnungen sind aber nur dann rechtmäßig, wenn sie auch allgemeingültigen denkmalfachlichen Grundsätzen entsprechen und bautechnisch richtig sind. Ebenso wie die bautechnischen Anforderungen nach Landesbauordnung in den *allgemein anerkannten Regeln der Technik* festgeschrieben sind, gibt es auch für die denkmalfachlichen Forderungen allgemein verbindliche und anerkannte Grundsätze. Sie werden auch als »materielles Denkmalrecht« bezeichnet und sind seit 1964 in dem internationalen Grundsatzpapier »Charta von Venedig« zusammengefaßt. Nur ihre Grundsätze gewährleisten eine objektive, wissenschaftlichen Grundsätzen genügende Denkmalpflege, die Voraussetzung für jegliches behördliches Handeln bei Genehmigungen und Eingriffen ist.

Denkmalpflege ist den Zeugnissen der Geschichte verpflichtet. Denkmale sind keine manipulierbaren Versatzstücke zur Dekoration der Umwelt, sondern Fakten, die unser Geschichtsverständnis prägen und herausfordern. Das Verschönern und Nachbessern von Baudenkmalen ist ebenso abzulehnen wie das Errichten historisierender Neubauten oder Kopien. Die Neuerrichtung von Bauten ist hingegen ein aktueller Schöpfungsprozeß, eine geistige Leistung und eine Entscheidung der Gegenwart. Denkmalpflege hat nicht die Aufgabe, Entscheidungen unserer Gegenwart für bestimmte architektonische Ausdrucksformen abzulehnen, zu fördern oder gar zu befürworten. Sie muß mit aller Deutlichkeit darauf hinweisen, daß sie nicht ein Mittel zur Verbesserung moderner Architektur oder des Städtebaus ist und daß sie nicht heilend oder ordnend unsere Umwelt gestalten kann. Nicht nur aus rechtlicher Sicht ist es unzulässig, wenn der Denkmalpfleger seinen persönlichen Geschmack durchsetzt oder Architekturkritik betreibt. Er hat lediglich zu beurteilen, ob das Erscheinungsbild eines Denkmals oder einer Gesamtanlage beeinträchtigt wird. Mit welchen architektonischen Mitteln dieses notwendige *Anpassen* erfolgt, ob die Architektur gut oder schlecht ist, ist nicht Gegenstand denkmalschutzrechtlicher Beurteilungen.

10.1.3 Begriffsbestimmungen

Zu rechtmäßigem behördlichen Handeln gehören eindeutige und allgemein anerkannte Begriffsbestimmungen. Sie dienen nicht nur der Verständigung der Fachleute untereinander, sondern auch der Rechtssicherheit.

10.1.3.1 Denkmalfachliche Begriffe

Da die Denkmalschutzgesetze auf die fachliche Art der Durchführung der Denkmalpflege keinen Einfluß nehmen, sind in den Denkmalschutzgesetzen auch keine denkmalfachlichen Begriffe definiert worden. Sie sind entweder in der »Charta von Venedig« oder durch fachliche Übereinkunft bestimmt. In den neuen Bundesländern sind sie oft mit anderen Inhalten belegt, was in letzter Zeit zu Mißverständnissen geführt hat.

- *Konservieren*

heißt *bewahren, erhalten*. Der Begriff verdeutlicht den obersten denkmalpflegerischen Grundsatz, den materiellen Bestand eines Denkmals unverfälscht im Original, mit allen Zeichen des Alterns, der Schäden und des Abnutzens zu erhalten.

- *Restaurieren*

heißt *wiederherstellen* und wird definiert als »die Bewahrung und Sichtbarmachung der ästhetischen und historischen Werte des Denkmals unter Wahrung der alten Substanz«. Hier werden bisher verborgene Werte herausgearbeitet, verunstaltende oder verändernde Zutaten beseitigt und der Gesamteindruck des Denkmals wiederhergestellt. Dabei ist größte Zurückhaltung zu üben, da alle Zustände eines Denkmals geschichtliche Zeugnisse sind.

- *Renovieren*

heißt *erneuern* und ist leider weit verbreitet. Es wird versucht, Baudenkmale neu und schöner als je erstrahlen zu lassen und zu ergänzen. Dabei werden alle historischen Schichten vernichtet. Wird jedoch jegliches Übermaß an perfektionistischem Verbesserungswillen vermieden, ist auch die Renovierung heute ein denkmalfachlich erlaubtes Mittel, das historische und künstlerische Erscheinungsbild eines Denkmals wiederherzustellen.

- *Rekonstruieren*

bedeutet *Neuerrichten verlorengegangener Denkmale*. Damit entstehen baurechtliche Neubauten, die schon deshalb keine Baudenkmale im Sinne des Denkmalschutzgesetzes sein können. Auch Versetzungen (Translozierung) von Baudenkmalen sind Rekonstruktionen. Beides ist aus denkmalfachlicher Sicht nur als letzte Möglichkeit bei sonst unvermeidbarem Totalverlust zu akzeptieren. Denn Baudenkmale leben nur in Verbindung mit dem Ort ihrer Errichtung. Gebäude in Freilichtmuseen unterliegen folgerichtig auch nicht den Denkmalschutzgesetzen, sondern sind »begehbares Museumsgut«.

10.1.3.2 Baurechtliche Begriffe

Meist im Zuge der Freistellungen vom formellen Baurecht werden in Verbindung mit Umbauarbeiten an bestehenden Gebäuden in den Bauordnungen folgende Begriffe definiert:

- *Instandhaltung und Instandsetzung*

Zur *Instandhaltung* gehören so selbstverständliche Maßnahmen wie die Säuberung von Dachrinnen, das Nachstecken von Ziegeln, das Erneuern von Fenster- und Türanstrichen. *Instandsetzung* ist die Erneuerung verbrauchter und beschädigter Bauteile. Schon solch einfache Instandhaltungsarbeiten müssen vom Denkmalpfleger begleitet werden: Falsche Baustoffe, falsche Techniken, falsche Farbgebung können nicht nur denkmalpflegerische Belange beeinträchtigen, sondern auch Voraussetzung für schnell fortschreitenden Verfall bedeuten. Denn was mit Lehm und Kalk bauphysikalisch unproblematisch sein kann, ist oft in Zement, Beton und Kunststoff höchst bedenklich.

Zur Instandsetzung gehören auch Maßnahmen zur Sicherung eines Kulturdenkmals. Die Sicherungstechnik umfaßt chemische, statische und restauratorische Maßnahmen. Die Entscheidung, ob und wie diese Sicherung durchgeführt werden soll, gehört zu den schwierigen Aufgaben der Denkmalpflege; insbesondere, wenn das Langzeitverhalten chemischer Stoffe oder statischer Hilfskonstruktionen nicht vorsehbar ist.

- *Modernisierung*

bezeichnet *die letzte Stufe vor einem Neubau*. Das bestehende Gebäude wird an heutige Nutzungsansprüche angepaßt; auch Änderungen des Grundrisses sind eingeschlossen. An die Modernisierung sind Sonderrechte bei der Beurteilung der baurechtlichen Zulässigkeit gebunden. Auch die Modernisierung darf die originale Bausubstanz so wenig wie möglich beeinträchtigen. Hier kann nur eine gewissenhafte Voruntersuchung zeigen, wo neue Leitungen gelegt werden können, welche statischen Maßnahmen die geringsten Eingriffe bedeuten und welche Wärmedämmung die Bausubstanz nicht gefährdet.

10.1.3.3 Denkmalschutzrechtliche Begriffe

Die Definitionen denkmalschutzrechtlicher Begriffe, also des formellen Denkmalschutzes, sind aus den jeweiligen Verwaltungsvorschriften zu entnehmen. Sie sind deshalb je nach Bundesland unterschiedlich. Einige Grundbegriffe sind jedoch weitgehend gleichlautend definiert:

- *Denkmalschutz*

umfaßt alle hoheitlichen Anordnungen, Verfügungen, Genehmigungen und Auflagen, die zur Sicherung, zum Erhalt und zum Schutz der Kulturdenkmale erforderlich sind. Bei diesen Verwaltungsakten sind die Interessen des Denkmals mit den Interessen des Eigentümers abzuwägen.

- *Denkmalpflege*

bezeichnet die fachbezogenen und wissenschaftlich begründeten Maßnahmen zur Er- und Unterhaltung von Kulturdenkmalen, auch ihre kulturhistorische Beurteilung und Bewertung.

Da auch die behördlichen Zuständigkeiten nach diesen Grundsätzen aufgebaut sind, unterscheidet man in allen Bundesländern entsprechend ihrem Aufgabenbereich die Denkmal**schutz**behörden von den Denkmal**fach**behörden.

- *Kulturdenkmale*

sind in den ersten Paragraphen jedes Denkmalschutzgesetzes rechtlich definiert. Es sind danach *»Quellen und Zeugnisse menschlicher Geschichte und Entwicklung, an deren Erhaltung aus künstlerischen, wissenschaftlichen, technischen, geschichtlichen oder städtebaulichen Gründen ein öffentliches Interesse besteht«*. Es bleibt dem örtlichen Denkmalpfleger überlassen, diesen allgemeinen rechtlichen Rahmen in jedem Einzelfall auszufüllen. Denn kein Denkmalschutzgesetz kann direkt festschreiben, daß ein Gebäude auf einem bestimmten Grundstück ein Kulturdenkmal ist.

In der Gegenwart Entstandenes kann danach kein Kulturdenkmal sein. Als Quellen und Zeugnisse menschlicher Geschichte und Entwicklung können Sachen, Sachgesamtheiten oder Sachteile nur erkannt werden, wenn eine Stilepoche allgemein als abgeschlossen gilt.

Ein schutzwürdiges Kulturdenkmal kann nur dann vorhanden sein, wenn ein öffentliches Interesse an seiner Erhaltung besteht. Privatinteressen, d. h. die Interessen einzelner Personen, Familien, Vereine oder Gruppen, reichen nicht aus. Hingegen kann das öffentliche Interesse durchaus nur auf lokaler Ebene liegen; regionale, nationale oder internationale Bedeutung ist nicht für den Denkmalwert erforderlich.

Auch die Anzahl insgesamt noch vorhandener ähnlicher Objekte ist ein Kriterium für den Denkmalwert. Je seltener z. B. ein Gebäudetyp oder eine Bauweise vorkommt, desto höher ist der Denkmalwert einzuschätzen *(Seltenheitswert)*. Das Alter eines Gebäudes ist allein kein Kriterium für den Denkmalwert.

Kulturdenkmale besonderer Art sind Gesamtanlagen und Bodendenkmale. Auf sie sind ebenfalls alle Vorschriften des Denkmalschutzes anzuwenden, soweit nicht im Gesetz selbst Sonderregelungen enthalten sind.

Darüber hinaus erfordert die juristische Definition des Begriffes *Kulturdenkmal* immer eine denkmalfachliche Einzelbewertung. Denn nicht jedes Zeugnis menschlicher Geschichte ist als schutzwürdig anzusehen, sondern nur die Kulturdenkmale, an deren Erhaltung aus künstlerischen, wissenschaftlichen, technischen, geschichtlichen oder städtebaulichen Gründen ein öffentliches Interesse besteht. Dies ist in jedem Einzelfall vom Denkmalpfleger nachzuweisen. Da für den Eigentümer von dieser Beurteilung viel abhängt, ist die Begründung des Denkmalpflegers als »gebundene Ermessensentscheidung« von Verwaltungsgerichten nachprüfbar. Die Begründung des Denkmalwertes ist eine verwaltungsrechtliche Voraussetzung für die Anwendung des Denkmalschutzgesetzes. Bevor nicht eine begründete Mitteilung der Denkmalfachbehörde über die Denkmaleigenschaft vorliegt, sind Stellungnahmen, Anordnungen und Auflagen der Denkmalschutzbehörde gegenstandslos. Die wissenschaftliche Begründung des Denkmalwertes ist somit wesentliche Voraussetzung für die Arbeit der *Unteren Denkmalschutzbehörde*. Diese Begründung muß nachvollziehbar vorhanden sein.

Unbeachtlich für den Denkmalwert ist der zufällige Bau- oder Erhaltungszustand. Dieser ist erst dann zu berücksichtigen, wenn die Denkmalschutzbehörde die Zumutbarkeit von Auflagen oder Anordnungen prüfen muß. Freilich kann nur der Zustand geschützt werden, der zum Zeitpunkt der Unterschutzstellung vorhanden war. Ist ein Kulturdenkmal bereits so weit zerstört, daß der noch vorhandene Gebäuderest für sich gesehen keinen Denkmalwert mehr besitzt, darf der Gebäuderest nicht mehr unter Denkmalschutz gestellt werden.

- *Baudenkmale*

sind Kulturdenkmale, die gleichzeitig »bauliche Anlagen« oder »Gebäude« im Sinne der jeweiligen Landesbauordnung sind. Ob sie auch dem formellen Baurecht unterliegen, ist ohne Bedeutung.

- *Gesamtanlagen (Ensembles)*

sind Kulturdenkmale, die aus einer Summe von Einzeldenkmalen, sonstigen Gebäuden und Freiräumen bestehen. Nicht jede bauliche Anlage muß selbst die Kriterien des Kulturdenkmals erfüllen. Es spielt dabei keine Rolle, daß z. B. innerhalb des Ensembles bauliche Anlagen aus jüngster Zeit oder weniger qualitätvolle Bauwerke stehen. Auch sind alle unbebauten Flächen, Pflanzen, Wasserflächen etc. dann dem Denkmalschutz unterstellt. Einheitlicher Stil der Baulichkeiten ist nicht Voraussetzung, ebenso schließt ein moderner Ersatzbau für ein aus dem Ensemble gerissenes Gebäude die *Gesamtanlage* nicht aus; gefordert wird jedoch ein bemerkenswertes, unverwechselbares Bild.

Gesamtanlagen und Bestandteile von Gesamtanlagen genießen nach den verschiedenen Denkmalschutzgesetzen einen reduzierten Schutz. Nur das äußere Erscheinungsbild ist zu erhalten. Maßnahmen an Gesamtanlagen sind selbst dann zu genehmigen, wenn durch sie das Erscheinungsbild unerheblich oder vorübergehend beeinträchtigt wird.

- *Umgebungsschutz*

Der Schutz der Umgebung von Baudenkmalen ist meist aus den denkmalschutzrechtlichen Genehmigungsvorschriften abzuleiten. Das Erscheinungsbild oder gar der Bestand des Kulturdenkmals dürfen durch Maßnahmen in seiner Umgebung nicht beeinträchtigt werden. Maßnahmen, die keine unmittelbare Auswirkung auf das Erscheinungsbild des Kulturdenkmals haben und sein Erscheinungsbild nicht überdecken, sind danach ohne Einschränkungen zulässig. Ein konkreter Radius für den denkmalschutzrechtlichen Umgebungsschutz ist nicht festgelegt. Es kommt auf den jeweiligen Einzelfall und nach der Rechtsprechung, ähnlich wie im Verunstaltungsparagraphen der Landesbauordnung, auf das »*Empfinden der ästhetischen Einflüsse gegenüber nicht unaufgeschlossenen Durchschnittsbürgern*« an.

- *Bewegliche Kulturdenkmale*

Der Oberbegriff *Kulturdenkmal* ist nicht an fest mit dem Boden verbundene bauliche Anlagen gebunden. Auch z. B. Statuen, Gemälde, Einrichtungsgegenstände und Möbel können selbst Kulturdenkmale sein oder zu ihnen gehören. Sie werden als »bewegliche Kulturdenkmale« bezeichnet.

- *Bodendenkmale*

Als Bodendenkmale werden bewegliche und unbewegliche Sachen bezeichnet, bei denen es sich um Zeugnisse, Überreste oder Spuren menschlichen, tierischen oder pflanzlichen Lebens handelt, die aus Epochen und Kulturen stammen, für die Ausgrabungen und Funde eine der Hauptquellen wissenschaftlicher Erkenntnisse sind. Danach sind z. B. sowohl die paläontologischen Fundstellen als auch die nur noch aus Bodenverfärbungen erkennbaren germanischen Siedlungen Bodendenkmale. Je weniger schriftliche und bauliche Dokumente verblieben sind, um so mehr muß die Wissenschaft auf Bodendenkmale zurückgreifen. So sind Ausgrabungen mittelalterlicher Siedlungsreste als Begleitung von Stadtsanierungen ständige archäologische Praxis, aber auch Gartenanlagen aus den 20er Jahren wurden schon mit archäologischen Methoden ermittelt. Da die Bodendenkmale oft die einzige Quelle wissenschaftlicher Forschung der Vor- und Frühgeschichte bilden, wird ihnen in den Gesetzen ein ganzer Abschnitt gewidmet, in dem auch die in der Sache begründeten Sonderregelungen gegenüber Baudenkmalen aufgeführt sind.

10.2 Behördenorganisation und Zuständigkeiten

Unzureichende Auskünfte unzuständiger Behörden gehen zu Lasten der Eigentümer und Entwurfsverfasser. Wer fach- und sachgerechten Denkmalschutz betreiben will, muß folglich wissen, welche Behörden für welche Aufgaben zuständig sind. Die Aufgabenverteilung der Denkmalbehörden sind in jedem Bundesland unterschiedlich geregelt. Hinzu kommt die enge Verflechtung mit anderen Rechtsbereichen, und damit kommt es zwangsläufig zu weiteren Zuständigkeiten anderer Behörden wie z.B. der Bauaufsicht. Die daraus entstehenden Mißverständnisse führen zu unnötigen Kosten und Zeitverlust. Über die folgenden Grundsätze hinaus müssen sich Entwurfsverfasser und Bauherrschaft zwangsläufig mit den Regelungen des jeweiligen Bundeslandes intensiv auseinandersetzen.

- *Grundsätze*

Da die Kulturhoheit bei den Bundesländern liegt, ist für den Vollzug von Denkmalschutz und Denkmalpflege grundsätzlich die Landesverwaltung zuständig. Jedes Land hat jedoch den Kommunen einen unterschiedlichen Teil der Aufgaben des Denkmalschutzes zur Erfüllung nach Weisung übertragen. Somit sind sowohl das Land als auch die Kommunen (Landkreise und kreisfreie Städte) mit unterschiedlicher Aufgabenverteilung für den Denkmalschutz zuständig. Die Bundesrepublik Deutschland hat keine eigene denkmalschutzrechtliche Zuständigkeit; eine Gemeinde nur, wenn ihr die Aufgaben der *Unteren Denkmalschutzbehörde* übertragen sind.

Die Denkmalbehörden sind in Fachbehörden und Vollzugsbehörden gegliedert. Die hoheitlichen Aufgaben des Verwaltungsvollzuges werden fast alle von den Denkmalschutzbehörden, die fachlichen und wissenschaftlichen Aufgaben von den Denkmalfachbehörden wahrgenommen. Deshalb muß sorgfältig zwischen Denkmalschutz und Denkmalpflege unterschieden werden. Wegen dieser Aufgabentrennung brauchen nur wenige qualifizierte Wissenschaftler eine Vielzahl örtlicher Vollzugsbeamter fachlich anzuleiten. Auch kann hierdurch eine weitgehende Gleichbehandlung in Ermessensentscheidungen gewährleistet werden. Andererseits entstehen wegen der notwendigen wechselseitigen Abstimmungen Probleme und Verzögerungen.

- *Denkmalschutzbehörden*

Bis auf die Stadtstaaten und einige wenige Flächenländer wurde für den Denkmalschutz die klassische dreistufige Verwaltung mit *Oberster, Oberer* (auch: Mittlere oder Höhere) und *Untere Denkmalschutzbehörde* festgelegt. *Oberste Denkmalschutzbehörde* ist ein Ministerium (meist für Wissenschaft und Kunst), *Obere Denkmalschutzbehörden* sind die Regierungspräsidien, und *Untere Denkmalschutzbehörden* kreisfreie Städte und Landkreise.

Für die Durchführung des Denkmalschutzgesetzes ist grundsätzlich die Untere Denkmalschutzbehörde (UDSchB) zuständig. Nur wenn im Gesetz ausdrücklich die Zuständigkeit einer anderen Behörde festgelegt ist, kann sie nicht tätig werden. Die Zuständigkeiten der UDSchB lassen sich also nur indirekt ermitteln, indem festgestellt wird, welche Aufgaben im Gesetz oder Verordnung anderen Behörden übertragen wurden. Die »restlichen« Aufgaben sind dann von den Unteren Denkmalschutzbehörden zu erfüllen. Ihr Aufgabenbereich wird dadurch oft unterschätzt. Es verbleiben jedoch so wichtige Aufgaben wie:

- Überwachung des Denkmalbestandes und Beseitigung illegaler Maßnahmen
- Sicherung der Kulturdenkmale
- Rechtliche Überprüfung der Forderungen der Fachbehörde
- Durchführung von Genehmigungs- und Zustimmungsverfahren
- Überprüfung der Zumutbarkeit
- Entscheidung über Veränderungen der Denkmale
- Durchführung der Verwaltungsstreitverfahren
- Durchführung von Ordnungswidrigkeitsverfahren
- Förderung der Denkmalpflege durch Zuschüsse und Öffentlichkeitsarbeit.

In einigen Bundesländern stellen die Unteren Denkmalschutzbehörden auch die Steuerbescheinigungen aus.

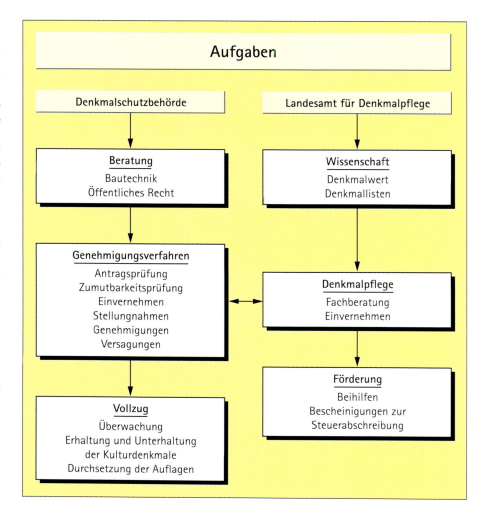

Die Unteren Denkmalschutzbehörden werden außer bei der Öffentlichkeitsarbeit immer hoheitlich tätig und erfüllen ihre Aufgaben nach Weisung. Sie sind damit der Unteren Bauaufsicht rechtlich gleichgestellt und erfüllen einen vergleichbar wichtigen gesetzlichen Auftrag in einem nahe verwandten bautechnischen Gebiet.

Grundsätzlich bleibt es jeder Unteren Denkmalschutzbehörde selbst überlassen, in welcher Form und mit welcher personellen Besetzung sie den Denkmalschutz organisiert. So sind in der Praxis die unterschiedlichsten Organisationsformen und Personalausstattungen feststellbar. Ist kein eigenes Denkmalschutzamt möglich, hat sich eine Zuordnung zum Bauaufsichtsamt und eine Besetzung mit Architekten als besonders effizient herausgestellt.

Unabhängig von der Organisations- und Personalhoheit sind jedoch immer die Unteren Denkmalschutzbehörden an die Weisungen der Oberen Denkmalschutzbehörde und an das Einvernehmen mit der jeweiligen Denkmalfachbehörde gebunden.

10.2 Behördenorganisation und Zuständigkeiten

• *Denkmalfachbehörde*

Die Denkmalfachbehörde wird in den meisten Bundesländern als »Landesamt für Denkmalpflege« (LfD) bezeichnet. Denkmalfachbehörden sind zwar als Landesbehörden unmittelbar der Obersten Denkmalschutzbehörde unterstellt, jedoch fachlich unabhängig.

Die Zuständigkeiten der Denkmalfachbehörden sind in den Denkmalschutzgesetzen abschließend aufgeführt. Im wesentlichen sind es folgende Aufgaben:

- Beratung und Unterstützung der Eigentümer von Kulturdenkmalen bei Pflege und Unterhaltung
- systematische Erfassung (Inventarisation) aller Kulturdenkmale
- Führung des Denkmalbuchs
- wissenschaftliche Untersuchung der Kulturdenkmale
- Öffentlichkeitsarbeit
- fachliche Prüfung von Anträgen zur Veränderung von Kulturdenkmalen
- Beihilfen zur Erhaltung von Kulturdenkmalen
- Prüfung, Überwachung und Durchführung von archäologischen Ausgrabungen
- Einleitung von Enteignungs- und Entschädigungsverfahren.

Die meisten Denkmalfachbehörden stellen auch die Bestätigungen zur Steuerabschreibung aus.

Eine der wichtigsten Aufgaben der Denkmalfachbehörde ist die Bestimmung des Denkmalwertes. Denn damit wird entschieden, ob es sich überhaupt um ein Kulturdenkmal handelt. Da das Denkmalschutzgesetz nur bei Kulturdenkmalen anzuwenden ist, bestimmen die Denkmalfachbehörden den Geltungsbereich des Denkmalschutzgesetzes.

• *Organisationsschema*

Die Behördenorganisation von Denkmalschutz und Denkmalpflege läßt sich somit in einem Schema darstellen, in das die Bauaufsichtsämter wegen ihrer engen Verknüpfung zum Denkmalschutz insbesondere bei Genehmigungsverfahren mit aufgenommen wurden.

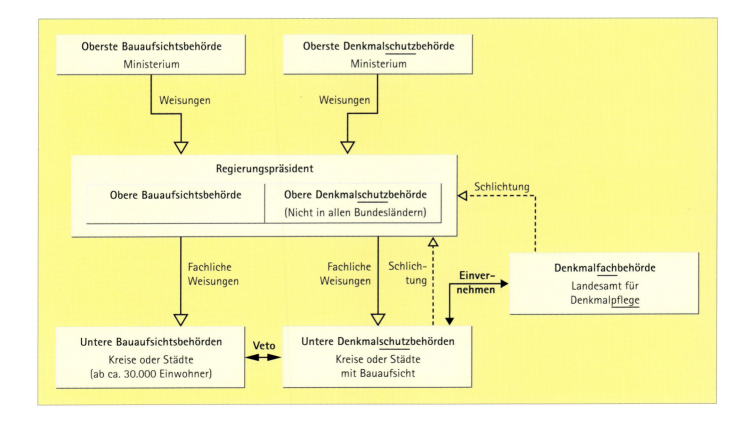

10.3 Rechte und Pflichten der Eigentümer

Aufgabe der Denkmalschutzgesetze ist es, die Interessen der Eigentümer mit den Interessen der Allgemeinheit abzustimmen. Das Bundesverfassungsgericht hat bestätigt, daß die grundgesetzlich geschützten Interessen der Eigentümer mit dem öffentlichen Interesse an der Erhaltung des Denkmals in allen Denkmalschutzgesetzen gerecht abgewogen sind und die Eigentümer eines Denkmals vor Vermögensverlusten schützen. Die Denkmalschutzgesetze sind damit verfassungskonform. Sie geben nicht nur den Behörden Rechte, sondern auch den Eigentümern.

Auf beiden Seiten sind diese Rechte aber auch mit Pflichten verbunden. Leider neigen die Eigentümer dazu, ihre Verpflichtungen emotional überzubewerten und ihre Rechte nicht zu erkennen. Sie vergessen, daß alle Verpflichtungen sich im grundgesetzlich garantierten Rahmen der Sozialbindung des Eigentums bewegen und für sie zumutbar sein müssen, d. h. ihr Vermögen nicht mindern dürfen. Die Eigentümer können jedoch daran gehindert werden, ein Denkmal als Spekulationsobjekt zu mißbrauchen.

Es gibt nur wenige Eigentümer, denen besondere Rechte zugestanden wurden. Dazu gehören Gebietskörperschaften, Kirchen oder vergleichbare öffentlich-rechtliche Institutionen, die aufgrund verfassungsrechtlicher Vorschriften oder aus Staatsverträgen besondere Verpflichtungen und Rechte beim Denkmalschutz haben. Diese sind den jeweiligen Denkmalschutzgesetzen, Staatskirchenverträgen u. ä. zu entnehmen.

Von allgemeiner Bedeutung sind die Rechte und Pflichten eines »normalen« Bürgers als Eigentümer eines Kulturdenkmals. Seine Mitarbeit und angemessene Beteiligung im Rahmen seiner Leistungsfähigkeit und der Sozialbindung des Eigentums wird bereits in den ersten Paragraphen aller Denkmalschutzgesetze erwartet und gefordert.

Die notwendige Abwägung zwischen dem öffentlichen Interesse an der Erhaltung des Kulturdenkmals und den privaten Interessen des Eigentümers soll nach dem Willen des Gesetzgebers zunächst im beiderseitigen, wenn auch vielleicht schmerzlichen Einvernehmen erfolgen. Erst wenn der Eigentümer uneinsichtig ist und seine privaten Interessen einseitig über das öffentliche Interesse der Erhaltung des Kulturdenkmals stellt, muß das Denkmalschutzgesetz mit allen Vollzugs- und Durchsetzungsmöglichkeiten angewandt werden. Die Interessen der Eigentümer sind bei der Beurteilung des Einzelfalles von großer Bedeutung. Deshalb gehört es auch zu den Pflichten des Eigentümers, seine Interessen objektiv nachprüfbar und sachlich vorzutragen, damit die Denkmalschutzbehörden sie bei den Entscheidungen berücksichtigen können.

Denkmalschutz schließt nicht aus, daß Kulturdenkmale verändert oder gar beseitigt werden. Vielmehr werden im Interesse ihrer Erhaltung sogar in den Denkmalschutzgesetzen selbst sinnvolle Nutzungen verlangt und damit Veränderungen in Kauf genommen. Diese zulässigen Änderungen sind jedoch genehmigungspflichtig. Es ist Aufgabe des Eigentümers, sie zu beantragen und nicht auszuführen, bevor die Genehmigung vorliegt. Auch wenn er notwendige Instandsetzungsarbeiten nicht durchführen kann oder will, muß er dies der Denkmalschutzbehörde mitteilen, damit sie zur Vermeidung größerer Schäden tätig werden kann.

Grundsätzlich sind alle Eigentümer verpflichtet, ihre Kulturdenkmale zu erhalten und pfleglich zu behandeln. Ist ihnen dies nach objektiven Maßstäben nicht zumutbar, tragen das Land, die Gemeinden und die Gemeindeverbände durch Zuschüsse zur Erhaltung und Pflege bei. Der Nachweis der »Unzumutbarkeit« ist vom Eigentümer so zu führen, daß er für die Denkmalschutzbehörden nachprüfbar ist. Der Eigentümer ist verpflichtet, den Behörden alle notwendigen Auskünfte zu erteilen und ihren Mitarbeitern Zugang zu Grundstück und Wohnung zu ermöglichen. Das öffentliche Interesse verpflichtet den Eigentümer auch, es der Öffentlichkeit in angemessenem Umfang zugänglich zu machen und es Nutzungen zuzuführen, die seine Erhaltung gewährleisten.

Kommt ein Eigentümer diesen Verpflichtungen nicht nach, muß er erwarten, daß alle Möglichkeiten des Verwaltungsvollzuges bis hin zur Enteignung gegen ihn angewandt werden. Diese Zwangsmaßnahmen sollen jedoch Einzelfälle bleiben.

10.4 Denkmalrechtliche Verfahren und Abwägungen

Wegen ihrer grundsätzlichen Bedeutung oder häufigen Anwendung müssen einige denkmalfachliche und denkmalschutzrechtliche Abwägungen und Verfahren besonders erläutert werden.

10.4.1 Denkmalverzeichnisse

Die Feststellung des Denkmalwertes und die Zusammenstellung der Denkmale in Listen ist eine der wichtigsten Aufgaben der Denkmalfachbehörde. Denn das Denkmalbuch umgrenzt den Anwendungsbereich des Gesetzes, gibt den Eigentümern, Gemeinden und allen Trägern öffentlicher Belange die für zügige Verfahren wünschenswerte Rechtssicherheit, leistet wertvolle Beiträge zur Kulturgeschichte des Landes und fördert Wissenschaft und Fremdenverkehr.

Bei der Aufnahme in das Denkmalbuch oder eine der Listen wird vom Landesamt für Denkmalpflege nur der Denkmalwert beurteilt. Der Zustand des Kulturdenkmals, seine Erhaltungsmöglichkeiten und die Zumutbarkeit spielen dabei keine Rolle. Die Eintragung allein berührt auch nicht die Eigentumsrechte und stellt keinen entschädigungspflichtigen Eingriff dar. Die Zumutbarkeit ist erst bei Auflagen und Eingriffsverfügungen von der Unteren Denkmalschutzbehörde zu prüfen.

Das Denkmalbuch oder die Denkmallisten enthalten nie alle Kulturdenkmale. Der fehlende Eintrag ist kein Beleg für mangelnden Denkmalwert. Es wird immer wieder Kulturdenkmale geben, die nicht ins Denkmalbuch eingetragen sind. So können bei Bauarbeiten und Voruntersuchungen neue Kulturdenkmale erkannt oder die Denkmale abgeschlossener Epochen neu aufgenommen werden.

Auch können neue wissenschaftliche Erkenntnisse zu neuen Bewertungen bekannter Denkmale führen. Folglich gehört es zu den Pflichten der Eigentümer, Entwurfsverfasser und Bauleiter, die Denkmalfachbehörde zu unterrichten, wenn bei Bauarbeiten *denkmalverdächtige* Substanz entdeckt wird. Umgekehrt müssen auch nicht alle im Denkmalbuch eingetragenen Denkmale noch tatsächlich vorhanden sein; durch Einsturz, Brand oder unzumutbaren Erhaltungsaufwand können sie durchaus vernichtet oder verunstaltet worden sein. Die Denkmalverzeichnisse sind somit nie abgeschlossen.

Im allgemeinen wird die Denkmalfachbehörde von Amts wegen die Eintragungen in das Denkmalbuch vornehmen. Es gibt aber in den einzelnen Denkmalschutzgesetzen unterschiedliche »antragsberechtigte Kreise«. Meist gehören der Eigentümer und die Gemeinde dazu. Nicht antragsberechtigt sind in der Regel Heimatvereine, Nachbarn oder unbeteiligte Dritte, selbst wenn ihnen die Erhaltung bestimmter Anlagen sehr am Herzen liegt. Über diese Anträge entscheidet die Denkmalfachbehörde. Gegen eine Ablehnung ist eine Verpflichtungsklage möglich.

Grundsätzlich gibt es zwei rechtlich unterschiedliche Methoden der Führung des Denkmalbuches. Am weitesten verbreitet ist die »deklaratorische Liste«. In einigen wenigen Bundesländern wie z. B. Nordrhein-Westfalen ist die »konstitutive Liste« eingeführt. Beide gehen von unterschiedlichen Rechtspositionen aus und ziehen unterschiedliches Verwaltungshandeln nach sich:

- *»Konstitutive Liste«*

Nach diesem System ist die rechtsverbindliche Eintragung in das Denkmalbuch Voraussetzung dafür, daß die Schutzmaßnahmen des Gesetzes angewandt werden können. Die Aufnahme in das Denkmalbuch ist ein gesonderter Verwaltungsakt, gegen den alle Mittel des Verwaltungsrechtes offen stehen. Jeder Eigentümer erhält eine Verfügung zugestellt, in der mit Rechtsmittelbelehrung konkret festgesetzt ist, daß und warum bestimmte bauliche Anlagen auf seinem Grundstück Kulturdenkmale sind. Dies bedeutet für die Behörden einen erheblichen Verwaltungsaufwand und für die Eigentümer optimale Rechtssicherheit.

- *»Deklaratorische Liste«*

Bei den deklaratorischen Listen wird die Denkmaleigenschaft nicht erst durch rechtskräftigen Verwaltungsakt festgestellt, sondern ist eine dem Objekt innewohnende Eigenschaft. Die Feststellung der Denkmaleigenschaft ist ebenso eine Zustandsbeschreibung eines Fachmannes wie die Feststellung, daß es sich z. B. um ein Fachwerkhaus handelt. Eine rechtliche Überprüfung des Denkmalwertes ist erst in Verbindung mit einer denkmalschutzrechtlichen Eingriffsverfügung der Denkmalschutzbehörde möglich. Die Eintragung in das Denkmalbuch hat keinen rechtsgestaltenden Charakter, das Denkmalbuch hat keine rechtliche Bedeutung. Es dient nur noch der Information, der Wissenschaft und dem Fremdenverkehr und fördert die Identifikation der Bevölkerung mit den Zielen des Denkmalschutzes. Seine Bedeutung ist damit weiterhin sehr groß, aber auf anderen Gebieten als dem Verwaltungsrecht. Deshalb ist auch seine Bezeichnung nicht mehr eindeutig. Statt »Denkmalbuch« werden Begriffe wie »Denkmalliste«, »vorläufige Liste«, »Arbeitsliste« und »Denkmaltopographie« gebraucht.

Alle Listen, Bücher oder Verzeichnisse haben gemeinsam, daß sie unvollständig sind. Ist eine Anlage in einem dieser Verzeichnisse eingetragen, kann nur mit Sicherheit davon ausgegangen werden, daß es sich um ein Kulturdenkmal handelt. Der Umkehrschluß ist jedoch nicht erlaubt: Selbst wenn eine Anlage dort nicht verzeichnet ist, kann sie dennoch ein Kulturdenkmal sein.

Maßgeblich für die Beurteilung als Kulturdenkmal ist ausschließlich eine schriftliche und konkrete Bestätigung der Denkmalfachbehörde. Derartige Auskünfte einzuholen gehört zu den Pflichten eines Eigentümers. Er kann nicht geltend machen, daß er von der Denkmaleigenschaft seines Eigentums nichts gewußt habe. Er ist vielmehr verpflichtet, bei der zuständigen Stelle eine verbindliche Auskunft über die Denkmaleigenschaft seines Eigentums einzuholen.

Das Denkmalbuch bzw. alle Denkmallisten werden ausschließlich beim Landesamt für Denkmalpflege geführt und können dort von jedermann eingesehen werden. Die Gemeinden, die unteren Denkmalschutzbehörden und die Katasterämter sind zwar im Besitz örtlicher Auszüge für ihre jeweiligen Zuständigkeitsbereiche, diese Auszüge haben aber nur nachrichtlichen und damit unverbindlichen Charakter.

In den meisten Ländern wird die Denkmaleigenschaft nachrichtlich im Liegenschaftskataster, in wenigen Ländern auch im Grundbuch vermerkt. Vorkaufsrechte der Denkmalbehörden und damit verbundene Pflichten zur Mitteilung eines Eigentümerwechsels bestehen nur in einigen Ländern.

10.4.2 Sicherung des Denkmalbestandes

Maßnahmen zur Bestandssicherung von Kulturdenkmalen kann nur die Denkmalschutzbehörde erlassen. Sie ist dazu nach allen Denkmalschutzgesetzen sogar verpflichtet. Die Untere Denkmalschutzbehörde muß diese Maßnahmen ggf. auf eigene Rechnung als Ersatzvornahme durchführen. Die Eigentümer müssen diese Maßnahmen dulden und können später »im Rahmen des Zumutbaren« zur Erstattung der entstandenen Kosten herangezogen werden.

Zur Bestandssicherung gehört nicht nur der Schutz vor illegalen Baumaßnahmen, sondern auch vor Verfall. Rechtliche Probleme gibt es erst, wenn der Wiederaufbau von durch Brand oder Sturm vernichteter Bausubstanz angeordnet werden soll. Nach dem Wortlaut der meisten Denkmalschutzgesetze ist zwar die Sicherung evtl. verbliebener Reste des Kulturdenkmals möglich, nicht jedoch z. B. die Rekonstruktion eines abgebrannten Dachstuhles. Es kann aber verlangt werden, daß die Zahlungen der Brandversicherung zur Instandsetzung des Denkmals verwandt werden.

Die Vorschriften zur Bestandssicherung sind also in der Tendenz darauf ausgerichtet, kleine Mängel und widerrechtliche Handlungen unverzüglich beseitigen zu lassen. Je größer der Schaden ist, desto problematischer wird die Durchsetzung seiner Beseitigung. Denn abgesehen von den geringeren Kosten und der besseren Akzeptanz stellt sich in dieser frühen Phase auch nicht das Problem der »Zumutbarkeit«.

10.4.3 Erhaltung und Veränderung durch Nutzung

Die Denkmalschutzbehörde kann die beantragte Veränderung eines Kulturdenkmals nur dann verweigern, wenn ihr »überwiegende Gründe des Gemeinwohls« entgegenstehen. Ob im Einzelfall die Voraussetzungen für die Anwendung dieses unbestimmten Rechtsbegriffes vorliegen, ist gerichtlich überprüfbar.

Überwiegende Gründe des Gemeinwohls stehen der Veränderung eines Kulturdenkmals entgegen, wenn das denkmalpflegerische Interesse an seinem unveränderten Erhalt höher zu bewerten ist als andere Interessen, die für eine Veränderung sprechen. Bei diesen kann es sich sowohl um Interessen privater als auch öffentlicher Natur handeln.

Das Gewicht der denkmalpflegerischen Interessen ist im wesentlichen danach zu bestimmen, inwieweit die beabsichtigte Maßnahme zu einer Beeinträchtigung des Kulturdenkmals führt. Fehlt es an einer derartigen Beeinträchtigung, oder ist die zu befürchtende Beeinträchtigung des Kulturdenkmals geringer zu bewerten als die Interessen, die für eine Veränderung sprechen, stehen überwiegende Gründe des Gemeinwohls der Maßnahme nicht entgegen. Geht es um den Abbruch eines Kulturdenkmals, sind die denkmalpflegerischen Interessen besonders hoch einzustufen.

Ausnahmsweise kann etwas anderes gelten, wenn ein Baudenkmal aus ausschließlich objektbezogenen Gründen nicht erhaltungsfähig ist und deshalb aus anderen Gründen dem Untergang geweiht ist. Weiterhin können die denkmalpflegerischen Interessen, die gegen die Beseitigung sprechen, durch die mindere Bedeutung des Kulturdenkmals, insbesondere durch seinen geringen Seltenheitswert und seine eingeschränkte Erhaltungsfähigkeit, relativiert werden.

Das denkmalpflegerische Interesse an dem unveränderten Bestand des Kulturdenkmals kann durch private Interessen, die für eine Veränderung sprechen, überwunden werden. Dies kann beispielsweise dann der Fall sein, wenn aufgrund eines Veränderungsverbotes und damit einhergehender Nutzungsbeschränkungen eine sinnvolle Verwendungsmöglichkeit für das Kulturdenkmal nicht mehr gegeben ist. Wenn ein Bauwerk nur noch Denkmal ist, bei dem jede wirtschaftlich sinnvolle Nutzung ausscheidet und der Eigentümer aufgrund der Versagung der Veränderungsgenehmigung gezwungen wäre, das Objekt ausschließlich im Interesse der Allgemeinheit am Denkmalschutz zu erhalten, ist dem Eigentümer entweder die beantragte Veränderungsgenehmigung zu erteilen oder im denkmalpflegerischen Interesse bei Vorliegen der gesetzlichen Voraussetzungen ein Enteignungsverfahren einzuleiten, um eine Erhaltung des Kulturdenkmals aus öffentlichen Mitteln sicherstellen zu können.

Die Forderung nach der Benutzbarkeit der Kulturdenkmale wurde in die Denkmalschutzgesetze aufgenommen, um zu vermeiden, daß Wohngebäude oder gar ganze Siedlungen wegen einer denkmalfachlich einwandfreien Erhaltung unbenutzbar werden. Es soll ein seltener Einzelfall bleiben, Kulturdenkmale im musealen Sinne so zu erhalten, daß sie heutigen Wohnansprüchen nicht genügen. Die Denkmalbehörden müssen zulassen, daß in Denkmale Heizungen, Badezimmer, Elektroinstallation, Sicherheitsmaßnahmen, Wärmedämmung und alle sonstigen Maßnahmen eingebaut werden, die objektiv anerkannten heutigen Wohnansprüchen entsprechen. Freilich dürfen derartige Maßnahmen den Bestand des Kulturdenkmals nicht gefährden oder unnötig beeinträchtigen; auf Art, Lage und Umfang derartiger Maßnahmen darf bzw. müssen die Denkmalbehörden Einfluß nehmen.

Ist das Kulturdenkmal so wertvoll, daß eine Nutzung ausgeschlossen werden muß, ist der Eigentümer zu entschädigen und das Gebäude allein von der Allgemeinheit zu unterhalten.

10.4.4 Materialgerechtigkeit bei Instandsetzung

Kein Denkmalschutzgesetz enthält konkrete Festlegungen zum materiellen Denkmalschutz, d. h., wie mit den Denkmalen umzugehen ist. Verlangt wird allgemein ein wissenschaftlichen Anforderungen gerecht werdender Umgang mit den Kulturdenkmalen. Dabei ist so viel Originalsubstanz zu erhalten wie möglich.

Dies schließt nicht aus, daß zerstörte Bauteile wiederhergestellt und Verschleißteile erneuert werden. Welche Anforderungen im Einzelfall an diese »Ersatzteile« zu stellen sind, ist aus den Denkmalschutzgesetzen nur über Rückschlüsse zu entnehmen. Hierzu festigt sich in letzter Zeit der Grundsatz der Materialgerechtigkeit, der Werkgerechtigkeit und der Formgerechtigkeit, wie er in der »Charta von Venedig« gefordert wird.

Die Gerichte argumentieren, daß andernfalls das Baudenkmal schrittweise in seiner Gestalt und möglicherweise sogar in seinem Bestand preisgegeben wird. Einige Grundsätze hierzu werden aus einem Urteil des Bayerischen Verwaltungsgerichtshofes vom 6. 11. 1996 (Az. 2 B 94.2926) zitiert, bei dem es um den Einbau von Kunststofffenstern anstelle von Holzfenstern ging:

> »Nach der gefestigten Rechtsprechung kommt es bei denkmalpflegerischen Maßnahmen anders als im Baurecht bei der Frage der Verunstaltung nicht auf das ästhetische Empfinden des gebildeten Durchschnittsmenschen an. Bei der Beurteilung, ob die Erhaltung eines Baudenkmals im Interesse der Allgemeinheit liegt und wie die Erhaltungsmaßnahmen auszuführen sind, ist vielmehr auf den Wissens- und Erkenntnisstand von sachverständigen Betrachtern abzustellen, da nur diese über die notwendigen Kenntnisse und Informationen verfügen, um in objektivierbarer Weise Gründe für ein über den persönlichen Bereich hinaus reichendes Interesse an der Erhaltung des Bauwerks herauszuarbeiten.

Ausgehend von diesen Grundsätzen beeinträchtigt der Einbau zweiflügeliger weißer Kunststofffenster mit Schallschutzscheiben und profilierter Sprosseneinteilung das äußere Erscheinungsbild eines Baudenkmals nachhaltig negativ. Die Denkmalfachbehörden haben in diesem Zusammenhang zu Recht auf den Grundsatz der Materialgerechtigkeit, der Werkgerechtigkeit und der Formgerechtigkeit hingewiesen. Bei allen Maßnahmen an Baudenkmalen sollen Baustoffe verwendet werden, die den bereits vorhandenen Materialien entsprechen oder mit der vorhandenen Substanz vergleichbar sind.

Regelmäßig entsprechen nur traditionelle Materialien den Baudenkmalen. Das dem Gebäude angemessene Material für Fenster ist daher Holz, das in seiner Oberflächengestaltung und in seiner Profilierung dessen Charakter entscheidend mitbestimmt. Kunststofffenster können diese Kriterien nicht erfüllen. Zwar mag es mittlerweile weiße profilierte Kunststofffenster geben, in ihrer Oberfläche können sie aber ästhetisch nicht zufriedenstellen. Es ist nicht von der Hand zu weisen, daß ihr erster optischer Eindruck Glätte und Undifferiertheit widerspiegelt. Auch in der Materialalterung entsprechen sie nicht dem wünschenswerten harmonischen Zusammenspiel aller an der Fassade verwendeten Materialien und ihrer Oberflächen. Aus der Sicht der Denkmalpflege ist bei der Auswahl neuer Fenster eine weitgehende Annäherung an den ehemaligen Zustand anzustreben. Es ist daher nicht zu beanstanden, wenn die Denkmalschutzbehörde den Einbau von Kunststofffenstern abgelehnt hat.

Die von der Klägerseite dargestellten Vorzüge von Kunststofffenstern gegenüber Holzfenstern sind nicht so gewichtig, daß die Belange des Denkmalschutzes zurücktreten müßten. Die Vertreter der beklagten Unteren Denkmalschutzbehörde haben glaubhaft vorgetragen, daß Kastenfenster mit konstruktiven Sprossen eine höhere Schalldichtigkeit gewährleisten, als dies bei Isolierglasfenstern möglich ist. Dies wird durch die Darstellung der Schallschutzklassen von Fenstern nach der VDI-Richtlinie 2719 bekräftigt. Soweit die Kläger auf den größeren Erhaltungsaufwand von Holzfenstern gegenüber Kunststofffenstern hinweisen, kann nach der unwidersprochenen Erklärung der Beklagten, diese sei lediglich etwa 30% höher, nicht davon ausgegangen werden, daß diese Kosten in einem unangemessenen Verhältnis zu dem Gebrauchswert des Wohngebäudes stünden und damit den Klägern gegenüber unzumutbar seien. Darüber hinaus besteht grundsätzlich die Möglichkeit der Inanspruchnahme steuerrechtlicher Erleichterungen.«

Diese Grundsätze der denkmalverträglichen Materialgerechtigkeit beginnen Allgemeingut zu werden, obwohl sie nur mittelbar aus den Gesetzen abzulesen sind.

10.4.5 Zumutbarkeit, Entschädigung und Enteignung

Die *Zumutbarkeit* denkmalschutzrechtlicher Maßnahmen und Anordnungen ist ein Kernstück der Rechte des Eigentümers. Anders als im Baurecht sind die Eigentümer eines Baudenkmals verpflichtet, nur solche Anordnungen und Auflagen hinzunehmen, die für sie zumutbar sind. Weitere Ausführungen zu diesem zentralen Begriff des Denkmalschutzrechtes sind in keinem Denkmalschutzgesetz enthalten. Es mußte somit der gesetzeskonformen Auslegung der Einzelfälle in der Verwaltungspraxis und der Rechtsprechung überlassen bleiben, hierzu einigermaßen gesicherte Grundsätze zu entwickeln.

Nach der Rechtssystematik des Baurechtes sind die Eigentümer von Gebäuden verpflichtet, alle Maßnahmen selbst zu tragen, die in der Bauordnung vorgeschrieben sind. Denn die Bauordnung dient der Gefahrenabwehr. Die Anordnung und Durchsetzung bauordnungsrechtlicher Maßnahmen ist somit unproblematisch, soweit die Behörden sich auf konkrete Vorschriften berufen können. Denkmalschutz dient jedoch nicht der Gefahrenabwehr. Es ist auch in keinem Denkmalschutzgesetz vorgeschrieben, welche Anordnungen im Interesse der Erhaltung der Denkmale liegen. So kann in den Denkmalschutzgesetzen ein Eigentümer nur allgemein verpflichtet werden, im Rahmen seiner Sozialbindung die Kosten der Erhaltungsmaßnahmen zu bezahlen. Gehen die Kosten über diese Grenze hinaus, muß die Allgemeinheit die Erhaltung des Denkmals übernehmen.

Diese *Zumutbarkeit* bezieht sich nicht nur auf die Baukosten. Auch wirtschaftlich zumutbare Maßnahmen können so sehr in die Rechte des Eigentümers eingreifen, daß sie für ihn allgemein unzumutbar werden. Dies kann z. B. der Fall sein, wenn ein Denkmal nicht den heutigen Wohnansprüchen gerecht hergerichtet werden kann oder die Erhaltung eines Denkmals in keinem vernünftigen Verhältnis zu den privaten Belangen des Eigentümers steht.

Der Eigentümer muß in diesen Fällen freilich sein Vorhaben präzisieren. So kann er nicht geltend machen, ein Baugrundstück von Denkmalen freiräumen zu müssen, um potentiell eine ungehinderte und optimale Verwertung für Nutzungen zu ermöglichen. Kann er hingegen nachweisen, daß ein realisierbares, objektiv vernünftiges Vorhaben nur dann errichtet werden kann, wenn das Baudenkmal beseitigt wird, muß die Denkmalschutzbehörde eine Zumutbarkeitsprüfung anstellen.

Bestandteil dieser *Zumutbarkeitsprüfung* ist auch die Prüfung der *wirtschaftlichen Zumutbarkeit*. Ist eine Maßnahme wirtschaftlich nicht zumutbar, bedeutet dies jedoch nicht zwangsläufig den Verlust des Denkmals. Denn zuerst steht die Denkmalpflege vor der Entscheidung, durch Beihilfen die Zumutbarkeit zu gewährleisten. In diese Überlegungen ist auch die Wertigkeit des Kulturdenkmals einzubringen und mit den Interessen des Eigentümers abzuwägen. Denn wenn bei hochwertigen Kulturdenkmalen notwendige Erhaltungsmaßnahmen so sehr in die Eigentums- bzw. Verwertungsrechte des Eigentümers eingreifen, daß eine Nutzung beeinträchtigt oder gar ausgeschlossen ist, kann das Kulturdenkmal auch enteignet werden.

Regelmäßig muß die Untere Denkmalschutzbehörde die Zumutbarkeit der Maßnahmen und Auflagen prüfen, die sie anordnet. Dies gehört zu den wichtigsten und schwierigsten Aufgaben der Denkmalschutzbehörden. Sie sind nicht nur in allen Punkten gerichtlich nachprüfbar, sondern werden vom Betroffenen meist auch noch mit vielen Emotionen begleitet. Ob eine Sanierung und Erhaltung für den Eigentümer entschädigungslos oder mit Entschädigungsleistungen zumutbar ist oder ob gar das Kulturdenkmal gegen Entschädigung übernommen werden muß, kann durch Behörden und Gerichte nur auf der Grundlage eines konkreten Sanierungs- und Nutzungskonzepts geprüft und entschieden werden. Nur dann kann beurteilt werden, welche Vorteile und Nutzungen der Eigentümer nach einer Sanierung des Objekts erzielen kann, welche Zuschüsse aus öffentlichen Mitteln bewilligt werden können und welche Unterhaltungskosten entstehen.

Erst auf dieser Grundlage läßt sich auch zuverlässig feststellen, ob und in welchem Ausmaß die Zumutbarkeitsgrenze überschritten wird und ob Bedeutung und Rang des Kulturdenkmals gleichwohl eine Erhaltung auf dem Wege der Enteignungsentschädigung rechtfertigen.

Ein derartiges Sanierungskonzept muß der Eigentümer vorlegen, wenn er den Abbruch des Kulturdenkmals begehrt oder geltend macht, daß er es mangels Zumutbarkeit nicht unterhalten kann. Freilich wird ein sol-

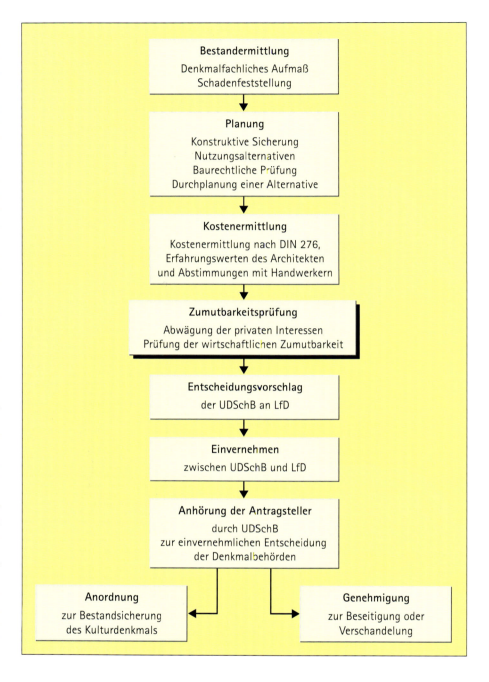

cher Eigentümer regelmäßig die Erarbeitung eines Nutzungs- und Sanierungskonzepts nicht ernsthaft betreiben. Es kann nicht Aufgabe der Denkmalschutzbehörde sein, für den Eigentümer denkbare Sanierungs- und Nutzungskonzepte vorzuschlagen und bis zu einer solchen Planreife auszuarbeiten, daß hinreichende Grundlagen für die Beurteilung der Fragen der Zumutbarkeit, einer Entschädigung, einer Übernahme oder einer Beihilfe gegeben sind.

In der Praxis wird es freilich zweckmäßig sein, daß die Denkmalschutzbehörde vergleichende gutachterliche Untersuchungen selbst aufstellt oder auf eigene Kosten in Auftrag gibt. Denn in der Regel werden die vom Eigentümer vorgelegten Ausführungen so unzureichend, subjektiv oder unzutreffend sein, daß der Arbeitsaufwand für die Überprüfung, Berichtigung und Nachforderung fehlender oder unzureichender Unterlagen einer eigenen Aufstellung des Gutachtens gleich kommt. Hierzu werden jedoch den Denkmalschutzbehörden in der Regel die Personalkapazitäten fehlen. Es liegt deshalb im Interesse eines fachgerechten und zweckmäßigen Verwaltungshandelns, wenn die Denkmalschutzbehörde derartige Zumutbarkeitsgutachten gleich selbst in Auftrag gibt und als Grundlage für ihre Entscheidungen benutzt.

Bei der Beurteilung der denkmalschutzrechtlichen Zumutbarkeit der Erhaltung eines Kulturdenkmals ist ein objektbezogener Maßstab anzulegen. Es kommt ausschließlich darauf an, ob zwischen dem notwendigen Erhaltungsaufwand und dem wirtschaftlichen Nutzen des geschützten Objekts ein offenkundiges Mißverhältnis besteht, so daß auch ein einsichtiger, den Zielen der Denkmalpflege aufgeschlossener Eigentümer einen solchen Aufwand vernünftigerweise nicht mehr auf sich nehmen und der Zwang zur Erhaltung sich demgemäß als Sonderopfer darstellen würde.

Dem Eigentümer kann jedoch entgegengehalten werden, daß er seinen Erhaltungspflichten nicht oder nur unzureichend nachgekommen sei und dadurch teilweise eine Erhöhung des Sanierungsaufwandes selbst verursacht habe. Somit bleiben bei der Prüfung der Zumutbarkeit auch die Kosten für die Beseitigung widerrechtlich ausgeführter Maßnahmen und die Wiederherstellung des früheren Zustands außer Ansatz, soweit sie separat nachgewiesen werden können.

Die allgemeinen Vermögensverhältnisse des Eigentümers sind ohne Bedeutung. Er muß ggf. sein Eigentum veräußern, wenn er nicht in der Lage ist, die ihm objektiv zumutbaren Erhaltungspflichten wahrzunehmen.

Die Mitarbeiter der Denkmalschutzbehörden müssen bei allen Prüfungen der denkmalschutzrechtlichen Zumutbarkeit über die rein rechtssystematischen Überlegungen hinaus darauf achten, nicht gegen haushaltsrechtliche Vorschriften zu verstoßen. Bedeuten Auflagen in Baugenehmigungen oder Eingriffsanordnungen zur Bestandsicherung einen Rechtsanspruch auf Auszahlung öffentlicher Mittel, um die wirtschaftliche Zumutbarkeit herzustellen, müssen diese Mittel in den öffentlichen Haushalten auch zur Verfügung stehen. Andernfalls ist eine rechtssystematisch vielleicht gegebene Zumutbarkeit praktisch nicht vorhanden. Dann ist dem Abbruch- oder Veränderungsbegehren des Eigentümers dennoch stattzugeben.

Die Höhe dieser öffentlichen Zuschüsse ist nach den genannten denkmalschutzrechtlichen Kriterien zu ermitteln. Der Eigentümer hat auf diese Beteiligung an den Kosten oder auf Übernahme des Kulturdenkmals einen einklagbaren Anspruch. Stehen öffentliche Mittel für diesen Kostenanteil der Allgemeinheit nicht ausreichend zur Verfügung, können zur Vermeidung von Regreßansprüchen denkmalschutzechtliche Anordnungen und Auflagen nicht festgesetzt werden, selbst wenn sie sonst denkmalrechtlich nicht zu beanstanden sind.

Zur Feststellung der wirtschaftlichen Zumutbarkeit sind umfangreiche Prüfungen notwendig. Sie sind um so umfangreicher, je desolater der Zustand des Kulturdenkmals ist. Handelt es sich nur um den Ersatz einiger Dachziegel, beschränkt sich die Überprüfung der Zumutbarkeit auf einen Aktenvermerk, daß die Zumutbarkeit offensichtlich ist. Soll jedoch ein seit Jahrzehnten unbewohntes, verfallenes Fachwerkhaus erhalten werden, sind umfangreiche Planungen, Kostenermittlungen und Finanzierungsüberlegungen erforderlich.

Zu einer vollständigen Zumutbarkeitsprüfung gehören danach folgende Unterlagen:

- Verformungsgerechtes Aufmaß des Bestandes mit Darstellung der verschiedenen Materialien, Konstruktionsarten, Bauabschnitte, Schäden und Baumängeln (Dokumentation)
- Planung einer Sanierung, evtl. mit Alternativen
- Prüfung aller öffentlicher Belange (Baurecht etc.)
- Kostenermittlung für Schadensbeseitigung und Ausbau für neue Nutzung
- Prüfung der wirtschaftlichen Zumutbarkeit.

Für eine summarische Überprüfung der wirtschaftlichen Zumutbarkeit ist von der »Arbeitsgemeinschaft Hessischer und Niedersächsischer Fachwerkstädte« ein Vordruck entwickelt worden, der auch für Vergleichsberechnungen mit einem Neubau benutzt werden kann. Denn häufig meint der Eigentümer, einen Neubau kostengünstiger errichten zu können als die Sanierung eines Kulturdenkmals. In Anlehnung an sanierungsrechtliche Vorschriften und die Förderrichtlinien des sozialen Wohnungsbaus sind in dem Vordruck alle möglichen Förderungen, Steuerersparnisse und Finanzierungsmöglichkeiten berücksichtigt. Ziel dieses Vordruckes ist es nicht, einen tatsächlichen Finanzierungsplan auszuarbeiten; es sollen nur vergleichbare und objektive Entscheidungskriterien geschaffen werden. Er ist deshalb nur als Beispiel für entsprechende Berechnungen zu verstehen; im jeweiligen Einzelfall können auch andere Berechnungen angestellt werden, um die wirtschaftliche Zumutbarkeit nachzuweisen. Wichtig ist jedoch, daß in den Akten der Unteren Denkmalschutzbehörde objektive und nachvollziehbare Aussagen und Berechnungen zur wirtschaftlichen Zumutbarkeit vorhanden sind.

Dieser als Checkliste gestaltete Vordruck ist auf den Seiten 152 bis 154 abgedruckt.

Freilich gibt auch eine festgestellte Zumutbarkeit der Denkmalschutzbehörde nicht das Recht, eine grundlegende Sanierung oder gar eine Modernisierung anzuordnen. Sie kann nur die Sicherung des Bestandes auf Kosten der Eigentümer verfügen und durchsetzen. Zur Bestandsicherung kommen in Betracht:

- Dachdeckungsarbeiten für ein Notdach
- Anbringen oder Erneuern von Dachrinnen und Fallrohren
- Abstützungen bzw. Sanierung der Konstruktion
- Schließen sämtlicher Öffnungen zur Vermeidung von Regenwassereintritt und Vandalismus
- Sicherung besonderer Bauteile wie Bemalungen, Stuck etc.

Die Beseitigung widerrechtlich ausgeführter Maßnahmen kann ohne Prüfung der Zumutbarkeit angeordnet werden. Hierzu gehören auch Schäden wegen unterlassener Instandhaltung, soweit die Schäden nach Inkrafttreten des Denkmalschutzgesetzes entstanden sind und die Instandhaltung für den Eigentümer zumutbar war.

Checkliste

der Arbeitsgemeinschaft hessischer und niedersächsischer Fachwerkstädte

A	Erhaltung mit Objektsanierung	DM	B	Abriß oder Ersatzbau	DM
1	**Kosten der Maßnahme**		1	**Kosten der Maßnahme**	
1.1	---		1.1	Abbruchkosten	
1.2	---		1.2	Aufgegebener Gebäudewert	
1.3	Baukosten unter Berücksichtigung von Ausnahmen/Befreiungen/Begünstigungen infolge Bestandsschutzes, die nur für den Altbau anfallen (siehe nach Einzelleistungen aufgestellte Kostenschätzungen)		1.3	Baukosten des Ersatzbaus; Art und Maß der baulichen Nutzung nur im Rahmen des nach *heutigem* Recht Zulässigen; Grenzabstände etc. beachten, auch wenn sie beim Altbau wegen Bestandsschutz nicht gefordert werden konnten (siehe nach Einzelleistungen aufgestellte Kostenschätzung)	
1.3.1	Kosten der Erhaltungsmaßnahmen an erhaltungsfähigen Gebäudeteilen		1.3.1	Kosten des Rohbaus (einschließlich der Instandsetzung wiederverwendeter Bauteile)	
1.3.2	Kosten der Erneuerung nicht erhaltungsfähiger Bauteile		1.3.2	Kosten des Ausbaus	
1.3.3	Kosten der Modernisierung – des Ausbaus – (Kosten einer dem Gebäude als Kulturdenkmal inadäquaten Umnutzung oder von Einbauten, die den normalen Standard überschreiten, bleiben unberücksichtigt)			---	
1.3.4	Kosten der Außenanlagen (soweit durch die Sanierung berührt)		1.3.3	Kosten der Außenanlagen	
	Summe Baukosten 1.3			**Summe** Baukosten 1.3	
1.4	**Baunebenkosten**		1.4	**Baunebenkosten**	
1.4.1	Architekten- und Ingenieurleistungen		1.4.1	Architekten- und Ingenieurleistungen	
1.4.2	Gutachterkosten		1.4.2	Gutachterkosten	
1.4.3	Genehmigungskosten		1.4.3	Genehmigungskosten	
1.4.4	Finanzierungskosten (Disagio, Bank-, Beurkundungs- und Grundbuchgebühren)		1.4.4	Finanzierungskosten (Disagio, Bank-, Beurkundungs- und Grundbuchgebühren)	
1.4.5	Finanzierungskosten während der Bauzeit		1.4.5	Finanzierungskosten während der Bauzeit	
	Summe Baunebenkosten 1.4			**Summe** Baunebenkosten 1.4	
1.5	**Abzüge**		1.5	**Abzüge**	
1.5.1	In Aussicht gestellte oder zugesagte einmalige öffentliche Zuschüsse (Bund/Land/Landkreis/Gemeinde/Sonstige)		1.5.1	In Aussicht gestellte oder zugesagte einmalige öffentliche Zuschüsse (Bund/Land/Landkreis/Gemeinde/Sonstige)	
1.5.2	Abzug erhöhter Kostenanteile infolge unterlassener Unterhaltungsmaßnahmen geschätzt entsprechend 3.6 für die letzten ... Jahre		1.5.2	---	
	Summe Abzüge 1.5			**Summe** Abzüge 1.5	
	Summe Bau- und Baunebenkosten 1.1 + 1.2			**Summe** Bau- und Baunebenkosten 1.1 + 1.2	

10.4 Denkmalrechtliche Verfahren und Abwägungen

	Gesamtkosten 1.3 + 1.4 – 1.5			**Gesamtkosten** 1.1 bis 1.4 – 1.5	
2	Finanzierung	DM	2	Finanzierung	DM
2.1	Eigenkapital		2.1	Eigenkapital	
2.1.1	Restwert des Gebäudes ohne Grundstück		2.1.1	Restwert wiederverwendeter Gebäudeteile	
2.1.2	Selbsthilfe/Eigenmittel bis 15% der Baukosten		2.1.2	Selbsthilfe/Eigenmittel bis 15% der Baukosten	
2.1.3	Selbsthilfe/Eigenmittel über 15% der Baukosten		2.1.3	Selbsthilfe/Eigenmittel über 15% der Baukosten	
	Summe Eigenkapital			Summe Eigenkapital	
2.2	Fremdmittel		2.2	Fremdmittel	
2.2.1	1. Hypothek o.ä. Zinssatz %		2.2.1	1. Hypothek o.ä. Zinssatz %	
2.2.2	2. Hypothek, Bausparvertrag Zinssatz %		2.2.2	2. Hypothek, Bausparvertrag Zinssatz %	
2.2.3	Verbilligte Fremdmittel Zinssatz %		2.2.3	Verbilligte Fremdmittel Zinssatz %	
	Summe Fremdmittel			Summe Fremdmittel	
	Summe Finanzierung 2.1 + 2.2			Summe Finanzierung 2.1 + 2.2	
3	Jährliche Belastung	DM	3	Jährliche Belastung	DM
3.1	Zinsen auf Eigenkapital (Eigenkapitalverzinsung entfällt, wenn in den Bewilligungsbedingungen für öffentliche verbilligte Darlehen und/oder Zuschüsse Verzicht auf Eigenkapitalverzinsung gefordert wird)		3.1	Zinsen auf Eigenkapital (Eigenkapitalverzinsung entfällt, wenn in den Bewilligungsbedingungen für öffentliche verbilligte Darlehen und/oder Zuschüsse Verzicht auf Eigenkapitalverzinsung gefordert wird)	
3.1.1	max. 4% auf 2.1.2		3.1.1	max. 4% auf 2.1.2	
3.1.2	max. 6% auf 2.1.3		3.1.2	max. 6% auf 2.1.3	
	Summe Eigenkapitalzinsen			Summe Eigenkapitalzinsen	
3.2	Zinsen auf Fremdkapital		3.2	Zinsen auf Fremdkapital	
3.2.1	Zinsen für 1. Hypothek o.ä.		3.2.2	Zinsen für 1. Hypothek o.ä.	
3.2.2	Zinsen für 2. Hypothek o.ä.		3.2.2	Zinsen für 2. Hypothek o.ä.	
3.2.3	Zinsen für verbilligte Fremdmittel		3.2.3	Zinsen für verbilligte Fremdmittel	
	Summe Fremdkapitalzinsen			Summe Fremdkapitalzinsen	
3.3	Abzüge von Belastungen und Kosten		3.3	Abzüge von Belastungen und Kosten	
3.3.1	erhöhte Absetzung gem. §§ 7i, 10f oder 10g EStG (Berechnungsformel: 0,1 × Steuersatz : 100 × Betrag aus 1.3		3.3.1	Steuerersparnis durch Abschreibung: linear 0,02 × Steuersatz : 100 × Betrag aus 1.3	
	---			erhöht: ... × Steuersatz : 100 × Betrag aus 1.3	
3.3.2	Steuerrückzahlung aus Geldbeschaffungskosten für Darlehen – Berechnungsformel: 0,1 × Steuersatz : 100 × Betrag aus 1.4.4 + 1.4.5		3.3.2	Steuerrückzahlung aus Geldbeschaffungskosten für Darlehen – Berechnungsformel: 0,1 × Steuersatz : 100 × Betrag aus 1.4.4 + 1.4.5	

	Es ist der Spitzensteuersatz einzusetzen, wenn Nachweis der letzten drei Jahre nicht beigefügt ist.			Es ist der Spitzensteuersatz einzusetzen, wenn Nachweis der letzten drei Jahre nicht beigefügt ist.	
	Summe Abzüge			**Summe** Abzüge	
3.4	**Verwaltungskosten** (nach § 26 II. BV)		3.4	**Verwaltungskosten** (nach § 26 II. BV)	
3.4.1	Gewerbeeinheiten je DM		3.4.1	Gewerbeeinheiten je DM	
3.4.2	Wohneinheiten je 420 DM		3.4.2	Wohneinheiten je 420 DM	
3.4.3	Garagen je 55 DM		3.4.3	Garagen je 55 DM	
	Summe Verwaltungskosten			**Summe** Verwaltungskosten	
3.5	**Betriebskosten** (nach § 27 II. BV)		3.5	**Betriebskosten** (nach § 27 II. BV)	
3.5.1	Grundsteuer (ermäßigt)		3.5.1	Grundsteuer (voll)	
3.5.2	Sach- und Haftpflichtversicherungen		3.5.2	Sach- und Haftpflichtversicherungen	
3.5.3	Sonstige Betriebskosten		3.5.3	Sonstige Betriebskosten	
	Summe Betriebskosten			**Summe** Betriebskosten	
3.6	**Instandhaltungskosten** (nach § 28 II. BV) .... DM × .... m²		3.6	**Instandhaltungskosten** (nach § 28 II. BV) .... DM × .... m²	
3.7	**Mietausfallwagnis** (nach § 29 II. BV) 2 % der Jahresmiete		3.7	**Mietausfallwagnis** (nach § 29 II. BV) 2 % der Jahresmiete	
3.8	**Reparaturrücklage** (anstelle Abschreibung)		3.8	**Reparaturrücklage** (anstelle Abschreibung)	
3.8.1	0,5 % vom Restwert 2.1.1			---	
3.8.2	1,0 % von Baukosten ohne Heizung		3.8.2	1,0 % von Baukosten ohne Heizung	
3.8.3	4 % von Baukosten der Heizung		3.8.3	4 % von Baukosten der Heizung	
	Summe Reparaturrücklage			**Summe** Reparaturrücklage	
	Summe jährliche Belastungen (3.1 + 3.2 + 3.4 bis 3.8 − 3.3)			**Summe** jährliche Belastungen (3.1 + 3.2 + 3.4 bis 3.8 − 3.3)	
4	**Jährliche Erträge**	DM	4	**Jährliche Erträge**	DM
4.1	Erträge aus Nutzung (jährlich)		4.1	Erträge aus Nutzung (jährlich)	
4.1.1	Miet- und Pachteinnahmen		4.1.1	Miet- und Pachteinnahmen	
4.1.2	Gebrauchswert bei Eigennutzung		4.1.2	Gebrauchswert bei Eigennutzung	
4.1.3	Sonstige Erträge		4.1.3	Sonstige Erträge	
	Summe aus Nutzung			**Summe** aus Nutzung	
4.2	**Öffentliche Zuschüsse** (jährlich wiederkehrende) Finanzierungsbeihilfen des Landes, des Bundes oder der Kommune (z. B. Zinszuschüsse zur Finanzierung von Modernisierungs- und Energiesparmaßnahmen)		4.2	**Öffentliche Zuschüsse** (jährlich wiederkehrende) Finanzierungsbeihilfen des Landes, des Bundes oder der Kommune	
	Summe Erträge			**Summe** Erträge	
		DM			DM
5	**Ergebnis** jährliche Erträge 4		5	**Ergebnis** jährliche Erträge 4	
	abzüglich Belastungen 3			abzüglich Belastungen 3	
	Überschuß			Überschuß	
	Defizit			Defizit	

10.5 Denkmalschutzrechtliche Genehmigungsverfahren

In allen Denkmalschutzgesetzen sind eigene denkmalschutzrechtliche Genehmigungsverfahren festgeschrieben. Es besteht ein generelles Veränderungsverbot mit Genehmigungsvorbehalt. Im Gegensatz hierzu stehen das Bauordnungs- und das Bauplanungsrecht, in dem generelle Baufreiheit festgeschrieben ist, solange nicht gegen irgendeine Vorschrift des öffentlichen Rechtes verstoßen wird. Dies hat in der Praxis Auswirkungen auf Art und Umfang der Einschränkungen und Auflagen und die Durchsetzungsmöglichkeiten von Einflußnahmen auf die bauliche Ausbildung.

10.5.1 Selbständiges denkmalschutzrechtliches Verfahren

Jede Veränderung eines Denkmals, selbst seine Instandhaltung, ist genehmigungspflichtig. Auch Renovierungsarbeiten in Innenräumen sind von der Genehmigungspflicht betroffen, was verständlich wird, wenn man an die Gefahr des Verlustes z. B. von Stuck und Wandmalerei denkt. Diese Genehmigungspflicht ist selbst dann zu beachten, wenn der Bauherr alle denkmalfachlichen Anforderungen erfüllt.

Zuständig für die Entgegennahme, Prüfung und Entscheidung der Anträge zur Veränderung eines Kulturdenkmals ist die jeweilige Untere Denkmalschutzbehörde. Sie erfüllt diese Aufgabe nach allgemeiner Weisung der oberen Denkmalschutzbehörden und im konkreten Einzelfall im Einvernehmen mit dem Landesamt für Denkmalpflege. Kommt zwischen Denkmalschutz- und Denkmalfachbehörde ein Einvernehmen nicht zustande, ist die für beide Behörden verbindliche Weisung der Obersten oder Oberen Denkmalschutzbehörde einzuholen. In einigen Bundesländern tritt an die Stelle des Einvernehmens nur noch *das Benehmen*.

Die Genehmigungspflicht erstreckt sich auch auf Maßnahmen an Anlagen in der Umgebung der Kulturdenkmale, soweit Auswirkungen auf das Denkmal selbst oder sein Erscheinungsbild bestehen. Wann solche Auswirkungen zu erwarten sind und damit ein denkmalschutzrechtliches Genehmigungsverfahren einzuleiten ist, kann die Denkmalschutzbehörde nur im konkreten Einzelfall entscheiden. Die Rechtsprechung geht davon aus, daß eine Genehmigungspflicht besteht, wenn das Kulturdenkmal durch bauliche Maßnahmen in seiner Umgebung optisch verdeckt oder erdrückt wird.

Innerhalb einer Gesamtanlage sind alle Maßnahmen genehmigungspflichtig, die das historische Erscheinungsbild berühren. Hier geht es also nur um die Genehmigung äußerer Veränderungen, damit auch um Anstriche und Dacheindeckungen. Die Genehmigungspflicht betrifft auch Neubauten und Maßnahmen, die keine baulichen Anlagen nach Landesbauordnung sind, also auch Bepflanzungen, Straßenpflaster, Werbeanlagen und Tiefbaumaßnahmen.

Bei Bestandteilen von Gesamtanlagen gilt das Denkmalschutzgesetz nur eingeschränkt. Denn Veränderungen des äußeren Erscheinungsbildes sind zulässig, wenn das historische Erscheinungsbild nur unerheblich oder nur vorübergehend beeinträchtigt wird. Es ist also nicht möglich, den Schutz der Gesamtanlagen zu benutzen, um bestimmte Architekturformen nach subjektiven Vorstellungen zu verhindern. Es kommt lediglich darauf an, ob das historische Erscheinungsbild objektiv und erheblich beeinträchtigt wird. Dieser reduzierte Denkmalschutz innerhalb der Gesamtanlagen bedeutet andererseits aber nicht einen Freibrief zum Abbruch von Originalsubstanz und zur Errichtung von Ersatzbauten. Denn auch für Bestandteile von Gesamtanlagen gilt der denkmalfachliche Grundsatz, Originale zu erhalten.

Auch die Ausgrabung bzw. Suche nach einem Bodendenkmal ist genehmigungspflichtig, da es sich hierbei immer um die Vernichtung eines Kulturdenkmals handelt. Dies gilt bereits für die Suche mit elektronischen Sonden.

Werden Bodendenkmale in Baugrundstücken vermutet oder entdeckt, kann dies zu erheblichen Zeitverzögerungen und Mehrkosten führen. In der Regel ist der Bauherr verpflichtet, die Kosten von Such- und Abgrenzungsgrabungen zu tragen und den Zeitverlust hierfür hinzunehmen. Erst wenn wissenschaftliche Ausgrabungen und Dokumentationen erforderlich werden, kann er mit Entschädigungen rechnen. Die Eigentumsverhältnisse an Fundstücken sind im Bürgerlichen Gesetzbuch und – sehr unterschiedlich – in den einzelnen Denkmalschutzgesetzen geregelt (»Schatzregal«).

10.5.2 Antragsunterlagen

Der Antrag für genehmigungspflichtige Maßnahmen an Kulturdenkmalen ist der örtlich zuständigen Unteren Denkmalschutzbehörde unmittelbar vorzulegen. Weder die Gemeinde (wenn sie nicht Denkmalschutzbehörde ist) noch das Landesamt für Denkmalpflege sind für die Entgegennahme denkmalschutzrechtlicher Anträge zuständig.

Wenn das Vorhaben nach Baurecht genehmigungspflichtig ist, sind die detaillierten Vorschriften des formalen Baurechtes für die Bauvorlagen einzuhalten. Hierzu enthalten die Landesbauordnungen und die entsprechenden Bauvorlageverordnungen detaillierte und umfangreiche Vorschriften. Hingegen sind in den Denkmalschutzgesetzen meist nur sehr wenig formelle Anforderungen an den Antrag gestellt. In der Regel ist er nur schriftlich vorzulegen und muß alle für die Beurteilung des Vorhabens und die Bearbeitung dieses Antrags notwendigen Unterlagen enthalten.

Folglich gibt es in manchen Bundesländern keine vorgeschriebenen Antragsvordrucke und Vorschriften über die Art der Vorlagen. Da dennoch alle zur Beurteilung notwendigen Angaben vom Antragsteller vorgelegt werden müssen, empfiehlt es sich, den landeseinheitlich verbindlichen Antragsvordruck für das Baugenehmigungsverfahren zu benutzen.

Für einen separaten denkmalschutzrechtlichen Antrag wird empfohlen, der Denkmalschutzbehörde mindestens folgende Unterlagen dreifach vorzulegen:

1. Formloses Antragsschreiben mit Angaben von Straßen- und Katasterbezeichnung des Grundstückes, Adresse des Bauherrn und des Eigentümers

2. Unbeglaubigter Kartenauszug aus der Liegenschaftskarte mit Ortsvergleich neueren Datums und Kennzeichnung des Baudenkmals, an dem die Veränderungen vorgenommen werden sollen

3. Fotos des Kulturdenkmals, evtl. mit Markierung der Veränderungen

4. Genaue Beschreibung der vorgesehenen Arbeiten und Maßnahmen mit Angabe der Materialien, Farbnummern und der Vorgehensweise

5. Technische Zeichnungen, Werkzeichnungen oder Details in angemessenem Maßstab (meist 1:50, in Details 1:10 oder 1:1)

Diese Mindestanforderungen sind nur Anhaltspunkte; je nach Vorhaben oder Denkmalwert müssen Bestandspläne, Gutachten oder Stellungnahmen verlangt werden. Die Denkmalschutzbehörden können – wie auch die Bauaufsichtsbehörden bei Baumaßnahmen an bestehenden Gebäuden – die Genehmigung von vorbereitenden Untersuchungen, wie Freilegungen, Farbuntersuchungen, Dokumentationen, Aufmaßen usw., abhängig machen. Eine vorherige Abstimmung mit der Denkmalschutzbehörde über Art und Umfang der Bauvorlagen ist somit immer zu empfehlen.

10.5.3 Denkmalschutzrechtliche Genehmigung

Anders als in Baugenehmigungsverfahren gibt es für eigenständige denkmalschutzrechtliche Verfahren keine Fristen. Es gelten nur die Regelungen des jeweiligen Verwaltungsverfahrensgesetzes.

Denkmalschutzrechtliche Entscheidungen sind allein von den Denkmalschutzbehörden zu treffen. Andere öffentliche Belange werden, anders als im Baugenehmigungsverfahren, von den Unteren Denkmalschutzbehörden nicht geprüft und sind deshalb in der Genehmigung nicht eingeschlossen. Es wird lediglich die Denkmalfachbehörde beteiligt. Enthalten Genehmigungen denkmalpflegerische Auflagen und Forderungen, sind es aus formalrechtlicher Sicht solche der Denkmalschutzbehörden, nicht der Denkmalfachbehörde. Die Tatsache, daß die Denkmalschutzbehörden bei ihren Entscheidungen an das Einvernehmen mit der Denkmalfachbehörde gebunden sind, ist bloßes Verwaltungsinternum.

Nicht in allen Denkmalschutzgesetzen wird verlangt, daß die Genehmigung der Schriftform bedarf. Anders als die Baugenehmigungsbehörden haben die Denkmalschutzbehörden somit die Möglichkeit, im formalen Bereich flexibel auf die besonderen Umstände des Einzelfalles zu reagieren und die Verfahren schnell und unkompliziert abzuwickeln. Unter diesen Voraussetzungen sollten denkmalschutzrechtliche Genehmigungen in Form von Aktenvermerken mit Gegenzeichnung erteilt werden.

Für denkmalschutzrechtliche Genehmigungsbescheide können Gebühren erhoben werden. Über die Höhe der Gebühren gibt es entweder Empfehlungen des Landes oder örtliche Gebührensatzungen. Da jedoch Denkmalschutz im öffentlichen Interesse liegt, sollten solche Bescheide gebührenfrei bleiben.

10.5.4 Auflagen und Haftung

Genehmigungen können mit Auflagen verbunden und an Bedingungen geknüpft werden. Von dieser Möglichkeit wird unter Beachtung der üblichen verwaltungsrechtlichen Grundsätze gerade im Denkmalschutz häufig Gebrauch gemacht werden müssen, so z. B. Auswechseln von Fenstern unter der Auflage, bestimmte Materialien zu verwenden oder Formen auszubilden. Entsprechende denkmalschutzrechtliche Auflagen müssen auch in Baugenehmigungen übernommen werden.

Bei der Anordnung von Auflagen haben die Denkmalschutzbehörden einen weiteren Ermessensspielraum als nach dem Baurecht. Denn im Baurecht ist nach dem Grundsatz der Baufreiheit nur dann eine Veränderung des Antrags durch Auflage möglich, wenn hierfür eine konkret zu benennende Vorschrift besteht. Die Denkmalschutzbehörde kann jedoch von dem denkmalschutzrechtlichen Veränderungsverbot Ausnahmen unter Auflagen zulassen, die nicht weiter begründet zu werden brauchen. Zu beachten ist jedoch immer ein sachlicher Zusammenhang mit der Baumaßnahme und die Zumutbarkeit.

Die notwendige Bestimmtheit und Konkretisierung der Auflagen gehört zu den Grundsätzen des Verwaltungsrechtes. Rechtlich bedenklich sind deshalb Auflagen wie: »*Die Gestaltung der Fenster ist mit der Denkmalfachbehörde abzustimmen.*« Sie verletzen den Bestimmtheitsgrundsatz, nehmen dem Bauherrn Einspruchsmöglichkeiten, behindern seine Kostenkalkulationen und verursachen Unsicherheiten und Streitigkeiten. Grundsätzlich müssen Auflagen so konkret sein, daß sie für den Bauherrn kalkulierbar sind und er innerhalb der Rechtsmittelfrist über Einsprüche entscheiden kann. Werden Werkpläne erforderlich, müssen Sie zum Zeitpunkt der Genehmigung vorliegen und Bestandteil der Genehmigung werden.

Die Auflagen und Anforderungen der Denkmalbehörden müssen auch bautechnisch einwandfrei sein. So ist ein Handwerker aus der Haftung nach VOB entlassen, wenn er seine Arbeiten entsprechend den Auflagen der Denkmalbehörden ausführt. Bei für ihn nicht erkennbaren Mängeln ist er sogar von der Pflicht zur Gegendarstellung befreit, weil er sich darauf verlassen kann, daß konkrete behördliche Anweisungen nur nach gründlichen Voruntersuchungen und fachgerecht erlassen werden. In diesen Fällen haftet somit die Behörde dem Bauherrn gegenüber für Schäden.

Zunehmend befassen sich auch Gerichte mit Schadenersatzansprüchen der Bauherrschaft gegen Behörden und Entwurfsverfasser wegen Ablehnung oder Einschränkungen von Anträgen bei mangelhafter Planung. Vereinbart die Bauherrschaft mit dem Entwurfsverfasser, daß er eine genehmigungsfähige Planung erstellt, schuldet er als Erfolg, daß das von ihm geplante Bauvorhaben auch nach den öffentlich-rechtlichen Vorschriften genehmigungsfähig ist. Folglich hat er alle bau- und denkmalschutzrechtlichen Vorschriften sowie die übrigen öffentlich-rechtlichen Vorschriften, die auf die beantragte bauliche Anlage einwirken, bei der Planung zu berücksichtigen und bei Problemen seinen Auftraggeber frühzeitig zu unterrichten.

Die Entwurfsverfasser sind also gut beraten, alle denkmalfachlichen Probleme vor Abgabe des Antrags mit Denkmalschutz- und Denkmalfachbehörde zu klären. Diese wiederum sind verpflichtet, auch außerhalb konkreter Anträge verbindlich zu beraten und sich bei ihren Beratungen ihrer Haftung für eine bautechnisch einwandfreie Ausführung bewußt zu sein.

10.5.5 Einschluß denkmalschutzrechtlicher Genehmigungen in andere Verfahren

Nach allen Denkmalschutzgesetzen tritt an die Stelle der denkmalschutzrechtlichen Genehmigung eine behördeninterne Zustimmung gegenüber der Bauaufsicht, wenn das Vorhaben baugenehmigungspflichtig ist. Eigenständige Genehmigungen bzw. Versagungsbescheide der Unteren Denkmalschutzbehörde sind folglich nur notwendig, wenn die Maßnahme nicht baugenehmigungspflichtig ist oder nach einem anderen Genehmigungsverfahren abgewickelt werden muß, das andere öffentlich-rechtliche Genehmigungen nicht einschließt.

Der Denkmalschutzbehörde wird damit im Baugenehmigungsverfahren ein *Vetorecht* zugebilligt, denn die Bauaufsichtsbehörde darf ohne Zustimmung der Denkmalschutzbehörde eine Genehmigung zur Veränderung oder Vernichtung des Kulturdenkmals nicht erteilen. Damit bleibt die Denkmalschutzbehörde in ihrer denkmalschutzrechtlichen Verantwortung. Sie muß alle Prüfungen nach den Kriterien des Denkmalschutzgesetzes weiterhin eigenverantwortlich durchführen. Es bleibt auch bei der Überwachungspflicht der Denkmalschutzbehörde für ihren Aufgabenbereich. Stellt sie später Abweichungen von ihrer Zustimmung fest, kann sie von der Genehmigungsbehörde ein Eingreifen verlangen.

Das Genehmigungsverfahren selbst richtet sich nach den Vorschriften der jeweiligen Landesbauordnung. Es sind somit auch alle Fristen zu beachten, die dort vorgeschrieben sind.

Macht die Denkmalschutzbehörde im Baugenehmigungsverfahren von ihrem *Vetorecht* Gebrauch, muß die Bauaufsicht das Vorhaben versagen und ggf. das Widerspruchsverfahren durchführen. Die Bauaufsicht ist in diesen Fällen verpflichtet, die Belange des Denkmalschutzes zu vertreten. Da die Denkmalschutzbehörde wiederum meist nur im Einvernehmen mit der Denkmalfachbehörde entscheiden bzw. genehmigen kann, hat auch das Landesamt für Denkmalpflege über die Denkmalschutzbehörde die Möglichkeit konkreter Einflußnahme im Baugenehmigungsverfahren.

- *Baugenehmigungsfreie Vorhaben und vereinfachte Verfahren*

Baugenehmigungspflichtig sind alle Vorhaben, die nicht ausdrücklich in der jeweiligen Landesbauordnung von der Baugenehmigungspflicht freigestellt worden sind. Diese Freistellung vom formellen Baurecht gilt grundsätzlich auch für Vorhaben in oder an Kulturdenkmalen. Die von der Baugenehmigung freigestellten Vorhaben sind meist in Listen der jeweiligen Landesbauordnung oder in Verordnungen zusammengestellt. Einige der von der Baugenehmigungspflicht freigestellten Vorhaben werden wieder baugenehmigungspflichtig, wenn sie an Kulturdenkmalen ausgeführt werden sollen. Die Freistellungslisten unterscheiden sich in den einzelnen Ländern erheblich.

Ist ein Vorhaben von der Baugenehmigungspflicht ausgenommen, verbleibt es bei der denkmalschutzrechtlichen Genehmigungspflicht. Somit sind die baurechtlichen Freistellungen für den Eigentümer eines Kulturdenkmals keine Erleichterung. Da nur Baugenehmigungen andere Genehmigungen einschließen, denkmalschutzrechtliche Genehmigungen aber nicht, muß u. U. ein Bauherr statt eines Bauantrags für sein Vorhaben z. B. jeweils eine separate Genehmigung nach Denkmalschutz-, Wasserschutz-, Fernstraßen- und/oder Naturschutzrecht beantragen. Die Freistellung einzelner Maßnahmen und Bauteile vom formellen Baurecht bleibt auch dann bestehen, wenn die Gesamtmaßnahme baugenehmigungspflichtig ist. An Kulturdenkmalen hat dies zur Folge, daß der Bauherr ggf. sowohl einen baurechtlichen als auch einen denkmalschutzrechtlichen Antrag stellen muß.

Hinzu kommen seit einigen Jahren »vereinfachte Genehmigungsverfahren« unterschiedlichster Bezeichnung. Sie gelten auch für Kulturdenkmale und bedeuten, daß bestimmte Bauteile innerhalb eines Genehmigungsverfahrens nicht mehr präventiv von der Bauaufsicht geprüft werden und sehr kurze Prüfungs- und Genehmigungsfristen zu beachten sind. Diese Regelungen bedeuten praktisch den Wegfall aller behördlichen Prüfungen; es wird erwartet, daß Bauherr und Entwurfsverfasser alle öffentlich-rechtlichen Vorschriften selbst kennen und eigenverantwortlich einhalten. Damit wird dem Verlust von Kulturdenkmalen Vorschub geleistet.

Für alle vom formellen Baurecht befreiten Vorhaben gelten sowohl die materiellen Vorschriften des Baurechtes wie das gesamte Denkmalschutzrecht uneingeschränkt weiter. Soweit Vorhaben von der Baugenehmigungspflicht freigestellt sind, ist für sie ein denkmalschutzrechtlicher Antrag zu stellen.

10.6 Bauordnungsrecht und Denkmalschutz

Die Denkmalschutzgesetze sind materiell und formell eng mit den Baugesetzen verbunden:

- Die Mehrzahl der Kulturdenkmale sind bauliche Anlagen.
- Die denkmalschutzrechtlichen Genehmigungen sind an die Baugenehmigung geknüpft.
- Die Baukontrollen der Bauaufsicht erstrecken sich automatisch auch auf Kulturdenkmale.
- Bauaufsicht und Denkmalschutz erfüllen weisungsabhängig hoheitliche Aufgaben im Bereich der bautechnischen Sicherheit und
- in vielen bauaufsichtlichen Vorschriften sind die öffentlich-rechtlichen Ziele des Denkmalschutzes enthalten.

Denkmalschutz und Bauaufsicht ergänzen sich und sind aufeinander angewiesen. Ihre enge organisatorische Verbindung ist sinnvoll und bewährt.

Umgekehrt wird an vielen Stellen der Baugesetze direkt und indirekt der Denkmalschutz angesprochen. So wird gefordert, daß bauliche Anlagen »das Gesamtbild ihrer Umgebung nicht stören« dürfen und daß auf bauliche Anlagen von geschichtlicher, baugeschichtlicher, künstlerischer oder städtebaulicher Bedeutung und auf erhaltenswerte Eigenarten der Umgebung soweit Rücksicht zu nehmen ist, daß eine Störung nicht eintritt.

Besondere Bedeutung bei der Sanierung von Kulturdenkmalen kommt dem Bauordnungsrecht zu. Sanierung und Denkmalpflege klagen zwar oft über starre und überzogene Forderungen der Bauaufsicht bei der Modernisierung und beim Ausbau bestehender Gebäude. Andererseits beschweren sich Feuerwehr, Tragwerksplaner und viele andere Träger öffentlicher Belange über unzureichende Sicherheitsmaßnahmen bei Altbauten. Die unterschiedlichen Betrachtungsweisen und Anforderungen führen bei Entwurfsverfassern und Bauleitern, aber auch bei Behörden zu wachsender Unsicherheit. Davon ist auch der Umgang mit den Normen bei Modernisierung und Denkmalpflege betroffen, die häufig in Unkenntnis ihrer Einfügung in das baurechtliche und bautechnische Regelwerk schon vom Ansatz her falsch angewandt werden. Es ist deshalb notwendig, die Grundsätze der Anwendung der baurechtlichen Vorschriften und der vielfältigen Normen bei Altbauten darzustellen, damit im Einzelfall alle Betroffenen sinnvolle und rechtmäßige Entscheidungen treffen können.

Die Baugesetze gelten nur für Neubauten. Wenn bestandsgeschützte Altbauten modernisiert werden sollen, gibt es in den Landesbauordnungen hierzu Sonderregeln, nach denen der Sicherheitsstandard von Neubauten nicht erreicht zu werden braucht. Dies wird freilich durch unbestimmte Rechtsbegriffe ausgedrückt, deren Grundsätze auf jeden Einzelfall umzusetzen sind. Dies bereitet den Technikern, die damit als Entwurfsverfasser und Prüfer in der Praxis umgehen müssen, erhebliche Probleme. So führen Angstentscheidungen oft zu überhöhten Anforderungen und damit zum Verlust des Denkmals, wo eigentlich dem Ingenieur der schon immer gewünschte Freiraum im Umgang mit den gesetzlichen Vorschriften eingeräumt worden ist.

Die Modernisierungsvorschriften betreffen alle Bereiche des Bauordnungsrechts, wie den vorbeugenden baulichen Brandschutz, den Nachweis der Standsicherheit, die Verkehrs- und Betriebssicherheit sowie die Anforderungen an gesundes Wohnen. Es empfiehlt sich, jeweils auf den Einzelfall abgestimmte ganzheitliche Sicherheitskonzepte mit geeigneten und angemessenen Ersatzmaßnahmen festzulegen und danach über Eingriffe und Ausnahmen zu entscheiden. Können die Entwurfsverfasser dies nicht leisten, muß die Denkmalschutzbehörde den baurechtlich gegebenen Ermessensspielraum zugunsten der Baudenkmale einfordern. Dabei ist zu beachten, daß es nicht Aufgabe der Bauaufsichtsbehörden ist, derartige Planungen zu entwickeln; sie haben lediglich die vorgelegten Ausnahmeanträge zu prüfen.

Für jede Ausnahme ist ausschließlich die örtlich zuständige Bauaufsicht verantwortlich. Fachbehörden und Fachstellen können zwar durch Gutachten zur Entscheidung beitragen; aber selbst wenn sich die Bauaufsicht an diese Gutachten halten sollte, so trägt sie allein die straf- und zivilrechtliche Verantwortung. Im Schadenfall besteht einerseits die Gefahr strafrechtlicher Verfolgung, andererseits bei baurechtlich nicht abgesicherten Forderungen die Gefahr von Schadenersatzforderungen in erheblicher Höhe. Auf die Begründung der jeweiligen Entscheidung muß deshalb in jedem Einzelfall besonderer Wert gelegt werden.

10.6.1 Anpassung an neue Vorschriften bei baurechtlichem Bestandsschutz

Eingriffsverfügungen an bestandsgeschützten Gebäuden sind nach der Systematik des Baurechtes nur zur Beseitigung akuter Gefahrenzustände zulässig. Dieser baurechtliche Bestandsschutz bedeutet, daß alle Vorschriften des Bauordnungs- und Bauplanungsrechtes nur für Neubauten gelten und daß bestandsgeschützte Altbauten, – dies sind bauliche Anlagen, die entsprechend einer rechtskräftigen Baugenehmigung oder entsprechend früheren baurechtlichen Vorschriften errichtet wurden –, nicht dem jeweils geltenden neuen Baurecht angepaßt zu werden brauchen. Durch Änderung von Bauvorschriften allein ist somit nie die Voraussetzung für Eingriffsverfügungen geschaffen. Weder Sonderbauten noch Kulturdenkmale stehen außerhalb dieser bauordnungsrechtlichen Grundsätze.

Bestandsschutz besteht nur im Rahmen der Baugenehmigung. Beanstandungsfreie Bauabnahmen oder Bauzustandsbesichtigungen ersetzen nicht die Baugenehmigung. Der baurechtliche Bestandsschutz geht verloren, wenn baugenehmigungsbedürftige Änderungen ohne Genehmigung ausgeführt werden sowie bei baugenehmigungsfreien, aber materiell rechtswidrigen Änderungen. Der Bestandsschutz geht auch unter, wenn Baugenehmigungen widerrufen oder nachträglich eingeschränkt sind. Er tritt auch gegenüber wesentlichen konkreten Gefahren für die öffentliche Sicherheit oder Ordnung zurück. Solche Gefahren können durch nicht dem baulichen Bereich zugehörende Änderungen, wie erhebliche Erhöhung der Zahl der Nutzer und Bewohner oder Änderungen in der beweglichen Einrichtung, herbeigeführt oder durch neu gewonnene Erkenntnisse über Gefahrenzustände erst nachträglich bewußt, keinesfalls jedoch mit Änderungen von Vorschriften begründet werden.

Die Entscheidung für Eingriffshandlungen liegt im pflichtgemäßen Ermessen der Bauaufsichtsbehörde. Der Eingriff muß seinem Umfang nach notwendig sein, um der Gefahr zu begegnen. Dabei sind die Grundsätze der Verhältnismäßigkeit, des geringstmöglichen Eingriffs und der Geeignetheit des Mittels zu beachten. Auch mit minderen Anforderungen muß sich bei unverhältnismäßiger Diskrepanz zwischen dadurch bewirkter Verringerung des Schutzes und der Eingriffsbelastung begnügt werden, wenn die Maßnahme zu einer bedeutsamen Verringerung der Gefahr führt.

10.6.2 Öffentlich-rechtliche Wirkung von Normen, allgemein anerkannten Regeln der Technik und bauaufsichtlich eingeführten Normen beim baurechtlichen Bestandsschutz

Normen und die *allgemein anerkannten Regeln der Technik* sind aus sich heraus noch keine Gesetze, die allgemeine Gültigkeit besitzen. In den Normenausschüssen stehen sich neutrale Fachleute und Hersteller gegenüber; der Gesetzgeber oder die Verwaltung sind nicht beteiligt. Da der Einfluß der Hersteller auf den materiellen Gehalt der Normen zunimmt, stimmen sie nicht mehr unbedingt mit den lediglich aus fachlichen Kriterien entwickelten allgemein anerkannten Regeln der Technik überein, sondern bleiben häufig unter dem von Experten geforderten technischen Standard. Dies wird in einem Urteil des Bundesverwaltungsgerichtes vom 22. 5. 1987 (Az. 4 C 33 – 35.83) bestätigt:

»Die Normenausschüsse des Deutschen Institutes für Normung sind so zusammengesetzt, daß ihnen der für ihre Aufgabe benötigte Sachverstand zu Gebote steht. Daneben gehören ihnen aber auch Vertreter bestimmter Branchen und Unternehmen an, die deren Interessenstandpunkte einbringen. Die Ergebnisse ihrer Beratungen dürfen deswegen im Streitfall nicht unkritisch als gewonnener Sachverstand oder als reine Forschungsergebnisse verstanden werden. Zwar kann den DIN-Normen einerseits Sachverstand und Verantwortlichkeit für das allgemeine Wohl nicht abgesprochen werden, andererseits darf aber nicht verkannt werden, daß es sich dabei zumindest auch um Vereinbarungen interessierter Kreise handelt, die eine bestimmte Einflußnahme auf das Marktgeschehen bezwecken. Den Anforderungen, die etwa an die Neutralität und die Unvoreingenommenheit gerichtlicher Sachverständiger zu stellen sind, genügen sie deswegen nicht.«

Normen dienen der Vereinfachung des Geschäftsverkehrs. Sie gelten nur, wenn sie zwischen zwei Vertragspartnern vereinbart sind. Diesen bleibt es unbenommen, Normen nicht zu vereinbaren, Abweichungen zu verabreden, alte Normen, z. B. aus der Entstehungszeit des Kulturdenkmals, wieder anzuwenden oder gar eigene Qualitäts- und Sicherheitsstandards zu vereinbaren. Normen können somit nie der Sanierung eines Kulturdenkmals entgegenstehen. Es kommt allein auf das Fachwissen, die Erfahrung und die Eigenverantwortung des Ingenieurs an. »Patentrezepte« sind in diesem Bereich nicht zu erwarten.

Jede Bauleistung hat jedoch den allgemein anerkannten Regeln der Technik zu entsprechen. Sie sind *Maßstäbe für Gegenstandsbeschaffenheit und für menschliche Verhaltensweise* und haben vielfältige Funktionen, die oft ineinander übergehen. Von besonderer Bedeutung ist ihre Schutzfunktion – Schutz des Benutzers, des Käufers und Dritter. Da sich der Stand der Technik und damit die Verkehrsanschauung laufend ändert, verändern sich auch die allgemein anerkannten Regeln der Technik.

Allgemein anerkannt ist eine Regel nicht erst dann, wenn sie in einem Regelwerk, z. B. den DIN-Vorschriften enthalten sind. Andererseits können veröffentlichte Regeln veralten oder falsch sein. Die Beachtung der Normen ist nicht unter allen Umständen gleichbedeutend mit der Beachtung der anerkannten Regeln der Technik. Normen haben nur den Anschein für sich, »Regeln der Technik« zu sein. Im Einzelfall ist jedoch ihre Widerlegung zulässig. Die Beachtung der Normen begründet somit nur eine im Einzelfall widerlegbare Vermutung für die Beachtung der anerkannten Regeln der Technik. So hat bereits das Reichsgericht in einem Grundsatzurteil vom 11. 10. 1910 zum Begriff der »allgemein anerkannten Regeln der Baukunst« ausgeführt:

»Der Begriff der allgemein anerkannten Regeln der Baukunst ist nicht schon dadurch erfüllt, daß eine Regel bei völliger wissenschaftlicher Erkenntnis sich als richtig und unanfechtbar darstellt, sondern sie muß auch allgemein anerkannt, d. h. durchweg in den Kreisen der betreffenden Techniker bekannt und als richtig anerkannt sein... Es genügt nicht, daß die Notwendigkeit gewisser Maßnahmen in der Wissenschaft (Theorie) erkannt und gelehrt wird, sei es auf Hochschulen, sei es in Büchern. Die Überzeugung von der Notwendigkeit muß vielmehr auch in die ausübende Baukunst und in das Baugewerbe (in die Praxis) eingedrungen sein und sich dort gefestigt haben, ehe im Sinne des Gesetzes von allgemeiner Anerkennung der betreffenden Regeln gesprochen werden darf.«

In gleicher Weise wird der Begriff auch heute noch allgemein definiert.

In bauaufsichtlichen und denkmalschutzrechtlichen Verfahren ist ein rechtlicher Bezug auf diese Normen nur möglich, wenn sie von Wissenschaft und Praxis anerkannt sind. Dies ist im Einzelfall sehr unterschiedlich und kann nur entschieden werden, wenn die Fachliteratur sorgfältig verfolgt und beurteilt wurde. Zumindest kann nicht davon ausgegangen werden, daß jede Norm einer allgemein anerkannten Regel der Technik gleichzusetzen ist. Dies gilt erst recht nicht für Richtlinien und Empfehlungen von Industrie, Wissenschaft oder Praxis.

Für behördliche Entscheidungen sind ausschließlich die Vorschriften des öffentlichen Rechtes maßgebend. Hierzu gehören auch die »bauaufsichtlich eingeführten Normen«. Wenn diese aufgrund der Landesbauordnung durch Erlaß der Obersten Bauaufsicht bauaufsichtlich eingeführt sind, gelten sie quasi als Verordnung und somit als unmittelbar zwingendes Bauordnungsrecht. In der Praxis ist in diesen Fällen nicht nur die Norm zu benennen, sondern der Einführungserlaß. Dabei ist zu beachten, daß durch den Einführungserlaß die Norm geändert oder nur teilweise bauaufsichtlich eingeführt werden kann. Der Einführungserlaß hat somit auch inhaltliche Bedeutung.

Bauaufsichtlich eingeführte Normen werden danach wie Gesetze behandelt, von denen bei Sanierung und Modernisierung Ausnahmen möglich sind und die an bestandsgeschützten baulichen Anlagen nur entsprechend den vorherigen Ausführungen durchgesetzt werden können. Sind Normen nicht bauaufsichtlich eingeführt, besteht erst recht kein Anlaß, sie an bestandsgeschützten baulichen Anlagen auszuführen, da sie nur privatrechtlicher Natur und frei vereinbar sind.

10.6.3 Bestandsschutz bei Modernisierung

Eingriffe in Baudenkmale sind nur selten zulässig und meistens unnötig. Werden sie jedoch verändert, also modernisiert, ausgebaut oder umgenutzt, so ist zu entscheiden, in welchem Umfang die Neubauvorschriften anzuwenden sind. Dazu können folgende Grundsätze zusammengefaßt werden:

Alle baurechtlichen Vorschriften gelten nur für Neubauten. Wenn ein Gebäude, gleich ob Denkmal oder nur Altbau, im Rahmen des baurechtlichen Bestandsschutzes umgebaut werden soll, müssen die heute gültigen baurechtlichen Vorschriften nicht in vollem Umfange eingehalten werden. Die entsprechenden Ausnahmeregelungen sind in der jeweiligen Landesbauordnung entweder bei »Ausnahmen und Befreiungen« oder unter »Anwendung auf bestehende bauliche Anlagen« mit unterschiedlichen Formulierungen enthalten. Alle diese Vorschriften sind als *unbestimmte Rechtsbegriffe* formuliert. Sie in der Praxis auszuschöpfen bedarf umfangreicher Erfahrungen und ständiger Beobachtung der Rechtsprechung.

Sinngemäß führen diese Regelungen zu dem Ergebnis, daß die Bauaufsichtsbehörden Ausnahmen von den Neubauvorschriften der Landesbauordnung zulassen müssen, wenn öffentliche Belange nicht entgegenstehen und die für die Ausnahmen festgelegten Voraussetzungen vorliegen. Letzteres ist zur Erhaltung und Nutzung von Kulturdenkmalen immer der Fall. Hinzu kommt, daß Leben und Gesundheit nicht gefährdet werden dürfen und die Beachtung der öffentlichen Sicherheit oder Ordnung gewährleistet sein muß.

Damit können bei Modernisierung, Instandsetzung und Sanierung von bestandsgeschützten Gebäuden erhebliche Abstriche von den Neubauvorschriften zugelassen werden. Die gesamte Landesbauordnung wird in ihren materiellen Teilen zum »nachgiebigen Recht«. Der Bauherr erhält einen einklagbaren Anspruch auf die Zulassung dieser Ausnahmen, wenn alle im Gesetz genannten Voraussetzungen vorliegen. Befreiungen brauchen nicht mehr beantragt zu werden.

Es ist deshalb unbedingt darauf zu achten, daß der baurechtliche Bestandsschutz weiter besteht und nicht die Maßnahme insgesamt zu einem Neubau führt. Dann wären alle neuen Bauvorschriften der Landesbauordnung wie bei einem Neubau zu erfüllen.

Auch evtl. mitbenutzte alte Bauteile müßten den neuen Bauvorschriften gerecht werden, denn Bestandsschutz kann nie für einzelne Bauteile, sondern nur für das ganze Gebäude gelten.

Die Rechtsprechung zur Dauer des baurechtlichen Bestandsschutzes ist unterschiedlich. Im Planungsrecht reicht bereits eine längere Nutzungsunterbrechung aus, um den Bestandsschutz zu verlieren. Insbesondere im Außenbereich sind hierzu sehr enge Urteile ergangen. Im Bauordnungsrecht kann vereinfacht gesagt werden, daß der Bestandsschutz erhalten bleibt, wenn nicht mehr als 50 % der Bausubstanz beseitigt bzw. erneuert werden. Bei Fachwerk reicht die Erhaltung aller konstruktiver Bauteile einschließlich der Dachsparren zur Erhaltung des baurechtlichen Bestandsschutzes aus. Wenn freilich dann darüber hinaus Bauteile ausgewechselt oder bestehende bauliche Anlagen beseitigt werden, gilt das Vorhaben mit allen Konsequenzen als Neubau. Besonders mißlich ist in diesen Fällen dann oft, daß vor notwendigen Fenstern des Nachbarn die für Neubauten notwendigen Abstände eingehalten werden müssen, womit ein Wiederaufbau auf alten Fundamenten oder im alten Volumen nicht mehr möglich ist. Ein besonderer Vorteil dieser *Modernisierungsvorschrift* liegt somit in der Abwehr von Ansprüchen der Nachbarschaft, die diese bei Neubauten nach Landesbauordnung geltend machen können.

Bei der Modernisierung bestandsgeschützter baulicher Anlagen braucht also insgesamt der heute gültige Sicherheitsstandard aus der nur für Neubauten vorgeschriebenen Bauordnung nicht erreicht zu werden. Durch die Modernisierung ist aber der bestehende Sicherheitsstandard zu verbessern. Dies kann durch *Ersatzlösungen* geschehen, die nicht unbedingt in der Landesbauordnung und schon gar nicht in einer Norm aufgeführt sein müssen.

Diese Regelung ist nur für das Baurecht anwendbar. Abweichungen von anderen Gesetzen des öffentlichen Rechtes, wie Gaststätten-, Arbeitsstätten-, Naturschutz-, Straßen- oder Wasserrecht, sind mit den dafür zuständigen Behörden auszuhandeln, was freilich oft schwierig ist, da manche dieser Rechtsbereiche weder Bestandsschutzregelungen enthalten noch das Rechtsinstitut der Befreiung kennen.

Diese baurechtlichen Vorschriften haben weiterhin den großen Vorteil, daß sie ohne Prüfung der Zumutbarkeit, also ohne Risiko einer Kostenbeteiligung der Denkmalbehörden, angewandt werden können. Denn anders als das Denkmalschutzgesetz kennt die Landesbauordnung als Sicherheitsgesetz keine Kostenbeteiligung der Allgemeinheit bei der Durchsetzung ihrer Vorschriften.

Auch auf das Baugenehmigungsverfahren haben diese Modernisierungsvorschriften Auswirkungen. So müssen besondere Anforderungen an die Bauvorlagen gestellt werden, um den Bestand beurteilen zu können. Sorgfältige Bestandszeichnungen mit allen Durchbiegungen, Schadstellen und den unterschiedlichen Materialien werden auch zur Beurteilung der Standsicherheit aus baurechtlicher Sicht notwendig sein. Zunächst einmal muß sich der Entwurfsverfasser intensiv mit dem Bestand auseinandersetzen. Eine bautechnische Bestandsaufnahme des vorhandenen Gebäudes ist hierzu unerläßlich. Denn ohne eine derartige Bestandsaufnahme kann keine Bauaufsicht die notwendigen Ausnahmen von den Neubauvorschriften beurteilen und entscheiden. Die Forderung nach einer Bestandsaufnahme bei einer Modernisierung ist somit keine denkmalpflegerische Willkürentscheidung zur Befriedigung irgendeines theoretischen wissenschaftlichen Interesses, sondern eine der grundlegenden Bauvorlagen nach Bauordnungsrecht. Sie ist deshalb auch bei Umbauten oder Nutzungsänderungen »normaler« Altbauten zu erfüllen, ohne daß eine Pflicht zur Kostenbeteiligung der Denkmalpflege entsteht. Aus dieser Bestandsaufnahme müssen nicht nur alle Maße in Grundriß, Schnitt und Ansicht hervorgehen, sondern auch die unterschiedlichen Materialien, die vorhandenen und gestörten Kräfteverläufe sowie Art und Umfang aller erkennbaren Schäden und Mängel.

Bei der anschließenden Planung der Modernisierung ist es dann für den Entwurfsverfasser leicht, die Neubauvorschriften festzustellen und aufzulisten, die nicht erfüllt werden können. Denn alle Modernisierungsparagraphen verlangen den Nachweis, daß die Beachtung der Neubauvorschriften objektiv unmöglich ist. Der Entwurfsverfasser muß somit belegen, daß er weder leichtfertig noch dickköpfig auf die Beachtung der Neubauvorschrift verzichtet. Anerkannt werden jedoch Nachweise tatsächlicher wirtschaftlicher Unzumutbarkeit oder denkmalpflegerischer Belange.

Damit muß die Bauaufsicht über einen begründeten Ausnahmeantrag entscheiden. Liegen die genannten Voraussetzungen bei der Modernisierung vor, besteht nach allen Landesbauordnungen sogar ein Rechtsanspruch auf die Zulassung entsprechender Ausnahmen. Ablehnungen müssen dann unter Nennung konkreter Vorschriften begründet sein. Die Untere Denkmalschutzbehörde kann diese Ausnahmen im Interesse der Denkmalpflege einfordern.

Bestimmte Bereiche bereiten bei der Modernisierung bestandsgeschützter Altbauten immer wieder besondere Probleme. Dazu zählen Brandschutz, Standsicherheit und Wärmeschutz. Für sie gelten die gleichen Grundsätze des Umgangs mit Bauvorschriften bei Modernisierung wie bisher beschrieben. Ihre besondere Bedeutung für die Praxis erfordern jedoch zusätzliche Hinweise und Empfehlungen:

10.6.3.1 Brandschutz

Auch in unserer hochtechnisierten Zeit bedeuten Brände von Gebäuden für den Menschen immer noch eine existentielle Bedrohung. Zwar werden wirtschaftliche Folgen für den einzelnen meist durch Versicherungen ausgeglichen; wer aber einmal die Hilflosigkeit der Menschen bei einem Vollbrand erlebt hat, wird den Brandschutz nicht als lästigen und überflüssigen Formalismus zur Behinderung der Bautätigkeit abtun. Ohne Zweifel gehören Brandschutzvorschriften zu den Fürsorgepflichten des Staates gegenüber seinen Bürgern.

Obwohl der vorbeugende bauliche Brandschutz ein sehr ernst zu nehmender öffentlicher Belang ist, unterliegt er doch den gesetzlichen Rahmenbedingungen unseres Rechtsstaates. Dieser bietet keinen hundertprozentigen Schutz vor Bränden. Denn dadurch würden die Freiheit des Menschen eingeengt, die Lebensfreude beeinträchtigt und Baukosten wirtschaftlich untragbar werden. Selbst wenn die mit den Aufgaben des vorbeugenden baulichen Brandschutzes beauftragten Behördenvertreter der festen Überzeugung sind, für die Sicherheit von Menschen nur Gutes zu tun, so können sie dennoch Anforderungen an die Ausbildung der Gebäude nur im Rahmen der geltenden Gesetze stellen. Der Wunsch, Gutes zu tun, ersetzt nicht ein Gesetzgebungsverfahren. So lobenswert die guten Taten der Brandschützer auch sind, sie dürfen den gesetzlichen Rahmen nicht verlassen und nicht die freie Entfaltung und Eigenverantwortung mündiger Bürger einschränken.

Die gesetzlichen Vorschriften für den vorbeugenden baulichen Brandschutz sind ausschließlich in den Landesbauordnungen zu finden. Bund und Gemeinden sind zum Erlaß gesetzlicher Anforderungen an den vorbeugenden Brandschutz nicht befugt. In allen Bundesländern sind nicht die Brandschutzämter, Berufsfeuerwehren oder Brandschutzinspektionen für den baulichen Brandschutz zuständig, sondern ausschließlich die Bauaufsichtsämter. Die Trennung zwischen dem vorbeugenden baulichen Brandschutz nach dem Bauordnungsrecht und dem aktiven Brandschutz der Feuerwehren ist zwar in der Praxis in den letzten Jahrzehnten immer mehr verschwommen, aus Gründen, die meist ihre Ursachen in unzureichender personeller Ausstattung der Bauaufsichtsämter oder im menschlichen Bereich haben. Die Mitarbeiter der Bauaufsicht werden jedoch dann schmerzlich an ihre alleinige Verantwortung erinnert, wenn entweder wegen unzureichendem Brandschutz der Staatsanwalt ermittelt oder wegen überzogener Brandschutzauflagen Amtshaftung geltend gemacht wird. Wenn heute die Bauaufsicht durch vereinfachte Genehmigungsverfahren in immer größerem Umfang aus der präventiven Prüfpflicht entlassen wird, tritt an ihre Stelle die öffentlich-rechtliche Verantwortung von Entwurfsverfasser, Bauleiter und Unternehmer.

Selbstverständlich kann eine Bauaufsicht jeden anerkannten Brandschutzsachverständigen, also auch eine Brandschutzdienststelle, zu einzelnen Problemen des vorbeugenden Brandschutzes um gutachterliche Stellungnahme bitten. Diese Gutachten müssen sich jedoch nicht an den gesetzlichen Mindestvorschriften orientieren, sondern enthalten in der Regel nach bestem Wissen und Gewissen des jeweiligen Feuerwehrmannes Empfehlungen für einen optimalen Brandschutz nach dem bestmöglichen Stand der Technik. Es ist nicht Aufgabe des Gutachters, zu prüfen, ob dieser optimale Brandschutz über die Mindestanforderungen des Bauordnungsrechtes hinausgeht und ob eine Rechtsgrundlage besteht, um die gewünschten oder empfohlenen Auflagen überhaupt durchsetzen zu können. Jeder Brandschutzsachverständige weist in seinen Gutachten ausdrücklich darauf hin, daß er nicht zwischen Gesetz und Empfehlung unterscheidet.

So trägt ausschließlich die zuständige Bauaufsicht die Verantwortung, welche Folgerungen sie aus einem solchen Brandschutzgutachten zieht. Sie muß prüfen, welche Teile des Gutachtens aufgrund gesetzlicher Mindestanforderungen unverzichtbar und welche Teile lediglich als unverbindliche Empfehlungen und Hinweise zu werten sind.

Die Bauaufsicht kann nur dann dem Bauherrn Auflagen aufgeben, wenn sie hierzu die entsprechenden gesetzlichen Vorschriften ganz konkret und eindeutig benennt. Ist eine entsprechende bauordnungsrechtliche Vorschrift nicht einem konkreten Absatz einer zwingend eingeführten öffentlich-rechtlichen Bauvorschrift zuzuordnen, gilt auch beim Brandschutz der Grundsatz der Baufreiheit. Danach kann der Wille des Bauherrn nur dann eingeengt werden, wenn eine konkrete baurechtliche Vorschrift dies fordert. Die von den Bauherren in der Praxis häufig gestellte Frage »*Wo steht das?*« trifft somit die Grundzüge des Bauordnungsrechtes und sollte der Bauaufsicht immer Anlaß sein, die Rechtsgrundlagen ihrer Forderungen zu überprüfen.

So ernst der vorbeugende Brandschutz zu nehmen ist, so müssen sich alle am Bau Verantwortlichen täglich wieder neu bewußt machen, daß der Gesetzgeber in den Landesbauordnungen nur einen Mindestbrandschutz gewährleistet. Jedem Bauherrn ist es freigestellt, freiwillig einen höheren Brandschutzstandard für seine Bauvorhaben zu verwirklichen. Keine Bauaufsicht und erst recht keine Brandschutzdienststelle darf aber von einem Bauherren über den gesetzlich vorgeschriebenen Mindeststandard hinaus Auflagen verlangen oder ihn auf andere Weise zu höherwertigem Brandschutz zwingen. Dies trifft auch dann zu, wenn der einzelne Brandschutzsachverständige der festen Überzeugung sein sollte, daß der gesetzlich vorgeschriebene Mindeststandard unzureichend ist oder gar eine Gefährdung der Benutzer bedeutet. Keine Landesbauordnung kennt eine Vorschrift, die das subjektive Gefährdungsempfinden einzelner Sachverständiger oder Behördenvertreter den gesetzlichen Vorschriften überordnet.

Die Vorschriften der Landesbauordnungen und des Bauplanungsrechtes gelten grundsätzlich nur für Neubauten. Der darin zum Ausdruck gebrachte gesetzliche Mindeststandard für den vorbeugenden baulichen Brandschutz darf somit ebenfalls nur auf Neubauten angewandt werden. Diese Neubauvorschriften sind meist konkret formuliert und somit auch für Bautechniker unmittelbar in die Praxis umsetzbar. Wie bereits beschrieben, ist die Rechtslage bei der Modernisierung von Altbauten und Baudenkmalen zwar unübersichtlicher, aber eindeutig auf einen geringeren Sicherheitsstandard eingestellt als er bei Neubauten vorgeschrieben ist. Die Grundsätze des Bestandsschutzes und der Modernisierung gelten auch im vorbeugenden Brandschutz. Zur Verdeutlichung mögen folgende Beispiele dienen: Wenn an einem bestehenden barocken Fachwerkhaus bis heute Bauzustand und Nutzung nicht geändert wurden, brauchen das offene hölzerne Treppenhaus nicht herausgerissen, das Fenster in der Fachwerkwand (auch wenn sie eigentlich eine Brandwand sein müßte) nicht geschlossen und keine neuen Rettungswege angelegt zu werden. Die Änderungen gesetzlicher Vorschriften geben keiner Bauaufsicht das Recht, an bestandsgeschützten Gebäuden die Einhaltung neuer Vorschriften zu fordern. Es sollte deshalb primär Anliegen von Bauherrschaft und Entwurfsverfasser sein, bei Modernisierungen den *baurechtlichen Bestandsschutz* nicht zu verlieren.

Weil es sich um Sicherheitsvorschriften handelt, kann andererseits auf ihre Einhaltung nicht vollständig verzichtet werden. Der Entwurfsverfasser muß deshalb nachvollziehbar belegen, daß er den Sinn der Neubauvorschrift im Zuge der Modernisierung auf andere Art und Weise ausreichend erfüllt. Der eigentliche Zweck der Sicherheitsvorschrift ist also auch am modernisierten Altbau durch *Ersatzmaßnahmen* zu gewährleisten.

Folglich muß sich der Entwurfsverfasser zunächst einmal über den Sinn und Zweck der Neubauvorschrift Gedanken machen. Wird z. B. bei Neubauten für eine Decke die Feuerwiderstandsklasse F 90 verlangt, so muß der Entwurfsverfasser sich darüber klar werden, daß diese Vorschrift nicht dem Wohl der Baustoffindustrie dient, sondern den betroffenen Menschen 90 Minuten lang die Möglichkeit eröffnen soll, das brennende Gebäude zu verlassen. Umgekehrt soll auch die Feuerwehr 90 Minuten lang die Chance haben, hilflose Personen aus dem brennenden Gebäude zu retten. Kann diese Sicherheitsforderung in einem bestandsgeschützten Altbau nicht erfüllt werden, muß der Entwurfsverfasser Maßnahmen ergreifen, die gewährleisten, daß die Menschen in einem kürzeren Zeitraum gerettet werden können. Hält also z. B. die Decke in einem Baudenkmal nur 30 Minuten einem Feuer stand und kann die Feuerwiderstandsklasse durch sinnvolle und zumutbare bautechnische Maßnahmen nicht erhöht werden, so muß der Entwurfsverfasser Maßnahmen vorschlagen, die eine Rettung innerhalb von 30 Minuten ermöglichen. Es kommt somit nicht darauf an, Punkt und Komma der einzelnen Vorschrift unreflektiert zu befolgen, sondern ihren Sinn zu erkennen und ihn durch geeignete, an den Altbau angepaßte Maßnahmen zu erfüllen.

Der Phantasie des Entwurfsverfassers sind bei den Vorschlägen für derartige Ersatzmaßnahmen keine Grenzen gesetzt. Ebenso wie er die Gestaltung individuell nach seinen Vorstellungen durchsetzt, kann er auch die Ersatzmaßnahmen beim vorbeugenden baulichen Brandschutz innerhalb des gesetzlichen Rahmens gestalten. Dies ist freilich in sinnvoller Weise nur möglich, wenn er sich mit den Grundzügen des vorbeugenden baulichen Brandschutzes befaßt hat. So muß er wissen, wie sich üblicherweise ein Brand entwickelt, um mit seinen Maßnahmen dort ansetzen zu können, wo es am wirkungsvollsten ist. Ist erst der *Feuerübersprung* mit 1200° eingetreten, sind alle Löscharbeiten aussichtslos. Ersatzmaßnahmen müssen also der Brandverhütung, der Früherkennung, der Frühwarnung, der Selbstlöschung und der Frühlokalisation des beginnenden Brandes dienen. Dazu bieten heute Industrie und Handel eine unendliche Vielzahl von Alarmierungsanlagen, Früherkennungseinrichtungen und Rettungsgeräten an, so daß für jede individuelle Aufgabe wirtschaftlich vertretbare und die Bausubstanz schonende Sicherheitskonzepte gefunden werden können.

Naturgemäß ist jedes dieser Brandschutzkonzepte ganz individuell auf den jeweiligen Einzelfall abzustimmen. Der Baubestand, die rechtlichen Rahmenbedingungen, die Topographie und die Nutzungsanforderungen sind in keinem Falle miteinander vergleichbar. Planer und Bauaufsicht sind deshalb aufgefordert, nicht nach Patentrezepten zu suchen, sondern für jeden Einzelfall die angemessene Lösung zu erarbeiten. Der Gesetzgeber hat in allen Bundesländern den Behörden die rechtlichen Möglichkeiten für derartige individuelle und angepaßte Brandschutzkonzepte bei bestandsgeschützten Altbauten gegeben. Diesen rechtlichen Rahmen auszunutzen bleibt der Fachkompetenz der jeweiligen Bauaufsichtsämter und Entwurfsverfasser überlassen. Auch die Denkmalpflege kann auf die Anwendung dieser Erleichterungen dringen und auf die Ausgestaltung solcher Brandschutzkonzepte Einfluß nehmen. Insbesondere kann sie verlangen, daß die Ersatzmaßnahmen so auszubilden sind, daß denkmalfachliche Belange nicht beeinträchtigt oder behindert werden.

Der Entwurfsverfasser darf die Entwicklung von Ersatzmaßnahmen nicht der Bauaufsicht überlassen. Abgesehen von dem Grundsatz, daß die Bauaufsicht nur prüft und nicht entwirft, offenbart der Entwurfsverfasser, der solche Brandschutzkonzepte von den Behörden erwartet, nur unzureichende Fachkompetenz. Er muß erkennen, daß in den Beratungsgesprächen der Brandschutzdienststellen Empfehlungen und Hinweise gegeben werden, die weit über das vom Gesetz geforderte Mindestmaß hinausgehen. Dies ist für ihn nur dann unbedenklich, wenn der Bauherr einen solchen höheren Brandschutzstandard ausdrücklich wünscht und die empfohlenen Maßnahmen denkmalverträglich sind. Möchte der Bauherr nur den gesetzlichen Mindeststandard erfüllt haben, verursacht ein solcher Entwurfsverfasser Mehrkosten, für die er später von seinem Bauherrn haftbar gemacht werden kann.

Nach den Landesbauordnungen hat der Schutz von Menschenleben primäre Bedeutung. Der Schutz von Sachwerten ist nur in wenigen Landesbauordnungen erwähnt. Selbstverständlich liegt es im Interesse der Sachversicherer, auch den Schutz von Sachen zu gewährleisten. Dies ist jedoch nicht Aufgabe der Bauaufsicht, sondern eine freiwillige Leistung des jeweiligen Bauherrn, für die er unter Umständen mit seiner Versicherung günstigere Versicherungstarife aushandeln kann. Auch deshalb ist es wichtig, daß der Entwurfsverfasser die Brandschutzkonzepte plant und sie sich nicht von den Behörden vorgeben läßt. Dies ist auch bei Kulturdenkmalen zu beachten. Während es für die Bauaufsicht, solange die Menschen vorher gerettet werden können, unwichtig ist, wenn ein Kulturdenkmal abbrennt, so sind für die Denkmalpflege Maßnahmen zum Schutz des Bestandes des Kulturdenkmals von großer Bedeutung. Insofern ist es nicht verständlich, wenn ein Konflikt zwischen Denkmalpflege und Brandschutz herbeigeredet wird. Vielmehr sollte ein vernünftiges und wirkungsvolles Brandschutzkonzept auch im Interesse der Denkmalpflege liegen.

Freilich kann ein Brandschutzkonzept, das über die Personenrettung hinausgeht, in der Regel nicht durch Auflage im Bauschein angeordnet werden. Im Denkmalschutz begründete Anordnungen über das baurechtlich vorgeschriebene Maß hinaus unterliegen der Überprüfung der denkmalschutzrechtlichen Zumutbarkeit und werden deshalb oft nur mit entsprechenden Beihilfen oder der Gewährung von Steuerabschreibung durchgesetzt werden können.

Bei der Beurteilung der Einzelfälle kann eine Bauaufsicht die technische Ausstattung der Feuerwehr durchaus mit berücksichtigen. Wenn es heute möglich ist, brennende Fachwerkhäuser so zu löschen, daß sie trotz des zerstörten Dachstuhls noch größtenteils erhalten bleiben und die Feuerwehr nicht mehr wie früher darauf beschränkt ist, ein Übergreifen des Brandes auf die Nachbargebäude zu verhindern, so wird dadurch deutlich, daß das Gefährdungspotential durch offene Flammen und Funkenflug bei Altbauten wegen minimierter Alarmierungszeiten und leistungsfähiger Geräte generell reduziert wurde. Es ist deshalb nicht nachvollziehbar, wenn die Feuerwehren gleichzeitig leistungsfähige Einsatzgeräte und die Anpassung der Altbauten an die Neubauvorschriften fordern. Verbesserungen in einem dieser Bereiche sollten ausreichen.

Die derzeitigen baurechtlichen Vorschriften zum vorbeugenden Brandschutz orientieren sich nach wie vor am Brandschutz der ersten Hälfte dieses Jahrhunderts. Weitgehend unberücksichtigt bleiben die deutlich verbesserten technischen Möglichkeiten beim aktiven Brandschutz und die zusätzlichen Gefährdungen durch toxische Rauch- und Gasentwicklungen beim Verbrennen von Kunststoffen. So kommen die meisten Menschen heute nicht durch offene Flammen, sondern durch Rauchvergiftungen zu Tode. Bereits beim Schwelen von Kunststoffen entstehen gefährliche und dichte Rauchgase, die schon ohne offene Flammen schnell zum Tode führen. Obwohl diese Gefahren meist aus dem Inventar und den Möbeln stammen, sollten Bauaufsicht und Entwurfsverfasser bei den Ermessensentscheidungen im Umgang mit Modernisierungsvorhaben besonderes Augenmerk auf die Gefährdung durch Rauchentwicklung legen. Denn sie setzt sofort ein, lange bevor sich ein Brand zu offenen Flammen oder gar zum gefürchteten Brandüberschlag entwickelt hat. Rauchabzüge, Rauchmelder, Rauchabschlüsse sind gerade bei Modernisierungen viel wichtiger als kleinliche Untersuchungen des Feuerwiderstandes von freiliegenden Eichenbalken. So haben z. B. neuere Untersuchungen bestätigt, daß statt einer unnützen feuerhemmenden Verkleidung der Unterseiten hölzerner Treppen der rauchdichte Abschluß der Wohnungstür viel wirkungsvoller ist (BBauBlatt 7/1995 S. 548 ff.).

Überhaupt hat sich in der Praxis die feuerhemmende Verkleidung brennbarer Bauteile als höchst problematisch herausgestellt. Während bei offenliegenden Hölzern ein Ablöschen der Flammen problemlos möglich ist und die Brandschichten sogar den schnellen Verlust der Tragfähigkeit verhindern, sind brennende Bauteile hinter Verkleidungen nicht löschbar. Der Brand wird in den unkontrollierbaren Hohlräumen sogar noch durch Sogwirkung verstärkt. Feuerhemmende Anstriche führen langfristig zur Zersetzung des Holzes. Es ist eben nach einigem Nachdenken nicht sinnvoll, die für Stahl und andere nicht brennbare Baustoffe entwickelten Brandschutzverkleidungen einfach auf den Holzbau zu übertragen. Richtiger ist es, sich etwas mehr Gedanken über den tatsächlich vorhandenen Feuerwiderstand einer alten Holzkonstruktion zu machen und dann, wenn überhaupt noch notwendig, weitere Verbesserungen als Ersatzmaßnahmen zu planen. So gewinnen Planung und rechtliche Absicherung zusätzlicher Rettungswege, Frühmelde- und Selbstlöschanlagen größeres Gewicht als spitzfindige und theoretisierende Überlegungen zur Erhöhung der Feuerwiderstandsklasse von Fachwerkaußenwänden.

Der Umgang mit Ersatzlösungen erfordert somit seitens der Behörden mehr Fachkenntnisse als das schlichte Ablesen und Umsetzen von Formulierungen aus Neubauvorschriften. Gefordert wird in jedem Einzelfall eine sorgfältige Ermessensabwägung, die nur bei guter Fachkompetenz gewährleistet ist. Bedauerlicherweise eröffnen jedoch gerade die Möglichkeiten, Ersatzmaßnahmen festsetzen zu können, Angstentscheidungen Tür und Tor. So darf es nicht passieren, daß der Katalog sämtlicher möglicher Ersatzmaßnahmen in einen Einzelfall hineingepackt wird und im Endergebnis für den Altbau ein Sicherheitsstandard entsteht, der doppelt so hoch ist wie der eines Neubaus. Hier müssen sich die Behörden bewußt machen, daß der Bauherr auch einen Rechtsanspruch auf ordnungsgemäße Ausübung der Ermessensentscheidungen geltend machen kann und daß sämtliche Auflagen der Behörden gerichtlich überprüfbar sind. Denn vorbeugender Brandschutz ist kein Willkürakt unsicherer Entwurfsverfasser und ängstlicher Sachbearbeiter, sondern nachprüfbares öffentliches Recht.

Ein angemessener und fachgerechter Umgang mit den gesetzlichen Vorschriften und den sachlichen Notwendigkeiten wird in den meisten Fällen zu einem Brandschutzkonzept führen, das die Zustimmung der Denkmalpflege erhält und wirtschaftlich sinnvoll ist. In den wenigen Fällen, in denen wegen einer intensiven Nutzung z. B. als Altenpflegeheim, Schule oder Krankenhaus Brandschutzmaßnahmen gefordert werden müssen, die mit denkmalpflegerischen Belangen nicht in Übereinstimmung zu bringen sind, muß eine andere Nutzung gesucht werden, die keine zu hohen Anforderungen an den vorbeugenden baulichen Brandschutz stellt. Diese Fälle werden jedoch sehr selten sein, da es nach den Erfahrungen ohne Probleme möglich ist, z. B. in einem Fachwerkgehöft Behindertenheime so unterzubringen, daß die besondere bauliche Umgebung Bestandteil der Therapiebemühungen werden kann.

10.6.3.2 Standsicherheit

Auch für den Bereich *Standsicherheit* gelten die gleichen baurechtlichen Grundsätze der Modernisierung. Der vom Gesetzgeber gegebene Rahmen wird von den Tragwerksplanern jedoch nur selten ausgenutzt. Vielmehr ist in der Praxis das enge und unselbständige Anklammern an heutige Normen und Computerprogramme zu beobachten, was zu »Angststatiken« und damit zur Vernichtung der Denkmale führt. Aus Altbauten werden Neubauten, was nicht nur dem Baurecht, sondern auch dem Denkmalschutzrecht widerspricht. Niemand ist bei der Modernisierung von Altbauten rechtlich gezwungen, heutige Normen anzuwenden. Auch dem Ingenieur ist es möglich, eigene Lösungen zur Gewährung der Standsicherheit zu entwickeln oder nach den alten Normen der Entstehungszeit des Gebäudes zu bauen. Meist sind jedoch die Baudenkmale älter als die erste Normgebung. Für diese Fälle sollen neben dem grundsätzlichen baurechtlichen Rahmen auch einige fachliche Hinweise zum Umgang mit den Baudenkmalen bei der Herstellung der Standsicherheit gegeben werden.

Wie bereits ausgeführt, gibt der Gesetzgeber ausreichende Möglichkeiten, auf Neubaustandards zu verzichten. Alle Lösungen müssen freilich die Standsicherheit für die vorgesehenen Nutzungen gewährleisten. Damit stellen sich aus technischer Hinsicht Fragen nach genügender Tragsicherheit und ausreichender Gebrauchstauglichkeit. Die für Neubauten gemachten Vorschriften helfen hier nicht weiter; oft erweisen sie sich für die Altbauten sogar als schädlich.

Die Sicherheiten eines Altbaus sind viel schwerer einzuschätzen als die eines Neubaus. Allzuoft gibt es weder Pläne noch Berechnungen, noch maßgerechte Bauaufnahmen. Das Baugefüge folgt alten Konstruktionsregeln, die von den heutigen Normen nicht abgedeckt sind. Baustoffe und Materialien sind gealtert, haben Schäden erlitten, ihre heutige Qualität ist unbekannt. Dazu kommt, daß Reparaturen und Umbauten das ursprüngliche Gefüge meist schon verändert haben.

Auch bei der Prüfung der Standsicherheit ist zunächst festzustellen, welche der Neubauvorschriften nicht eingehalten werden können. Der Ingenieur muß die heutigen Vorschriften jedoch so gut kennen, daß er auch über ihre Ziele, Voraussetzungen und Grenzen Bescheid weiß. Nur dann kann er bei den Altbauten begründet von ihnen abweichen. Um die Sicherheit eines Altbaus einschätzen zu können, muß er zunächst den statisch-konstruktiven Nachweis für den Zustand führen, in dem der Altbau angetroffen wird. Die statische Berechnung für das noch nicht instandgesetzte Haus ist in Übereinstimmung mit dem tatsächlichen Bauzustand zu bringen. Kritische, hochbeanspruchte Punkte und ihr baulicher Zustand müssen zuverlässig erkundet werden. Es ist eine Schadensaufnahme anzufertigen; der Risseverlauf ist zu verfolgen; Überlastungserscheinungen wie Abplatzungen, Setzungen sind zu dokumentieren; Materialeigenschaften müssen festgestellt werden.

Aus diesen Informationen ist ein individuelles, auf das Bauwerk abgestimmtes Standsicherheitskonzept zu entwickeln. Für bestehende Bauteile kann unter Belastung zum Zeitpunkt der Untersuchung angenommen werden, daß die Sicherheit mindestens 1,0 beträgt. Unsicherheiten können aus zusätzlichen Einwirkungen wie Schnee, Sturm und Erschütterungen entstehen; Maßnahmen der Zustandssicherung haben dann das Ziel, die Sicherheit zu erhöhen. Entlastung oder Tragfähigkeitsverbesserung bedeuten einen Zugewinn an Sicherheit. Der Nachweis solch »relativen Sicherheitszugewinns« ist oftmals der einzige verläßliche Weg, um angemessen reparieren zu können und den Altbau nicht zu zerstören.

Eine erste Einschätzung kann nach den heutigen Normen erfolgen. Überschreitungen der dort genannten Werte und Grenzen sind in begründbaren Fällen akzeptabel. Wichtig ist, daß die Altbauten meist weichere Gefüge haben als von Neubauten gewohnt. Altbauten entziehen sich den Beanspruchungsspitzen oft durch Nachgiebigkeit, entwickeln ihre aussteifende Tragwirkung erst nach gewisser Verformung. In solche weichen Baugefüge hart anspringende Aussteifungen einzubauen kann ausgesprochen ungünstig sein. Eine Anpassung an das vorhandene Konstruktionsgefüge ist meist der bessere Weg. Freilich sind dabei Risse, die die Standsicherheit nicht gefährden, zu akzeptieren.

Ohne genaue Erkundung des Altbaus durch den Ingenieur selbst können keine sinnvollen und angemessenen Lösungen gefunden werden. Dazu gehören eine gründliche Begehung, eine Bestandsaufnahme, das Studium der Konstruktionsgeschichte und eine zerstörungsarme Erkundung der Materialeigenschaften. Während der Planungsarbeit ist ein Prüfingenieur von Vorteil, der von Beginn der Planung an als kritischer Partner mitwirkt und auf den Entwurf des Architekten bzw. die Absichten des Nutzers Einfluß nimmt. Hinzuwirken ist auf individuelle statt mechanische Lösungen. Die Eingriffe in die alte Substanz und die modernen technischen Zutaten sind zu minimieren.

Die Fachkompetenz des Ingenieurs zeichnet sich nicht durch sklavisches Klammern an Normen aus, sondern durch Eingriffsminimierung, Auseinandersetzung mit dem Bestand und Innovation.

10.6.3.3 Wärmeschutz

Die Wärmeschutzverordnung ist aufgrund des Energieeinspargesetzes des Bundes erlassen worden und somit keine Bauvorschrift. Sie ist wie jedes öffentliche Recht jedoch in den Baugenehmigungsverfahren zu beachten. In den Landesbauordnungen wird lediglich allgemein verlangt, daß Gebäude einen ihrer Nutzung, den klimatischen Verhältnissen und dem Ziel einer sparsamen und rationellen Energienutzung entsprechenden Wärmeschutz haben müssen. Dieser »bauordnungsrechtliche« Wärmeschutz wird durch die bauaufsichtlich eingeführte DIN 4108 »Wärmeschutz im Hochbau« präzisiert.

Die bundeseinheitliche Wärmeschutzverordnung (WärmeSchVO) geht weiter als der bauordnungsrechtliche Wärmeschutz. Letzterer dient aber dem Gesundheitsschutz und hat somit eine höhere »Rechtsqualität« als die WärmeSchVO. Bei Abweichungen von der WärmeSchVO muß also mindestens ein Wärmeschutz nach DIN 4108 eingehalten werden.

Grundsätzlich unterliegen auch Altbauten immer dann der WärmeSchVO, wenn beheizbare Räume vorhanden sind oder eingebaut werden. Dabei spielt es keine Rolle, ob sie angebaut werden, baurechtlichen Bestandsschutz genießen oder dem Schutz des Denkmalschutzgesetzes unterliegen. Aus bauphysikalischen und denkmalpflegerischen Gründen sind jedoch Sonderregelungen zu beachten. Ist aus denkmalpflegerischer Sicht eine äußere Wärmedämmung zulässig, kann die nach WärmeSchVO notwendige Dämmung in vollem Umfange aufgebracht werden. Die Gestaltung der äußeren Verkleidung ist nach Denkmalschutzrecht zu prüfen, der vorbeugende Brandschutz und die Befestigung nach Baurecht. Wird aus denkmalfachlicher Sicht eine äußere Wärmedämmung abgelehnt, ist grundsätzlich eine innere Wärmedämmung zu fordern. Sie kann jedoch nur in einem solchen Umfang angebracht werden, daß kein Kondenswasserniederschlag auftritt. Es ist in solchen Fällen also zunächst eine Taupunktberechnung durchzuführen und danach die ohne Dampfsperre noch mögliche innere Wärmedämmung zu berechnen.

Nach § 11 Abs. 2 WärmeSchVO sind Ausnahmen von ihren Anforderungen für Baudenkmale oder sonstige erhaltenswerte Bausubstanz möglich, wenn die Substanz oder das Erscheinungsbild beeinträchtigt werden könnten oder unverhältnismäßig hoher Aufwand entstehen würde. Zuständige Stelle für diese Ausnahmen ist wie auch hier die untere Bauaufsichtsbehörde. Vom Ausnahmerecht sollte bei Baudenkmalen wegen der Wichtigkeit der genannten Gründe möglichst weitgehend Gebrauch gemacht werden. Die im Verhältnis zum gesamten Gebäudebestand geringe Anzahl der Baudenkmale haben an der Gesamtenergiebilanz nur so geringen Anteil, daß die Vernichtung eines Kulturdenkmals nur zur Einhaltung der WärmeSchVO nicht gerechtfertigt ist.

Die Ausnahmen vom Energieeinspargesetz nach § 11 Abs. 2 WärmeSchVO können bis auf die Mindestwerte des bauordnungsrechtlichen Wärmeschutzes nach DIN 4108 zugelassen werden. Aber selbst von diesen, dem Gesundheitsschutz dienenden Werten der bauaufsichtlich eingeführten DIN 4108, kann nach den bauordnungsrechtlichen Ausnahmevorschriften für Modernisierung abgewichen werden. Bauherr und Mieter sollten freilich auf diese öffentlich-rechtlich zulässigen Abweichungen rechtzeitig hingewiesen werden.

10.6.3.4 Praktisches Vorgehen zur Genehmigung von Abweichungen von Neubauvorschriften bei baurechtlichem Bestandsschutz

Bei allen diesen schwierigen und umfangreiche Fachkenntnisse verlangenden Überlegungen für Abweichungen von Vorschriften des öffentlichen Bauordnungsrechtes wird folgendes schrittweises Vorgehen empfohlen:

1. Aufzählung der Neubauvorschriften, die nicht eingehalten werden können, mit Angabe der Paragraphen

2. Nachweis der objektiven Unmöglichkeit, diese Neubauvorschriften einzuhalten, z. B. wegen Denkmalschutz, Unwirtschaftlichkeit, besonderer Härten. Es muß deutlich werden, daß an der Abweichung ein öffentliches Interesse besteht und nicht gestalterische Willkür oder Planungsfaulheit des Entwurfsverfassers Anlaß der Abweichung ist.

3. Überlegungen zum Sinn der nicht einhaltbaren Vorschriften, z. B., weshalb das Bauteil F 90 sein soll, weshalb das Treppenhaus abgeschlossen sein soll etc.

4. Überlegungen, wie der Sinn der Vorschrift auf andere Art und Weise, also durch Ersatzmaßnahmen, erfüllt werden kann, z. B. Verringerung der Feuerwiderstandsklasse durch Früherkennungsanlagen, zusätzliche Rettungswege, individuelle Brandschutzkonzepte etc.

5. Vorlage dieser Ausnahmeanträge mit begründetem Nachweis einer Ersatzlösung bei der Bauaufsicht. Nicht um Befreiung bitten, sondern Anspruch auf Ausnahme begründen. Es ist der Nachweis zu führen, daß der Sinn der Sicherheitsvorschrift auf andere Weise erfüllt wird und die Neubauvorschrift wegen entgegenstehender öffentlicher Belange nicht eingehalten werden kann.

11 Rechtliche Probleme für Architekten und Ingenieure bei Altbau- und Denkmalpflege

Die Honorarordnung für Architekten und Ingenieure (HOAI) wird für den Kern des Architektenvertragsrechtes gehalten. Diese Annahme ist nicht von vornherein abwegig, werden doch die Parameter für die Honorarbemessung, also für die Vergütungsseite und die Leistungsbilder in der HOAI konkret angesprochen. Man sollte also meinen, die für jeden Vertrag wesentlichen Punkte des wechselseitigen Leistungsaustausches seien im Verordnungstext selbst geregelt.

Auch zum Denkmal und zum Thema des Bauens im Bestand ist durchaus ein gewisser Vorrat an Vorschriften vorhanden. Die Begriffe *Umbauten* und *Modernisierungen* und der Zuschlag für diese Leistungen sind in der HOAI expressis verbis geregelt. Bezieht man die Vorschrift über besondere Leistungen ein, sollte es möglich sein, alle Fragen aus dem Vorschriftenvorrat heraus zu beantworten.

Die HOAI ist indes, wie sich in der Rechtsprechung immer klarer herausstellt, nur Leitfaden; über den Vertragsinhalt entscheiden die Vertragspartner souverän.

So gesehen widmet die HOAI dem Denkmal kein besonderes Kapitel. Umgekehrt macht das Denkmal als absolutes Unikat Risiken im Haftungs- und Vergütungsbereich, gewissermaßen wie durch das Brennglas oder die sprichwörtliche Lupe betrachtet, besonders deutlich. Die Ursache hierfür liegt im Einzelstückcharakter von Bauaufgabe und Realisierung. Wie das im Grunde für jedes Bauwerk gilt, so stellt das Bauen im Bestand noch eine besondere Herausforderung dar. Der Erfolg ist nur durch permanenten Dialog zu erreichen. Gerade das Denkmal macht im besonderen Maße deutlich, daß jeder Bauvertrag und jeder Architektenvertrag in hohem Maße Kooperationsvertrag ist.

11.1 Besondere Risiken im Haftungs- und Vergütungsbereich

11.1.1 Haftungskatalog

Zunächst sind auch hier ein paar einleitende Hinweise angebracht, die jeder Architekt beherzigen sollte.

Nahezu jeder Vertrag über Architekten- und Ingenieurleistungen ist Werkvertrag und damit Erfolgsvertrag. Es besteht das Dilemma, daß das Wort bzw. der Begriff Erfolg rechtlich nicht definiert ist und die Umgangssprache dieses Wort für allgemein verfügbar hält, mit der natürlichen (oder fatalen) Folge, daß jedermann zu wissen glaubt, was unter Erfolg zu verstehen ist. Häufig ist das genaue Gegenteil dieser Annahme der Fall. Spätere Auseinandersetzungen zwischen Bauherrn und Architekt haben ihre Ursachen oft in dem Mißverständnis über das, was als Erfolg geschuldet wird. Hierbei wird der Architekt häufig das Opfer, weil er nämlich daran glaubt, der Erfolg müsse auch bezahlt werden.

Die Ursache für dieses und andere Mißverständnisse ist darin zu erblicken, daß die Umgangssprache ihrer Natur nach der Verständigung dient und Wörter und Begriffe eher beschreibenden Charakter haben. Das Recht stellt Regeln auf und Begriffe haben deshalb »normativen Charakter«, und das bedeutet, kraß ausgedrückt, daß der Erfolgsbegriff des Werkvertragsrechtes weniger durch einen beschreibenden als durch einen imperativen Charakter geprägt ist. Für die haftungsrechtliche Seite steht völlig außer Streit: Erfolg bedeutet Zielerreichung. Das könnte ja noch jedermann verstehen, ständen die Ziele immer exakt fest, und wären sie vor allen Dingen im Vertrag festgelegt. Dann ließe sich ja auch auf vertraglicher Grundlage das Pendant für Haftung und Leistung, nämlich die Vergütung, exakt feststellen. Genau das ist aber leider nicht der Fall.

- *Post-Festum-Analyse*

Diese Analyse »nach dem Geschehen« besagt: Die Sicht des Auftraggebers ist entscheidend.

Dies läßt eine gewisse Sympathie für Binsenweisheiten erkennen, von denen eine, von einem Politiker geäußert, lautet: »Wichtig ist, was hinten rauskommt.« Die erkenntnistheoretische Kraft dieser Aussage ist überwältigend und selbstverständlich richtig. Gemeint ist, daß es auf Ergebnis- und Zielerreichung, schlicht auf den Erfolg ankommt, und die Pointe dieser Binsenweisheit liegt darin, daß sich die Zieldefinition und damit der jeweils konkrete Inhalt des Erfolges erst zum Abschluß der Baumaßnahme und zum Abschluß der Architekten- und Ingenieurleistung feststellen lassen, denn nur im nachhinein beurteilt läßt sich feststellen, ob der Architekt vertragsgemäß geleistet und demgemäß seine Vergütung verdient hat (siehe hierzu § 8 Abs. 1 HOAI).

Stellt das Bauwerk, das Denkmal, das Bauen im Bestand im Laufe des Entstehens Anforderungen, die z. B. durch:

- *»maßliches, technisches und verformungsgerechtes Aufmaß*
- *Schadenskartierung*
- *Ermitteln von Schadensursachen*
- *Planen und Überwachen von Maßnahmen zum Schutz vorhandener Substanz«*
- *Sanierungsvoruntersuchung mit eigener Bauforschung als Teil des Planungsprozesses*

gelöst und erarbeitet werden müssen, so schuldet der Architekt diese Ergebnisse bzw. das Beibringen oder Beibringenlassen dieser Ergebnisse, und zwar schon zur Vermeidung seiner eigenen Haftung.

Deshalb ist es auch richtig davon zu sprechen, daß bei der Haftung die Sicht des Auftraggebers entscheidend ist, denn, wiederum unter dem Gesichtspunkt der Haftung: Der Erfolgsbegriff in seiner normativen bzw. imperativen Ausprägung gibt im Zweifel dem Bauherrn recht. Daß das auch alles bis zu einer gewissen Brutalität instrumentalisiert werden kann, haben gewisse Bauherren längst begriffen, und das geflügelte Wort über eine fragwürdige Baufinanzierung, *ein Drittel Eigenkapital, ein Drittel Fremdkapital und ein Drittel Mängelrügen*, stammt nicht vom Autor dieses Beitrages, sondern ist lediglich eine Beschreibung der Faktenlage.

Der mit dem HOAI-Text ausgestattete Leser erkennt in den oben aufgeführten Anforderungen Teile des § 15 Abs. 4 HOAI wieder. Der Architekt muß, um haftungsfrei zu bleiben, besondere oder eigenständige Leistungen erbringen oder erbringen lassen. Das ist unter haftungsrechtlichen Gesichtspunkten eine Selbstverständlichkeit und kein Sonderproblem des Bauens im Bestand. So muß der Architekt, der z. B. mit den Leistungsphasen 1 bis 4 des § 15 HOAI beauftragt ist, als Erfolg das Ziel erreichen, für seinen Auftraggeber eine Baugenehmigung zu erwirken. Nehmen wir an, der Weg dorthin führe wegen der Eigenheiten des Bauvorhabens und seiner Lokalisierung nur über eine Bauvoranfrage, so ist diese geschuldet. Über die Vergütung dieser Leistung ist damit jedoch noch nicht entschieden.

- *Denkmal als absolutes Unikat*

Der Begriff Unikat kommt ohne den weiteren Begriff, nämlich die *Deltabetrachtung*, nicht aus. Dies ist ein Stichwort, das als Motto dieses Beitrages steht.

Delta ist das mathematische Zeichen für Unterschied und zur Erklärung diene folgende Formel:

Erfolg: Ziele erreichen, das Erforderliche leisten

Vertrag: ./. was ist hiervon (schon) im Vertrag geregelt

Delta: muß, um ein (sach)gerechtes Ergebnis zu erreichen, noch festgelegt und vereinbart werden

Anders ausgedrückt mit Bertolt Brecht (aus der Dreigroschenoper):

*»Ja, mach nur einen Plan
Sei nur ein großes Licht!
Und mach dann noch 'nen zweiten Plan
Gehn tun sie beide nicht.«*

Das ist genau die formale Struktur eines mehr oder weniger geordneten, lebensnahen Baugeschehens. Sie ist nicht nur völlig lebensnah, sondern sie entsteht zwangsläufig, weil jedes Bauvorhaben als Einzelstück an einer bestimmten Stelle in der Natur entsteht. Diese Natur kann, wie die Fälle zeigen, die mit dem Baugrund zu tun haben, zunächst unbekannt sein. Das führt zu einem *Delta*, das überbrückt werden muß.

Die »rechtliche Natur« eines Grundstückes kann sich aus den unterschiedlichsten Parametern ergeben, die beim Entschluß, ein Bauvorhaben ins Werk zu setzen, noch nicht feststehen müssen. All das sind nur Andeutungen, die beliebig fortgeführt werden können und die auf ein *Delta* zwischen dem ursprünglich geschlossenen Vertrag und Alltagserfordernissen hinweisen.

Oder anders ausgedrückt: Der ursprüngliche Vertrag über Architekten- und Ingenieurleistungen einerseits und die Erfolgskontrolle und Zielfeststellung bei Abschluß des Bauvorhabens andererseits oder erst bei der Abnahme der Architektenleistungen können wegen des Unikatcharakters eines jeden Bauvorhabens nicht identisch sein.

Der Bauherr erhält ein Einzelstück nach seinen Wünschen, das es in dieser Art vorher nie gegeben hat und künftig nicht mehr geben wird, und das muß dem Bauherrn nicht nur die Architektenhaftung, sondern auch die entsprechende Vergütung für die Architektenleistung wert sein (siehe Abschnitt 11.1.2).

Damit das gewährleistet wird, ist eine permanente Deltabetrachtung, d. h. eine Vertragsanpassung, geboten. Die hier favorisierte Deltabetrachtung hat außerdem den Vorteil, daß der Dialog mit dem Auftraggeber ohne negativen Touch abläuft, denn die Voraussetzungen für diesen Dialog lauten: Jedes Bauvorhaben ist ein Unikat. Von niemandem, im besonderen auch nicht von der planenden Seite, kann Hellsichtigkeit erwartet werden. Nur eine permanente Anpassung der Zielvereinbarung, d. h. eine Deltabetrachtung, ebnet den Weg zum Erfolg.

Unser Thema, Architekt und Denkmalpflege und/oder das Bauen im Bestand, macht das besonders deutlich. Ist nämlich schon beim sprichwörtlichen Bauen auf der grünen Wiese Zielanpassung bzw. Deltabetrachtung geboten, weil z. B. der Baugrund anders beschaffen ist als angenommen, haben wir es beim Denkmal mit dafür spezifischen Problemen zu tun.

Der Denkmalbegriff ist an anderer Stelle ebenso erörtert worden wie die Sanierungsvoruntersuchung als erforderliche spezifische Leistung auf dem Erfolgsweg. Für die rechtliche Betrachtung gilt, wie in 5.1 dargelegt, ebenfalls im Grundsatz, daß das Denkmal als absolutes Unikat vom Bauherrn und seinem Architekten Respekt vor dieser Einzigartigkeit sowie Kenntnis über die Einmaligkeit des Dokumenten- und Zeugniswertes verdient.

Ohne diese gemeinsame positive Einstellung zum Denkmal, die in Vertrag und begleitendem Schriftverkehr aus Gründen der Rechtssicherheit seitens des Architekten wieder hervorgehoben werden muß, kann das Werk nicht gelingen und der vertraglich geschuldete Erfolg nicht herbeigeführt werden.

Ein Beispiel mag hier für vieles stehen: Alle Abstimmungen mit den Behörden verliefen mit einigem Zeitaufwand positiv, alle Zuschußfragen waren geklärt und die Finanzierung war sichergestellt. Die Sache lief gut an. Alle Rechnungen, die der Architekten und jene der mittelständischen Baubetriebe, wurden pünktlich bezahlt. Plötzlich bestritt der Bauherr Handwerkerforderungen und wollte von Nachträgen, die nach der gebotenen Deltabetrachtung an sich gerechtfertigt sind, nichts mehr wissen.

Was hierbei im nachhinein erkannt worden ist, kann selbstverständlich als Alltagswissen für die Zukunft nutzbar gemacht werden: Gerade das Denkmal erfordert, wie wir festgestellt haben, eine permanente Deltabetrachtung und diese ggf. in extremer Weise. Wirkt der Bauherr hieran nicht mit oder *nicht mehr* mit, ist dies ein untrügliches Zeichen dafür, daß sich der Bauherr in der inneren Emigration vom Denkmal verabschiedet hat. Dies hat fatale Folgen für das Bauwerk, die Handwerker sowie die Architekten und Ingenieure.

Der o. g. Beispielsfall endete dann auch völlig folgerichtig damit, daß der Bauherr seine geschäftlichen Aktivitäten ins Ausland verlagerte und alles weitere seinem Rechtsnachfolger überließ (siehe auch Abschnitt 4.1.3).

- *Besonderheiten bei den Leistungsphasen 1 bis 4*

Ohne besondere und eigenständige Leistungen kann, wie im Abschnitt 5.1 überzeugend nachgewiesen, ein Bauen im Bestand nicht zum Erfolg führen. Dies gilt im besonderen für die Leistungsphase 1 bis 4 nach HOAI.

Die Tatsache, daß jedes Bauwerk ein Unikat ist, weist als solche noch nicht auf besondere oder eigenständige Leistungen hin. Die Leistungen, die zur ordnungsgemäßen Erfüllung eines Auftrags im allgemeinen erforderlich sind, sind vergütungsrechtlich und auch haftungsrechtlich keine besonderen Leistungen (§ 2 Abs. 3 HOAI), sondern Grundleistungen (§ 2 Abs. 2 Satz 1 HOAI). Das Vergütungsrecht und das Haftungsrecht unterstellen, daß das *Handling* eines Unikats für den Architekten bzw. den Ingenieur ein völlig normaler Vorgang ist.

Besondere Leistungen haben Ausnahmecharakter. Sie entstehen, wenn das Bauvorhaben durch besondere Merkmale geprägt ist, die *»besondere Anforderungen an die Ausführung des Auftrags«* stellen, *»die über die allgemeinen Leistungen hinausgehen oder diese ändern«* (§ 2 Abs. 3 Satz 1 HOAI).

Die Aufgaben, die dem Architekten durch das Denkmal gestellt werden, sind im Sinne der werkvertraglichen Erfolgshaftung nur zu lösen, wenn »reihenweise« besondere, eigenständige Leistungen erbracht werden.

Immerhin ist festzustellen, daß der Katalog der in der HOAI genannten besonderen Leistungen beispielhaft und »offen« ist. Gemäß § 15 Abs. 4 HOAI können bei Umbauten und Modernisierungen die schon auf Seite 166 erwähnten besonderen Leistungen vereinbart werden. Unter dem Erfolgsbegriff sind sie, je nach Erfordernis ebenso geschuldet.

- *Besonderheiten bei den Leistungsphasen 5 bis 8*

Bertolt Brecht liegt mit seinem Gleichnis von den Plänen (siehe Seite 167), die beide nicht funktionieren, gar nicht so verkehrt. Dann machen wir eben einen dritten, vierten... Plan; irgendwann wird die Sache dann schon funktionieren bzw. muß sie wegen des Erfolgscharakters des Werkvertrags gutgehen.

Die Tätigkeit des Architekten in den Leistungsphasen 5 bis 8 kann beim Denkmal und/oder Bauen im Bestand geradezu als Beispiel schlechthin für die erforderliche permanente Deltabetrachtung gesehen werden.

Verweilen wir vor weiteren Ausführungen hierzu noch kurz bei den Plänen. Das Ändern der Genehmigungsunterlagen infolge von Umständen, die der Architekt nicht zu vertreten hat, mag im Einzelfall geschuldete Leistung sein, ist aber in jedem Fall in Leistungsphase 4 auch besondere Leistung. Für die vom Denkmal häufig ausgehenden Mehrfachplanungen gilt (auch hier ein kleiner Vorgriff auf das Vergütungsrecht), daß eine mehrfache Beauftragung mit Grundleistungen ggf. von Leistungsphase 3 bis Leistungsphase 5 vorliegen kann.

Es ist auch keine Überraschung, wenn sich *erst* in Leistungsphase 8 »Objektüberwachung« solche Erfordernisse herausstellen. Das muß nämlich nicht zwangsläufig, wie der Bauherr leicht meinen könnte, mit unzureichender planender Tätigkeit des Architekten in den Leistungsphasen 1 bis 4 zusammenhängen. Das Denkmal als *terra incognita* kann nämlich immer wieder für Überraschungen gut sein. Auch die beste Voruntersuchung und Bauforschung kann nicht a priori jeden Stein und jeden Balken des Fachwerks bis in die Einzelheiten der Bauchemie und der Baustoffchemie hinein gedanklich und planerisch vorwegnehmen.

Es ergibt sich also nicht bei jeder Änderung, die in den Leistungsphasen 5 bis 8 erforderlich wird, ein Fall von Architektenhaftung. Vielmehr hat der Architekt eine Aufklärungspflicht, den Bauherrn mit der neuen Situation vertraut zu machen. Ohne minuziöse Dokumentation dieser Aufklärung und den entsprechenden Schriftverkehr kämpft der Architekt, falls es zum Streitfall kommt, allerdings später auf verlorenem Posten. Eine ständige fortgeschriebene Liste der vom Bauherrn veranlaßten bzw. der denkmalimmanenten Änderungen ist absolute Pflicht für den Architekten, und zwar zur Wahrnehmung seiner eigenen Belange. Mit der Führung des schlichten Bautagebuchs allein, ohnehin Grundleistung bei Leistungsphase 8, ist nichts bewirkt. Nur die permanente Fortschreibung der Änderungsliste gibt auch Gelegenheit zu testen, ob der Bauherr sich noch zum Denkmal bekennt, an der Deltabetrachtung mitwirkt oder sich schon in die innere Emigration (oder wie im Beispiel sogar in die wirkliche Emigration) verabschieden wird.

Besondere Aufmerksamkeit verdient in den Leistungsphasen 6 »Vorbereitung der Vergabe«, 7 »Mitwirkung bei der Vergabe« und 8 »Objektüberwachung (Bauüberwachung)« das Vertragsverständnis des Bauherrn zu den Baubetrieben und/oder Handwerkern, die – das kann beim Denkmal nicht anders sein – den einen oder anderen Nachtrag, ggf. auch zahlreiche Nachträge, fordern. In diesem Spannungsverhältnis zwischen Bauherr, Baubetrieb und Architekt hat letzterer häufig das Gefühl, als würde ihm der bewußte Platz zwischen allen Stühlen zugewiesen. Das vertragsgerechte Verhalten des Architekten in dieser Situation setzt die Kenntnis des Bauvertragsrechtes und im besonderen Kenntnis der VOB/B voraus, weil die letztere die Deltabetrachtung vorbildlich regelt. Die wichtigste Aussage in VOB/B lautet:

»Die auszuführende Leistung wird nach Art und Umfang durch den Vertrag bestimmt.« (§ 1 Nr. 1 Seite 1 VOB/B)

Diese wichtigste Aussage der VOB/B lautet gerade **nicht**:

Die auszuführende Leistung wird nach den zahllosen Erfordernissen des Bauens im Bestand bestimmt.

Der Unterschied zwischen Vertragsinhalt einerseits und Erfordernissen andererseits wird in § 1 Nr. 4 VOB/B ausdrücklich angesprochen:

»Nicht vereinbarte Leistungen, die zur Ausführung der vertraglichen Leistung erforderlich werden, hat der Auftragnehmer auf Verlangen des Auftraggebers mit auszuführen ...«

Schließlich weiß jeder, daß der erste Entwurf so gut wie nie ausgeführt wird. Warum auch? Der Feind des Schlechten ist das Gute und der Feind des Guten ist das Bessere, und es wäre ja widersinnig, Optimierungsleistungen einen Riegel vorzuschieben. Deshalb gilt:

»Änderungen des Bauentwurfs anzuordnen, bleibt dem Auftraggeber vorbehalten.« (§ 1 Nr. 3 VOB/B)

Damit ist die Deltabetrachtung des Bauvertragsrechtes, die im Bauen im Bestand fast zur Regel werden wird, im Kern schon beschrieben. Auf der Vergütungsseite ergeben sich Ansprüche der Baubetriebe aus zusätzlichen Leistungen gemäß § 2 Nr. 6 VOB/B. Aus Änderungen oder anderen Anordnungen des Auftraggebers erheben sie sich gemäß § 2 Nr. 5 VOB/B. Es entsprechen sich also:

§ 1 Nr. 3 VOB/B ⟷ § 2 Nr. 5 VOB/B
§ 1 Nr. 4 VOB/B ⟷ § 2 Nr. 6 VOB/B

Ohne Kenntnis dieser formalen Grundstrukturen des Bauvertragsrechtes kann kein Bauwerk entstehen. Erst recht gilt dies für die Arbeit am und mit dem Denkmal. Der Architekt hat (mehr oder weniger) permanent darauf hinzuwirken, daß der Bauherr über erforderliche Anordnungen entscheidet. Bei der Nachtragsbeurteilung gilt, daß der Architekt der Treuhänder, keineswegs dagegen der *Büttel* des Auftraggebers ist.

Zur permanenten Fortschreibung der Änderungsliste gehören deshalb die übersichtliche Aufzeichnung erforderlicher zusätzlicher Leistungen (§ 1 Nr. 4 VOB/B), die Dokumentation erforderlich werdender Änderungen des ursprünglichen Bauentwurfs (§ 1 Nr. 3 VOB/B) und die Zuordnung dieser Tatbestände zu den im Grunde häufig berechtigten Nachtragsforderungen gemäß § 2 Nr. 5 VOB/B und § 2 Nr. 6 VOB/B. Nur dieses Verfahren wendet später Ärger bei der in Leistungsphase 8 geschuldeten Rechnungsprüfung ab.

Die Ausschreibungstechnik für die Vergabe von Unternehmerleistungen beim Altbau verlangt besondere Aufmerksamkeit des Architekten in Verbindung mit einem ständigen Dialog mit dem Bauherrn. Das Denkmal ist, wie schon gesagt, trotz sorgfältiger vorbereitender Planung häufig immer noch in der Bauausführung *terra incognita*. Der Bauherr möchte jedoch, was verständlich ist, bereits zum Zeitpunkt der Vergabe, also in Leistungsphase 7 bei dem dort geschuldeten Kostenanschlag wissen, was ihn die Sache kostet. Deshalb scheint sich vordergründig eine Pauschalvergabe der Leistung anzubieten.

Vor diesem Ausschreibungsgedanken kann indes nicht nachdrücklich genug gewarnt werden, denn er wiegt den Bauherrn in trügerischer Sicherheit, und der Ärger wird später um so größer. § 2 Nr. 7 Abs. 1 Satz 4 VOB/B, der oft verkannte Kern zum Recht des Pauschalpreisvertrages, besagt nämlich, daß die oben angesprochenen Nachträge für zusätzliche Leistungen oder ändernde Anordnung, also die Nachträge für außervertragliche Leistungen, auch beim Pauschalpreisvertrag möglich sind. In der Praxis werden solche Nachträge mit Sicherheit entstehen!

Gerade das Leitbild des Pauschalpreisvertrages beruht auf einer präzisen Angabe des qualitativen Bausolls und der qualitativen Bauumstände einerseits und zum anderen auf einer möglichst präzisen Erfassung der zu erwartenden Mengen (§ 5 Nr. 1 b VOB/A). Der so und richtig verstandene Pauschalpreisvertrag erleichtert die spätere Bauabrechnung, weil das Aufmaß überflüssig wird. Daß in der Praxis mit dem Pauschalpreisvertrag anders verfahren wird, nämlich eine Pauschalierung nicht nur der Preis-, sondern auch der Leistungsseite angestrebt wird, ist eine Tatsache. Für das Bauen im Bestand sollte sich der Pauschalpreisvertrag wegen der besonderen Problematik aber von selbst verbieten.

Das Bekenntnis zum Denkmal, seiner Eigenart und seiner Einzigartigkeit muß vielmehr zur richtigen Erkenntnis führen, daß trotz sorgfältiger Planung viele Schichten (nahezu im wahrsten Wortsinne) eben erst während der Bauphase freigelegt werden. Mag deshalb beim *normalen* Bau der Einheitspreisvertrag die Regel und der Vertrag nach Aufwandserstattung, *die Regie*, Ausnahme sein, wird beim Bauen im Bestand die Regieleistung zwar nicht die Regel werden, häufig indes geboten sein.

Auch darüber muß mit dem Auftraggeber in aller Offenheit und zeitnah zum Baugeschehen gesprochen werden. Jedenfalls darf der folgende, der Realität nachgebildete Fall nicht eintreten: Der Bauherr beschwert sich darüber, daß schon wieder *Regie* angeordnet werden soll. Nach mehreren derartigen Beschwerden kommen Architekt und Baubetrieb auf den Gedanken, die Regie in Leistungspositionen umzusetzen. Dieser »gutgemeinte« Versuch, den Bauherrn zu entmündigen, ist vom Prinzip her Straftat nach dem Betrugsvorwurf oder der Untreue, und Architekt und Baubetrieb haben mit der Darlegungs- und Beweislast arg zu kämpfen, daß dem Bauherrn ja in Wirklichkeit kein Schaden entstanden sei. Selbst wenn dieser Nachweis gelingt (die in Leistung umgesetzte Regie ist ja nicht teurer als der von Anfang an offen und ehrliche Ausweis in Regie) ist das erforderliche Vertrauen für die Durchführung des Bauauftrags und des Architektenauftrags dahin.

- *Begleitende Kostenkontrolle*

Die begleitende Kostenkontrolle zieht sich hin über Kostenschätzung, Kostenberechnung zum Kostenanschlag und wird schließlich mit der Kostenfeststellung konfrontiert.

Die begleitende Kostenkontrolle wird über Schätzung, Berechnung und Anschlag immer konkreter im Aussagegehalt. Präzise festgeschriebene Toleranzgrenzen, die einen Rahmencharakter nennen, auf die sich jeder Bauherr von vornherein bei seiner Finanzierung einstellen muß, gibt es allenfalls im Wege grober Faustformeln, etwa:

- 25 bis 30 % bei der Kostenschätzung
- 20 % bei der Kostenberechnung und
- 10 % beim Kostenanschlag.

Eine absolute, von den Einzelheiten des Falles unabhängige Grenze, bei deren Überschreitung eine Haftung eintritt, gibt es nicht.

Bei Umbauten und Altbausanierungen sind jedoch die angegebenen Toleranzspielräume nach Meinung der Literatur jeweils um mindestens 5 % zu erweitern, da bei diesen Baumaßnahmen eine Kostenvorhersage schwierig ist.

Mit der Festlegung von Toleranzgrenzen muß sich also der Praktiker im Stich gelassen fühlen. Es ist deshalb für die Praxis ein Sonderkorrekturposten angezeigt, der außerhalb der oben genannten Toleranzen vorzunehmen ist, nämlich eine Anpassung der Kostensockelbeträge (nicht des Toleranzrahmens) um:

- nachträgliche Änderungswünsche des Bauherrn (nicht denkmalspezifisch)
- unvorhersehbare Entwicklungen (für das Bauen im Bestand typisch).

Hier kommen wir erneut auf den Dialog durch permanente Deltabetrachtung zurück. Wer bei der Vorbereitung und der Mitwirkung der Vergabe bewußt von der Vergabeart des Pauschalpreisvertrags absieht, wer den Bauherrn regiebewußt an die Baubetriebe, die mit seinem Denkmal beschäftigt sind, vergeben läßt (und diese Regie selbstverständlich in Leistungsphase 8 genau überwacht), baut zur rechten Zeit Kostenverständnis und Kostenkontrolle auf und gibt dem Bauherrn Gelegenheit, Einsparungen an anderer Stelle zu erreichen.

Nur die rechtzeitige Absprache mit dem Bauherrn auf diese Korrekturposten ist die korrekte Erfüllung der Architektenleistung, denn der Bauherr muß Gelegenheit erhalten, Einsparungen an anderer Stelle vornehmen zu können.

Eine Baukostengarantie (Garantie bedeutet hier das Einstehenmüssen für einen unbestimmten Erfolg) ist vor allem beim Bauen im Bestand nicht nur nicht angezeigt, sondern mit Sicherheit tödlich. Der minderschwere Fall des Überschreitens des Kostenlimits (vom Bauherrn klar verlautbarte verfügbare Mittel für das Bauvorhaben) ist zwar haftungsrechtlich nicht so gravierend wie die Baukostengarantie, weil ein gewisser Toleranzrahmen auch beim vorgegebenen Kostenlimit besteht.

Die terra incognita des Bauens im Bestand verträgt sich indes kaum mit einem vom Bauherrn vorgegebenen Kostenlimit, und richtigerweise sollte der Architekt hier ernsthaft prüfen, ob sich ein Vertrag mit einem derartigen Bauherrn auszahlt (Ratschlag: Im Zweifel nein).

Die Kostenkontrolle und die Kostenprognose ist in diesem Sinne nichts anderes als permanente Deltabetrachtung mit eindeutiger Risikozuweisung. Die Risikozuweisung muß durch den Architekten explizit vorgenommen werden, d. h. durch jeweils aktuelle Hinweise auf Entscheidungen, die der Bauherr als notwendige Mitwirkungshandlungen zu treffen hat, und auf deren Auswirkungen auf die Kostensituation. In diesem Zusammenhang drängt sich eine Parallele geradezu auf, nämlich die Parallele zum Baugrundrisiko. Der Baugrund betrifft ebenso wie die vorhandene Substanz des Denkmals einen vom Besteller bereitgestellten bzw. gelieferten Stoff.

Erweist sich der Baugrund trotz systematisch richtig durchgeführter Baugrunduntersuchung anders als angenommen, ist dies ein Risiko des Auftraggebers. Diese Überlegung gilt für den Bestand analog. Selbst bei gehöriger Analyse des Bestandes und unter Erbringung zahlreicher besonderer und eigenständiger Leistungen des Architekten wird immer ein Restrisiko bleiben. Dieses Risiko trägt der Bauherr.

11.1.2 Vergütungsrecht

- *Honorarparameter, Vereinbarung des Honorars*

Die wesentliche Schutzvorschrift für den Architekten, um ein auskömmliches Honorar zu erzielen, ist in § 4 Abs. 2 HOAI geregelt. Nach dieser Vorschrift können die in der HOAI »festgesetzten Mindestsätze nur durch schriftliche Vereinbarung in Ausnahmefällen unterschritten werden«. Das kommt beim Bauen im Bestand so gut wie nie in Betracht. Im übrigen richtet sich das Honorar nach den anrechenbaren Kosten und der Honorarzone. Letztere ist wegen des Mindestsatzprinzips objektives Kriterium und nicht verhandelbar.

Die Schriftform für ein Honorar, das den Mindestsatz übersteigt (Schriftform bei Auftragserteilung gem. § 4 Abs. 3 HOAI), behandeln wir hier bewußt stiefmütterlich, denn aufgrund der heutigen Marktsituation ist es äußerst selten, daß der Architekt mehr als den Mindestsatz vertraglich durchsetzen kann. Und Änderungen sind hier kaum absehbar. Leider machen umgekehrt die Fälle »HOAI minus x %« die Schule. Vor diesen Vereinbarungen, selbst wenn sie die Unterschrift von Bauherrn und Architekt tragen, ist der Architekt regelmäßig durch § 4 Abs. 2 HOAI in Verbindung mit § 134 BGB geschützt, denn nach dieser Vorschrift können die Mindestsätze durch schriftliche Vereinbarung nur in Ausnahmefällen unterschritten werden, und derartige Ausnahmen kommen beim Bauen im Bestand wohl kaum in Betracht.

Der angesprochene Schutz der HOAI ist auch vertragsrechtlich relevant, denn gemäß § 134 BGB ist ein Rechtsgeschäft nichtig, welches gegen ein gesetzliches Verbot verstößt. Allerdings wird dieser Besitzstand häufig durch den Architekten selbst torpediert. Bietet der Architekt im harten Preiskampf »freiwillig« an, die Mindestsätze zu unterbieten, kann der Bauherr auf ein derartiges Angebot des Architekten vertrauen (dieses hochaktuelle Problem behandelt eine Entscheidung des Bundesgerichtshofes; BGH, Baurecht 1997, 677 ff.).

- *Umbauten und Modernisierungen*

Leistungen bei Umbauten und Modernisierungen werden gemäß § 24 Abs. 1 HOAI mit einem Zuschlag von 20 % bis 33 % berechnet. Unter Umbauten versteht die HOAI »Umgestaltungen eines vorhandenen Objekts mit wesentlichen Eingriffen in Konstruktion oder Bestand« (§ 3 Ziff. 5 HOAI). Diese Vorschrift ist meistens beim Bauen im Bestand einschlägig.

»Modernisierungen sind bauliche Maßnahmen zur nachhaltigen Erhöhung des Gebrauchswertes eines Objekts ... (§ 3 Ziff. 6 HOAI), also auch häufig für unser Thema einschlägig.«

Trotzdem behandeln wir auch den Zuschlag für Umbauten und Modernisierungen hier eher stiefmütterlich, denn aufgrund der herrschenden Marktsituation gilt auch hier, daß mehr als ein Zuschlag von 20 % meist nicht möglich ist. Immerhin wirkt das Mindestsatzprinzip in § 24 Abs. 1 HOAI insofern fort, als, sofern nicht etwas anderes schriftlich vereinbart ist, ab einem durchschnittlichen Schwierigkeitsgrad, also bei Gebäuden der Honorarzone III, IV und V, ein Zuschlag von 20 % als vereinbart gilt. Der Architekt ist deshalb auch hier vor der leider häufig anzutreffenden, vom Markt diktierten Formel »HOAI minus x %« wirksam geschützt.

Sollte es trotz der negativen Erfahrung, die der Autor in seiner Praxis gewonnen hat, möglich sein, im Einzelfall auf dem Verhandlungswege über die Mindestsätze hinauszugreifen, wirkt diese für den Architekten dann günstige Verhandlungssituation in der rechtlichen Praxis nur:

- hinsichtlich des Überschreitens der Mindestsätze bei schriftlicher Vereinbarung, die bei Vertragsabschluß erfolgt sein muß,

- hinsichtlich eines Zuschlags für Umbauten und Modernisierung, wenn eine schriftliche Vereinbarung getroffen wurde. Dies kann auch noch nach Vertragsabschluß geschehen.

Die Achtsamkeit des Architekten, der sich der schlichten Marktsituation gegenübersieht und der nicht in der Lage ist, mehr als Mindestsätze zu erreichen, ist aber gerade wegen dieses Tatbestandes gefordert, bei Sachverhalten, in denen er der Gefahr unterliegt, durch Unachtsamkeit Geld zu verschenken, und zwar nicht nur sprichwörtlich, sondern tatsächlich und auch rechtlich verbindlich. Gemeint sind besonders zwei Fallgruppen.

Die honorarfähigen Kosten richten sich, wie bereits erwähnt, nach den anrechenbaren Nettoherstellungskosten (§ 10 Abs. 1 HOAI in Verbindung mit § 9 Abs. 2 HOAI). Beim Denkmal, dem Bauen im Bestand, erhöhen sich jedoch die anrechenbaren Kosten gem. § 10 Abs. 3a HOAI. Diese Vorschrift lautet:

»*Vorhandene Bausubstanz, die technisch oder gestalterisch mitverarbeitet wird, **ist** (Hervorhebung durch den Autor) bei den anrechenbaren Kosten angemessen zu berücksichtigen; der Umfang der Anrechnung bedarf der schriftlichen Vereinbarung.*«

Die immanente Logik des § 10 Abs. 3a HOAI besagt, daß ein Architekt, der vorhandene Bausubstanz erhält, nicht schlechter zu stellen ist als einer, der seinem Bauherrn zu Abriß und Neuherstellung rät. Das ist bei der Beurteilung des Tatbestandsmerkmales »*angemessen zu berücksichtigen*« (§ 10 Abs. 3a HOAI) zu bedenken. Dann ist es für die Alltagspraxis jedenfalls hilfreich, den Wert anzunehmen, welchen die vorhandene Bausubstanz hätte, müßte man sie heute zu Marktpreisen herstellen. Ein Abschlag von diesem Wert kann allerdings vorzunehmen sein, wenn die vorhandene Substanz wegen ihres natürlichen Alters nicht mehr in einem der Neuausführung vergleichbaren Zustand ist.[1]

Allerdings muß nach dem Inhalt der Vorschrift der Umfang der Anrechnung schriftlich vereinbart sein.

Hier ist zunächst zu raten, daß der Architekt das wörtlich nimmt. Dieses Schriftformerfordernis ist nicht schon bei der Auftragserteilung einzuhalten, da § 4 HOAI hier nicht einschlägig ist. Immerhin könnte das Schriftformerfordernis bedeuten, daß vorhandene Bausubstanz nicht angerechnet wird, falls eine schriftliche Vereinbarung fehlt. Das verträgt sich allerdings nicht mit dem klaren Text der HOAI (§ 10 Abs. 3a), wonach »vorhandene Bausubstanz ... bei den anrechenbaren Kosten angemessen zu berücksichtigen« ist.

---

[1] Vgl. Löffelmann/Fleischmann: Architektenrecht. Werner-Verlag, Düsseldorf, 3. Auflage 1995, Rdnr. 1186, 1187

Verweigert der Bauherr eine Vereinbarung über den Umfang der Anrechnung, oder vergessen Architekt und Bauherr diese, ist wohl davon auszugehen, daß der Architekt die anrechenbaren Kosten zunächst festlegen und ggf. die Angemessenheit dieser Festlegung durch gerichtliche Entscheidung bestätigen lassen kann.[2]

Achtsamkeit des Architekten in eigenen Angelegenheiten ist vor allem bei den besonderen Leistungen geboten. Diese sind, um haftungsfrei zu bleiben, im Einzelfall geschuldet. Vergütungspflichtig sind sie jedoch nur, wenn die Leistungen im Verhältnis zu den Grundleistungen einen nicht unwesentlichen Arbeits- und Zeitaufwand verursachen, was sich häufig feststellen läßt, **und** wenn das Honorar schriftlich vereinbart worden ist. Die Schriftform allerdings ist zwingend, nicht unbedingt bei Vertragsabschluß. Andernfalls gilt, um das ganz deutlich auszudrücken, die *»Schenkungsvermutung«* des § 5 Abs. 4 Satz 1 HOAI zugunsten der Auftraggeberseite.

Den Begriff »Schenkungsvermutung« hat vor einigen Jahren Herr Rechtsanwalt Dr. Otto Fahrenschon zu strukturell ähnlich gelagerten Problemen im Bauvertragsrecht der VOB/B geprägt.[3]

Was den Katalog der besonderen Leistungen angeht, wird hier noch einmal pauschal darauf verwiesen, daß der Katalog der besonderen Leistungen »offen« ist. Besondere Leistungen können und müssen deshalb beim Bauen im Bestand im Einzelfall jeweils neu bedacht, erbracht und dann auch vertragsrechtlich kreiert werden. Umgekehrt ausgedrückt fallen beim Bauen im Bestand »reihenweise« Leistungen an, die jedenfalls nicht unter die Grundleistungen bei den einzelnen Leistungsphasen fallen. Derartige besondere Leistungen können u. a. sein:

– neben der Bestandsaufnahme das Sichten der Bauakten bei der Behörde,

– neben der Mitwirkung bei der Beschaffung nachbarlicher Zustimmungen das Beschaffen von Eigentümer- oder Mieterzustimmungen.

In diesem Zusammenhang sei darauf verwiesen, daß erst kürzlich aus Anlaß eines Seminars der Bayerischen Architektenkammer der dortige Referent einen Katalog von 32 besonderen Leistungen aufgelistet hat.

Im übrigen ist zu bedenken, daß die HOAI nur solche besonderen Leistungen erfaßt, die die Grundleistungen im konkreten Fall ersetzen oder ergänzen. Besondere Leistungen, die nach dem Charakter der Bauaufgabe isoliert in Auftrag gegeben bzw. isoliert kreiert werden, können eigenständige Leistungen sein. Das trifft für das Bauen im Bestand besonders häufig zu. Hierfür gilt, daß das Honorar frei vereinbart werden kann, ohne an zeitliche Voraussetzungen oder Formerfordernisse gebunden zu sein, wenngleich sich auch hier aus Gründen der Beweissicherheit und der Dokumentationsklarheit stets die schriftliche Aufzeichnung empfiehlt.

Die ganze Sache ist im jeweilgen Einzelfall schon eine konkrete Einzelfallprüfung wert.

Für besondere Leistungen ist gemäß § 5 Abs. 4 Satz 2 HOAI »das Honorar in angemessenem Verhältnis zu dem Honorar für die Grundleistung zu berechnen, mit der die Besondere Leistung nach Art und Umfang vergleichbar ist«. Ist sie das nicht, »so ist das Honorar als Zeithonorar nach § 6 HOAI zu berechnen«.

Das bereitet immer wieder Schwierigkeiten, weil § 6 Abs. 1 HOAI »eine Vorausschätzung des Zeitbedarfs als Fest- oder Höchstbetrag« fordert, sofern eine solche Schätzung möglich ist.

Die beim Bauen im Bestand anfallenden eigenständigen Leistungen können demgegenüber, wie gesehen, frei vereinbart werden. Das hat u. a. auch den Vorteil, daß die in der HOAI vorgesehenen Stundensätze mit relativ geringfügigem Gewinnanteil rechnen und bei der freien Honorarvereinbarung ein Stundensatz um die 300,– DM durchaus angemessen ist.

Derartige eigenständige Leistungen kommen beim Bauen im Bestand regelmäßig für Beratungstätigkeit außerhalb der HOAI in Betracht. Das kann etwa der Fall sein, wenn vor Beginn der Leistungsphase 1 Beratung erforderlich ist und erfolgt, um den Bestand als solchen zu sondieren, wenn also eine vorbereitende beratende Tätigkeit vor Abschluß des eigentlichen Architektenvertrags stattfindet. Nach Abschluß des Bauvorhabens kann sich das Erfordernis beratender Tätigkeit etwa dann ergeben, wenn der Bauherr den Architekten ruft, um *Substantiierungshilfe* etwa für Rechtsstreitigkeiten mit Baubeteiligten zu erlangen.

---

[2] Vgl. auch Korbion in: Hesse u. a.: Honorarordnung für Architekten und Ingenieure (HOAI)-Kommentar. G. H. Beck'sche Verlagsbuchhandlung, München, 5. Auflage 1996, Rdnr. 34 zu § 10

[3] Otto Fahrenschon: Die Schenkungsvermutung der Deutschen Bauwirtschaft (§ 2 Nr. 6 VOB/B). In: Baurecht 1977, Seite 172 bis 182

11.1.3 Zusammenfassung

Die Zusammenfassung kann ebenso wie der gesamte Beitrag nur auf die wichtigsten rechtlichen Probleme eingehen.

- Eine frappierende Schlußfolgerung könnte zunächst sein, daß der *eigentliche* Architektenvertrag, der zeitnah mit dem Anfang der Zusammenarbeit zwischen dem Bauherrn und dem Architekten stehen sollte, an sich nicht so wichtig ist. Denn nach der hier vertretenen Auffassung und dem in diesem Beitrag behandelten Begriff der *permanenten Deltabetrachtung* ist ohnehin ständige Vertragsanpassung erforderlich. Die vorgetragene These trifft zu und ist auch rechtlich nicht zu beanstanden, denn auch der Architekten- und Ingenieurvertrag über noch so komplizierte Bauaufgaben bedarf nicht unbedingt der Schriftform. Diese These ist selbstverständlich nur als Aufmerksamkeit erheischende Provokation, keineswegs als Praxishinweis gedacht, denn es gilt wie gesehen:

- Die Schriftform **bei** Vertragsabschluß ist erforderlich, wenn mehr als die Mindestsätze erreicht werden sollen.
- Die Schriftform ist erforderlich, um der Schenkungsvermutung des § 5 Abs. 4 Satz 1 HOAI entgegenzuwirken.
- Gleiches gilt für die Anrechnung vorhandener Bausubstanz gemäß § 10 Abs. 3a HOAI, auch wenn hier die Auffassung vertreten wird, daß die Schriftform zum Anspruchssachverhalt nicht unbedingt nötig ist.
- Schließlich ist zu bedenken, daß ein Umbauzuschlag von mehr als 20 % gleichfalls der Schriftform bedarf.

- Eine Binsenweisheit besagt, daß man in der Auswahl seiner Vertragspartner gar nicht vorsichtig genug sein kann. Das Denkmal ist auch hier gewissermaßen die »Nagelprobe«. Der Bauherr muß sich mit der Bauaufgabe identifizieren, sich zum Denkmal bekennen und sich das Denkmal auch leisten können.

Im Rahmen dieses Beitrages wurde der Beispielsfall angesprochen, in welchem sich ein Bauherr zunächst in die innere Emigration und dann auch in die echte Emigration durch das Verlassen Deutschlands und das Hinterlassen unerledigter Probleme verabschiedet hat.

In dem geschilderten signifikanten Beispielsfall, der sich tatsächlich zugetragen hat, war der *eigentliche* Architektenvertrag hinsichtlich der oben vorgestellten Honorarparameter, der Festlegung der Honorarzone mit Mittelsatz, der Regelung zu § 10 Abs. 3a HOAI und des Umbauzuschlags durchaus in Ordnung.

Im nachhinein ließ sich auch auf den Tag genau angeben, zu welchem Zeitpunkt der »Marsch in die innere Emigration« begann.

Hierfür gab es aber auch äußere Anzeichen, die diese Situation erkennbar werden ließ. Erste Anzeichen für eine solche Krise sind immer dann gegeben, wenn der Auftraggeber der, wie wir gesehen haben, permanenten Deltabetrachtung ausweicht. Das beginnt meistens bei den Vertragsverhältnissen des Auftraggebers zu den Baubetrieben bzw. Handwerkern. Läßt sich ein Bauherr trotz begründeter Hinweise nicht für Regievergaben gewinnen, besteht er vielmehr auf Pauschalpreisverträgen, die beim Bauen im Bestand die krasse Ausnahme sind, weist dies untrüglich darauf hin, daß der gebotenen Deltabetrachtung ausgewichen wird. So wie der Bauherr mit den Auftragnehmern, den Baubetrieben, verfährt, wird es früher oder später auch dem Architekten ergehen.

Die reihenweise anfallenden besonderen Leistungen und/oder eigenständigen Leistungen geben dem Architekten darüber hinaus mehrfach Gelegenheit, während des Bauablaufs die Situation zu testen. Derartige Leistungen können dem Seismographen vergleichbar benutzt werden, um im Frühstadium Erschütterungen zu erkennen und »das Terrain zu räumen, bevor das Erdbeben eintritt«.

Jedes Bauvorhaben, im besonderen jedoch das Denkmal, erfordert permanent Mitwirkungshandlungen und Entscheidungen des Bauherrn im Sinne des § 642 BGB. Werden diese, etwa die Beauftragung erforderlicher Nachtragsleistungen bei mittelständischen Baubetrieben und Handwerkern, abgelehnt, verweigert der Auftraggeber die Beauftragung erforderlicher besonderer und/oder eigenständiger Leistungen. Dann besteht die Möglichkeit, unter Fristsetzung den Bauherrn hierzu anzuhalten, mit der gleichzeitigen Erklärung, daß es jetzt der Architekt sei, der »in die Emigration gehe« und den Vertrag kündigen werde, falls die Handlung nicht bis zum Ablauf der Frist vorgenommen werde (§ 643 Satz 1 BGB).

Wer als Architekt die »Nagelprobe« scheut, die geboten ist, wenn der Bauherr der Deltabetrachtung ausweicht, macht die Erfahrung, daß auch Mißerfolge in aller Regel hart erarbeitet sind.

Sollten die hier gegebenen Hinweise dazu führen, daß der Architekt im Einzelfall von einer an sich interessanten Aufgabe von vornherein oder während der Realisierung Abstand nimmt, ist auch das eine durchaus beabsichtigte Nebenwirkung dieses Beitrages, dient doch dies auch dem Erhalt der wirtschaftlichen Grundlage des Architekturbüros. Und das wiederum ist Voraussetzung für die erfolgreiche Abwicklung der sicher anspruchsvollen Aufgabe des Bauens im Bestand, und es bleibt zu wünschen, daß die Lektüre dieser Ausführungen hierzu einen Beitrag leistet.

12 Beihilfen und Steuererleichterungen

Der Denkmalschutz verlangt von dem Eigentümer die Erhaltung seines Denkmals zugunsten der Allgemeinheit. Deshalb hat sich der Staat in allen Denkmalschutzgesetzen verpflichtet, den Eigentümer eines Denkmals von den Kosten zu entlasten, die er über das übliche Maß der Unterhaltung seines Eigentums hinaus für denkmalpflegerische Maßnahmen aufbringen muß. Er soll und darf nicht schlechter gestellt sein als der Eigentümer eines *normalen* Gebäudes gleicher Art und Größe. Zuschüsse und Beihilfen der Denkmalpflege sind also keine Almosen, sondern ein Rechtsanspruch, der unabhängig vom Vermögen des Eigentümers besteht.

Die im Zusammenhang mit Denkmalschutz und -pflege entstehenden Kosten haben sowohl die Eigentümer als auch der Staat und die Gemeinden zu tragen. Die Pflichten der Eigentümer bzw. dinglich Verfügungsberechtigten zur Erhaltung und Unterhaltung von Kulturdenkmalen ergeben sich aus Artikel 14 GG. Die Pflichten für Staat und Gemeinden sind bindend fixiert in den Verfassungen der Länder und den Denkmalschutzgesetzen.

Die Formulierung »*im Rahmen ihrer Leistungsfähigkeit*« läßt die Höhe der finanziellen Verpflichtungen der Beteiligten offen. Eine feste, prozentuale oder schematische Aufteilung der Lasten ist nicht vorgesehen. Vielmehr muß jeder Zuschuß in jedem Einzelfall ausgewogen bzw. ausgehandelt werden.

Im Haushalt des Landes werden jährlich Etatmittel für Maßnahmen des Denkmalschutzes eingestellt. Über diese Mittel verfügt meist die Denkmalfachbehörde. Sie werden insbesondere für Zuschüsse und in kleinerem Maße für Entschädigungen verwendet. Auch für die Gemeinden besteht wie für den Staat eine Rechtspflicht zur Beteiligung an den Kosten des Denkmalschutzes. Dabei ist der finanzielle Spielraum der Gemeinden zu beachten.

Zu den finanziellen Leistungen von Land und Gemeinden gehören neben allen sonstigen Förderprogrammen, wie z.B. des Sozialen Wohnungsbaus, der Dorferneuerung oder der Stadtsanierung, auch die indirekten Förderungen durch Verzicht auf Steuereinnahmen. Diese Steuererleichterungen sind nicht in den Denkmalschutzgesetzen, sondern in den entsprechenden Steuergesetzen festgelegt.

Alle bewilligten Förderungen werden erst nach Ausführung der Maßnahmen ausgezahlt; der Bauherr kann eine Vorfinanzierung nicht vermeiden.

12.1 Direkte Zuschüsse (Beihilfen)

Der Umfang der bereitgestellten Haushaltsmittel und die an die Vergabe geknüpften Bedingungen werden in jedem Haushalt neu festgelegt. Eine Zusammenstellung aller Fördermöglichkeiten ist deshalb ausgeschlossen. Sie sind von Fall zu Fall bei den zuständigen Behörden zu erfragen.

Die wichtigsten Förderprogramme, die immer wieder, wenn auch mit wechselnder Ausstattung und unterschiedlichen Detailregelungen, aufgelegt werden, sind:

- Zuschüsse aus Haushaltmitteln des Landes zur Finanzierung von denkmalpflegerischen Mehrkosten bei der Instandsetzung von Kulturdenkmalen (als verlorene Zuschüsse). Die Anträge sind meist an die Denkmalfachbehörden, oft auch an die Oberen Denkmalschutzbehörden zu richten.

- Zuschüsse der Gemeinden und Landkreise zur Finanzierung bestimmter Maßnahmen, wie z.B. Fachwerkerhaltung, Fassadenverschönerung oder Instandsetzung von Kulturdenkmalen (als verlorene Zuschüsse). Die Anträge sind an die entsprechenden Gemeinden bzw. Landkreise zu richten, es bestehen die unterschiedlichsten Förderungsrichtlinien.

- Zuschüsse zu unrentierlichen Kosten in festgesetzten Bereichen der »vereinfachten Stadterneuerung« oder in Sanierungsgebieten nach dem BauGB. Die Mittel werden vom Bund, Land und von der Gemeinde bereitgestellt. Anträge sind bei der Gemeinde einzureichen.

- Zuschüsse innerhalb der Förderung des *Sozialen Wohnungsbaus* bei Ausbau von bestehenden Gebäuden nach dem *Zweiten Wohnungsbaugesetz*. Die Anträge sind bei der Kreisverwaltung oder der Gemeindeverwaltung größerer Städte einzureichen.

- Zuschüsse nach den Richtlinien zur Förderung der Dorferneuerung, zuständig sind die Landwirtschaftsämter.

Unabhängig von den einzelnen Bedingungen dieser Programme sind bei der Beantragung und Abwicklung folgende Grundsätze des Haushalts- und Steuerrechtes zu beachten:

1. Zuschüsse werden dem Eigentümer als Einkommen angerechnet und sind in vollem Umfang steuerpflichtig.

2. Zuschüsse werden nur ausgezahlt, wenn vor Zustellung des Bewilligungsbescheides nicht mit der Maßnahme begonnen worden ist.

3. Ohne öffentlich-rechtliche Genehmigung dürfen Maßnahmen nicht gefördert werden.

4. Ein Bewilligungsbescheid kann mit Auflagen und Bedingungen versehen werden, die über die Forderungen der öffentlich-rechtlichen Genehmigungen hinausgehen. Werden diese nicht beachtet, darf der bewilligte Betrag nicht ausgezahlt werden.

5. Die Höhe der bewilligten Förderung wird vom Nachweis einer bestimmten Investitionsumme abhängig gemacht. Wird diese überschritten, erhöht sich der Bewilligungsbetrag nicht. Wird sie unterschritten, wird der Bewilligungsbetrag anteilmäßig gekürzt.

6. Ein Vorhaben, nicht jedoch die einzelne Maßnahme, kann aus verschiedenen Programmen gefördert werden. In einem Finanzierungsplan sind allen bewilligenden Behörden diese Förderungen mitzuteilen. Das Verschweigen einer öffentlichen Förderung führt zur Ablehnung der Auszahlung des bewilligten Betrages.

12.2 Indirekte Zuschüsse (Steuerabschreibung)

Wer *direkte* öffentliche Förderungen in Anspruch nimmt, muß bedenken, daß sie bei Auszahlung seinem steuerpflichtigen Einkommen zugerechnet werden und ebenso zu versteuern sind. Ein hoher Prozentsatz öffentlicher Beihilfen fließt somit gleich an das Finanzamt weiter. Dies ist nicht im Sinne der Denkmalpflege. Direkte Zuschüsse werden deshalb meist nur an Denkmaleigentümer ohne steuerpflichtiges Einkommen gezahlt. Die meisten Eigentümer werden somit auf die Steuerabschreibungsmöglichkeiten für Denkmale verwiesen.

Neben Beihilfen und Zuschüssen des Landes, der Kreise und der Gemeinden sind diese steuerlichen Vergünstigungen ein wichtiges Mittel für die Ziele der Denkmalpflege. Zum einen sind sie bei der Ermittlung der Zumutbarkeit zu berücksichtigen. Zum anderen sind sie für den Denkmaleigentümer Anreiz und Hilfe, um die teilweise als Belastung empfundene Denkmaleigenschaft nicht zu einem wirtschaftlichen Nachteil werden zu lassen.

Absetzbar sind nur die Baukosten, die zur Erhaltung eines Kulturdenkmals aufgewandt werden müssen. Die Aufwendungen für den Kauf des Denkmals sind ebensowenig absetzungsfähig wie besonders luxuriöse Ausstattungen.

Auch die Art der Steuerabschreibungen unterliegt häufigem Wechsel. Es wird empfohlen, sich die entsprechenden Merkblätter der örtlich zuständigen Denkmalfachbehörden zu besorgen. Die Höhe der Entlastung ist von der Bausumme und den persönlichen Einkommensverhältnissen abhängig. Hier können nur die Finanzämter und die Steuerberater Auskunft geben.

Steuervergünstigungen können natürlich nur dann in Anspruch genommen werden, wenn das Gebäude unter dem Schutz des Denkmalschutzgesetzes steht. Auf die Eintragung in das Denkmalbuch, eine der Arbeitslisten oder die Denkmaltopographie kommt es dabei nicht an. Maßgebend ist allein die denkmalfachliche Bewertung der Denkmalfachbehörde. Es empfiehlt sich, die Denkmaleigenschaft vor jeglicher Planung von der zuständigen Denkmalfachbehörde schriftlich bestätigen zu lassen. Die Unterschutzstellung eines Objekts durch das Landesamt für Denkmalpflege ist für die Finanzverwaltung bindend.

Steuervergünstigungen können auch dann in Anspruch genommen werden, wenn zusätzlich direkte Beihilfen oder Förderungen gewährt werden. Diese sind freilich von den absetzungsfähigen Kosten abzuziehen.

Steuervergünstigungen dürfen nur dann gewährt werden, wenn die Maßnahme den öffentlich-rechtlichen Vorschriften entspricht und genehmigt wurde (bau- oder denkmalschutzrechtliche Genehmigung der Bauaufsicht oder der Unteren Denkmalschutzbehörde). Freilich kann die finanzielle Förderung von weitergehenden Auflagen abhängig gemacht werden, als sie in einer Genehmigung aufgenommen werden können, da in einer Genehmigung lediglich Mindestvoraussetzungen gefordert werden dürfen. Die bau- oder denkmalschutzrechtliche Genehmigung ist zwar Voraussetzung für jegliche öffentliche Förderung, gewährt aber allein noch keinen Anspruch auf Zuschüsse oder Steuerabschreibung. Auch deshalb ist eine vorherige Abstimmung mit dem Landesamt für Denkmalpflege bis in die Einzelheiten hinein notwendig.

Zu beachten ist, daß neben den denkmalschutzrechtlichen Voraussetzungen für eine Steuervergünstigung auch beim Steuerpflichtigen die subjektiven Voraussetzungen vorliegen müssen, über die das Finanzamt entscheidet.

Das Verfahren zum Erlangen der Steuerabschreibung ist relativ einfach:

1. Es ist eine Bescheinigung über die Denkmaleigenschaft der zuständigen Denkmalbehörde und eine entsprechende öffentlich-rechtliche Genehmigung für die Bauarbeiten einzuholen.

2. Auf den geprüften Schlußrechnungen ist von der zuständigen Denkmalbehörde (meist Denkmalfach- oder Obere Denkmalschutzbehörde) zu bestätigen, daß die Maßnahme der Erhaltung des Denkmals dient und genehmigt war.

3. Diese »gestempelten« Rechnungen sind beim Finanzamt einzureichen.

Karl-R. Seehausen

13 Ökologie und Denkmalpflege

Historische Gebäude wurden für die Umweltbedingungen ihrer Entstehungszeit konzipiert, und diese unterscheiden sich erheblich von den heutigen. Im Vordergrund stand das Erfordernis, sich in einer als bedrohlich empfundenen Umwelt zuträgliche Lebensbedingungen zu sichern. Das Leben war es zunächst, welches geschützt werden mußte; die Umwelt ist uns erst vor wenigen Jahrzehnten als Schutzobjekt ins Bewußtsein gerückt. Außerdem waren die Gefahren, durch hohen Energieverbrauch die Umwelt zu belasten, mangels technologischer Möglichkeiten wesentlich geringer als heute.

Da die Gebäude nicht vollständig – räumlich wie zeitlich – beheizt waren und mit nachwachsendem sowie preiswertem Abfallholz aus dem Wald versorgt wurden, spielte der Wärmeschutz weder aus ökonomischen noch aus ökologischen Gründen eine mit heute vergleichbare Rolle. So besitzen z.B. Fachwerkhäuser des 18. Jahrhunderts oder Massivhäuser des 19. Jahrhunderts bei weitem nicht einen den heutigen Anforderungen entsprechenden Wärmeschutz.

In Kapitel 10 sind die Zielkonflikte zwischen den bauaufsichtlichen Belangen – so auch den Anforderungen an den Wärmeschutz – und den Belangen des Denkmalschutzes angesprochen und die Möglichkeiten dargestellt, für die verhältnismäßig geringe Anzahl von Denkmalen Ausnahmen zuzulassen. Daraus könnte der (so nicht gemeinte) Schluß abgeleitet werden, daß Denkmalschutzinteressen gegen die Interessen der Ökologie gerichtet sind. Diese Thematik wird nachfolgend näher betrachtet.

13.1 Erhaltung versus Wegwerfhaltung

Die Erhaltung und Weiterverwendung von technisch überalterten Gebäuden kann für sich bereits von ökologischem Vorteil sein. Durch das Verhindern von Totalabbrüchen werden große Abfallmengen vermieden, und der Abbau von Rohstoffen sowie der Energieverbrauch zur Herstellung neuer Baumaterialien bleiben begrenzt. Ebenso werden Transportwege und der entsprechende Energieverbrauch sowie daraus resultierende Umweltbelastungen vermieden.

Bezieht man außerdem in die Überlegung mit ein, daß durch die Weiterverwendung von Altbauten meist auch biologisch und ökologisch unproblematische Bausubstanz erhalten wird, während die meisten Ersatzbauten durch ihren Anteil an vermischten, verklebten oder kontaminierten Materialien – bis hin zu gefährlichem Sondermüll – sehr viel schwerer zu entsorgen sein werden, so stellt sich die Erhaltung von Altbauten auch als eine Reduzierung zukünftiger Entsorgungsprobleme dar.

Insofern ist es auch aus ökologischer Sicht durchaus hinnehmbar, wenn zur Erlangung der angesprochenen Vorteile durch Weiternutzung überkommener Bausubstanz, die für Neubauten eingeführten Regelungen zum Schutz der Umwelt nicht in voller Konsequenz eingefordert werden. Der Verzicht auf eine strikte Anwendung sollte allerdings wohlbegründet sein, z.B. um bauphysikalische Gefährdungen der Substanz zu vermeiden. Er sollte nur so weit gehen, daß die Anforderungen an gesunde Wohn- und Arbeitsverhältnisse nicht in Frage stehen (siehe auch Kapitel 10). Ansonsten ist es Aufgabe von Architekten und Denkmalpflegern, nach vertretbaren Lösungen zu suchen, bei denen ein ökologisch wünschenswerter Standard für Wärmeschutz und Haustechnik mit den Anforderungen nach Erhaltung des Denkmalwertes so gut wie möglich zusammengeführt werden kann.

Abb. 13.2.1
Durch ein von innen vorgesetztes zweites Fenster entsteht ein Kastenfenster, das das Beibehalten einer äußeren Einscheibenkonstruktion erlaubt; dies kann – wenn möglich – das reparierte historische Fenster sein

13.2 Verbesserungsmöglichkeiten

Verbesserungsmöglichkeiten historischer Bausubstanz in bezug auf ökologische Zielsetzungen müssen objektbezogen untersucht werden. Hier können nur prinzipielle Möglichkeiten angesprochen werden. Außerdem werden aber Hinweise auf weitergehende Literatur gegeben, in der Einzelthemen weiter vertieft sind, als dies hier möglich ist.

13.2.1 Fenster

Eine Reihe von Verbesserungen wird ohne größere Probleme durchgeführt werden können: so die Wärmedämmung des Daches und der Kellerdecke. Aber bereits die Verbesserung der Dämmqualität der Fenster ist mit dem Zielkonflikt verbunden, daß deren Erscheinungsbild meist verändert wird. Erforderliche Doppelverglasungen sowie Maßhaltigkeit und zu integrierende Dichtungsprofile erfordern stärkere Rahmen und stabile Glashalteleisten, wo früher ein schmaler Kittfalz ausreichte usw.

Bei guterhaltenen alten Holzfenstern sollte man immer die Reparaturmöglichkeit überprüfen. Sofern es möglich ist, sie instand zu setzen, sind ggf. Dichtungen einzubauen und durch ein zusätzliches inneres Fenster ein Kastenfenster auszubilden. Dies wäre – denkmalpflegerisch wie ökologisch – bereits eine ideale Lösung. Bei Bedarf kann das neue Innenfenster auch mit Mehrfachverglasung ausgestattet werden, wodurch sich neben einem optimalen Wärmeschutz auch noch ein hochwirksamer Schallschutz erreichen läßt. Sollte das alte Fenster nicht erhaltungsfähig sein, kann ein Kastenfenster auch völlig neu erstellt werden oder ein Verbundfenster (Abb. 13.2.2) ausgeführt werden (weitere Informationen: [1]).

Voraussetzung für die Ausbildung eines Kastenfensters ist eine ausreichend dicke Wand. Bei Fachwerkhäusern mit ihren besonders dünnen Wänden wird man statt dessen Verbundfenster verwenden, bei denen zwei gekoppelte Flügel einfachverglast sind und der äußere mit traditioneller Sprossenteilung ausgeführt werden kann. Auch hier ist es möglich, die inneren Flügel mit Mehrfachverglasung auszustatten, um so einen verbesserten Wärme- und Schallschutz zu erreichen.

Vor dem häufig praktizierten Ersatz von zweiflügligen Fenstern durch einflüglige ist übrigens abzuraten. Gerade bei Altbauten mit ihren meist kleineren Räumen ragen einteilige Flügel in geöffnetem Zustand so unangenehm tief in den Raum, daß sie nur noch selten richtig geöffnet, dagegen meist gekippt werden, während ein geöffnetes zweiflügliges Fenster die Raumqualität nicht belastet. Neben der Wohnbehaglichkeit ist von der Unsitte der einflügligen Fenster auch der Wärmeschutz betroffen. Statt einer sinnvollen Stoßlüftung bei weit geöffnetem Fenster werden einflüglige Fenster oft stundenlang gekippt, was zu großen Wärmeverlusten bei geringem Lüftungserfolg führt.

13.2.2 Wärmedämmung der Außenwände

Eine Verbesserung der Dämmung von Außenwänden ist beim Baudenkmal meist schwierig. Es gibt nur wenige Fälle, in denen das äußere Aufbringen einer Thermohaut – bauphysikalisch die problemlosere Möglichkeit – ohne weiteres möglich ist. Meist sind Gesimse und Fensterbänke mit nur geringer Ausladung vorhanden, die dann in der Wärmedämmschicht völlig verschwinden würden. Zur Wiederherstellung der architektonischen Wirkung, aber auch zur Ausbildung von erforderlichen Tropfkanten, müßten neue Teile davorgesetzt werden – Maßnahmen, die beim »normalen« Altbau vielleicht hinnehmbar wären, beim Denkmal jedoch den Widerstand des Konservators hervorrufen müßten.

Abb. 13.2.2
Das Verbundfenster in einer Fachwerkwand: hier die Reinigungsstellung; im Benutzungszustand sind die beiden Flügel gekoppelt (»verbunden«)

Völlig unmöglich ist jedoch die Außendämmung bei Gebäuden mit Sichtmauerwerk, Sichtfachwerk oder Fassadenschmuck. Hier kann eine Verbesserung nur über die – bauphysikalisch nicht unproblematische – Innendämmung der Wände erfolgen. Nachfolgend sollen hierzu Hinweise gegeben werden. (Der Verfasser stützt sich dabei auf eine unveröffentlichte Ausarbeitung von Gert Weisensee, Architekt in Darmstadt.)

Folgenden Aspekten ist bei einer Innendämmung besondere Aufmerksamkeit zu widmen:

- Bei Mauerwerksbauten mit guter Wärmeleitfähigkeit der Wandbaustoffe sind die einbindenden Bauteile – Innenwände und Geschoßdecken – als Wärmebrücken zu beachten. An den Grenzbereichen zur Wärmedämmung kann Tauwasser anfallen.
- Bei allen Wandkonstruktionen ist der Feuchtehaushalt der Außenwand zu beachten. Bei mehrschichtigem Aufbau ist an den Grenzschichten Tauwasserausfall möglich.

Besonders gefährdet sind Sichtfachwerkwände, weil neben der Feuchte aus der Innenluft auch Feuchteeinträge durch die Wetterbelastung von außen zu verzeichnen sind. Wird eine Innendämmung aufgebracht, so liegt die Wandkonstruktion im kalten Bereich. Wegen des Schichtenaufbaus sind die Dampfdurchlaßwiderstände zu beachten und durch eine Taupunktberechnung zu ermitteln. Daraus wird sich in vielen Fällen das Erfordernis zur Anordnung einer innenliegenden Dampfbremse ergeben. Diese kann durch die Verwendung bestimmter Dämmstoffe – z. B. Schaumglas – hergestellt werden, meist wird jedoch eine Folie oder – ökologischer – eine Pappe diese Funktion übernehmen.

Von wesentlicher Bedeutung ist auch die Sicherstellung von Luftdichtheit. Hierbei geht es nicht allein um Wärmeverluste einer nicht kontrollierten Lüftung, sondern vor allem um Feuchteeintrag in die Wand – durch warme Luft, die sich beim Durchströmen von Ritzen abkühlt und im Inneren der Wand kondensiert. Besonders problematisch sind auch hier Fachwerkhäuser, weil eine – systembedingt offene – Fuge zwischen Holz und Ausfachung bereits von außen vorhanden ist. Hier muß die innere Putzfläche, oder die ggf. vorhandene Dampfbremse die Funktion der Windabdichtung übernehmen. Das Problem bilden dabei nicht die großen Wandflächen, sondern die Deckenanschlüsse. Eine Vielzahl von Balkenköpfen durchstößt die Dichtungsebene. Abnehmen der Bodendielen und Anarbeiten per Hand kann das Problem mindern, die Schwachstelle aber nie ganz beseitigen.

Bei der Frage, ob eine Dampfsperre auf der Innenseite der Wand angeordnet werden soll oder nicht, gehen die Meinungen auseinander. Die Befürchtung, das Raumklima könne sich nachteilig verändern, erscheint übertrieben, da der Feuchteaustausch zu 95 % über den Luftwechsel erfolgt. Auch die Sorge, durch eine Innendämmung könne ein »Barackenklima« entstehen, ist überzogen, da noch genügend wärmespeichernde Konstruktion im Hause vorhanden ist – bei Massivbauten freilich mehr als bei Fachwerkgebäuden.

Bei massiven Gebäuden sind die einbindenden Innenwände und Deckenunterseiten unbedingt in einer Tiefe von 30 bis 50 cm mitzudämmen. (Bei Fußböden mit vorhandener Trittschalldämmung ist dies meist nicht erforderlich.) Diese Einbindedämmung kann über Dämmkeile erfolgen, die auf Null auslaufen sollten und die ebenfalls eine Dampfbremse benötigen. Dafür kann bereits ein Kaltbitumenkleber oder eine spezielle Rauhfasertapete mit integrierter Dampfbremse ausreichen. Unauffällig kann die Randdämmung einbindender Bauteile erfolgen, wenn sie nach Beseitigung des Wand- und Deckenputzes in dessen Stärke (1,5 cm), also höhengleich, eingebracht wird (weiterführende Hinweise in [2]).

Energieeinsparung durch Innendämmung bleibt trotz aller Vorsorge jedoch nicht unumstritten. Kritiker wenden ein, daß bei Fachwerkbauten Feuchte durch Wetterbelastung nicht mehr nach innen abtrocknen kann und sich so die Materialfeuchte von Holz und Lehm erhöhen könne. Außerdem entfiele die Möglichkeit des »Trockenheizens« der Wände, wofür ein Wärmedurchgang erforderlich ist [3].

13.2.3 Haustechnik

Auch auf dem Gebiet der technischen Gebäudeausstattung bestehen Möglichkeiten einer ökologisch orientierten Altbaumodernisierung. Allerdings betreffen die Themen »Heiztechnik«, »kontrollierte Lüftung« usw. nicht speziell das Baudenkmal, so daß dieser Bereich hier nicht weiter behandelt werden muß und auf die entsprechende Haustechnik-Literatur verwiesen wird.

Gerade beim Einbau haustechnischer Einrichtungen in Baudenkmale ist jedoch der Zeugniswert der betroffenen Bauteile zu berücksichtigen. Auch hier ist es Aufgabe des Architekten, drohende Konflikte rechtzeitig zu erkennen und nach verträglichen Lösungen zu suchen. So ist das Einschlitzen von Leitungen in Wände grundsätzlich nicht altbaugerecht. Offene Führungen auf den Wänden erfordern aber eine genaue Planung, damit sie kontrolliert erfolgen und keine Verunstaltung entsteht. Für die Heizungsanlage sollten Lösungen mit möglichst kurzen Leitungswegen gesucht werden, wobei auch eine (teilweise) Anordnung von Heizkörpern an den auf kurzem Weg erreichbaren Innenwänden nicht von vornherein ausgeschlossen werden sollte.

Sollten dennoch Eingriffe in die Wände erforderlich werden, muß sichergestellt sein, daß keine wertvollen Befunde vorhanden sind (siehe auch Abschnitt 5.3).

Literatur:

[1] Horst Thomas: Altbausanierung zwischen Denkmalpflege und Baumarkt. In: Bausanierung, Bertelsmann Fachzeitschriften, Gütersloh, 3/1994
[2] Institut Wohnen und Umwelt / WU (Hrsg.): Wärmedämmung von Außenwänden mit der Innendämmung – Materialien für Energieberater. Darmstadt, 1997
[3] Arbeitskreis Energieberatung Thüringen (Hrsg.): Thermische Bausanierung/Wandheizungen. Weimar, Heft 1/1996

14 Städtebauliche Denkmalpflege

14.1 Definition

Der in letzter Zeit häufig gebrauchte Begriff »Städtebauliche Denkmalpflege« wurde nicht immer einheitlich verwendet. In der letzten Zeit bildet sich die Bezeichnung für städtebauliche Sanierungsmaßnahmen heraus. Hierbei kommt den Erhaltungsmaßnahmen ein entsprechender Stellenwert zu.

Gerade Altstadtsanierungen und Dorferneuerungen sind zu einem wichtigen Thema der öffentlichen Befassung geworden und auch für die Architekten ist der Grenz- und Überschneidungsbereich zwischen Städtebau und Denkmalpflege zu einem Betätigungsfeld von zunehmender – auch wirtschaftlicher – Bedeutung geworden. Hier ist zunächst der auf stadtplanerischem Gebiet tätige Städtebauarchitekt angesprochen, der Bestandsuntersuchungen durchführt, städtebauliche Rahmenpläne erstellt sowie projektbegleitende Sanierungsberatung durchführt (dazu später). Aber auch der im Altstadtgebiet tätige Hochbauarchitekt wird sich – auch wenn er selbst keine unter Schutz stehende historische Substanz bearbeiten sollte – mit den Begriffen und Zielsetzungen eines denkmalpflegerisch orientierten Städtebaus bzw. einer städtebaulichen Denkmalpflege konfrontiert sehen und nach Orientierung suchen. Die Suche ist auch deshalb so erheblich, weil dieses Überschneidungsgebiet in der Ausbildung der Architekten noch kaum eine Rolle spielt. Von Einzelfällen abgesehen, wird es weder im Rahmen der Städtebaulehre noch in der Denkmalpflege angemessen und seiner inzwischen erlangten Bedeutung gemäß gelehrt.

Abb. 14.1.1
*Erhaltende Erneuerung eines historischen Ortskerns im Überschneidungsbereich zwischen Denkmalpflege und Städtebau;
Beispiel: Monreal*

Abb. 14.1.2
*Jede Zeit hat ihre Aufgaben; auch Hochbauarchitekten müssen sich mit den Prinzipien einer städtebaulichen Denkmalpflege auseinandersetzen;
Beispiel: Nauheim, Rathaus*

14.2 Geschichte

Wie bereits dargestellt, waren die Aufgaben der frühen Denkmalpflege die Erhaltung und Behandlung herausragender Einzelbauwerke. Über eine solche Befassung hinaus reichten die Möglichkeiten zunächst nicht. Weder galt das Engagement der Einbindung der Objekte in ihre Umgebung, noch befaßte sich die Denkmalpflege mit Werken der Volkskunst – z. B. Bürger- und Bauernhäusern – oder technischen Objekten, die nach heutiger Auffassung das Bild der Kulturlandschaften wesentlich mitprägen.

Erst um die Jahrhundertwende begannen sich Bestrebungen zu entwickeln, die wir als Vorläufer einer städtebaulichen Denkmalpflege ansehen können. Ausgangspunkt war die verbreitete Kritik an der Zerstörung der Natur sowie gewachsener Ortsbilder im Zuge der Industrialisierung.

Camillo Sitte stellte 1889 die Bedeutung von Stadtraum, Platzform und Raumbildung auch für die Wirkung der Baudenkmale dar [1]. Sein Werk hatte erheblichen Einfluß, der bis in unsere Zeit nachwirkt; bezeichnend ist, daß es 1983 als Reprint neu aufgelegt wurde.

1904 gründete sich der »Bund Heimatschutz«, und die Tatsache, daß die Gründung auf dem Dresdner Tag für Denkmalpflege vollzogen wurde, zeigt seine gedankliche Verbundenheit und personelle Verflechtung mit der Denkmalpflege [2]. Für die Denkmalpflege bedeutete das Zusammengehen eine Ausweitung ihres Interessensbereichs.

Durch die Heimatschutzbewegung rückten nun auch das Umfeld des Einzeldenkmals sowie ortsbezogene und landschaftliche Zusammenhänge in das denkmalpflegerische Blickfeld. Diese neue Sichtweise markiert den Beginn einer Entwicklung hin zur Befassung mit der Umgebung von Baudenkmalen, Gesamtanlagen (Ensembles) und damit zu einer städtebaulichen Denkmalpflege. Sie stellt damit den wichtigsten Beitrag der Architekten zur Weiterentwicklung des Denkmalbegriffs am Beginn des 20. Jahrhunderts dar.

In den ersten Jahrzehnten nach dem Zweiten Weltkrieg fanden die Vorstellungen einer städtebaulichen Denkmalpflege eine unterschiedliche Aufnahme. Dies hängt mit den von Jahrzehnt zu Jahrzehnt veränderten gesellschaftlichen Bedürfnissen und Interessen zusammen. Dabei gab es Phasen mit einem stärkeren Traditionsbezug und andere, in denen eine stärkere Fortschrittsorientierung prägend waren.

Es gab also in der frühen Zeit des Wiederaufbaus zunächst keine einheitliche Haltung in dieser Frage. Den Befürwortern einer – soweit überhaupt möglichen – Wiederherstellung der zerstörten Substanz in der alten Form standen die Befürworter eines Neubeginns gegenüber, die die Katastrophe nutzen wollten, um eine Modernisierung in bezug auf Bauweise, Bau- und Stadthygiene sowie Verkehrsorganisation zu erreichen, die sie nicht nur für zeitgemäß, sondern für überfällig hielten. Bezeichnend für diese Haltung ist der Wettbewerbsbeitrag von Gustav Hassenpflug für den Wiederaufbau der Nürnberger Altstadt, in dem er für den größten Teil des Gebietes eine Zeilenbauweise vorschlug, die die Altstadt zu einer »modernen« Stadt gemacht und einen radikalen Bruch mit der Vergangenheit bedeutet hätte (dargestellt in [3]).

Die Diskussionen wurden – nicht nur in Deutschland – mit Leidenschaft geführt. Durch die Unterschiedlichkeit der jeweiligen örtlichen Situation, aber auch abhängig von den persönlichen Anschauungen der an der politischen Diskussion Beteiligten, waren die Entscheidungen und damit die realisierten Ergebnisse naturgemäß sehr verschieden. Konzeptionen eines archäologisch getreuen Wiederaufbaus wurden insbesondere in polnischen Städten realisiert. Vergleicht man die Konzeption des realisierten Wiederaufbaus von Warschau mit den Vorschlägen für einen Neubeginn (z. B. Nürnberg), so kann der Kontrast nicht größer sein.

Abb. 14.2.1
Archäologisch getreue Rekonstruktion in der Warschauer Altstadt; unten die erhalten gebliebenen Reste (Zeichnung Horst Thomas nach: Zachwatowicz und Bieganski)
Die Altstadt von Warschau, Warschau, 1956

Abb. 14.2.2 a und b
Durch Zerstörung und Wiederaufbau hat sich die Substanz der Nürnberger Altstadt verjüngt, die Identität blieb auf beispielhafte Weise erhalten

Die Befürworter einer radikalen Modernisierung konnten sich allerdings kaum in einer vergleichbaren Konsequenz durchsetzen, und so zeigen die Wiederaufbaurealisierungen zahlreicher Altstädte Mischformen, wobei es häufig nicht gelungen ist, in Bereichen mit größeren Neubebauungen, bei denen auch der Stadtgrundriß aufgegeben wurde, adäquaten Ersatz für die verlorengegangenen Qualitäten zu schaffen. »Verkehrssanierungen« waren meist der Auslöser für die Aufgabe des historischen Stadtgrundrisses, wobei erst spät die Bedeutung dieses stabilisierenden Elements voll erkannt wurde.

Der Vorwurf mangelnder Modernität war häufiger zu hören als der Wunsch nach Stabilität und Erhaltung. So wurde schon die Verwendung geneigter Satteldächer, z. B. beim Wiederaufbau der Nürnberger Altstadt, zum bundesweit bekannten Streitpunkt. Von einigen Kritikern wurde dies als »historisierend« angesehen, was sich heute für uns in einem ganz anderen Licht darstellt. Viele der damals entstandenen Altstadthäuser sind typisch für das Bauen der 50er Jahre und keineswegs historisierend. Durch ihren gleichzeitig vorhandenen Ortsbezug tragen sie wesentlich dazu bei, daß gerade die Stadt Nürnberg ihre Identität selbst über eine so entsetzliche Zerstörung hinweg retten konnte.

Die wichtigsten Entscheidungen beim Nürnberger Aufbauplan waren sicher die weitgehende Beibehaltung des Stadtgrundrisses und die Kontinuität der Maßstäblichkeit. So kann man heute feststellen, daß sich durch den Wiederaufbau die Bausubstanz großenteils verjüngt hat, eine Kontinuität im Erscheinungsbild aber weitgehend gewahrt wurde. Insofern ist die Nürnberger Altstadt ein gutes Beispiel für städtebauliche Denkmalpflege – selbst in ihrer extremen Situation.

In den 60er Jahren trat der Zeitgeist einheitlicher zutage als in den ersten Jahren des Wiederaufbaus. Gerade diese Zeit war von der Notwendigkeit einer Fortschritts- und Modernitätsorientierung weitgehend überzeugt. Es war auch die Zeit des Wachstums und der Erneuerung der Städte, wobei die stark überbauten Innenstädte – insbesondere die nicht kriegszerstörten – als rückständig und den modernen Anforderungen nicht gewachsen angesehen wurden. Zahlreiche der in dieser Zeit durchgeführten »Flächensanierungen« haben eine ähnliche

Abb. 14.2.3
Verkehrsprojekte in nicht-kriegszerstörten Stadtkernen führten zu Abrissen und zum Wiederaufbau. Häufig war das Ergebnis wenig überzeugend; Beispiel Alzey: Die linke Zeile wurde der Straßenverbreiterung geopfert und anschließend neu bebaut

Abb. 14.2.4
Die »Mode der Moderne«: fehlgeschlagener Versuch der »städtischen Aufwertung« einer Kleinstadt in den 60er Jahren; Beispiel Flörsheim

Abb. 14.2.5
Die Wiederentdeckung der Ortskernqualitäten: Dorfplatz in Flörsheim-Weilbach

Stadtplanung und Freiraumplanung: Planergruppe Hytrek, Thomas, Weyell und Weyell; Gebäudesanierung: Zbigniew Gniezdziuk

Gesichtslosigkeit und Austauschbarkeit des Erscheinungsbildes hinterlassen wie die entsprechenden Wiederaufbaukonzeptionen.

Die Möglichkeit einer städtebaulichen Neuorientierung soll hier allerdings nicht pauschal als »falsch« bezeichnet werden. Im Falle einer städtebaulichen Struktur ohne schützenswerte Qualitäten kann sie auch als Chance zur Erlangung einer neuen Qualität verstanden werden. Bei den Flächensanierungen der 60er und frühen 70er Jahre wurden jedoch häufig historische Potentiale vernichtet, ohne daß eine überzeugende neue Struktur entstanden wäre. Dies hängt sicher auch mit der Massenhaftigkeit und Schnelligkeit des damaligen Stadtumbaus im Zeichen des Wirtschaftswunders zusammen.

Spätestens seit der Mitte der 60er Jahre wird erkennbar, daß diese Stadt-Umbaupolitik eine »Unwirtlichkeit unserer Städte« zum Ergebnis hatte. In seinem 1965 erschienenen Buch [4] beschreibt Alexander Mitscherlich die inhaltliche Niedergangsphase und macht deutlich, daß der Städtebau der 60er Jahre keine Überzeugungskraft besaß. Das Streben nach Modernität der 50er Jahre – Christoph Hackelsberger nannte den (manchmal etwas betulichen) zweiten Anlauf »die aufgeschobene Moderne« – war in den 60er Jahren zu einer »Mode der Moderne« geworden [5].

Die seit Anfang der 70er Jahre einsetzende Phase der Nachdenklichkeit war nicht zuletzt durch das Ende des Baubooms – also wirtschaftlich – begünstigt. Als Gegenbewegung zur Abrißpolitik und als Folge der Architekturkritik kam es zu einer Neubewertung historischer Bausubstanz und überkommener Stadtstrukturen, deren Qualitäten wiederentdeckt wurden und für deren Erhaltung man sich engagierte. In dieser Zeit erweiterte und entwickelte sich das Instrumentarium einer städtebaulichen Denkmalpflege von verfeinerten Methoden der Bestandsuntersuchungen, Ortsbildanalysen sowie der historischen (Stadt-)Bauforschung. Modelle städtebaulicher Rahmenplanungen mit anschließender, begleitender Sanierungsberatung entstanden, Förderungsprogramme wurden aufgelegt, und in die erste Hälfte der 70er Jahre fiel auch die Neubewertung der Denkmalpflege allgemein, die sich von einer Welle der Popularität getragen sah.

Neue Denkmalschutzgesetze traten in den Bundesländern in Kraft, der Denkmalschutz wurde im Hinblick auf seine Durchsetzbarkeit gestärkt und mit verbesserten Möglichkeiten für eine städtebauliche Denkmalpflege ausgestattet.

In den 70er und 80er Jahren wandelte sich auch das Aufgabengebiet der Architekten und Stadtplaner.

Die Baumaßnahmen »auf der grünen Wiese« gingen quantitativ stark zurück. Schwerpunkte der Stadtentwicklung wurden zunehmend die historischen Stadtkerne, deren Anpassung an heutige Erfordernisse als erhaltende Sanierung und kontinuierliches Weiterbauen verstanden wurde.

Auch für die Hochbauarchitekten bedeutete diese Verlagerung der städtebaulichen Aktivitäten und Zielsetzungen eine Veränderung ihrer Aufgaben. Der Anteil der Altbaurenovierungen und der denkmalpflegerischen Bauaufgaben nahm beständig zu. Zählt man die Bauaufgaben hinzu, bei denen die Auseinandersetzung mit erhaltenswerter Bausubstanz in unmittelbarer Nachbarschaft eine wesentliche Rolle spielt, konnte man bereits Anfang der 90er Jahre davon ausgehen, daß deren Anteil auf die Hälfte angewachsen war.

14.3 Ort, Geist und Gestalt

Sucht man nach den Motiven für die Zuwendung zu den überkommenen und vorgefundenen städtebaulichen und landschaftlichen Strukturen, muß zunächst einmal daran erinnert werden, daß einseitigen Bevorzugungen bestimmter Denk- und Handlungsrichtungen meistens Gegenbewegungen folgen. Diese beginnen sich zu entwickeln, wenn die geistige Kraft der bislang wirkenden Vorstellung nachläßt oder aufgebraucht ist.

Phasen durchgreifender Veränderungen, die eine Beseitigung von überkommenen Baulichkeiten und Naturelementen zur Folge haben, werden demnach abgelöst von Zeiten, in denen der Erhaltung und Pflege des Bestandes ein höherer Stellenwert zukommt.

In der Architekturauffassung hat sich Anfang der 70er Jahre ein Wandel zugunsten einer städtebaulichen Denkmalpflege vollzogen. War die Architektur der *klassischen Moderne* seit den 20er Jahren international orientiert – ohne Ortsbindung –, so bildete sich spätestens Anfang der 70er Jahre eine Architektur heraus, die wieder an regionalen und traditionellen Werten interessiert war und die Anknüpfung suchte. In den Altbaugebieten wurden die Qualitäten der »gewachsenen« Substanz wiederentdeckt.

Das Interesse an den Eigentümlichkeiten und der Unterschiedlichkeit der Bau- und Kulturlandschaften – des Ortes – ist in dieser Zeit also wiederentstanden, allerdings nicht allein als ästhetische Erscheinung. Es wird überlagert durch die Hinwendung zu einem neuen ökologischen Verständnis mit wertkonservativem Charakter. Standortgerechtes Bauen möchte z. B. Wohnkomfort nicht mehr allein mit Hilfe von Technik und hohem Energieverbrauch erreichen, und so bietet sich eine Nutzung von natürlichen Gegebenheiten an. Das bedeutet eine Auseinandersetzung mit dem Standort, wie sie in den 60er Jahren für nicht mehr erforderlich angesehen wurde.

Die Art der Anordnung der Gebäude, die Zuordnung der Gebäude zu einem städtebaulichen Zusammenhang, die Materialwahl, die Anpflanzung schattenspendender oder windbrechender Bepflanzung sind Bereiche, in denen sich regionale und umweltorientierte Bauvorstellungen leicht zusammenbringen lassen. Das »Glaskastenhaus« war eine internationale Erscheinung – unabhän-

Abb. 14.3.1
Die Umweltbedingungen prägen regionale Bau- und Siedlungsformen, Beispiel: Windschutzhecke in der nördlichen Eifel

gig vom Standort, aber abhängig von der Energieversorgung, ohne die es den größten Teil des Jahres nicht nutzbar war. Dagegen bezieht das vom Standort geprägte Haus mit den topographischen bzw. städtebaulichen Gegebenheiten auch die ökologische Sinnfälligkeit in seine Konzeption mit ein. Die landschaftlich unterschiedlichen Bauformen sind stark von den ebenso unterschiedlichen Lebensbedingungen in den einzelnen Regionen geprägt. Manche Bereiche konnten nur unter Aufbietung aller verfügbaren Möglichkeiten besiedelt und bewohnt werden. Bis in unser Jahrhundert hinein konnte dies nur in Übereinstimmung mit der Natur erreicht werden. In den Hochgebirgsregionen der Alpen mußte man mit einem langen, kalten und schneereichen Winter leben. Aus der Erkenntnis, daß bei strengen Minustemperaturen eine dicke Schneedecke durch ihre Lufteinschlüsse kälteschützend wirkt, entstanden Häuser mit flach geneigten Dächern, auf denen der Schnee lange liegenblieb.

Da die klimatische Situation im Küstenbereich Schutz gegen häufigen Wind erforderte, entwickelten sich Siedlungsformen mit geschlossenen Plätzen oder Höfen. In den rauhen Mittelgebirgslagen entstanden dagegen – als Reaktion auf Umweltbedingungen – landschafts- und siedlungsprägende Bauformen mit entsprechenden Windschutz-Bepflanzungen. Solche landschaftstypischen Bau- und Siedlungsformen sind ein wesentlicher Bestandteil eines *genius loci*.

Topografische Besonderheiten konnten bestimmte Siedlungs- und Erschließungsformen hervorbringen, die Qualität der Böden oder Bodenschätze bestimmte Erwerbsstrukturen fördern, die sich dann wieder auf die Siedlungs- und Erschließungsstrukturen ausgewirkt haben. Orts- und regionalgebunden standen bestimmte Baumaterialien zur Verfügung und waren leicht, andere dagegen gar nicht oder nur aufwendig zu beschaffen. In Gegenden mit bestimmten Natursteinvorkommen entstand eine Bauweise, die von den Möglichkeiten der Gewinnung und Verarbeitung sowie der Leistungsfähigkeit als Baumaterial geprägt war. Wo es nicht ausreichend Naturstein gab, dafür aber Tonvorkommen, entwickelte sich eine Backstein- oder Holzarchitektur. Letztere läßt sich differenzieren: Kurzfasriges Hartholz besitzt eine höhere Belastbarkeit und brachte in den waldreichen Mittelgebirgsgegenden eine Skelettbauweise – Fachwerk – hervor.

Das für den Alpenraum typischere Nadelholz ist dagegen weniger stark belastbar. Dort entwickelte sich die Blockbauweise, bei der aus dicht gefügten liegenden Balken massive Holzwände hergestellt werden.

All diese und viele andere natürliche Gegebenheiten des Ortes oder einer Region prägten ganze Baulandschaften und entwickelten sich häufig zu überraschender Prägnanz. Hinzu kamen kulturelle Eigenständigkeit, die Überlieferung von Baumethoden – weitergegeben von Generation zu Generation – sowie geschichtliche Einflüsse, die prägnante Orte und Kulturlandschaften hervorgebracht haben. Veränderte Vorstellungen späterer Generationen setzten sich mit den überkommenen baulichen Gegebenheiten auseinander, veränderten oder überlagerten diese.

Erwerbsgrundlagen verändern sich, technologische Möglichkeiten verändern die Produktions- und Handelsbedingungen, und auch dieser Wandel prägt den Ort, der wiederum den geschichtlichen Wandel ablesbar und nachvollziehbar macht. Damit besitzt der Ort neben seiner stadtbildwirksamen Erscheinungsform einen Zeugniswert, der ihn zur Geschichtsquelle und erhaltenswert macht.

Insofern ist es das Anliegen einer städtebaulichen Denkmalpflege, aussagefähige Spuren, Merkmale von Ort, Geist und Gestalt zu erhalten und weiterzuführen.

14.4 Grundsätze für eine städtebauliche Denkmalpflege

14.4.1 Bestandsuntersuchungen

Am Anfang jeder städtebaulichen Planung steht also die Untersuchung des Bestandes. Selbst für Planungen »auf der grünen Wiese« gehört sie zur notwendigen Vorarbeit, auch wenn dort die Bindungen weniger zahlreich sind.

Städtebauliche Denkmalpflege benötigt jedoch ausführliche Untersuchungen des Bestandes elementar. Sie fragt nicht nur nach den baulichen Gegebenheiten, sondern auch nach älteren Strukturen, die vielleicht nur noch in spärlichen Resten oder durch archivalische Übermittlung vorhanden sind. Sie bemüht sich um ihr Verständnis, mit dem Ziel einer Klärung, welche Elemente für uns heute noch von Interesse sind.

Solche vorgefundenen Strukturen müssen nicht unbedingt von Menschen geschaffen sein. Die Einbeziehung von topographisch-landschaftlichen Elementen – von späteren Entwicklungen vielleicht »verunklärt« – ist genauso von Interesse.

Ziel der Bestandsuntersuchungen ist die Suche nach Anknüpfungspunkten für die weitere Entwicklung, und so ist es wichtig, handlungsorientiert vorzugehen.

Welcher Methoden sich eine ortsbezogene Untersuchung und Erforschung der Geschichte bedient und wie weit sie geht, hängt einerseits vom Untersuchungsgegenstand und der Verfügbarkeit von Informationen ab, andererseits vom beauftragten Planer, seinen Interessen und Möglichkeiten. Die gewonnenen Erkenntnisse fließen dann – je nach Bedeutung und soweit sie mit den heutigen Zielsetzungen vereinbar sind – in die Planung ein. Diese kann damit – bei aller Orientierung an heutigen und zukünftigen Anforderungen – zum Teil eines Entwicklungskontinuums werden.

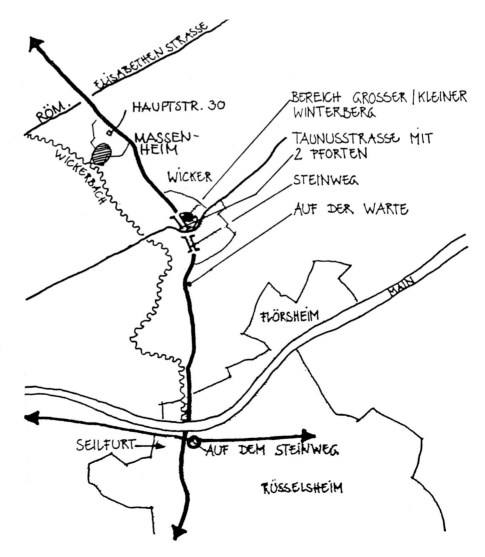

Abb. 14.4.1
Die Verlängerung der innerörtlichen Taunusstraße des Dorfes Wicker heißt südlich »Steinweg«, was in einer ehemals römischen Gegend auf eine Römerstraße hinweisen kann. Auf der anderen Mainseite gibt es ebenfalls eine Straße »Auf dem Steinweg« an einer Stelle, an der bis zum 16. Jahrhundert ein Dorf namens »Seilfurt« bestand. Die nördliche Verlängerung der Taunusstraße zielt auf den Taunuspaß in Richtung Limburg/Lahn. Nach: Dorferneuerungsplan Flörsheim-Wicker; Verfasser: Planergruppe Hytrek, Thomas, Weyell und Weyell (verändert), Ortsforschung: Prof. Dr. Ernst E. Metzner

Abb. 14.4.2

Mehrere Erkenntnisse kamen hinzu und bestätigten die Vermutung von der Römerstraße. Dies hatte Auswirkungen auf die Gestaltung der Taunusstraße sowie zweier baulicher Anlagen in den Dorfkernen von Wicker und Massenheim, die als ehemalige Alleinlagen an der alten Straße – vor Gründung der Dörfer – interpretiert werden konnten: Ortsforschung als Anknüpfungspunkt für heutiges städtebauliches Handeln; Freiraumplanung: Hanke, Kappes, Heide

Abb. 14.4.3

Die »harmlos-häßliche« Ecke in der Flörsheimer Grabenstraße zeigt den Verlauf der ehemaligen Stadtmauer. Sie besitzt Zeugniswert und stellt einen guten Anknüpfungspunkt für eine verdeutlichende Neugestaltung dar

14.4.2 Erhaltung des Zeugniswertes

Die zentrale Aufgabe der Denkmalpflege ist die Erhaltung originaler Substanz sowie des Zeugniswertes. Übertragen auf städtebauliche Strukturen, muß diese Zielsetzung allerdings modifiziert werden, da sie dem Entwicklungscharakter des Städtischen Rechnung tragen muß. Städtische Gebilde waren nie statisch, sondern haben sich stets verändert und sich immer wieder veränderten Bedingungen anpassen müssen – selbst bei rückläufigen Entwicklungen. Die Beendigung einer solchen ständigen Wandlung würde zu einer Erstarrung und zum Ende der Geschichtlichkeit führen.

Städtebauliche Denkmalpflege muß also andere Zielsetzungen verfolgen und sich anderer Methoden bedienen als die Pflege einzelner Kulturdenkmale. Hier muß an die Auffassung Alois Riegls erinnert werden, der bereits Ende der 20er Jahre seine Theorie von der Eingebundenheit der Denkmäler in den naturhaften Kreislauf des »Werdens und Vergehens« vertreten hat. Er forderte, daß »das Denkmal selbst der auflösenden Wirkung der Naturkräfte, soweit sich diese in ruhiger, gesetzlicher Stetigkeit, und nicht etwa in plötzlicher gewaltsamer Zerstörung vollzieht, nicht entzogen werden . . .« solle ([2] und [6]).

Es muß noch einmal betont werden, daß Riegl das alternde Einzeldenkmal gemeint hat und nicht etwa die Stadt. Überträgt man seine Vorstellung allerdings auf diese, so ist der »Kreislauf des . . . Werdens und Vergehens« nur durch einen »fortwährenden Prozeß der Wandlung und Erneuerung« zu ersetzen, um dem Charakter des städtischen Entwicklungsprozesses recht gut zu entsprechen.

Die in der Natur des Städtischen liegenden Veränderungen kann man sich auch als unregelmäßige Wellenbewegung vorstellen. Verändert sich das städtebauliche Gebilde so mit der Zeit, und spiegelt es diese dabei wider, so soll es der allmählichen Wandlung nicht entzogen werden. So übertragen ergibt die Vorstellung Riegls ein grundsätzlich taugliches Grundmuster, von dem das Konzept einer städtebaulichen Denkmalpflege ausgehen kann.

Allerdings soll die Entwicklungsnatur der Stadt nicht so pauschal behauptet werden, daß sie zur Rechtfertigung willkürlicher und spekulativer Umstrukturierungen mißbraucht werden kann.

Wünschenswert ist statt dessen eine stetige Entwicklung des allmählichen Wandels, bei der die erforderlichen Neuerungen jeweils so in die Umgebung integriert werden, daß ein Zusammenhang und ein zeitliches Kontinuum entstehen.

Neben den Einzeldenkmalen und Gesamtanlagen stellt der Stadtgrundriß das wichtigste Schutzgut einer städtebaulichen Denkmalpflege dar. Topographie, Wegeführungen, Parzellenstruktur sowie die verborgenen archäologischen Reste bilden ein »kollektives Gedächtnis«, das eine Vielzahl von Informationen über einen sehr langen Zeitraum bewahrt. Auch hier sind Wandel und Entwicklung nicht ausgeschlossen. Erhaltende Stadtplanung soll aber sicherstellen, daß wertvolle Informationen dabei nicht – zumindest nicht unbedacht und unnötig – zerstört werden. Eine denkmalpflegerisch interessierte Stadtentwicklung wird statt dessen an diese Strukturen anknüpfen und darauf auf- und weiterbauen.

14.4.3 Neues Bauen in der alten Stadt

Die alte Stadt als »Denkmal mit Entwicklungscharakter« benötigt eine Zufuhr neuer Bausubstanz:

– um zu wachsen (Innenentwicklung) und/oder
– um abgängige (nicht erhaltenswerte) Bausubstanz zu ersetzen.

Dabei ist die Frage nach der gestalterischen Konzeption neuer Architektur kein Thema der Denkmalpflege. Auch von deren Seite wird weder die Berechtigung noch die Notwendigkeit bestritten, daß sich die gegenwärtige Zeit genauso prägend und vor allem zeitgemäß darstellt, wie dies frühere Epochen getan haben. Qualitätvoller, zeitgemäßer Architektur von heute kann schließlich irgendwann einmal Denkmalwert zuwachsen, so daß sie Zeugnis von ihrer (unserer) Zeit ablegen kann. Solcher Zeugnisse bedarf es, und so ist mit der allmählichen Erneuerung der Bausubstanz ein – zeitlich versetztes – kontinuierliches »Nachwachsen« von Denkmalen verbunden.

Modernes Bauen muß also nicht zwangsläufig mit den Interessen der Denkmalpflege kollidieren. Wenn sie es dennoch tat und tut, kann man die Fehlgriffe, wie folgt, bestimmten Mustern zuordnen:

• *Fehlgriff 1: Unmaßstäbliche Neubauten*

Zum Konflikt kommt es, wenn das neue Bauen denkmalgeschützte Substanz materiell oder in ihrer Wirkung beeinträchtigt. Solche Fälle kennen wir insbesondere aus den 60er Jahren. Diese Zeit war modernitätsorientiert (was zunächst nicht zu kritisieren ist) und überkommenen Baustrukturen nicht besonders zugetan. In dieser Zeit sind ganze Altstadtquartiere durch Flächensanierungen verlorengegangen, Strukturen, die uns heute denkmalwert wären. Die 60er Jahre strebten jedoch auch nach »städtebaulichen Dominanten« – hohe Gebäude mit großer Fernwirkung. Diese wurden bisweilen in den alten Ortskernen errichtet. Man wollte die alte Stadt nicht weiterbauen, sondern sie durch eine neue ersetzen, und dafür sollten die Neubauten der Anfang sein und Maßstäbe setzen. Die meisten dieser Entwicklungen wurden später aufgegeben. In solchen Orten stehen sich die unterschiedlichen Auffassungen bruchstückhaft gegenüber.

Abb. 14.4.4
Der Wunsch nach Dominantenbildung führte in den 60er Jahren zu irreparablen Brüchen (Beispiel: Raunheim)

Abb. 14.4.5 a und b
Nostalgiemode: eine neues Altenheim im »Fachwerkstil« (Beispiel: Nauheim) und neue Marktplatzbebauung im »Altstadtstil« (Beispiel: Hattersheim)

14.4 Grundsätze für eine städtebauliche Denkmalpflege

Der Fehler ist Geschichte: Solche Maßstabssprünge sind heute selten geworden, wozu nicht nur die verbesserten Abwehrmöglichkeiten der Denkmalpflege beigetragen haben, sondern auch die gewandelte gesellschaftliche Bewertung. Als Ergebnis einer solchen Maßstabslosigkeit entstanden in der Mitte der 70er Jahre neue Denkmalschutzgesetze mit verbessertem Instrumentarium (vgl. dazu Kapitel 12).

- *Fehlgriff 2: Historisierendes und imitierendes Bauen*

Eine neue Gefahr für die Wirkung schützenswerter Altbausubstanz geht von der Gegenbewegung zur Architektur der Maßstablosigkeit aus. Auf den ersten Blick scheint sie den Intentionen der Denkmalpflege entgegenzukommen (in manchen Fällen mag diese auch tatsächlich beteiligt gewesen sein): Die Rede ist von Anpassungsarchitekturen. In der Umgebung von Baudenkmalen war es wohl die Furcht vor einem zu starken Kontrast, der die Wirkung des Denkmals beeinträchtigen könne, was zu einer Architektur der Unterwürfigkeit geführt hat. Allmählich hat sich die Architektur des Ein- und Unterordnens jedoch verselbständigt und ist zum »prägenden Zeitausdruck« selbst der Neubaugebiete geworden.

So ist der neue Historismus längst zum beherrschenden Stil der Trivialarchitektur geworden. Wenn wir heute eine Flucht in die Nachahmung von Formen der Vergangenheit erleben, so ist dies sicher als Gegenbewegung zu sehen. Auf die »Mode der Moderne«, die Architektur der 60er Jahre nach [5], erleben wir spätestens seit Beginn der 80er Jahre, eine Mode der Vergangenheit, die neben einer Aufwertung historischer Bausubstanz auch eine Welle von historisierendem Bauen hervorgebracht hat. Die verbreitete Kritik an mangelnden Gemütswerten moderner Architektur hat sicher zu dieser Entwicklung beigetragen. So bedient man sich – mehr oder weniger direkt – historischer Bauformen und Detailausbildungen.

Mag das auch in guter Absicht geschehen und als Wertschätzung der historischen Nachbarn gemeint sein, es führt zu deren Abwertung. Georg Mörsch schreibt zu diesem Thema: »Bei Einhaltung des städtebaulichen Rahmens wie Bauflucht, Parzellenbreite und Bauhöhe ist selbst ein noch so rücksichtsloser Neubauentwurf auch denkmalpflegerisch weniger empörend als die Kopie des historischen Nachbarbaus oder seiner Imitation.« [7]

Abb. 14.4.6
Klassiker in Münster (Westf.): Die Breiten und die Höhen werden vermittelt, die örtliche Bautradition aufgenommen und weitergeführt (Architekt: Harald Deilmann)

Die Verbreitung, die historisierendes Bauen heute gefunden hat, ist zu einem Indiz für eine kulturelle Ratlosigkeit geworden, die zudem die Entfremdung zwischen den Kulturtreibenden und breiten Schichten des Publikums anzeigt. Städtebauliche Denkmalpflege kommt dagegen ohne historisierendes Bauen aus, indem sie an – frühere oder heute noch – vorhandene Elemente anknüpft und sie mit neuen Vorstellungen verbindet.

- *Anknüpfung an den genius loci*

Ziel der klassischen Moderne war eine internationale Architektur, die – unabhängig von ihrem Standort – auf sich selbst und ihre Unabhängigkeit verweist. Die Unabhängigkeit bezog sich nicht nur auf die Kultur des Bauens (Bautraditionen), sondern sogar auf die natürlichen Lebensgrundlagen (Klima, topographische Einflüsse), deren Nichtberücksichtigung durch den Einsatz von Haustechnik kompensiert wurde. Dagegen entwickelte sich eine Architektur, die bewußt auf den Ort, die Umgebung, das Klima etc. bezogen ist. Ein solcher Ortsbezug – weder historistisch noch heimattümelnd – könnte das Problem der Weiterentwicklung historisch geprägter Orte im Sinne einer städtebaulichen Denkmalpflege lösen. Eine solche Architekturhaltung wird bestrebt sein, bestimmende Merkmale der Umgebung – Maßstäblichkeit, Proportionsverhältnisse, Materialität etc. – aufzugreifen, um sie zum Thema einer neuen Architektur zu machen.

Welche Elemente aufgenommen werden, bleibt dem Architekten überlassen, ebenso, wie er sie in eine zeitgemäße Architektursprache übersetzt. Bei der Anzahl der Anknüpfungspunkte sollte er sich jedoch beschränken. Nimmt man zu viele, entsteht historisierendes Bauen, ist die Abstraktion zudem zu gering gegenüber dem Vorbild, vergrößert dies noch die Gefahr. Modernität und Zweckerfüllung sind als Tribut an die Entstehungszeit jedenfalls von grundlegender Wichtigkeit.

Abb. 14.4.7
Die Schrägansicht der mehrfach publizierten Neubebauung am Marktplatz von Lemgo macht die Selbstverständlichkeit der modernen Lösung deutlich (Architekt: Walter von Lom)

Nach Tomas Valena kann ein Entwurfsprozeß mit dem Ziel eines ortsbezogenen Bauens in folgenden Schritten erfolgen:

»– Bejahen des Vorhandenen,
- Erkennen als subjektives Erfassen der Besonderheit der Umgebung,
- Interpretation als auswählendes Übertragen der vorgefundenen Architekturmerkmale in einen neuen Zusammenhang und
- Finden einer architektonischen Antwort auf die sich stellende Entwurfsaufgabe.« [9]

Eine solche Gratwanderung zwischen Ortsbezug und Modernität ist nicht neu, sie ist dennoch nicht unumstritten und gibt zudem immer wieder Anlaß zu Mißverständnissen und Auseinandersetzungen. Franz Pesch faßt den Stand der diesbezüglichen Architekturdiskussion in »Neues Bauen in historischer Umgebung« [8] zusammen. Er beschreibt die Auffassungen der Vertreter einer autonomen Architektur, die ausschließlich auf sich selbst verweist, und der Anhänger eines Eingehens auf den Standort und des *genius loci*. Aus Sicht der Stadtplanung und der Denkmalpflege ist eine Austauschbarkeit des Erscheinungsbildes der Ortsbilder und die Nivellierung regionaler Architekturlandschaften keine wünschenswerte Vorstellung (mehr). Insofern möchte sich auch der Verfasser zu einer aus dem Geist des Ortes entwickelten Architektur und gegen eine »Beliebigkeit gegenüber der Geschichte« [7] und auch des Ortes bekennen.

In den letzten Jahren sind zunehmend Belege dafür entstanden, daß eine Architekturhaltung, die zeitgemäßes Bauen auf der Grundlage eines Ortsbezugs anstrebt, zu guten Ergebnissen – im Sinne einer städtebaulichen Denkmalpflege – führen kann.

Abb. 14.4.8
Ein Neubau in der Altstadt von Regensburg nimmt die Traufhöhen der Nachbargebäude auf und entwickelt seine Modernität auf der Grundlage des Vorgefundenen (Architekt: Manfred Blasch)

14.5 Praxis einer städtebaulichen Denkmalpflege

Der Begriff *städtebauliche Denkmalpflege* steht – wie aus den bisherigen Darstellungen folgt – für städtebauliche Maßnahmen im Bestand sowie für eine besondere Berücksichtigung der Denkmalbelange bei städtebaulichen Sanierungsmaßnahmen. Insofern kann hier auf die einschlägige Literatur zu diesem Thema verwiesen werden (siehe hierzu [10]).

• *Informelle Planung*

Für die Handhabung städtebaulicher Sanierungsverfahren (das gleiche gilt für Dorferneuerungsplanungen) hat sich in den letzten Jahrzehnten ein Verfahren mit der Bezeichnung »Informelle Planung« herausgebildet. Der Begriff »informell« steht für »noch nicht Form« oder »nicht formalisiert« und versteht sich in diesem Sinne in einem Gegensatz zur »formellen« Bauleitplanung gemäß BauGB (hier insbesondere: Bebauungsplan, sonst auch Flächennutzungsplan). Informelle Planungen werden oft auch als »Rahmenpläne« bezeichnet. Sie sind in ihrer Aussage offener und flexibler, die Verfahren

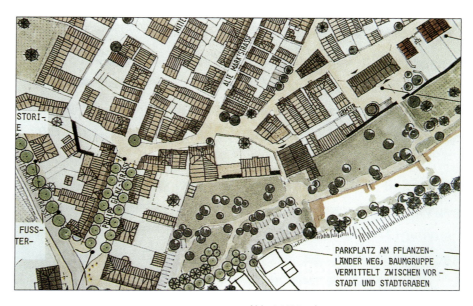

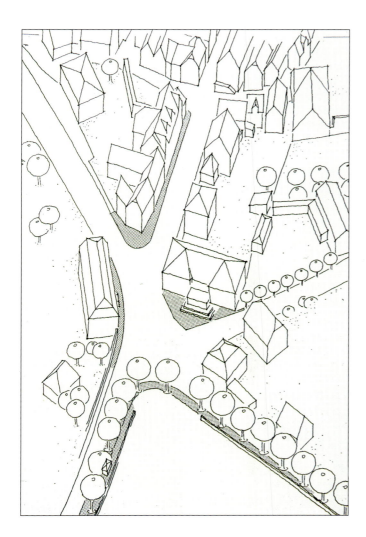

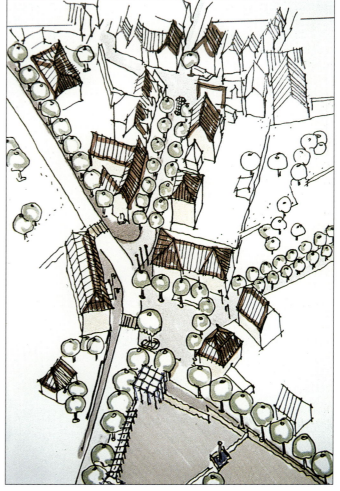

Abb. 14.5.1 a, b, c

Ein Sanierungsrahmenplan (hier im Ausschnitt) regelt die wichtigsten Zielzusammenhänge. Der Eingangsbereich in die Altstadt (a links unten) wird in einer Vertiefungsplanung (vorher/nachher) konkretisiert (b und c); Beispiel: Altstadtsanierung Ortenberg: städtebauliche Planungen: Planergruppe Hytrek, Thomas, Weyell und Weyell

sind einfacher als bei »formellen« Plänen. Dies ist möglich, weil Rahmenpläne keine den Bauleitplänen vergleichbare Rechtswirkung und -verbindlichkeit besitzen und damit z.B. auch nicht entsprechend in die Eigentumsverhältnisse eingreifen. Aufbau und Ablauf der informellen Planung wird nachfolgend kurz erläutert (siehe auch [11]).

• *Rahmenplanung*

Die Unterschiedlichkeit der historisch geprägten Ausgangslagen sowie die Abweichungen der städtebaulichen und architektonischen Strukturen von den Vorstellungen, die unserem Planungsrecht zugrunde liegen, machen flexible Untersuchungs- und Darstellungsformen für städtebauliche Planungen erforderlich. Zusätzlich muß bei solchen Planungen die Prozeßhaftigkeit des Vorgehens stärker berücksichtigt werden als bei Planungen für Neubaugebiete. Es ist also ein Vorgehen erforderlich, das flexibel auf die immer wieder neuen bzw. konkretisierten Teilziele und Detailaufgaben reagieren und neue Erkenntnisse und Befunde einbeziehen kann. Da sich erhaltende Sanierungsplanungen in der Regel über einen langen Zeitraum hinziehen (zehn Jahre und länger, bei Dorferneuerungsplanungen kürzer), benötigen sie allein deshalb schon die Möglichkeit einer flexiblen Anpassung an sich verändernde Verhältnisse und Vorstellungen.

Die erforderlichen Bestandsuntersuchungen wurden bereits angesprochen. Ihre Aufgabe ist es, die ortsspezifischen Probleme, aber – genauso wichtig – die Besonderheiten (Qualitäten, Entwicklungspotentiale) zu analysieren. Bestandsuntersuchungen sollen handlungsbezogen durchgeführt werden und keine (teuren) Datenfriedhöfe sein, aus denen für die nachfolgende Planung nichts Entsprechendes folgt. So ist die Geschichte des Ortes – abgeschrieben aus der Jubiläumschronik des Sportvereins oder der örtlichen Sparkasse – eine sinnlose Pflichtübung, die man besser unterläßt. Der Hinweis auf eine Anknüpfungsmöglichkeit für heutiges städtebauliches Handeln ist dagegen sinnvoll.

Die Rahmenplanung hat die Aufgabe, Zielsetzungen zu entwickeln und diese – aufeinander abgestimmt und räumlich konkretisiert – in eine Planung umzusetzen. Die Rahmenplanung soll nur die wichtigen Zielzusammenhänge sichern und keine unnötigen Festlegungen im Detail vornehmen, damit ein Spielraum für die Lösung von Einzelproblemen durch die anschließende Sanierungsberatung bleibt. Zur Klärung, Veranschaulichung, aber auch zur Anreizvermittlung, wird der Rahmenplan durch Vertiefungsplanungen – für wichtige Einzelprobleme oder als prinzipielles Lösungsmuster – konkretisiert und vertieft dargestellt. Um ihre Breitenwirkung zu fördern, sollten Sanierungsrahmenpläne stets in ausreichender Anzahl vervielfältigt und allen Interessierten zugänglich gemacht werden.

• *Beratungstätigkeit und Umsetzung*

Die bei den informellen Planungen fehlende Verbindlichkeit für den Bürger muß durch andere Steuerungsverfahren sowie Anreize zur Beteiligung ausgeglichen werden. Anreize können finanzielle Förderungen privater Baumaßnahmen sein. Damit diese jedoch in der gewünschten Weise zur Wirkung kommen, ist eine städtebauliche Beratungstätigkeit erforderlich. Diese sollte unabhängig von beeinflussenden Interessen sein, sie sollte die unterschiedlichen Belange – öffentliche und private – gerecht gegeneinander abwägen und Wege aufzeigen, wie die Interessen möglichst gut miteinander in Einklang gebracht werden können. Als Teil der städtebaulichen Steuerung sind die Kosten für die Beratungstätigkeit von der Gemeinde zu tragen. Die Wirkungsweise der Beratung kann durch das Schema veranschaulicht werden, das für ein frühes Beispiel – die Altstadtsanierung von Flörsheim am Main – bereits 1976 entwickelt worden ist.

Abb. 14.5.2

Flörsheim am Main aus der Luft: die Altstadt. Das Sanierungskonzept entstand bereits Anfang der 70er Jahre (Foto: Wolfgang Odermatt)

14.6 Beispiel: Flörsheim am Main

Der 1973 an der TH Darmstadt von einer Studentengruppe erarbeitete Rahmenplan [12] wurde seit 1975 von einem (personell teilweise identischen) freien Architektur- und Stadtplanungsbüro weiterbetreut. Im Auftrag des Magistrats der Stadt (Flörsheim hat ca. 17 Tsd. Einwohner und liegt im Rhein-Main-Gebiet), wurde ein Beratungsbüro aufgebaut, das die Altstadtsanierung bis zum Beginn der 90er Jahre begleitete.

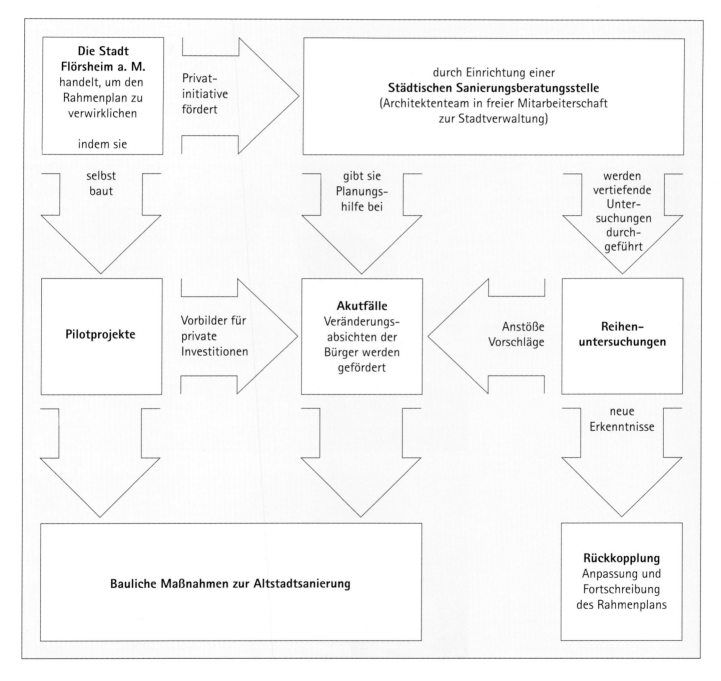

Abb. 14.6.1

Das Funktionsschema der Altstadtsanierung: Der Rahmenplan soll umgesetzt werden. Dazu handelt die Stadt, indem sie Pilotprojekte realisiert. Diese bilden einen Teil der baulichen Maßnahmen. Durch die Einrichtung der Sanierungsberatungsstelle fördert sie gleichzeitig die Privatinitiative, indem sie Planungshilfe bei (privaten) »Akutfällen« zur Verfügung stellt. Die Pilotprojekte dienen den privaten Maßnahmen als Vorbilder. Die Akutfälle bilden das zweite Standbein der baulichen Maßnahmen zur Altstadtsanierung. Aus vertiefenden Untersuchungen entstehen neue Anstöße, die zu Akutfällen werden, aber auch neue Erkenntnisse, die eine Fortschreibung der Rahmenplanung bewirken

Die Haupt-Zielsetzung der Planung war eine erhaltende Erneuerung, wobei neben dem Ziel »Altes in Ordnung bringen« – unter denkmalpflegerischen Gesichtspunkten – die ebenso wichtigen Zielsetzungen »Neues einfügen« und »Freiräume verbessern« zum Erfolg dieser Maßnahme beitrugen. (Flörsheim wurde 1984 beim Landes- und Bundeswettbewerb »Bürger, es geht um Deine Gemeinde – Bauen und Wohnen in alter Umgebung« Landessieger in Hessen und erhielt auf Bundesebene eine Goldplakette.)

Im Rahmen dieser Umsetzungsphase erlebte die – von ihrer Substanz her relativ bescheidene – Altstadt eine strukturelle und gestalterische Aufwertung, so daß sie als Wohnstandort gesichert und ausgebaut werden konnte. Einige zentrale Nutzungen konnten in Folge wieder in den Stadtkern zurückverlagert werden. Einige Gegenüberstellungen sollen dies beispielhaft verdeutlichen.

Literatur:

[1] Camillo Sitte: Der Städtebau nach seinen künstlerischen Grundsätzen. Wien 1889; Reprint Vieweg, Wiesbaden, 1983
[2] Norbert Huse (Hrsg.): Deutsche Texte aus drei Jahrhunderten. C. H. Beck, München, 1984
[3] Stadtbauwelt Nr. 72, Bertelsmann Fachzeitschriften, Gütersloh
[4] Alexander Mitscherlich: Die Unwirtlichkeit unserer Städte. Frankfurt am Main, 1965
[5] Christoph Hackelsberger: Die aufgeschobene Moderne. Deutscher Kunstverlag, München, 1985
[6] Alois Riegl: Gesammelte Aufsätze, Augsburg und Wien (zitiert in [2])
[7] Georg Mörsch: Kontinuität und Wandel. In: Werk, Bauen + Wohnen, Nr. 7/8, St. Gallen 1987, zitiert in [8]
[8] Franz Pesch: Neues Bauen in historischer Umgebung. Eine Dokumentation der Arbeitsgemeinschaft Historische Stadtkerne in Nordrhein-Westfalen. Rudolf Müller, Köln, 1995
[9] Tomas Valena: Beziehungen – Über den Ortsbezug in der Architektur, Berlin 1994, zitiert in [8]
[10] Bundesministerium für Raumordnung, Bauwesen und Städtebau und Deutsche Stiftung Denkmalschutz (Hrsg.): Alte Städte, Neue Chancen – Städtebaulicher Denkmalschutz, Verlag Monumente, Bonn, 1996
[11] Horst Thomas: Informelle (städtebauliche) Planung. In: Deutsches Architektenblatt, Stuttgart, 5/1991
[12] Ewert, Ohliger, Thomas: Planen für Flörsheim. Selbstverlag, Darmstadt 1973

Abb. 14.6.2 a und b

Altes in Ordnung bringen: Die Stadt reprivatisierte diese Hofanlage durch Verkauf an einen bildenden Künstler und seine Familie. Kunst im Hof und auf dem Dach sowie Veranstaltungen bereichern die kulturelle Szene. Unter dem Eckgebäude wurde ein zugeschüttetes jüdisches Ritualbad gefunden und restauriert; Architekt: Berthold Breckheimer (städtebauliche Planung – betrifft auch die folgenden Fotos: Planergruppe Hytrek, Thomas, Weyell und Weyell)

14.6 Beispiel: Flörsheim am Main

Abb. 14.6.3 a und b

Historische Substanz herausarbeiten, Neues einfügen (rechts): Architekt Neubau: Gemeinnütziges Siedlungswerk

Abb. 14.6.4

Neubauten tragen in der »denkmalarmen« Altstadt wesentlich zu einer neuen Identität bei; Wohnanlage »Mainblick«; Architekten: Planergruppe Hytrek, Thomas, Weyell und Weyell

Abb. 14.6.5 a und b

Altes in Ordnung bringen und das Umfeld verbessern sowie Einfügung kultureller Nutzungen (Heimatmuseum, Kleinkunst-Keller)

Abb. 14.6.6

Die Neuanlage eines Platzes bietet die Möglichkeit zur Unterbringung von Freiluft-Nutzungen und Veranstaltungen: vom Wochenmarkt zum Sommerfest und Weihnachtsmarkt sowie andere Nutzungen

15 Schlußwort

Denkmalpflege für Architekten: Aus der zu Beginn behaupteten berufsspezifischen Unterschiedlichkeit der Sicht auf das Denkmal folgte das Konzept, diejenigen Themen stärker herauszustellen, die für Architekten von besonderem Interesse sind. Außer den realisierten Themen standen auf der ursprünglichen Arbeitsliste noch weitere Aspekte, die es wert gewesen wären, in diesem Rahmen behandelt zu werden, andere hätten vielleicht umfangreicher dargestellt werden können.

Das Baumanagement der Denkmalaufgabe – vorbereitender Schutz, die Gleichzeitigkeit von Rohbau- und Restauratorentätigkeit und die damit verbundenen Organisationsfragen – gehört sicher dazu, aber allein dieses Thema hätte eine so umfangreiche Bearbeitung erforderlich gemacht, daß dies einer eigenen Veröffentlichung vorbehalten bleiben muß. So bilden Verweise auf weiterführende Literatur, die als Anhang oder Fußnoten den einzelnen Beiträgen zugeordnet sind, für den Leser die Möglichkeit, die Themen in verschiedene Richtungen zu verfolgen.

Stand das Spezielle der Architektensicht am Anfang dieses Buches über den Umgang mit dem Denkmal, so soll der Schluß die Eingebundenheit der Architekten, Kunsthistoriker, Ingenieure, Restauratoren, Archäologen, Juristen und anderer Berufsgruppen in die gemeinsame Aufgabe betonen. Der Umfang des erforderlichen Wissens zur Erforschung, Erhaltung, Sicherung, Instandsetzung, Konservierung, Nutzung ... erhaltenswerter historischer Bausubstanz ist so groß, daß die Aufgabe nur durch rückkoppelnde Zusammenarbeit über die Grenzen der einzelnen Fachdisziplinen hinaus bewältigt werden kann.

Prof. Dr. Gottfried Kiesow, Kunsthistoriker, Denkmalpfleger und ehemaliger Leiter eines Landesamtes für Denkmalpflege hat in seinem Werk »Einführung in die Denkmalpflege« (Wissenschaftliche Buchgesellschaft Darmstadt, 1989) sinngemäß geschrieben, daß die Repräsentanz der beiden klassischen Berufsgruppen mit ihren unterschiedlichen Betrachtungsweisen in den Denkmalpflegeämtern wichtig sei, damit sie sich gegenseitig korrigierend beeinflussen könnten. Eine solche gegenseitige Beeinflussung führe zu einem lebendigen und ausgewogenen Denkmalbegriff und bewahre ihn vor Erstarrung.

In diesem Sinne wünscht sich der Herausgeber eine offene und lebendige Diskussion aller beteiligter Berufsgruppen untereinander - zum Wohl des Denkmals und zur Qualität der Bauaufgabe.

Für die Architekten wünscht er sich dreierlei:

- eine Stärkung ihrer Gesamtverantwortung bei Denkmalaufgaben
- ein Ausweitung konzeptioneller Qualität auch in die Breite der Alltagsaufgaben hinein
- ein Zusammenwirken von qualifiziertem Umgang mit dem Denkmal und guter Neubautätigkeit.

Bliebe für alle noch der Wunsch nach einem verantwortungsvollen Umgang mit den natürlichen Lebensgrundlagen.

Horst Thomas

Stichwortverzeichnis

A

Abwägung 146
Abwägungsgebot 140
Akkumulation 91 ff.
Akutfall 193
Altstadtsanierung 179
Alzey 182
Amberg 75
Amöneburg 30
Amorbach 21
Anamnese 50, 54, 113, 115, 137
Änderungsliste 169
Angststatiken 164
Ankerbalken 131, 133
Anpassungsarchitektur 189
Antragsunterlage 155
Arbeitsgemeinschaft Hessischer und Niedersächsischer Fachwerkstädte 151 f.
Architektenkammer Hessen 43, 48
Arolsen 29, 35
Aschaffenburg 58
Athen 101
Auflage 156, 161
Aufmaß 151, 166
Ausbildung 111
Ausgleichsregelung 140
Ausnahme 158, 160 f.
Außendämmung 178

B

Bächer, Max 109
Backes, Dr. Magnus 98
Bad Arolsen 40
Bad Hersfeld 37
Bad Wildungen 17, 31, 39
Bartetzko, Dieter 109
Baualtersplan 80
Bauaufmaß 55
Bauaufnahme 55, 82
Bauaufsicht 144, 158
Bauaufsichtsbehörde 157
Baucoop 105
Bauforschung 37, 45 f., 60, 67 ff.
Baugenehmigung 155
Baukonservierung 95
Baumewerd, Prof. 100, 105
Baunähte 73
BEBAG 113
Befreiung 160
Befunduntersuchung 70 ff., 80
Begründung 26, 142
Beihilfe 27, 150, 163, 174 f.
Berlin 98 f.
Berliner Schloß 20
besondere Leistung 43, 47, 51, 54, 65, 172 f.
Bestands- und Entwicklungsgutachten 45, 114
Bestandsaufnahme 160, 165
Bestandsicherung 151
Bestandsschutz 158, 160, 165
Bestandsuntersuchung 185, 192
bewegliches Kulturdenkmal 143
Bewilligungsbescheid 174
Blasch, Manfred 190
Blockbau 184
Böhm, Prof. 100, 105
Bodendenkmal 36, 142 f., 155
Bramante 98
Brandschutz 158, 161 f.
- konzept 163
Breuberg 126
Brügge 101 f.
Büdingen 30, 123
Bund Heimatschutz 15
Bundwand 24

C

Calvino, Italo 47, 67
Carmassi, Massimo, Pisa 86
Charta von Venedig 20, 25, 42, 93, 141, 148

D

Datierung 74
Deckenanschluß 73
Deckenkonstruktion 77
Dehio, Georg 15
Deilmann, Harald 189
deklaratorische Liste 147
Delos 95
Deltabetrachtung 167 ff., 173
dendrochronologische Untersuchung 74
Denkmalbegriff 30
Denkmalbuch 145 ff., 175
Denkmalfachbehörde 145, 147
Denkmalliste 27, 147
Denkmalpflege 142 f.
–, interpretierende 20, 94
–, schöpferische 90
–, städtebauliche 39, 179 f.
Denkmalschutz 141 ff.
Denkmalschutzbehörde 157
Denkmalschutzgesetz 140
Denkmalschutzjahr 28
denkmalschutzrechtliche Genehmigung 155 f.
Denkmaltopographie 27 f., 147, 175,
Denkmalverzeichnis 146 f.
Denkmalwert 146
Deutsches Zentrum für Handwerk und Denkmalpflege 90
Diagnose 113
Diemelsee 35
Dohnany, Dr. Klaus von 109
Dokumentation 80
Döllgast, Hans 96 f.
Dorferneuerung 179, 191
Dresden 98
Dresdner Frauenkirche 20
Durchbiegung 119

E

Ebenritter, Helmut 136
Ebsdorfergrund 34
Edertalsperre 38
Ekerle, Paulus 96
Enderle, J. B. 130
Ensemble 15, 29, 42, 143, 180
- schutz 19, 41
Enteignung 145 f., 148 ff.
Entschädigung 145, 149 f., 174
Entwicklungscharakter 187
Erfassungsblatt 52
Erfurt 123
Erhaltung 25
Erhaltungspflicht 151
Ermessen 158
Ermessensentscheidung, gebundene 142
Ersatzlösung 160, 164
Ersatzmaßnahme 162, 165

F

Fachwerk 117, 119, 136, 138, 184
Facility Management 54
Farbfassung 74
Farbschichten 73
Flächensanierung 181, 183, 187
Flörsheim am Main 22, 130, 182, 186, 192 ff.
- Weilbach 182
- Wicker 185 f.
Förderer, Walter M. 102
Förderung 144, 174, 192
Fotodokumentation 52, 80 f.
Fotogrammetrie 55, 61 f.
Frankfurt am Main 16, 23, 91, 93 f.
Freistellung 157
Freudenstadt 17

G

Gartenstadtbewegung 15
gebundene Ermessensentscheidung 142
Gedächtnis, kollektives 86
Genauigkeitsstufe 56, 59 f., 82,
Genehmigung 146
Genehmigungsfrist 157
Genehmigungspflicht 155
Genehmigungsverfahren 157
genius loci 184, 189 f.

Gerner, Manfred 89
Gesamtanlage 15, 142 f., 155, 180
Geschichtszeugnis 21
Gilly, Friedrich 26
Goethehaus 20
Großinventar 26
Gurlitt, Cornelius 14
Gutachten 151

H

Hackelsberger, Christoph 183
Haftung 157
Haftungskatalog 166
Haina 33, 40
Hamburg 33, 109
Hamm, Franz Josef 136 ff.
Handaufmaß 56, 62, 64
Handwerk 88 f.
Hanke 186
Hassenpflug, Gustav 180
Hattersheim 188
Haunetal 41
Hausforschung 37
Haustechnik 178
Heide 186
Heimatschutz-Bewegung 15, 42, 180
Herrenberg 90
Herzog, Thomas 97
Hessen 27
historisierendes Bauen 31, 189
Historismus 13, 19, 189
HOAI 44 f., 52, 61
Hochheim am Main 22, 113, 130
 - Massenheim 186
Hofmann, Friedrich 113, 130, 138
Huse, Norbert 194

I

Informelle Planung 191
Innendämmung 178
Instandhaltung 141, 155
Instandsetzung 141, 148
interpretierende Denkmalpflege 20, 94
Inventarisation 26, 145

K

Kappes 186
Kassel 14
Kastenfenster 176 f.
Kier 109
Kiesow, Prof. Dr. Gottfried 107, 197
Kirchhain 29, 33
Knickschlankheit 111 f.
Koblenz 61

kollektives Gedächtnis 86, 187
Köln 19, 94, 104, 109
Konservieren 141
konstitutive Liste 147
Konzeption 26
Kopfbänder 124 ff.
Kopie 95
Korbach 34
 - Berndorf 31
Kostenbeteiligung 160
Kostenkontrolle 170
Kozlowski, Jean Paul 99
Kreativität 69
Kulturdenkmal 28, 142
 -, bewegliches 143
 -, Veränderung 148
Kunststoffenster 148 f.

L

Lambsheim 109
Lampugnani, Vittorio Magnago 95
Landesamt für Denkmalpflege 155, 157
Landshut 111, 113
Laubach 123
Lehmdecke 77
Lemgo 190
liegende Stühle 123, 125
Limburg/Lahn 136, 185
Liste
 - deklaratorische 147
 - konstitutive 147
Lom, Walter von 109, 190
Luxemburg 109

M

Mader, Gert Th. 61 f., 67 f.
Mainz 13, 21, 25, 91
Mann, Walther 138
Mansart, Jules 127
Marburg 32, 36, 40
Materialgerechtigkeit 148 f.
Meßtechnik 56
Metzner, Ernst E. 185
Michelangelo 98
Michelstadt 126
Mielke, Friedrich 111
Miltenberg 123
Mindestsatz 171
Mitscherlich, Alexander 183
Modernisierung 142, 160 ff., 171
Monreal 179
Mörsch, Georg 189
München 31, 97
Münster 17, 35, 189

N

Nationalkomitee Denkmalschutz 28
Nationalsozialismus 15
Nauheim 179, 188
Neugestaltung 92
Neumann, Franz Ignaz Michael 91
Neuruppin 13
Neustadt 29
Nietzsche, Friedrich 13
Norm 159
Nürnberg 17, 180 f.
Nutzungsänderung 21
Nutzungsanpassung 83
Nutzungsbeschränkung 148
Nutzungsverträglichkeit 82 f.

O

Obere Denkmalschutzbehörde 144, 155
Oberste Denkmalschutzbehörde 144
Ökologie 176
Oldenburg 18
Orientierungssystem 52
Originalsubstanz 148, 155
Ortenberg 49 f., 52, 191
Ortsbezug 190
Ortsbildanalyse 183
Ortsbildpflege 21, 140
Ostendorf, Friedrich 122, 130
Ostertag, Roland 109
Ott, Carlos 96

P

Paris 96, 99
Parzellenstruktur 187
Passau 60
Paulskirche 16 f., 20
Pauschalpreisvertrag 169
Pesch, Franz 190
Petzet/Mader 43, 46, 66
Pieper, Dr. Klaus 50, 111 ff.
Pilotprojekt 193
Pinakothek 17
Pisa 11, 86
Planergruppe Hytrek, Thomas, Weyell und Weyell 113, 130, 138, 182, 185, 191, 194 f.
Planung, informelle 19
Preußisches Verunstaltungsgesetz 42
Prozeßhaftigkeit 192
Putzkante 79

Q

Quellenwert 19

R

Rähmbau 122
Raumbuch 51, 54
Raunheim 188
Rechtssicherheit 141
Recycling 11, 104, 110
Regeln der Technik 141
Regensburg 61, 71, 75 f., 190
Rehm, Gallus 113
Rekonstruktion 19 f., 91, 95, 108, 141
relative Standsicherheit 133
Renovierung 141, 155
Reparatur 88, 177
Restaurator im Handwerk 90
Restaurierung 25, 93, 141
Restriktionsplan 81
Reversibilität 24 f., 68, 106
Riegl, Alois 15, 187
Rom 98, 101
Romantik 13
Rückbau 106
Runkel 126
Rüsselsheim 185

S

Sachgesamtheit 142
Sachteil 142
Sanierungsberatung 192
Sanierungskanon 50
Sanierungsverfahren 191
Sanierungsvoruntersuchung 166 f.
Sayn-Wittgenstein 45
Schadenersatzanspruch 157
Schadenersatzforderung 158
Schadenskartierung 166
Schalenmauerwerk 24, 113, 130
Schallschutz 177
Schattner, K. J. 108
Schenkungsvermutung 172 f.
Schinkel, Karl-Friedrich 13, 26
Schirmacher, Dr. und Partner 23, 91
Schmalkalden 32
Schmidt, Wolf 51
schöpferische Denkmalpflege 90
Schultze-Naumburg, Paul 15, 42
Schwarz, Rudolf 92, 94
Schweizer, Ludwig 17
Seligenstadt 123
Selinunt 95
Seltenheitswert 142, 148
Sicherungstechnik 141
Sieverts, Thomas 109
Sitte, Camillo 180
Sobernheim 59
Sondage 70, 72 f.

Sonderforschungsbereich (SFB) 315
 an der Universität Karlsruhe 111
Sozialbindung 146, 149
sozialgeschichtliche Bedeutung 14
Spurensuche 99
St. Gallus-Kirche 22
Staatskirchenvertrag 146
Staatsmann, Karl 55
Städtebauförderung 19
städtebauliche Denkmalpflege 39, 179 f.
städtebauliche Gründe 40
städtebauliche Rahmenplanung 183
Stadtgrundriß 187
Ständerbauweise 122
Standfestigkeit 116, 126
Standsicherheit 111, 116, 121, 133, 158,
 161, 164
Standsicherheitsnachweis 111 f., 130
Statik 116, 126
Steffann, Emil 19
Steuerabschreibung 145, 163, 175
steuerliche Vergünstigung 27
Stilreinheit 13 f., 25, 93
Stirling, James 98
Stratigraphie 73
Stübben, Josef 42
Stühle, liegende 123, 125
Studentenbewegung 18
Stuttgart 98
Syrakus 103, 107

T

Tachymeteraufnahme 63
technik-geschichtliche Gründe 38
terra incognita 168 ff.
Therapie 113
Thira 41
Thomas, Horst 178
Topographie 187
Trägerrost 120
Translozierung 25, 141
Trier 11, 98 f., 102 f., 105, 107

U

Überformung 11
Ulm 96
Umbau 171
– zuschlag 54, 171, 173
Umgebungsschutz 143
Umnutzung 24, 84, 95
Unikat 44, 47 f., 69, 166 ff.
Untersuchung, dendrochronologische 74
Untere Denkmalschutzbehörde 142 ff., 155
Unwirtlichkeit unserer Städte 18
Unzumutbarkeit 146

V

Valena, Tomas 190
Vasconi, Claude 109
Veränderung eines Kulturdenkmals 148
Veränderungsverbot 156
Verbundfenster 177
Verformungen 118, 133
verformungsgerechtes Aufmaß 151,
 166
Vergünstigung, steuerliche 27
Vergütungsrecht 171
Verhältnismäßigkeit 158
Verkehrslast 119 ff.
Vernadelung und Verpressung 113, 135
Verputzung 74, 76
Vertiefungsplanung 192
Verunstaltung 148
Vitruv 96
Vogel, O. H. 14
Vöhl 33
Völklingen 102
Voruntersuchung 43 f., 48, 50, 142

W

Wagner, Otto 96 f.
Waldeck 39
Wärmeschutz 161, 165, 176 f.
Warschau 180
Wegeführung 187
Weilburg 34
Weimar 34
Weisensee, Gert 178
Weiterbauen 86, 183
Weiterverwendung 11, 176
Wells 112
Werkvertrag 166
Wetter 32
Weyres, Willy 94
Wiederaufbau 16 f., 180
Wien 96 f.
Wirtschaftswunder 18
– jahre 16

Z

Zeugnis 30
-wert 12, 21, 187
Zuganker 130
Zugbänder 131, 133
Zumutbarkeit 142, 144, 146 f., 149 ff., 156,
 160
Zusammenarbeit 111
Zuschuß 146, 174 f.
Zuständigkeit 143
Zweites Vatikanisches Konzil 23

Erfolg braucht . . .

... eine starke Basis!

Liebe Leserin, lieber Leser,

mit diesem Denkmalpflegebuch liegt Ihnen ein Werk vor, das notwendiges Grundwissen für die verantwortliche Leitung einer Baumaßnahme am Denkmal vermittelt.

Wenn Sie sich als Architektin/Architekt mit den Aufgabenstellungen baulicher Erweiterungen als Alternative zum Neubau oder zur Altbausanierung außerhalb des Denkmalbereiches beschäftigen, empfehlen wir Ihnen:

Walter Meyer-Bohe:
Bauliche Erweiterungen – Planungshandbuch

Jörg Böhning:
Altbaumodernisierung im Detail – Konstruktionsempfehlungen

Als **Architektin/Architekt** haben Sie in der **täglichen Praxis** mit

- **der Ausführungsplanung im Detail**
- **der Kostenplanung**
- **der Vergabe und**
- **der Bauleitung**

zu tun.

Ihre Auftraggeber stellen immer höhere Ansprüche, die Konkurrenz schläft nicht, und der Gesetzgeber läßt sich ständig etwas Neues einfallen. Darum wird es immer wichtiger, alle notwendigen Informationen schnell und praxisnah zu erhalten.

Der folgende Band ist ein Beispiel aus unserem Buchangebot, mit dem wir den Gesetzesdschungel für Sie durchschaubarer machen:

Bernhard Rauch:
Architektenrecht und privates Baurecht für Architekten

Für die Umsetzung der Kostenvorgaben in die Praxis empfehlen wir das Werk:

Willi Hasselmann:
Praktische Baukostenplanung und -kontrolle
mit Handlungsanweisung für Planer und Investoren

Und das folgende Buch zeigt Möglichkeiten auf, wie – auch mit Hilfe des Investorenmodells – Kindertagesstätten geplant und errichtet werden können:

Scherer/Maier:
Kindertagesstätten
Handbuch für Architekten, Investoren und Träger

Sichere Planung
effektive Vergabe
professionelle Bauleitung

Sie suchen für alle Bereiche Ihrer täglichen Praxis solide Informationen und strukturierte Arbeitsmittel, die Ihnen helfen, optimale Arbeitsergebnisse zu erzielen.

Sie finden in der Verlagsgesellschaft Rudolf Müller Bau-Fachinformationen, dem Fachverlag für Architekten und Planer, zu diesen Themen

- **Bücher**
- **Loseblatt-Werke**
- **Formulare und Checklisten**
- **Elektronische Medien**

als wertvolle Unterstützung zum Erreichen Ihrer Ziele.

Bestellen Sie unser ausführliches Verzeichnis für Architekten und Planer. Schreiben Sie uns, oder rufen Sie uns einfach an.

Ihre

Verlagsgesellschaft Rudolf Müller
Bau-Fachinformationen GmbH & Co. KG
Stolberger Straße 76
50933 Köln

Tel. 02 21 / 54 97-1 27
Fax 02 21 / 54 97-1 30